張羽

ZHANG YU

艺术 做我自己

——张羽访谈录

张 羽 / 编著

ART MAKES ME

Interview with Zhang Yu

广东美术馆
GUANGDONG MUSEUM OF ART

湖南美术出版社

张羽自己设计的北京T3国际艺术区工作室，2014年
Zhang Yu's Studio at the T3 International Arts Precinct in Beijing 2014

张羽北京T3国际艺术区工作室，2014年
摄影：马晓春
Zhang Yu's Studio at the T3 International Art Precinct in Beijing, 2014
Photographer: Ma Xiaochun

张羽北京T3国际艺术区工作室书房，2014年
摄影：马晓春
Zhang Yu's library at the T3 International Arts Precinct in Beijing, 2014
Photographer: Ma Xiaochun

prefab houses
Lasker
BOOK OF LOFTS

目录
CONTENNTS

自序 2
Foreword

水墨实验的本土性与当代性——张羽与黄专对话
The Native Character and Contemporary Character of Experimentation in Ink and Wash Painting 10
– Dialogue Between Zhang Yu and Huang Zhuan

世纪末的新东方主义方式——李毅峰访谈张羽
The New Orientalism Style of the End of Century 24
– Li Yifeng Interviews with Zhang Yu

关于"每日新报"——王欣访张羽
About Morning Post 34
– Wang Xin Interviews with Zhang Yu

"实验水墨"发展史——张羽与高名潞、盛葳对话
Discussion About Zhang Yu's "Experimental Ink and Wash" 40
– Dialogue Between Zhang Yu, Gao Minglu and Sheng Wei

重要的不是"实验水墨"，而是艺术创作本身——段君访张羽
What Matters is not Experimental Ink and Wash, but Artistic Creation as Such 88
– Duan Jun Interviews with Zhang Yu

从理想出发到心灵宁修——刘旭光《再论质觉》丛书编辑小组访艺术家张羽
From Ideals to Spiritual Retreat 96
– The Editorial Team of Liu Xuguang's *Feeling of Quality Revisited* Series Interviews with Artist Zhang Yu

突围——张羽水墨创作三十年——杭春晓访张羽
Breaking Out Zhang Yu's Thirty Years of Making Ink and Wash Works 112
– Hang Chunxiao Interviews with Zhang Yu

观心自然·建构当代——张羽与李思贤对话
Mind and Being Natural ·Constructing the Contemporary 124
– Dialogue Between Zhang Yu and Li Sixian

方法决定一切——《美术文献》采访艺术家张羽
Method Determines All 136
– *Meishu Wenxian* Magazine Interviews with Artist Zhang Yu

从“水墨画消亡”到“终结水墨画”——张羽与钱志坚对话 144
From the Death of Ink and Wash Painting to Back to the Essence
– Dialogue Between Zhang Yu and Qian Zhijian

多元面向的艺术家——张羽与金福基Bog-gi kim对话 188
A Pluralist-oriented Artist
– Dialogue Between Zhang Yu and Bog-gi Kim

张羽以“实验水墨”立场走出水墨—— 张羽与冯博一对话 204
Zhang Yu Uses the Standpoint of Experimental Ink and Wash to Go Beyond Ink and Wash
– Dialogue Between Zhang Yu and Feng Boyi

冰冻三尺非一日之寒——张羽与刘骁纯、皮道坚对话 224
Rome was not Builit in a Day
– Dialogue Between Zhang Yu, Liu Xiaochun and Pi Daojian

水墨、自然与抽象形式 ——张羽与朱其对话 264
Ink and Wash, Being Natural and Abstract Form
– Dialogue Between Zhang Yu and Zhu Qi

指印，跨媒介的创作方法——《艺术锋尚》采访艺术家张羽 298
Fingerprints, a Creative Method that Transcends Medium
– *Yishu Fengshang* Interviews with Zhang Yu

指印行为是“指印”作品的根 / *Flash Art*采访中国艺术家张羽 308
The Fingerprinting Performance is the Basis of the Fingerprints Works
– *Flash Art* Magazine Interviews with Artist Zhang Yu

让灵动飘在空中——*Pipeline*访中国艺术家张羽 316
Let Inspiration Float in the Air
– *Pipeline* Magazine Interviews with Artist Zhang Yu

媒介作为精神体验的修辞 ——杭春晓访谈张羽 322
The Medium as a Rhetoric of Spiritual Partipatory Experience
– Hang Chunxiao Interviews with Zhang Yu

张羽：个体经验将构建新的当代性——魏祥奇访张羽 338
Zhang Yu: Individual Experience will Construct the New Contemporary
– Wei Xiangqi Interviews with Zhang Yu

还原水墨媒介的本质意义——夏彦国访谈张羽 346
Returning to the Essential Meaning of Ink and Wash
– Xia Yanguo Interviews with Zhang Yu

当水墨遇到张羽——张羽与朱其对话 356
When Ink and Wash Met Zhang Yu
– Dialogue Between Zhang Yu and Zhu Qi

张羽：念力·心印——胡震访张羽 366
Zhang Yu: Power, Koan
– Hu Zhen Interviews with Zhang Yu

水法：张羽再次打开水墨大门的钥匙——《艺术汇》采访艺术家张羽 374
The Water Method: Zhang Yu's Key to Open the Front Door of Ink and Wash Yet Again
– *Artscape* Interviews with Artist Zhang Yu

水墨情境与转换——《画刊》采访艺术家张羽 392
The Context and Transformation of Ink and Wash
– Reporter Interviews with Artist Zhang Yu

大都会的Ink Art水墨——张羽与Maxwell K. Hearn何慕文对话 402
The Metropolitan Ink Art
– Dialogue Between Zhang Yu and Maxwell K. Hearn

指印，终结了水墨画——张羽与任戬对话 426
Fingerprints is the end of Ink and Wash Painting
– Dialogue Between Zhang Yu and Ren Jian

超越水墨，超越抽象，超越绘画——达尼拉·张·茨拉克娃（唐艺梦）访中国艺术家张羽 478
Beyond Ink and Wash, Beyond Abstract, Beyond Painting
– Daniela Zhang Czirakova Interviews with Artist Zhang Yu

水墨的终结——雅昌艺术网（视频）专访张羽、朱其 484
The End of Ink and Wash
– Ya Chang Art Net (Video) Interviews Zhang Yu and Zhu Qi

张羽：多重身份，却又纯粹的艺术家——陈荣义访张羽 498
A multiple Identities, But Pure Artist
– Chen Rongyi Interviews with Zhang Yu

简历 516
Biographical Notes

自序

Foreword

自 序
Foreword

《艺术，做我自己——张羽访谈录》即将由湖南美术出版社出版。突然意识到自己应该为这本书说点什么，这是我的第一本谈话录，也算是我的第一本文集。虽然，这不是一本理论文集，但也的确触碰到了一些在实践过程中遇到的相关理论问题。但有些遗憾的是，我在80年代到90年代中期与几位艺术家、批评家用录音机录制的一些很有批判性的谈话，因没有及时整理，结果时间长了都消磁了，比如1990年与天津人民出版社刘丰杰对谈“打倒新文人画”。现在找到最早的是《画廊》杂志上1995年与黄专的一次对话。

今年，我引起了水墨界内外的一些质疑，四五月间雅昌艺术网、99艺术网先后给我和朱其、任戬做了视频对话，主题是“水墨的终结”。这题目让圈内人士听起来的确有点不大顺耳，这其中似乎有些误解。其实，我是在2006年我的一篇文章中提出“水墨问题的终结”，2009年、2010年分别在北京、台湾策划了“终结水墨画——从‘水墨画’到‘水墨’”展览。同时，我又在《库艺术》杂志上再次重申“水墨画的终结”，如今大家把我的观点理解为“水墨的终结”，忽略了我针对的是“水墨画”。但也确实，二十世纪之前我们说水墨时就是水墨画。然而，进入二十一世纪“水墨不再等于水墨画”。批评家王端廷前些日子在微信上说：“张羽把水墨画家的饭碗给砸了！”我笑答：“这不可能，画家们该做什么还做什么”。端廷兄又说：“你把那些水墨画变成了行画。”这也许是个玩笑，但还是有些道理的。事实上，我只是终结了自己的水墨画，而与他人无关。每一个画家都会坚持做自己的事，哪怕是画行画，他也很清楚自己在做什么，以及他想要什么或者他能要什么。我并不在乎大家的这种误解，只是遗憾质疑者为什么不能深入思考这其中的问题。

也许有人说，你能把“水墨画终结”了吗？我认为这不是能不能的问题，而是我们有没有能力去超越传统面对发展，如果不能，那么这条线索就是宣告终结了。因为，我们必须以超越的态度重新开始。其实，所谓“水墨的终结”是水墨作为画种的时代被我们终结了。那些杰出的传统水墨绘画，永远在那里，永远是启发我们前行的支点。实际上对我而言，水墨画终结与否不是一个问题。那天与高名潞先生谈话，他说：“终结论”是西方理论逻辑的认识，而我们不需要“终结”需要整合。你为什么要掉进西方逻辑系统里，这样消解了你自身的特殊性。“终结”对你有什么意义呢？而我个人认为，如今在思想认识上无需介意中西文化之分、系统之分，逻辑之别。我的目的不在于“终结”，也不在于中西的整体与分离。“终结”对于我最重要的是我走了自己的路。

自从我还不太懂事时就拿着画笔在街头临摹刘少奇、赫鲁晓夫、林彪、“四人帮”的漫画为学校的大批判作宣传开始，后来又朦朦胧胧地知道了艺术，就一直走到了今天。艺术这事儿我做了四十年有余，历经了“文革”大批判的政治宣传、改革开放后的创新、八五思潮后的现代艺术、如今艺术市场化炒作。社会在发展、世界在变化、认识在前行，但，对于我一直没变的是对艺术的热爱和真诚。我坚持了做我想做的事，不为名利所累。可有时也觉得自己有点可笑，自己的行为总是不合时宜，今天做艺术有谁不为名利呢？

我的艺术，或者说我整天折腾的这点儿事，似乎都与水墨有些关系，宣纸、毛笔、墨、水等。这点材料我折腾了半辈子，从开始传统层面上认识宣纸、毛笔、墨和水到放弃传统意义的宣纸、毛笔、墨和水，构建属于自己的宣纸、墨和水的当代认识。这半辈子，我从水墨的“表现”到“抽象”形式，又到“灵光”的图式，再到“指印”的行为，我只做了一件事，就是建立自己的表达方法，自己的语言体系，自己的表达。

这两年，自己把这点儿本来就已经简约的事再一次简化了。从蘸墨、蘸色摁指印到只蘸水摁指印，到如今仅剩下一碗清水。但，这碗清水却让我明白中国的文化是“水”的文化。我在想，自己可能已触碰到了问题的核心。剥开大象无形，步入空象之际。其实，我今天说的问题已经与水墨的那点儿事儿没有直接关系了，但与艺术的本质更贴近了。我越发觉得，我们应该回到最基本的东西，那才是觉悟。这个最基本的东西就是你如何说话，如何说你的话？进一步讲，就是你有你自己的语法及语言吗？这个看似不是问题的问题，在今天我们如何才能做到呢？

“指印”是我的方法，“指印”是我的表达。其实，“指印”是一种境界。于是，指印带我认识了“水”，“水”让我包容一切并融于天地。我继续做我自己的这点儿事儿。

这本文集的出版要感谢湖南美术出版社，特别感谢李小山社长对此书的大力支持，感谢陈荣义先生在编辑工作中所付出的辛苦。

2014年4月28日 北京T3国际艺术区

Foreword

Art Makes Me : Interviews with Zhang Yu recorded Interviews with Zhang Yu is a forthcoming publication of Hunan Fine Arts Publishing House. I suddenly realized I should write something for this book. This is my first book of recorded interviews, and is also the first time that a book of mine is mainly about words. Although these words have not required hard work, they are still a new world for me.

The title of this book is somewhat jarring to the ear and might offend some people." So you've 'terminated' Ink and Wash, what are we others doing then?" The critic Wang Duanting said on the Weixin network: " Zhang Yu has smashed the rice bowl of the Ink and Wash artists!" I laughed and answered: " That's impossible! People will all do what they have to." My friend Duanting said again: " You have turned those Ink and Wash paintings into copies of old masters." Ha! This might be meant as a joke, but there is something to it. In fact, everybody will carry on with his or her own thing, even if it is copying old masters, knowing clearly what he or she is doing, wants to do, desires, or is capable of doing.

As for myself, it really hardly matters whether this is the end of Ink and Wash or not. The main thing is that I have travelled my own path. I have done what I wanted to do. I'm happy with that, for everything I have done along this path is what I have done for myself, and the ideals of my own. Therefore, what has been presented has been my own cognitive understanding and thinking. Perhaps this cognitive understanding and my performance may inspire colleagues or perhaps future colleagues who have some cognitive understanding of this…

Before I had reached any great understanding, I made a beginning by taking my paint-brush into the street and copying caricatures of Liu Shaoqi, Khrushchev and Brezhnev, to make propaganda for the Great Criticism at my school. Later I vaguely began to know about art, and eventually reached the present. I have been making art for more than forty years, and I have gone through many changes: the political propaganda of the Great Criticism during the Cultural Revolution, the renewal of Chinese traditional painting during the period of Reform and Opening Up, the modern art of the '85 New Wave of Thought, the turning towards ideology of the contemporary art of the end of the twentieth century, today's hype about the marketization of artworks of a nondescript character; the changes in society, the changes in the world, the changes in culture, the changes in cognitive understanding… and yet, I have never wavered in my love of art and sincerity towards art. I have thus persevered in making what I wanted to make, and have not laboured for fame and fortune. At times I have felt somewhat ridiculous. It is the case that my actions are generally ahead of the times, that they have not fitted in the times, and that they are unpopular among people; besides, which artist today does not work for fame and fortune? On that point, I feel that I am a naive nice guy. Anyway, this book documents the naive-nice-guy aspect.

My art, or this activity that I worry about night and day, is all related to Ink and Wash: xuan paper, brush-pen, ink, water and so on. Just this little things and this bit of materials, I have been worrying about for half my life. From my first cognitive understanding, at the traditional level, of xuan paper, brush-pen, ink and water, to abandoning xuan paper, brush-pen, ink and water in the traditional sense, I have set up my own contemporary cognitive understanding of xuan paper, brush-pen, ink and water. In this half-a-lifetime, from the abstract forms of Ink and Wash to the schemata of *Divine Light*, and again to the fingerprinting performance of Fingerprints, I have only been doing one thing, namely creating my own method, my own language, and my own expression. My Fingerprints series, from universal culture in the sociological sense of everyday experience, to a reflection of the physical properties of fingerprints touching water, has achieved the presentation of changes in physical properties.

In the last two years I have simplified this point, which was already comparatively simple to start with. From the performance of dipping and impressing my finger in ink and in colour and then the performance of just making fingerprints in water, I have proceeded until the present when only the presentation of a bowl of clear water remains. However, this bowl of water has indeed allowed me to understand that the culture of China is a culture of water. I am thinking that I may have touched on the the core of our problem. Stripping away the" great likeness without shape", I have entered the bounds of" empty likeness". I am happy that I now have my own method, and can freely roam the horizon.

In fact, the issues that I am talking about today are no longer all that connected to that little business of Ink and Wash, but are closer to the fundamental physics of art. I increasingly feel that we should return to the most fundamental things, that only they are the core of art. Now the most fundamental things are how you talk, and what your words are like. What is your method of talking? What is your language? Taking it a step further: do you have a grammar and a language? Who among us today has dealt with this seemingly untoward question?

Fingerprinting is my method. Fingerprinting is my expression. In fact, fingerprinting is a realm. And so fingerprinting has brought me to a cognitive understanding of water. Now I have the method of water, water allows me to embrace everything and melt into heaven and earth. And I continue to do my own bit of work.

Zhang Yu

28 April 2014, T3 International Arts Precinct, Beijing

张羽北京大山子环铁艺术城工作室，2013年
Zhang Yu's Studio at the Huantie Arts Precinct, Dashanzi, Beijing, 2013

水墨实验的本土性与当代性

The Native Character and Contemporary Character of Experimentation in Ink and Wash Painting

——张羽与黄专对话

Dialogue Between Zhang Yu and Huang Zhuan

水墨实验的本土性与当代性

—— 张羽与黄专[1]对话

方式：书信采访 / 广州 → 天津
时间：1995 年 6 月

重返家园：中国当代实验水墨联展，左起：张羽、石果、王川、黄专、皮特、罗丹、孟昌明，旧金山瑞曼画廊，美国，1996年
Returning to Homeland: A Contemporary Exhibition of Chinese Experimental Ink and Wash Works, Gallery on the Rim, San Francisco, USA. From Left: Zhang Yu, Shi Guo, Wang Chuan, Huang Zhuan, Peter, Luo Dan, Meng Changming, 1996

扇面系列·黄色的云
宣纸、水墨，1986年，美国私人藏
The Holy Land
Xuan Paper, Ink and Wash, 24cm × 38cm, 1986

黄专：从作品品质看，你属于内省性的艺术家，你的作品有很强的暗喻性，具有将历史、文化描述和现实、心理描述相融合的倾向。你能谈谈你的水墨画实验经历的一些阶段和它们之间的逻辑联系吗？

张羽：70年代末、80年代初期因工作需要，我在杨柳青画社做了几年的传统绘画的研习工作，所谓研习就是临摹了不少传统的水墨画。同时，我也在创作连环画、年画、工笔人物画等。这十年是我兴趣最广泛的十年。客观地讲，我的水墨实验与80年代中期新潮美术对传统艺术模式的冲击这个大背景也是分不开的。由于有对传统绘画的研摹阶段，对水墨性有自己的控制力。1984年，我开始创作现代水墨作品“扇面系列”，其动机一方面是对自己少年时代在农村生活的感受有着强烈的表达欲望，另一方面是对传统笔墨程式的改造和利用，也有对材料技法上的新尝试，比如洗衣粉。主要策略是引入一些西方现代艺术对绘画的空间结构表现方法，但由于“扇面”这种传统形式本身就直接限制了实验的“现代感”的发挥，所以同时也在进行水墨的抽象形式探索，这样可以比较单纯地探讨笔墨与形式的现代性及极简的抽象形态的关系。这个阶段的作品既探讨了笔墨与构形的独立存在的可能，还参与了其他材料与水墨的触碰，比如硬笔的线条与毛笔的笔墨之间带来的软硬提示。形式感极强，我很喜欢这种纯粹的形而上的表达。

1987年，我一边做极简的水墨抽象，一边又开始了“肖像系列”，从扇形又跳到规整的对开方形实验，尽可能多地去尝试体会水墨的可能性表达，也通过加强墨与色之间在画面上的晕染冲撞、渗化、流动来凸显水墨表现的特殊性以及引入抽象符号，尽可能地追求其形式张力。此时尤为偏爱灰色调的墨色，有一种能抒发特别伤感的内省情绪，这一状态一直延续到1992年底我从莫斯科回国。1993年，我以“随想集”系列的表达方式，抽离“肖像系列”中的符号元素，“蝌蚪”这个暗喻性符号就是在这一时期被强化的，作品内涵也由倾诉个体经历的不幸拓展到更为开阔的文化和精神的层面。作品的表达强调超验性，“蝌蚪”符号不仅隐喻了生命，还描述了自然与我们的精神和生理状态之间的联系。我尽可能多地尝试水墨表达的丰富性以及新的延展。其实，艺术是个考验，是对自己能走多远的一种考验。

8604，宣纸、水墨、洗发水、铅笔，1986年
8604, Xuan Paper, Ink and Wash, Pencil, 68cm × 68cm, 1986

8701，宣纸、水墨、洗发水、铅笔，1987年
8803, Xuan Paper, Ink and Wash, Pencil, 68cm × 68cm,1987

从语言上看，“随想集”中的抽象符号有利于控制水墨的随机性，强调水墨的受控性和稳定性，以及用暗喻符号拓宽水墨性言说的维度。但经过这段实验，我逐渐感到象征符号的暗喻性，在释放水墨的当代文化容量上仍有局限，限制了水墨表现的某种原本状态和动力能量的自由，也使水墨实验有可能偏离纯粹性，这也是我放弃暗喻符号而又回到抽象性水墨实验的原因。在“墨象笔记”中我开始重新强调水墨表现的自在状态，希望解决水墨性话语的国际化和本土化双向的推进。目前我在做的“灵光”系列以更为单纯的“光”、“残圆”和“破方”的图式，追求一种更为纯粹的形式，还是延续我一直以来的那种潜在的宗教式的心里关怀。不是我信教，这是一种精神性的感觉，或是一种精神性的信仰。我想创造出打动人心的作品。“灵光”其实有一种悲剧力量。这个方向让我的目标更为直接、明确和具有文化和精神上的针对性。

黄专：能简单谈谈你的创造过程中的一些独特的工作方式吗？

张羽：材料上我继续使用传统媒材，保持水墨的单纯性、纯粹性，宣纸和水墨，工具还是毛笔，而在新技术上我使用了喷枪。这是我在表现水墨内涵上、形式上、需要的，我的创作过程一般包括三个阶段：

1. 以写画开始，几乎只蘸水不蘸墨，从图示入手，强调笔势与图式的关系，注意纸的肌理反应，逐渐注入淡墨，控制墨色的晕染变化和纸的肌理变化与图式的关系。

2. 不断地皴写、积墨、染画结合，敏锐地把握图式的生成，逐渐明确图式。

3. 逐渐明确图式的空间结构关系，反复皴擦和反复积墨，用喷染的方法主要表现光的效果，不断调整水墨的空间关系，同时，特别强调图式的简约性，让形式纯粹，整个创作过程以综合性质的复合性手段完成。

《国画世界——中国画探索》丛刊
张羽策划、编辑，1985—1990年
World of Chinese Painting – Explorations in Chinese Painting Series
Curator, Editor: Zhang Yu, 1985-1990

黄专：谈一个大一点的问题，中国画在经历了80年代“穷途末路”这类肤浅的现代主义理论的冲击后，你认为它的发展面临的最大课题是什么？这个课题主要是文化性的，还是艺术性的？

张羽：在我看来，当代水墨的发展与推进，面临的最大课题就是对水墨文化的本体论的重新认识，实现具有当代性的建设。其中文化性与艺术性是无法分割的，但我们必须将传统水墨方式有效地进行现代转换。这一点，特别是对水墨媒介本质的挖掘。换句话说，就是传统水墨如何在本土文化与当代文化之间的共同支点上发现新的生长点及可能性，在保持本土气质的基点上如何使水墨更具当代思维特性和现实批判品质。当然，这里还包含语言品质转换问题，水墨作为一种语言或一种文化符号，蕴含着某种超验性和精神性，其实它具有不依赖其他任何物象独立表达现代思维特征的人格特征的可能性。另外，每一个时代这一本体论表述方式都应是独特的，所以说，当代水墨画的本体论建设不单是一个艺术的问题，还是一个具有针对性的文化问题，它是一个如何呈现文化精神的问题。

黄专：明年初你将参加由美国瑞曼基金会组织的一个中国当代实验水墨联展，而这次展览的主题是“重返家园”，请问你是如何看待这个主题的？你认为它与你目前的实验工作有联系吗？

张羽：我以为“重返家园”是一次面对本土文化和精神取向为基础的重新认识水墨文化的自觉，重新确立水墨艺术在开放和多极的国际环境中的方位，寻找水墨画的文化支点，它反映了一种积极的文化态度。我觉得这个主题具有特殊意义，就重新确立中国当代艺术在新的世界地缘格局中的方位这一目标而言，“重返家园”不仅是一个文化策略，其实，我们应该不断地重新思考水墨。水墨画文化支点如何确立？本土特质的当代性这一点到底指的是什么？是可以进一步探讨的。我目前的“灵光”系列，其文化支点和艺术图式的表达与“重返家园”这个文化主题具有相关性。我希望从语言和精神两方面将水墨画引入一种既具本土特征又具有当代批判品质和开放特性的水墨状态中去。我认为在多极的世界文化格局中只有这样才能真正保持水墨画的文化状态和语言的国际关系。“灵光”

系列中所折射的理想、矛盾、状态、崇高、静穆的整体气氛也许反映了我对中国当代水墨的一种理想：使它成为一种真正意义上的具有国际化的水墨当代艺术，超越中西。

黄专：你的确是一个具有理想主义色彩的人物，这不仅指你的创作，也指你自80年代中期以来从事的许多社会性学术活动。你曾先后赴俄罗斯、德国、比利时、香港举办个展和联展，主持编辑《国画世界》、《二十世纪末中国现代水墨艺术走势》等书刊。你能从这两重身份上谈谈你对当代水墨“走势”的看法吗？你认为它真有进入人类当代文化对话的可能性吗？

墨象笔记9402
宣纸、水墨、丙烯、白粉，1994年
Notes on Ink Images No.9402
Xuan Paper, Ink and Wash, Propylene, Whitening
70cm × 63cm, 1994

张羽：的确，使传统的水墨方式转换成为新的能够代表我们时代的当代方式，一直是我的理想，自80年代中期至今我一直都是一个积极的参与者。这首先是出自一种强烈的精神需要、文化热忱和作为一位当代艺术家的使命感。其实，90年代的水墨实验有了关键的发展，形成了抽象性和表现性两条线索。事实上，抽象性的水墨实验已经形成了自己的语言表达方式，这种实验的进步还表现在艺术家更加关注自身社会环境和文化状态。我们自觉强调个人语言实验、生命体验与水墨画发展的国际化当代走势的统一，使水墨画在视觉张力、语言能指上更具有开放的可能性。我完全自信“灵光”系列将会走向国际视野的当代对话。

我们今天的水墨实验是对我们的文化命运负责的，我们没有以放弃水墨文化特性为代价赢取西方的认同，本土性与当代性的统一是水墨参与平等的国际文化对话的前提。这种本土性是指对自己文化的认识和把握，心态是开放的，挖掘、移置、融合和重建是水墨画语言新规范和本体论建设的几个环节。只要我们能在人类世界的多种文化传统中去体会，去超越，在自身的传统文化品质与当代现实文化品质中找到融合的切入点，不管是冲突、碰撞，还是矛盾，其实一定会有其生成点。只要我们能保持这种清醒的主体意识，“实验水墨”是完全可能成为中国当代艺术有价值的一支，它存在于中西方文化之间，就是共性与差异的当代艺术样式，对这一点我是非常的自信和乐观的。

原文刊发于《画廊》，岭南美术出版社，1995年

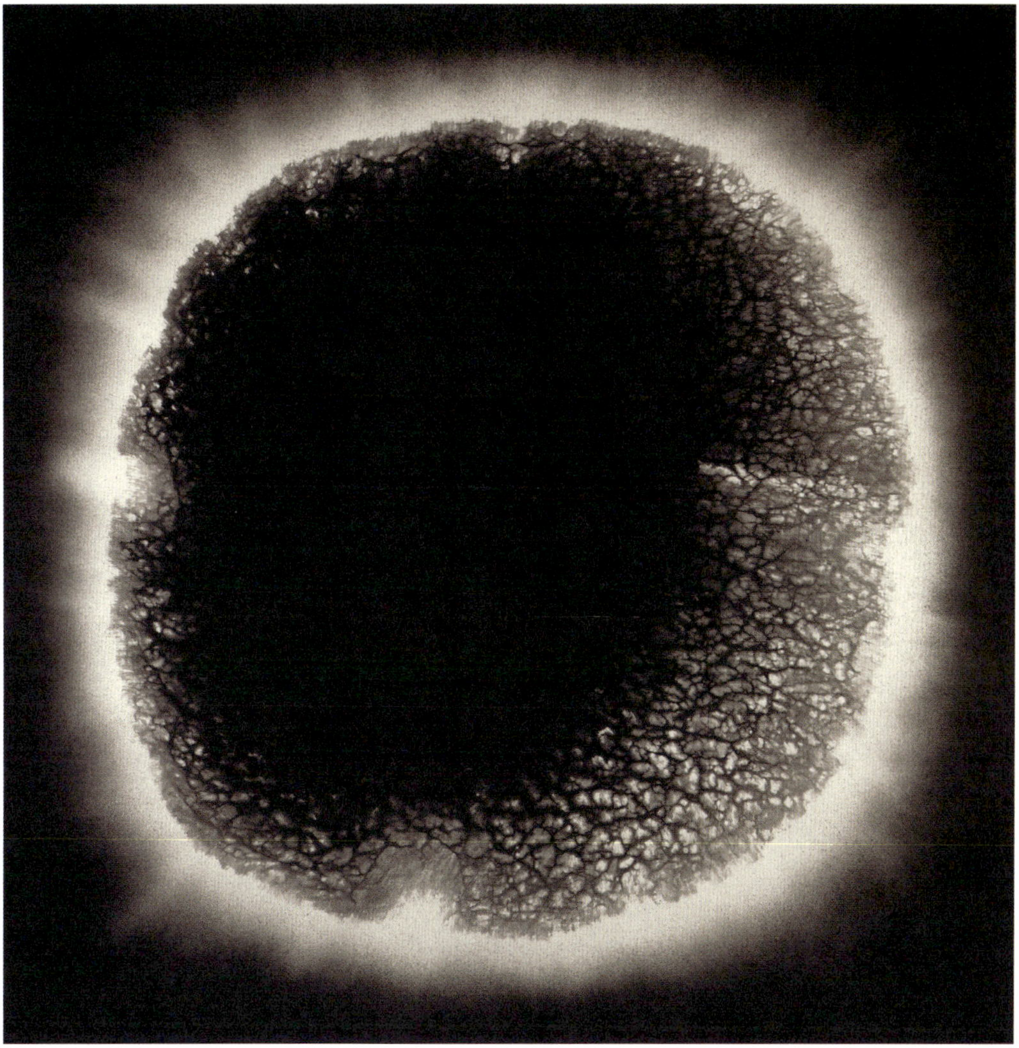

灵光7号：漂浮的残圆
宣纸，水墨，1994年，瑞士私人收藏
Divine Light Series No.7: The Floating Incomplete Circle
Xuan Paper, Ink and Wash, 125cm x 125cm, 1994

注释：

1、黄专：1958年出生于湖北。批评家、策展人。1988年湖北美术学院中国美术史专业研究生；现任何香凝美术馆OCT当代艺术中心主任，广州美术学院副教授，硕士生导师。主要著有作《当代艺术问题》、《文人画的图式、趣味与价值》、《潘天寿》、《中国当代美术图鉴·观念艺术分册》等。主要策划展览："国家遗产：一项关于视觉政治史的研究"（2009）、"创造历史：中国20世纪80年代现代艺术纪念展"（2006）、"重返家园：中国实验水墨展"（1996）等。

The Native Character and Contemporary Character of Experimentation in Ink and Wash Painting

Dialogue Between Zhang Yu and Huang Zhuan

Interviews Format: Written Correspondence / Guangzhou → Tianjin

Time: June 1995

Huang Zhuan: Judging by the character of your work, you are an introspective artist. Your works have a strongly metaphorical character, and display a tendency to combine history, cultural depiction and reality, and psychological depiction. Could you say something about some of the stages in the history of your Ink and Wash experimentation, and about the relationship between these stages?

Zhang Yu: For several years in the late 1970s and early 1980s, I for work purposes studied traditional Ink and Wash paintings and copied a large number of Ink and Wash and meticulous-style portraits, shanshui landscapes and flower-and-bird paintings. At the same time, I was creating my own comic serials, spring-festival paintings and meticulous-style portraits, and I had my own understanding and knowledge of traditional Ink and Wash painting. Objectively speaking, the beginnings of my Ink and Wash experimentation cannot be separated from the broad background of the violent impact of the art of the mid-1980s New Wave on traditional art models. Because of my period of studying and copying traditional painting, the modern Ink and Wash work that I began to create in 1984 was the Fan series. The motive for this was, first, that I had a strong desire to express the feelings of my young days. Second, it was an analysis of the traditional programs of brush-and-pen, and also contained a certain character of sorting things out, as well as of new experimentation in traditional materials and techniques. The main strategy was the introduction of some methods of western modernist art in dealing with the expression of spatial structure, but the traditional form of the fan itself directly limited the play of the modern feel of the experiments.

Accordingly, in the Portrait series that I began in 1987, I abandoned the fan form, and changed to experimenting within a regular square format, as well as strengthening the clash between ink and colour on the surface, using seeping

肖像系列・空无2，宣纸、彩墨，1989年
Portrait Series: Void No.2, Xuan Paper, Colored Ink
56cm × 58cm, 1989

肖像系列・空无1，宣纸、彩墨，1989年
Portrait Series: Void No.1, Xuan Paper, Colored Ink
56cm × 58cm, 1989

effects and introducing abstract symbols. I was pursuing the tension, depth and force of the form. There was also a sorrowful emotion of introspection. This process continued until late 1992, after I had returned from Moscow. In 1993, in the expressive format of my *Capriccio* series, I deliberately enlarged and detached the abstract symbolic element of my Portrait series. The metaphorical "tadpole" sign was born in this period. The content of the works, by referring to the misfortune of individual experience, expanded it to a more open cultural and spiritual level. The expression in the works emphasized transcendence. The "tadpole" sign not only suggested the indomitable tenacity of life, but also described the innate connections between spirituality and the physiological state in nature and in ourselves.

In terms of visual language, this sign emphasizes the controllable and stable nature of Ink and Wash in the face of controlling its randomness, and using metaphor and signs to broaden the dimensions of the Ink and Wash statement also produced a rather good effect. However, during this period of experimentation, I gradually came to feel that the metaphorical form of the symbolic sign was still limited in its contemporary cultural capacity to set Ink and Wash free. It was impeding the freedom of some original state and kinetic energy in Ink and Wash expression, and also resulted in the possibility of the Ink and Wash experiment deviating from the local character and purity of its cultural precondition. This was also the reason why I abandoned metaphorical signs and embarked on abstract Ink and Wash experiments. In Notes on *Ink Images* I began again to emphasize the free state of Ink and Wash expression, hoping to resolve the problem of promoting the two-way internationalization and localization of the contemporary Ink and Wash discourse. The *Inspiration* series which I am currently producing uses even simpler 'light' , 'broken circles' and solid ink schemata to make this logical direction even more direct, explicit and culturally and spiritually targeted.

Huang Zhuan: Can you discuss in simple terms some of the unique working formats of your creative process?

Zhang Yu: In terms of materials I still continue to use the traditional media, maintaining the purity of Ink and Wash and using only xuan paper and ink. My tools are brush-pen and scrubbing-brush. However, airbrushing is a new technique that I have used. In certain very special circumstances I have used red and gold acrylic colour. I used red and gold colour solid blocks to set up a confrontation, clash or tension against the overall colour of black ink. With this factor of confrontation I strengthen the richness and changeability of the Ink and Wash, fully releasing its potential, which is identical with the expressive content in my Ink and Wash. My sequence in making these works usually involves three stages.

First, I begin by 'writing' the painting, almost always dipping the brush in water, not ink, emphasizing the style and vigour of the brushwork, and paying attention to the reaction of the texture of the paper, and controlling the changes in ink colour and in paper texture.

Second, I integrate texture, add ink, and work on colour gradation so as gradually to make the scheme explicit.

Third, having made the structural relations of the space of the scheme explicit, I repeatedly add ink and use an airbrush to express the effects of the light, constantly adjusting the spatial relations of the Ink and Wash. The whole creative process is completed by means of integrating yet composite devices.

Huang Zhuan: Coming to a greater question, after the impact of Chinese traditional painting exhausting the shallow theories of modernism in the 1980s, what do you believe is the greatest issue that faces

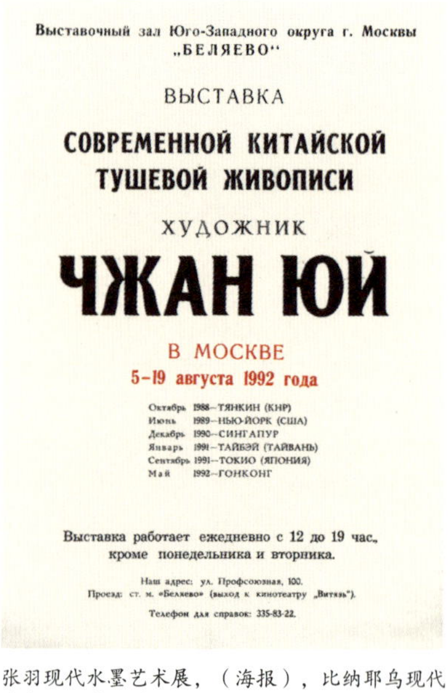

张羽现代水墨艺术展，（海报），比纳耶乌现代美术馆，莫斯科，俄罗斯，1992年
Chinese Artist Zhang Yu: Modern Ink and Wash Exhibition, (Poster), Belyaevo Modern Art Museum, Moscow, Russia, 1992

张羽现代水墨艺术展，左起：翻译埃卡、张羽、记者留可夫、馆长玛莉娜
比纳耶乌现代美术馆，莫斯科
俄罗斯，1992年
Modern Ink and Wash Exhibition of Zhang Yu, Belyaevo Modern Art Museum Moscow Russia. From Left: Translator: Aika Zhang Yu, Journalist Liu Kefu and the Museum Director,1992

its development? Is the issue mainly cultural or artistic?

Zhang Yu: In my view, the greatest task that the development and promotion of contemporary Ink and Wash face is the renewed understanding of the ontology of Ink and Wash, and its reconstruction with a contemporary character. It is to carry out an effective modern transformation of the formats of traditional Ink and Wash. In other words, it is about how traditional Ink and Wash will discover, in the shared fulcrum between local culture and contemporary culture, new points of growth and possibilities, how it will, from the starting-point of maintaining its local temper, enable Ink and Wash to have more contemporary characteristics of mentality, and realistic qualities of criticism. Of course this also includes the problem of transforming the qualities of its visual language. As a visual language or cultural sign, Ink and Wash features a transcendental and spiritual character. In fact, it has the characteristic power of human dignity that is independently able, without relying on any other physical image, to express characteristics of modern thought. Besides, the ontological format by which each age expresses itself should be unique, so that the construction of an ontology of contemporary Ink and Wash paintings should not only be an artistic question, but even more importantly should be a targeted cultural question, a question of how to present the spirit of a culture.

Huang Zhuan:I have heard that at the beginning of next year you will participate in a group exhibition of Chinese contemporary experimental Ink and Wash, organized by the Rim Foundation in America. The title of this exhibition is Returning to Homeland (held at the Gallery on the Rim in San Francisco in 1996). May I ask how you see this title? Do you consider that it is connected with your current experimental work?

重返家园：中国当代实验水墨联展
张羽作品现场，瑞曼画廊
旧金山，美国，1996年
Returning to Homeland: Chinese Contemporary Experimental Ink and Wash Group Exhibition, Zhang Yu's Works on Site, Gallery on the Rim, San Francisco, USA, 1996

Zhang Yu: I think that the implication of the theme Returning to Homeland is based on local culture and spiritual orientation. It is about re-establishing the art of the east in the new orientation of an open and pluralistic international environment, and finding the cultural fulcrum of Ink and Wash painting. It reflects a positive cultural attitude, and I approve of your theoretical viewpoint. As for the goal of re-establishing Chinese contemporary art on the orientation of the new world geographical pattern, 'Returning to Homeland' should only be a cultural strategy. The fulcrum of Ink and Wash culture should be established on a contemporary character with local characteristics.

The expression of the cultural fulcrum and artistic schemata of my current *Inspiration* series matches this cultural theme of Returning to Homeland rather closely. I hope, from the two aspects of visual language and spirit, to draw Ink and Wash painting into a state that has both local characteristics and a contemporary critical quality, as well as characteristics of openness. I believe that in the cultural pattern of a pluralistic world, this is the only way to really maintain the cultural and international identity of Ink and Wash painting. Perhaps the state of contradiction refracted in the *Inspiration* series, as well as its overall lofty and solemn atmosphere, will have reflected my ideal with regard to Chinese contemporary Ink and Wash: to make it a new orientalist art in the true sense, yet transcending east and west.

Huang Zhuan: You really do have an idealistic bent. This refers not only to your works, but also to your pursuing several academic activities of a social nature since the mid 1980s. You have been to Russia, Belgium and Hong Kong during this time to hold solo or group exhibitions. You have also presided over editing World of Chinese Traditional Painting, *Trends* in Chinese Modern Ink and Wash Art in the Late Twentieth Century and other publication series. On the basis of these two identities, can you talk about your views on the' trend' of contemporary Ink and Wash? Do you believe that it really has the potential to enter into a dialogue with the contemporary culture of all mankind?

Zhang Yu: Indeed, to transmit the ancient cultural and artistic format of Ink and Wash into a new format of contemporary Ink and Wash that is able to represent our era has always been my ideal. From the mid-1980s until the present, I have always been a positive participant, which primarily comes from an intense emotional need and cultural enthusiasm and from the feeling of responsibility that comes with being a contemporary artist. In the 1990s, contemporary Ink and Wash experimentation made great progress, and formed the two great streams of abstraction and expressionism. The progress of this experimentation was further expressed in artists paying more attention to their own social environment and cultural situation, stressing the experimentation with their individual visual language, and the integration of life experiences with the international destiny and contemporary trend of the development of Ink and Wash. This gave Ink and Wash an even greater liberating potential in terms of visual tensile power and scope of reference in terms of visual language.

Our artistic experimentation today should take responsibility for our cultural destiny. We cannot win the recognition of the west at the cost of abandoning the cultural characteristics of Ink and Wash. The unity of local character and contemporary character is the precondition for the participation on an equal basis by Ink and Wash in an international cultural dialogue. Excavation, relocation, diversion and reconstruction are integral parts of the new norms and of the ontological construction of the language of Ink and Wash painting. All it takes is for us to be able to experience it in the pluralistic cultural traditions of the world of humanity, and to seek an entry point into the integration of our own traditional cultural quality with the cultural quality of contemporary reality, whether by conflict, collision or contradiction. In fact, there will certainly be points of integration. All it takes is for us to be able to maintain this clear subjective consciousness, and experimental Ink and Wash is completely capable of becoming a mode of contemporary art of similarity and difference between the culture of contemporary eastern art and the culture of contemporary western art. This will be the format of carrying out an equal dialogue in a contemporary and international setting. I am exceptionally self-confident and optimistic on this point.

世纪末的新东方主义方式

The New Orientalism Style of the End of Century

——— 李毅峰访谈张羽

Li Yifeng Interviews with Zhang Yu

世纪末的新东方主义方式

——李毅峰[1]访谈张羽

地点：张羽天津海门路工作室
时间：1997 年 7 月 12 日 15：00

张羽天津乐山里工作室，1996年
Zhang Yu's Studio at the Le Shanli in Tianjin, 1996

李毅峰：你同许多艺术家不一样，从不固守一种风格，而始终对水墨艺术进行多方面的尝试并推向极致，从使你成名的“扇面系列”到“肖像系列”，以后的“随想集”系列，“灵光”系列。因此，你一直活跃于现代水墨画坛甚至整个水墨领域，成为现代水墨最重要的人物之一。在80年代末你便开始了水墨抽象形式的实验。是什么原因导致你进行水墨抽象形式的实验？你好像是一步一步地都预谋好了。

8803，宣纸、水墨、洗发水、铅笔，1988年
8803, Xuan Paper, Ink and Wash, Pencil, 68cm × 68cm,1988

张羽：我以为风格应该是一种深层的、心灵的思想语言，也含有艺术家的行为和言论，它绝不是简单的视觉样式。我更看重艺术家艺术发展轨迹的思想核心。而我的水墨画探索过程，是心理上的自然驱动与思想认识。更是针对艺术史的发展，如果说我是策略上的考虑，那是我觉得水墨画的发展与推进潜藏着很多的可能性。就我的水墨文化立场而言，我是在尝试选择与艺术史发展关系的，并从中梳理一条发展线索，最能表现这个时代精神特点的，也就是对艺术史发展具有意义的实验方案。选择水墨抽象形式的语言方式，是走出原有规范最有意义的必然路径。从水墨画的现代转型与发展考虑，就文化意义而言，通过抽象形式的水墨来谋求水墨性绘画对当代观念问题的发言权，同时也是拉开与传统水墨画距离的最有效途径。

李毅峰：应该说你对中国水墨的黑色能量以及渗化特质所蕴含的沉湎与动人心魄的视觉效果的发挥是前所未有的。在大面积的水墨晕染和繁复皴擦积墨等手法的综合运用中充分展现了你驾驭水墨媒材的能力。“灵光”系列所给予人的那种感受：蕴含着某种初始的、神秘的、鲜明的，又是沉重的、紧张的、包容的视觉感，受可谓一种新东方主义景观。

张羽：这种景观正是我要表达的，是我对现实世界的感受，以及对当代中国社会发展现状与异化形态的反思。当我们在今天的时空位置上，以现代人的眼光重新审视传统，其实，水墨有许多内在的能量从未被人发现和认识。另外，水墨如何通过图式符号为我们提供一个时空视觉语境？那么，心象图式的呈现和表达过程的艺术呈现，水墨作为一种文化在精神上与艺术情感互为转换，而且水墨能够充分地显示这种综合的体验与感受，在局部的饱满与整体的和谐中达到一种开合的气象。

艺术是图像化了的视觉经验和生存经验的呈现，而我们对文化传统的亲和与疏离的态度决定了我们选择表现的方式。同时，又是根据媒材前提的可能性展开自己的思路和实验。以精神图式重新聚拢、整合这个世界被历史支离破碎的感受，去超越传统与现代中西相对立的思维模式，试图解决传统精神和文化价值的当代转换。这不仅使新的语言规则的建构成为可能，而且也可以预想到它将会发展成为一种文化观念。我认为水墨艺术之所以能持续至今日，完全是其内在的可能性诱惑力及对未来的期待所致。当我们必须将内在精神和外在表现语言这两个点化合成一个整体，真正的水墨艺术魅力才会充分呈现出来。此种境界，徒有技巧技法不成，偏执深奥幽玄也不成，只有靠多种滋养、深刻领悟，才有可能走近如此通达的境界。因为，水墨艺术像生命一样是丰富多彩的艺术，它是能够透出人生品格和境界的艺术。

李毅峰：你的“灵光”系列不仅在水墨界可谓独树一帜，而且在整个中国当代艺术界都是不可替代的。从语言形式、观念到境界上的突破都与传统水墨画拉开了很大的距离，或者如你所说是断裂性的水墨方式。你怎样看这种“断裂性”，你认为你自身具有哪些优势？

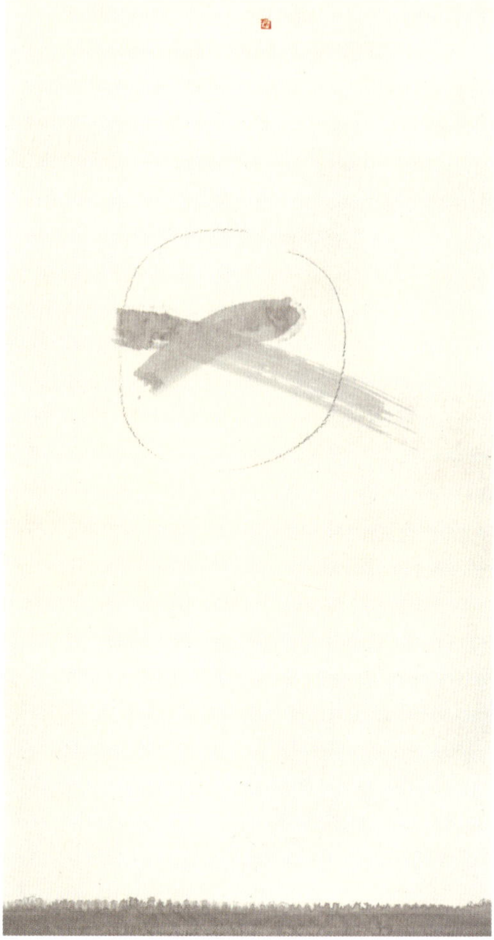

8706，宣纸、水墨、洗发水、铅笔，1987年
8706, Xuan Paper, Ink and Wash, Pencil, 136cm × 68cm,1987

张羽：所谓“断裂性”的水墨方式，是指与传统文人画笔墨规范的断裂，但却不能失中国文化的精神内质及其根性。由于传统笔墨法则的规范化很容易带来程式化，现在的笔墨由于不是文化性情的发挥，而更多是技术性的，更多的是表达重复与趋同，从而缺乏深度，更失去了水墨本该具有的文化本质和开合气度，重要的是与现实无关。“断裂”的目的是为我们带来新的视野，新的转机，通过断裂的新观念创造出前所未有的水墨语言方式，一种全新的视觉呈现。选择与传统笔墨规范断裂的方式也表明了我的态度和立场。

说到优势，其实今天世界多元化的趋向对我们都很有益，对于我个人来说我敢于面对现实环境，有宽宏的胸怀和眼力，勇于把艺术批判指向自我、指向现实、指向传统、指向艺术本体，对我们的文化和艺术的发展有热情、有理想、有责任感。

李毅峰：在你的“灵光”作品里，光、残圆、破方是你选择的基本语言，这是出于如何的考虑？能否谈一谈你的语言内涵？

张羽：在资讯发达的今天，逐渐形成了全球日益一体化的现代进程，这样为我们提供了一个比较相同的话语背景，而这种语言符号的选择无疑能够准确地表达在这一背景下所面对的问题、我的思想、我的情感、我对这个现实世界的认识及对人类的终极关怀。“灵光”以单纯的“光”、“残圆”、“破方”构成了“灵光”的形态图式，以这种逻辑关系表达我对当下社会的一种思考。在这里我考虑最多的是墨块的形态，因为墨块形态的把握有着对于生命原生力量的直观呈现，以及表现与抽象之间的形式可能。所以我把单纯的破方或残圆的构型视为一个“生命载体”，将其划定在一个特殊的黑色空间场里，使其产生悬置、飘浮的态势。这是一个对话与发问的过程，与破方、与残圆、与空间、与环境、与人、与历史、与社会、与这个丧失了自然的人为世界，这里包含着体验醒悟和意识的把握。在通过黑色本身的沉默导致张力骤然放大的同时便形成了撞击现代心灵的冲击力。

灵光6号：悬置的破方，宣纸、水墨、墨膏，1994年
Divine Light Series No.6: The Suspended Broken Square
Xuan Paper, Ink and Wash, Ink Paste, 100cm x 100cm, 1994

李毅峰：另外，你的作品还有一种极少主义倾向，它很单纯，但水墨的感觉却非常丰富，是否能谈谈你“灵光”系列的制作过程？

张羽：“灵光”系列，以光、残圆、破方为基本语言符号，并以“光”来统治整个画面。我的制作过程其实比较单纯，可以分为以下几个步骤：①整个作品以涂写、绘画入手，开始只蘸水不蘸墨，逐渐以淡淡的灰墨开始强调用笔的笔势、笔力，此时的笔墨基本是水笔的皴写，随着淡淡的灰色笔墨在宣纸上的皴写痕迹，从而把握住笔墨运动的自然规律随其自然生发，当然这种把握是凭借着直觉的反应。②在涂写、画、皴、擦、染的综合制作中，根据墨块或墨团的内外开合气度及形态，逐步明确图式，同时，逐渐深入加重墨色，注意构型的结构及表层的肌理变化。③在明确的残圆或破方的图式形态中，反复积墨，同时开始喷染光的呈现，使其形成墨块形态与被光笼罩的空间场景，随着这种感觉让墨块产生悬置、飘浮的态

张羽天津海门路工作室，1996年
Zhang Yu's Studio at the Hai Men Road in Tianjin, 1996

势。④以反复多遍的皴擦、积染，消解掉大面积的笔迹，只保留必需的用笔痕迹。整个画面的完成过程一定要始终保持墨色的丰富性和细微的黑色水墨性变化，在保持通透性的同时使水墨性通向墨象，强调水墨的不可替代性。

李毅峰：你完成一幅作品需要多少时间？又有什么特殊的感觉？

张羽：这要看作品的大小，如果是100cm×100cm这样的尺寸，一般在二十天左右完成。如果是200cm×100cm的作品要用一个多月的时间，200cm×200cm比较大的作品，大约需要两个月的时间才能完成，当然中间会有中断和思考，但不管是小画还是大画都不可能一气呵成。由于水墨的特性无法向下减只有加，所以既要有敏锐的感觉，又要有理智的把握，要有足够的经验去控制，对结果要有方向的判断，要有应变的能力。整个过程要精力集中，不能松懈，否则将给你带来很多麻烦。每完成一幅作品，还是会感到有一些不满足。于是，重新开始，寻找新的满足，结果还是如此。仔细想来，艺术创作过程与人生过程一样，过程是你最好的感觉。

李毅峰：你怎样看中国抽象水墨的本土性、国际性与当代性？

第二届上海双年展，上海美术馆，上海，中国，1998年
Shanghai Biennale, Shanghai Art Museum, Shanghai, China, 1998

对话1999艺术展，左起：张羽、栗宪庭、廖文，国际艺苑美术馆，北京，中国，1999年
Dialogue 1999 Art Exhibition, From Left: Zhang Yu, Li Xianting, Liao Wen, Art Gallery of Beijing International Art Palace, Beijing, China, 1999

张羽：水墨是一种文化，而作为一种语言，水墨与抽象无关。那么，抽象水墨的本土性的说法是有问题的，因为我们没有抽象水墨，又何来本土性的说法？所谓的抽象水墨，其实就是水墨的抽象形式或抽象形态。我们需要探讨其中之间的诸多关系，比如方法、语言、媒介、视觉等，这是艺术表达的基本问题。今天我们处在一个文化交流日益频繁的国际语境中，不同的文化具有相互间的认同与差异。因此，我们不能过分强调本土性，要在本土文化与国际化的双重问题上考虑其发展，水墨性话语的当代性必然是艺术表达在当下文化语境的一部分。水墨以一种特殊的表现方式，所理解的这个世界与西方是不同的，这是未来世界文化格局所需要的。因此，本土性不是媒材问题，而是一个对文化内涵的认识和精神的问题。那么，交流与对话，将意味着共性与差异，我们只有面对不可超越的现实，强调我们特有的环境、文化，以一个文化人的宽宏胸怀和眼力来审视周围的一切。我们清楚现代艺术是人类精神世界升华的产物，抽象形态的水墨也不例外。而其当代性恰是与时代进展同步，与社会转型的现实相关联，它针对的是传统和现行制度的批判与创新。生活在这个时代里的艺术家，对人类命运的深切关注，才是艺术家对艺术本体的不断推进和对艺术表达的不断思考的潜在动力。

李毅峰：对于水墨画的推进，不只是你的水墨实践，还有你以出版角度介入批评。你创办主持编辑的《二十世纪末中国现代水墨艺术走势》丛书，对当代实验水墨的发展，起到了推波助澜的作用。曾有评论者这样评价你的工作：“《二十世纪末中国现代水墨艺术走势》丛书，是90年代‘实验水墨’发展的最重要文献。”因此你具有艺术家、策划人、编辑多重身份，而且都显有成绩，这当然与你的眼力、悟性与艺术原则有关，而编辑工作与你的艺术实践是否有一种密切的联系？

张羽：的确，我做编辑十多年了，并为“现代水墨”、“实验水墨”投入了不少精力。其实，编辑工作与艺术实践是我共同对水墨发展的探讨和研究。我对艺术问题的思考始终切入当代，这使我在编辑和策划中能切入要点。艺术创作是个人行为，而编辑工作是用我的思想通过集体力量的推进方式，它要求编辑有敏锐的眼力和宽宏的胸襟，能够站在一个相对客观的立场上看问题。我将艺术现象与艺术实践的问题，以出版的方式参与讨论，推进艺术的发展。这样，从艺术实践的推进到以出版参与批评的推进相一致。实际上编辑干预艺术思潮的力度要远远大于一件作品、一篇文章。

李毅峰：你曾多次出国参加艺术交流活动，你觉得抽象水墨在国际上的前景怎样？据我所知，抽象水墨在国内的艺术市场还不理想，这是否对你会有影响？

张羽：这几年我在国外所参加的一些艺术展览，都是非具象的水墨作品，这样的作品在西方的交流是不存在问题的，已经开始引起他们的关注及收藏的热情。比如：1996年在德国柏林博物馆、哈勒博物馆、迪伦TTT艺术中心举办的“新水墨艺术展”。还有即将在美国纽约P.S.1现代美术馆和旧金山现代艺术馆举办的“蜕变与突破——中国新艺术展”，这是一个关于中国当代艺术的展览，其中包括绘画、行为、影像和装置艺术，水墨作品极少，只有三、四个艺术家。我作为水墨部分被邀请参展。从艺术史发展的角度看抽象形态的水墨，对其前景我是有信心的。这些作品目前在国内画坛应该说是一个引人注意的景观，但还没有艺术市场可言。目前国内艺术品市场操作现象中的厚古而薄今的倾向本来就影响当代作品进入市场。还有观众接受传统水墨画的审美习惯已根深蒂固，抽象形态水墨一下子中断了这种审美惯性，更多的观众还处在茫然不解的状态。当然，也有一些有收藏愿望的机构或个人在观望其发展，我觉得这种情况是非常正常的。我想观众的阅读能力需要一点点培养，要艺术家与观众共同去努力。艺术家应该走在观众的前面，去推进文化艺术的发展，这是艺术家的责任，这种状况对于我不但没有影响，反而还会以此来激励我。其实，我根本不考虑艺术市场的问题。

原文刊于《当代艺术》第16期，湖南美术出版社，1999年

注释：

1、李毅锋：1964年生于天津。1986年毕业于南开大学历史系。现为天津人民美术出版社社长。南开大学东方艺术系客座教授，曾任天津人民美术出版社，《国画家》杂志总编辑。主要著作有：《中国书法鉴赏大辞典》（合著）、《篆刻学类要注释》、《篆刻基础技法》、《中国当代水墨画》、《台湾“故宫博物院”藏画选》等。主要论文有：《中国画的哲学归属》、《中国绘画的认识与实践》、《九十年代中国水墨画现状考察》、《齐白石绘画的审美特质》、《八大山人的水墨语境》等。

关于“每日新报”

About Morning Post

——王欣访张羽

Wang Xin Interviews with Zhang Yu

关于“每日新报”

——王欣[1]访张羽

方式：电话采访 / 上海 → 天津
时间：2003 年 12 月 6 日 晚 9 点 30 分

张羽天津海门路工作室，2002年
Zhang Yu's Studio at the Hai Men Road in Tianjin, 2002

每日新报2003-3
宣纸、水墨、报纸、综合材料，2003年
Morning Post 2003-3, Xuan Paper, Ink and Wash, Integrated Materials, 70cm x 70cm, 2003

王欣：您一直从事“实验水墨”创作，曾多次参加以前上海举办的一些展览。这次的作品与以往有什么不同吗？

张羽：对，我参加过1997年中国艺术大展、第二届上海双年展、形上形下当代艺术展、新中国画大展等，展出的都是我的“灵光”系列作品。这次展出的是我的新作“每日新报”系列。这个系列是我2001至2003年创作的。

王欣：这组新的作品可能是您今后一段时间内的主要探索吗？

张羽：可能不是。因为，我的创作是与表达的问题相关，当一个问题解决，我将会转向下一个问题。之前的“灵光”系列我针对的是艺术史中的问题我做了九年。2001年开始创作“每日新报”这个系列，是面对现实发生的问题，我做了三年，目前又在做“指印”系列。

王欣：那是什么原因促使您做这组作品？

张羽：是2001年的9·11事件震动了整个世界，也震撼了人类所有的心灵。这是一种冲出极致和极限的震撼。我相信和平是全人类永远的追求和理想，只有和平了整个世界才会美好。也正因为如此，从心里不断涌出一种极为强烈的表达欲望，反对战争，呼吁和平。既然现在高科技的发展使我们共同生活在这个地球村里，我们应该保护我们的和平。

王欣：看到这些作品的照片，您使用了不同的材料，对于材料的选择您是怎样理解的？

张羽：艺术家的创作不能为材料而材料，也就是说不能被材料所制约。首先，艺术创作的作品表达是第一位的，然后再考虑用什么样的材料，材料与表达在作品中应该是相辅相成的。“每日新报”之所以运用报纸上的新闻图片和印刷的文字，是因为除了网络信息之外，报纸是大众获得社会信息的主要来源，同时也是市民文化信息载体的象征物，它是了解社会的一个平台。而我的表达是社会的问题，恐怖对世界构成极大的威胁，我是想利用水墨综合材料来探讨这之间的关系。由于作品的表达需要，才选用了这些材料。因而作品以宣纸水墨为基本，加报纸拼贴，其中铅笔、白粉、喷漆、塑形膏等材料的使用都是辅助于表达的需要。

王欣：从“灵光”系列到“每日新报”系列，您作品中的媒介材料在不断地扩展，已经走出了水墨的范畴，也意味着您想表达的内容的不断延展。

张羽：“灵光”系列是纯粹水墨作品，但使用了新的技术。至于材料的扩展，之前也有过尝试，但没有找到很好的艺术表达的切入点。“每日新报”是一次机会，才有了使用新的材料为表达服务的可能，技术与表达是同时生成的，也就是说材料的生效是通过表达及图像来完成的。“走出水墨”是我的观念，扩展水墨是我表达的需要。

王欣：您作品中的材料选择，如报纸拼贴，加强了作品中现实关怀的力量。

张羽：在我的作品中既有形而上的表达方式，又有形而下的现实关怀力量。它的立足点是关怀现实，并跨越中西文化。以前，我也从水墨文化出发策划了一些展览，都是针对水墨来谈的。但在1999年，我提出“走出水墨”。于是，就策划了“以水墨的名义”当代艺术展方案，后来在杨国辛、李邦耀的劝说下转给鲁虹了。2001年鲁虹在深圳与孙振华合作策划了“重新洗牌：以水墨的名义”展。我认为，艺术的问题不是画种的问题，更不是材料的问题，艺术应从表达出发。还有艺术作品的表达如何介入现实生活，并与人的现实生活的关怀相一致，同时也是关乎艺术史的。现在的一些评论家或画家他们的兴奋点仅仅限于当下世俗的日常生活，这是不够的。“每日新报”这组作品是从社会问题的角度出发，当然以前“实验水墨”的实践积累为这组作品提供了一些技术上的可能，从这个角度看来，“灵光”和现在的作品不是断裂的。

王欣：油画、国画一样是一种媒介，它的发展是根据艺术家所要表达的内容来决定的。当一种媒介已不能很好地诠释你的表达甚至是限制时，就要寻求突破与伸展，您是否在寻求这种突破？

张羽：对。单一笔墨形式的水墨已经不能表达我现在的思考。但水墨文化与水墨精神已是我的内存，在新的作品中我的表达促使我选择新的媒材，突破以往。显然是比较自然地、自觉地显现着一些水墨的痕迹。

王欣：但它不再只是纸性、笔性、墨性的关系了，被打破和消解了。

张羽：艺术创作多以图像去形成感染力，你说的这些关系不是独立存在的，而存在于表达图像中的技术连接之中。在“每日新报”作品中水墨不再是问题，或者说“每日新报”与水墨问题没有关系。所以，更不能用纸性、笔性、墨性来判断“每日新报”。加入的报纸拼贴主要有两种内容：一个是战争纪实新闻图片，一个是反对战争的新闻图片及文字，这才是表达的核心。而作品中保留了一些水墨画中的皴法，是表现一种包括地理、环境、气候及心理反应等感受。表达的需要推进了材料的运用。我主张“走出水墨”，一方面是在狭隘的画种里

每日新报2002–14
宣纸、水墨、报纸、综合材料，2002年
Morning Post 2002-14, Xuan Paper, Ink and Wash
Integrated Materials, 140cm x 140cm, 2002

解放出来，逃脱旧有的范式，另一方面，是寻求现实关怀中的问题与理念是否达到统一，再有是如何建构个人的表达方法和艺术系统。

原文刊发于《？无关现实！》展览画册，湖北美术出版社，2004年

注释：

1、王欣：美术学博士。刘海粟美术馆学术部副主任，策展人。

“实验水墨”发展史

Discussion About Zhang Yu’s “Experimental Ink and Wash”

——— 张羽与高名路、盛葳对话

Dialogue Between Zhang Yu, Gao Minglu and Sheng Wei

“实验水墨”发展史

——张羽与高名潞[1]、盛葳[2]对话

地点：高名潞北京酒仙桥寓所
时间：2006年8月6日
整理：盛葳

水墨叙事，张羽、高名潞于展览现场，横滨，日本，2007年
Narration in Ink and Wash, Zhang Yu and Gao Minglu on the Exhibition Site, Yokohama Zaim Gallery Yokohama, Japan, 2007

扇面系列·游在空中的鱼
宣纸、彩墨，1984年
Fish Swimming in the Air
Xuan Paper, Colored Ink
42cm x 80cm,1984

高名潞：文化大革命以后的水墨画发展已经有三十年了，你的参与是90年代初吧？

张羽：是80年代中期。1984年，我开始画“扇面”系列，后来又做极简的水墨抽象形式，同时还有“肖像”系列等，尝试多种完全不同的关于水墨的现代性探索。你是否还记得1989年你还在《美术》杂志上刊登了我的“扇面”作品。1984年是我“现代水墨”探索的开始，这一年我们开始思考策划《国画世界》中国画探索丛书的创办与出版，1985年开始主持这项编辑工作直到1991年底。当时国内有《迎春花》、《中国画》两本专门介绍水墨画的，但都很保守。只有《国画世界》是唯一专门介绍具有探索性的现代水墨画的出版物，那几年在水墨领域影响比较好，画家投稿特别多，全国各地有许多画家特意来天津找我看作品。邹建平就是通过《国画世界》相识的。当时他给我寄《画家》杂志，我们从互换杂志到交流艺术理想的追求。《国画世界》使我了解到许多水墨画家的一些想法和心里的困惑及愿望。

高名潞：对，那个时候在湖北、西安都有一些这样的艺术家。《美术思潮》也做过一些工作。

张羽：《美术思潮》、《江苏画刊》、《美术》都很有影响。那时湖北还做了一个很有影响的展览“湖北中国画新作邀请展”，这个展览对现代水墨的推进起到了一定的作用。我在《国画世界》丛刊上介绍过这个展览的许多画家，如李世南、周思聪、朱新建、李津、丁立人、阎秉会等。后来我又策划出版了《中国现代水墨画》，介绍了谷文达、石虎、王川、沈勤、陈向迅、田黎明、卢禹舜、王彦萍、卓鹤君、蒲国昌、杨志鳞、左正尧、刘进安、黄一瀚、李孝萱、刘子建等。

高名潞：《中国现代水墨画》好像只做了一本，《国画世界》好像做了两本。

8704，宣纸、水墨、洗发水
铅笔，1987年
8704, Xuan Paper, Ink and
Wash, Pencil,136cm × 68cm, 1987

张羽：《中国现代水墨画》是我做的一本画集，当时觉得无法在《国画世界》体现我的思考，因为，它已经形成了一定的结构，于是，就有了《中国现代水墨画》，我还特别请了刘骁纯先生为这本画册写了序，那个阶段刘老师也一直在思考现代水墨问题，那篇文章叫“创立新规范”。做这本书的时候新文人画很活跃，虽然我也参加了新文画的几次展览，但我的思路及我想的问题是不一样的。我觉得他们的作品缺少“新”的因素，就像当时所批评的“新瓶装旧酒”。我参加的目的是想让研究者看到什么样的作品才是具有新的尝试。反驳新文人画，呈现“新”和“现代”的认识，也是我策划《中国现代水墨画》一书的用意。《国画世界》是丛刊，从1985—1991年我先后做了5本，基本是一年一本。但由于第5期我做得过于现代了，所以，社领导给压下来没让出版。而第5期是我最满意的。《国画世界》是我展开现代水墨探讨的第一个平台，也反映了我当时的所思所想和对水墨创新的基本认识。为了《国画世界》能顺利出版我做了许多谦让和努力，创刊时为强调学术性，我还特别找了李泽厚写序。

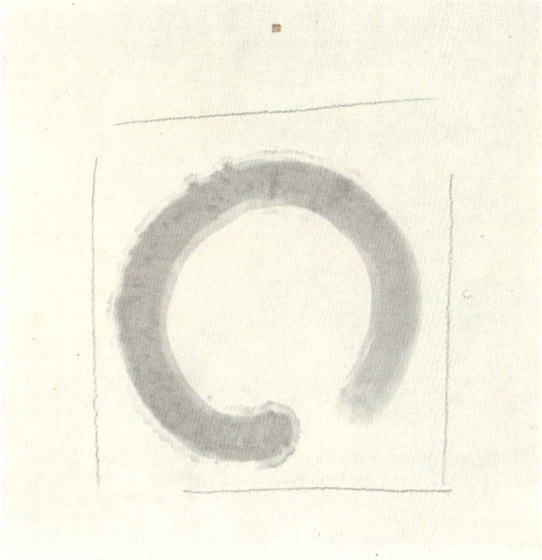

8602，宣纸、水墨、洗发水、铅笔，1986年
8602, Xuan Paper, Ink and Wash, Pencil, 68cm x 68cm, 1986

高名潞：但书里面好像没有看到李泽厚的东西吧？

张羽：对，是后来印刷前撤掉了！我那个时候做编辑时间不长，《国画世界》创刊时，我觉得第一期很重要，应该找一个比较有影响的人物写点东西，特别从美学角度谈一些观点引起大家的关注。于是，我想到李泽厚，为了能找到李泽厚还真费了很多周折，跑北京许多次才找到他的家。我记得他当时正在家休息，穿了一件很讲究的驼色的格子休闲外衣，在客厅见了我。开始他不同意写。我那个时候年轻，二十出头，敢说，所以不停地说我的想法，也许是我的执著感动了这位美学专家，他真同意写了。一周后就收到了他的文章，我很兴奋。这次约稿使我日后做事很有自信。那篇文章写得确实特别好，可刚发印刷厂，就传来李泽厚先生出问题了，所以这篇文章就撤掉了。后来听说他去了新加坡，就再也没有了联系。很遗憾，很好的文章没用上，后来原稿也不见了，我几次查社里的出版档案都没找到。现在我只记得李先生有这样几句话，“我不知道《国画世界》出版后的整体效果如何，但有一个挺好的想象，而这个想象都是这位杨柳青画社的青年编辑用语言描述的，是他的描述和真诚感动了我。探索与创新不仅仅是他的理想，其实这是时代的要求……”

随想集·第五篇·梦语，宣纸、水墨，1993年
Collection of Random Thoughts, Chapter 5, Somniloquy
Xuan Paper, Ink and Wash, 70cm × 70cm, 1993

随想集·第八篇·机缘，宣纸、水墨，1993年
Collection of Random Thoughts, Chapter 8, A Lucky Chance
Xuan Paper, Ink and Wash, 70cm × 70cm, 1993

高名潞：那你的抽象实验大概是在谷文达他们这一批人走了之后，你和国内艺术界的另外一些朋友，包括刘子建等人一起开始探索的。但是你们的创作和80年代谷文达他们那样的艺术不太一样，我把他们叫做“宇宙流”。但无论是叫“宇宙流”或者别的什么，他们都有受到超现实主义的影响，同时还有一些现代的哲学观念，而且他们也基本上是以浙江美院为基础发展起来的。但你们的作品和新文人画一路的艺术也不一样，因为他们更像江苏一带游戏笔墨那样的东西，在某种程度上来说也和“玩世”有一定的联系。我觉得你们的创作和他们的东西很不一样，就是你们90年代以来的“实验水墨”。而且为什么这个名称叫做“实验水墨”？有没有什么共同的观念、理念，或者追求什么的？

张羽：谷文达水墨现象的确抢了那个时代的风潮，客观上我们是同一时期开始水墨创新的，80年代中期我做了一批水墨抽象形式的作品，是针对现代主义语言的探讨，至今也没有人能做到我当时的层面。但由于’85思潮主要是从院校开始，比我们更容易被关注。其实，80年代我做的水墨抽象形式，与谷文达不同，我做的几何形体的极简形式主义，是真正在探讨水墨抽象问题，当时很少有人能做到这个程度。做了几十件就放下做别的了。阴差阳错的一直没有拿出来过。那时，我还不知道刘子建，看到他的作品是1989年后，1993年后才与刘子建交往。80年代联络比较多的是李世南、石虎、李津、左正尧、邹建平、王彦萍、田黎明、张进、李老十、李孝萱，还有阎秉会。记得那时很抵触新文人画，还和朋友合写了一篇“打倒新文人画”的文字。现在想起来有点好玩儿。

“实验水墨”的真正形成是1994年以后的事，是和《走势》的出版分不开的。但这个概念是

1993年《广东美术家》第三期黄专做的“实验水墨”专辑提出的，但黄专在这一栏目下选择的画家过于宽泛。这里有具象的、表现的、抽象的、再现的、民间风格的等。像李孝宣、王彦萍、田黎明、郑强、聂干因、杨志麟、刘子建、黄一瀚、石果等都在其中。这与我1988年编辑的《中国现代水墨画》没有什么区别，基本还是这些画家。也许黄专当时面对艺术家个案也没想得太清楚。“实验水墨”的说法对推进水墨的现代主义发展非常有意义，但我认为对概念的使用如果没有明确的方向又不利于学术问题的建设。黄专的问题提醒了我，所以我在使用“实验水墨”这个概念时是个清理的态度，特别强调针对性，把握“实验水墨”的建构指向，突出“实验”立场的意义。我对“实验水墨”概念的认识和理解不仅是先锋性的，而且要符合学理逻辑，可以区别于传统水墨包括具象的再现性水墨方式。我的理想就是构建一个新的水墨秩序，我试图从“非具象”入手，因为，在中国绘画史中非具象的绘画方式是个空白。同时我认同“实验水墨”这个说法的原因是它包容、开放、明确，是解决现代主义问题的态度，而且“实验”本身就是强调当代性。

在“实验水墨”的旗帜下，艺术家的共同想法或者说是理念，总体的态度是：借现代主义的认识，以及与传统水墨规范的断裂。当然，也有个别画家不这样认为。我们并没有形成什么共同的观念。刚开始大家主要是一些相似的关于艺术创作上的想法，好像也类似于理念，但不成熟，还在积累，是以我个人思想为主导的编辑工作。比如我们常说的“以现代的方式与传统水墨规范断裂”，这个现代方式是什么，与传统断裂什么，以及断裂的方法，上下左右的关系如何等。现在想来如果这是一个理念的话，我们用了十多年的时间才相对地从创作与理论阐释出它的基本问题和关系。

高名潞：你们这一批人士怎么样集中起来的？你是作为这批艺术家里面的一个代表，而且你做了很多包括出版在内的工作，可以说是其中一个重要的组织者。你能不能就这些问题谈一谈你的想法？大家怎样凑在一起？有没有什么共同追求？

张羽：我相信出版的力量，所以，我用出版的方式把大家召集在一起，通过出版的方式探讨学术，当然大家也有这个愿望。为什么我能把大家聚起来？有三个理由：一、我做出版多年，一直以出版推进水墨，那时我先后编辑了《国画世界》丛刊共四辑和一本《中国现代水墨画》画集，还策划了一些展览，与批评家有许多合作的往来，大家对我的能力有一定的认识；二、水墨的现代主义探讨是我的方向，也是我们大家共同的方向，当时大家非常认可我以出版的方式策划学术问题的观点。而且现代水墨的推进以及要想受到广泛的关注靠一两个人不行，必须是集体的力量，在当时只有通过一个群体的认识来构成一个问题或者现象；三、现代水墨处在一个非常尴尬的位置，大环境对现代水墨是冷淡的，也包括整体的批评、策展，所以从自身努力是唯一的选择。

其实，我们并不是一个严格的群体，没有纲领，只是因为我有一个自己的理想，为了这个理

《中国现代水墨画》，张羽策划、责任编辑、封面题字、装桢设计，1991年
Chinese Modern Ink and Wash Painting
Plotting, Edited in Charge, Cover Inscription and Graphic Design by Zhang Yu, 1991

《二十世纪末中国现代水墨艺术走势》丛书
张羽策划、主编、装桢设计
黑龙江美术出版社，1993—2000年
The Artistic Trend of Modern Chinese Ink and Wash in the Late 20th Century Plotting Directed and Graphic Design by Zhang Yu Heilongjiang Fine Arts Publishing House 1993 - 2000

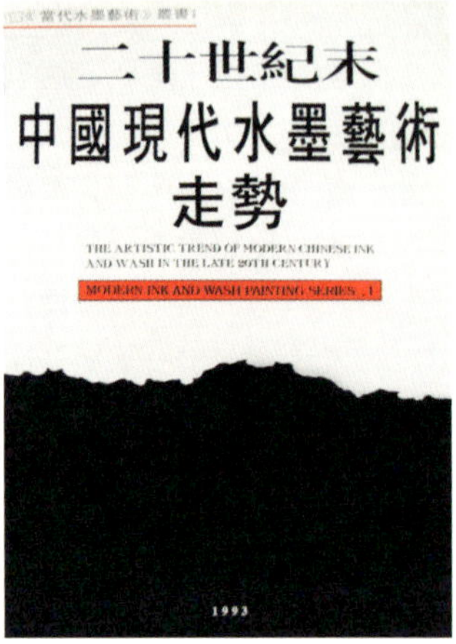

想我愿意付出努力，关键是这个理想也是大家的理想。所以我的编辑想法大家非常认同，还有，那时大家看到自己的作品如果能成为印刷品是一种荣誉。编辑《中国现代水墨画》一书时是1988年9月。我先约了石虎的作品，谷文达、陈向迅、蒲国昌、唐宋、张捷、王川、沈勤、阎秉会、李津、李孝萱，后来又约了左正尧、刘子建等。唐宋作品后来没能用，因为“现代艺术大展”的那一枪当时说与他有关。在这本书的编辑出版工作历时三年才得以完成，那时做出版挺难的！不像现在。这本书拖延出版，问题出在时局上，还有经费上，时局是“现代艺术大展”的一枪给这本书带来麻烦，社领导自然反对。还有这样的书肯定没有很好的发行上的订数，所以一拖再拖。无奈之下我想起给此书设立主编让社领导挂位的办法，真管用了，于是策略地实现了我的出版目的。也是因为这个艰难过程促使我更坚定地坚持现代水墨的立场。结果《中国现代水墨画》出版以后影响很不错，特别是把这本书里的部分艺术家的情绪带动起来了。

1991年完成《中国现代水墨画》一书，我应原苏联文化部社会科学院及东方艺术博物馆邀请，赴俄罗斯访问，举办我的个展。审批护照等了半年多时间，也就是用这半年多时间我又开始酝酿新的出版草案。以出版推进艺术发展一直是我的一个策略，在当时我坚信出版物比展览更有力度，更有学术性、持久性。另外在艺术圈内更容易生效，还可以做到既有研究又有深度。那时左正尧经常和我有电话交流，那时他也挺有理想的。我准备做一个纯粹的关于现代水墨的丛书，以明确的倾向性坚持数年的跟踪艺术家个案研究来阐释我们的观点。当时我与他说了一个笑话：将一句谎话，不断地说，说多了，人家也会把它当成真的，何况我们说的是道理。所以他非常呼应：“这个事肯定行，我支持你。”当时我把想好的丛书题目《二十世纪末中国现代水墨艺术趋势》说给左正尧。后来左正尧电话与我聊天又说起丛书题目时，在交流与切磋中我们认为“走势”更好，于是，我将“走势”取代了“趋势”。我觉得“走势”更主动、更自觉。详细方案是我在莫斯科制定的，其实，《二十世纪末中国现代水墨艺术走势》丛书最初计

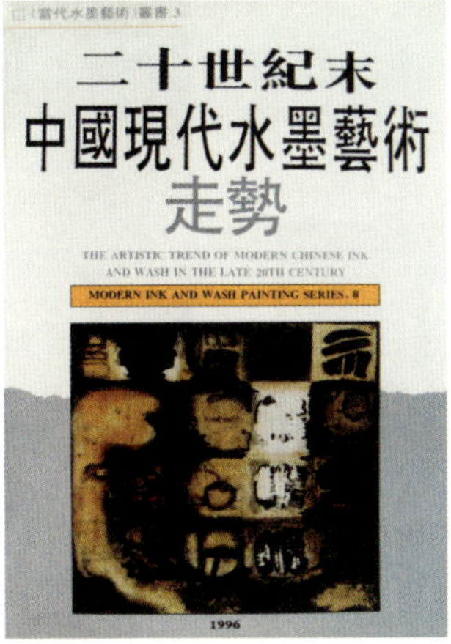

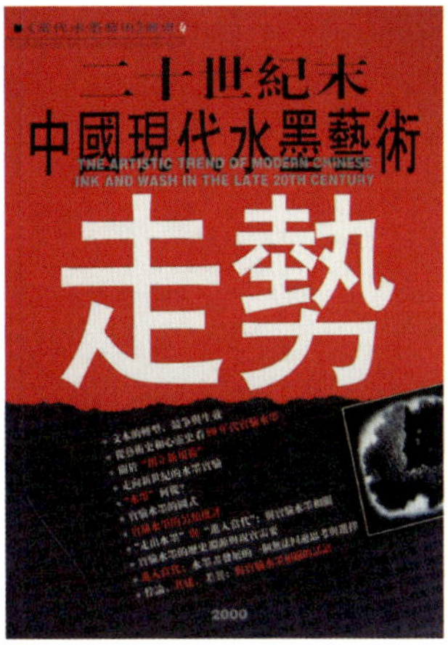

划我是想做抽象性的，可那时做抽象性水墨探索的艺术家比较少，鉴于此，只好暂时先宽泛一点。这也是为什么前两辑会有左正尧、黄一瀚、李津的原因。

1992年，我策划“走势”时还没有“实验水墨”一说。我对自己的策划方向是清楚的，但具体做起来也有一点朦胧，有点像小平那句话：“摸着石头过河。”哈哈！其实，当时理论家也很少关注这方面，所以也没有更明确的思路，他们也是随着艺术家的创作来研究和思考的。我呢，又是一个理想主义者，只好一边走一边想一边做，自我批评的过程。

我在俄罗斯工作、生活了六个月，这六个月收获很大，我走遍了圣彼得堡、莫斯科等城市的大小博物馆、美术馆、画廊，尽情地满足着自己的眼睛和心理的需要，这是我第一次走出国门，而且去“苏联”是我们这代人的一个梦想，青少年时代的我们对“苏联”这两个字太熟悉了，甚至是景仰。更兴奋地是在莫斯科比那耶乌现代美术馆做了我的个展。这段经历不管什么时候想起，都使我激动。（我有点扯远了）

1992年底回国后就开始实施我的计划，那时已经可以变换方式地买卖书号了，利用我在出版社的位置集资出版。1993年3月，我先约了天津的李津、阎秉会，北京张进，广州左正尧，珠海石果，黄一瀚、刘子建是我通过左正尧转达的。1993年6月17日，我在香港举办个展，9日途经广州住宿华侨宾馆，正好借机会约见几位南方朋友。当晚就与左正尧、黄一瀚相约，虽说我们是第一次见面但彼此非常投缘，像是久违的老朋友，相互鼓励。期间，有意思的是我和左正尧分别蘸酒几乎同时在饭桌上写下“走势”两个字，我们不约而同，当时很兴奋，黄一瀚当即又推荐方土。因为时间紧迫，他们走后我又约了刘子建，由于没见过面，我去大堂接他时两个人还在电梯内擦肩而过不识你我。见面后我们彼此交流得很愉快，当时也很投缘，他很赞同我的长远规划，非常愿意携手努力，谈话依然很兴奋。一个多星期后我从香港又返回此地与王璜生相

蜕变与突破：中国新艺术展，P.S.1现代艺术馆
纽约，美国，1998年
Inside Out: New Chinese Art Exhibition, P.S.1 Contemporary Art Center, New York, USA, 1998

蜕变与突破：中国新艺术展，张羽作品现场，旧金山现代艺术馆，旧金山，美国，1999年
Inside Out: New Chinese Art Exhibition, Modern Art Gallery San Francisco, USA, 1999

约，继续交流《走势》的话题，希望他能以批评支持我们，就这样《走势》展开了。

虽说我没有成熟的理念，但有一个明确的方向，一个共同的追求和一个梦想：做属于我们自己的水墨表达。

高名潞：你当时理解的这个“现代”指的是什么?

张羽：在当时，国画水墨从视觉上看千篇一律，太概念了，太程式化了，缺少与我们的联系，没有视觉冲击力，没有先锋性，没有那种激情的冲动，更没有时代带给你的状态。所以，我在思想上非常想找这个变化和不同，想表达这个不同的思考。而此时我们对“现代”的理解是简单的。首先要和传统不一样，与传统拉开距离，表达的范围应该宽泛，应该指向现代的生活，强调时代的精神，要敢于融入西方现代艺术的表现方法，比如“超现实主义”、“表现主义”、“抽象主义”、“极简主义”等；其次，技术语言一定要探索新的表现手段，是传统笔墨规则以外的。那时我们常说的一句话就是：新的艺术探讨可以不择手段。总之要解决水墨的现代主义问题。我当时觉得自己很有野心，要创造艺术史中没有的东西。从艺术发展史看，每一个时代都有一个方向和坐标是和其他时代不同的，我觉得这才是真正的意义和价值，艺术家应该做这样的工作。

高名潞：在这期间，你做书，和其他艺术家打交道，选择艺术家，选择主题，确定思路。你觉得你

灵光52号：漂浮的残圆，宣纸、水墨，1998年
Divine Light Series No.52: The Floating Incomplete Circle
Xuan Paper, Ink and Wash, 200cm x 100cm, 1998

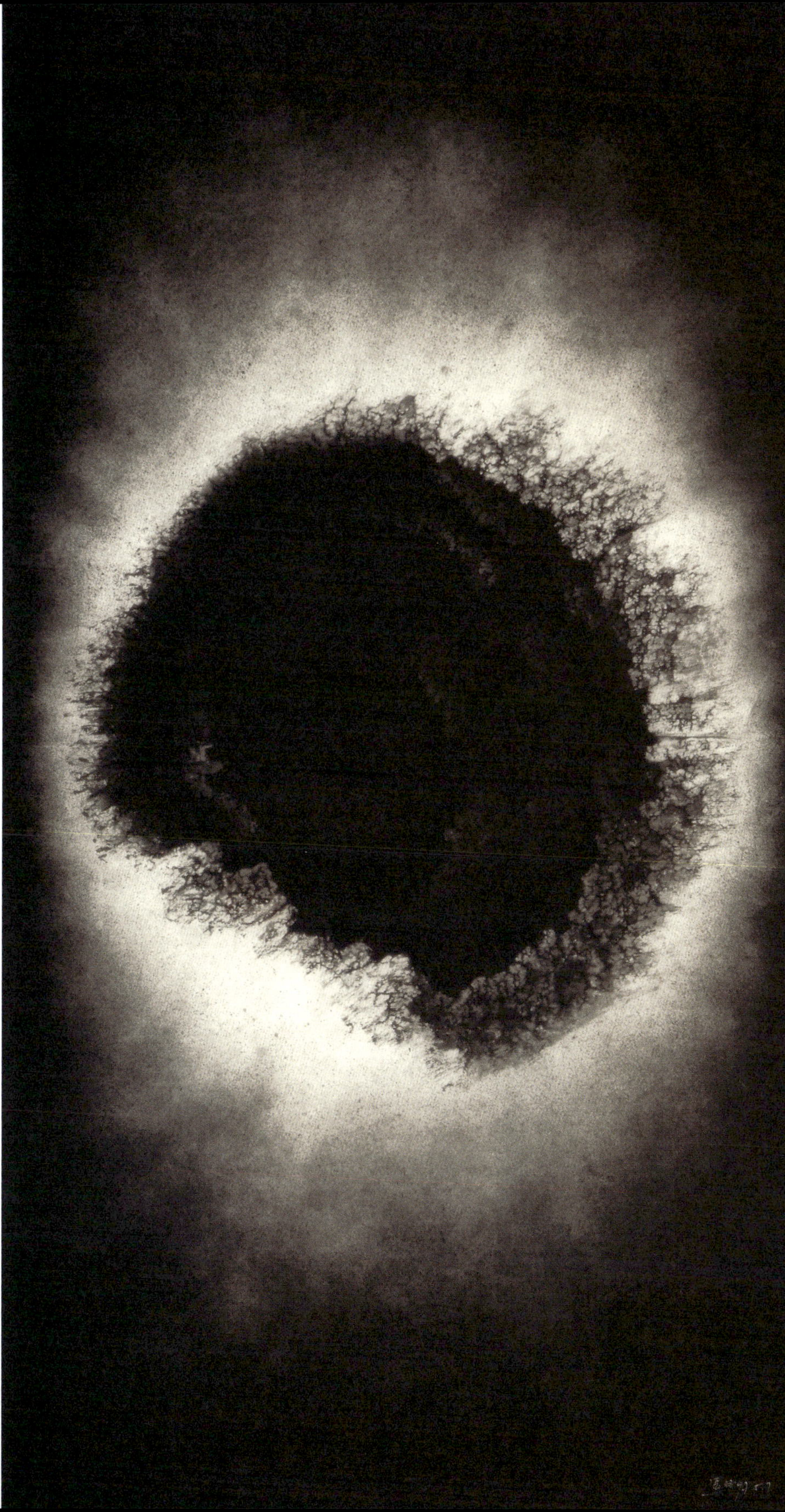

们这些艺术家之间有没有什么一致性？或者有什么争论、讨论？譬如，关于“实验水墨”究竟是一个什么样的东西？

张羽：我是凭着自己要做的问题和认识选择艺术家，因为我清楚我在做什么，我始终把握着这个方向，大家平日里经常与我通电话交流相互鼓励。那些年都是我一个人在做，靠我一个人张罗，自然在这个过程中的一系列问题都是我在掌握着方向、主题。所以，我不需要与谁争论，大家按照我的约稿要求提供给我资料就可以了。当然我们平时的电话往来就是交流了，我是把“实验水墨”问题当成是自己的事业来做的，于是投入了全部精力。我做书的能力是大家公认的，很少有人能像我一样，从一开始的策划，到集资、约艺术家、约批评家，再到设计、校对，再跟到印刷、装订、发行。虽然发行并不理想，但每一次我都会给很多艺术家、批评家邮寄书，的确产生了非常好的影响。直到现在，很多批评家说，只要研究梳理现代水墨问题，一定要翻阅《走势》这几本书。客观地讲，《走势》是“实验水墨”发展历史的一个比较集中的重要文献。

我编辑的学术思路与大方向起初的时候略微有一点折中，而后来，逐步的更多强调我的个人想法和观点，加强问题的针对性。在这个群体里的艺术家刘子建来的电话最多，他很积极也很有热情也有野心。因此，我俩在90年代末1998年前后是从上海双年展开始交流比较多。总的看这个群体还是团结的，不然这个群体也不会合作这么久，十几年了。当然，当时大家很清楚只能通过这样的方式才能走出来。我的这个思路究竟在实质上是一个什么样的东西，也许有个别人认真想了，也许没认真想。起初的几年，我们之间非常一致，可以说是团结奋斗。也许那时大家的状况都不太理想，都有很强的愿望，学术理想与个人境遇交织在一起。

《黑白史：中国当代实验水墨 1992–1999——张羽》
张羽策划、设计，湖北美术出版社，1999年
History of Black and white: Chinese Contemporary Experimental Ink and Wash 1992-1999–Zhang Yu, Zhang Yu: Directed, Hubei Fine Arsts Publishing House, 1999

客观来讲，任何事物的发展都是变化的，《走势》的学术推进了艺术家的创作，也促进了“实验水墨”现象的逐渐形成。做第二期时王天德看到了《走势》丛书，特别打电话给我，说愿意加盟，当我看到他的作品时，我感到非具象水墨现象很快就会呈现出来。此时，陈孝信向我推荐了张浩的非具象作品同时也推荐了王天德，我们的队伍在逐渐壮大。

1995年底，方土特别邀我飞往广州，为我引见广州信龙物业发展有限公司总经理方天龙，他说已经做了一些介绍，现在需要我亲自与他商谈，能否成功就看我此行了。到广州后经过两次很好的长谈，我争取到了他对“实验水墨”工作的支持，得到方天龙的资助。可以说对“实验水墨”

梦：中国当代艺术展
亚特兰蒂斯美术馆（后排左三张羽）
伦敦，英国，2001年
Dream: Contemporary Chinese Art Exhibition
The Atlantis Gallery, London, UK, 2001

的这次资助，促使“实验水墨”的发展加快了步伐，这是一次转折点。当时我真的非常激动，现在想来我都很感激经理方天龙，也感谢方土。

因为，这次资助，促成了一个具有规模的、方向明确的、学术的方案诞生了。1996年6月，我在广州华南师范大学策划召开了“走向21世纪的中国当代水墨艺术研讨会”，我特别邀请皮道坚作为学术主持人，邀请了国内11位批评家：陈孝信、黄专、王林、王璜生、钱志坚、易英、殷双喜、鲁虹、顾丞峰、李伟铭；10位从事抽象型水墨的艺术家参与研讨及作品观摩展，方土、王天德、王川、石果、张进、刘子建、陈铁军、阎秉会，还有我当时特别推荐了我的学生魏青吉，他是这次会议最年轻的艺术家，小魏在天津读书时跟了我四年多。《走势》的局面终于按照我们的意愿发展。于是，第三期我拟定的主题为“90年代抽象性的水墨话语”。1996年对我们是重要的，是水墨发展的转折，此后“实验水墨”成为水墨问题的焦点。1998年“实验水墨”现象终于以学术性的问题走进“上海双年展”，从此真正改变了它以前被官方展览所拒绝的状况。

也就是这个时候，我们的群体开始有了一些变化。这个变化的主要声音来自画家阎秉会，他不同意“实验水墨”的说法，称自己不是“实验水墨”，而是“自由水墨”，因为“实验”意味着不成功。他认为“实验”与“试验”是一回事，若如此下去何时成功。其实，阎秉会说得对，他不是“实验水墨”，因为他没有走出传统水墨规范，从此我们没有合作。此时，刘子建和我的观点还是一致的：“实验水墨”是我们的态度和立场。“实验”与“试验”是两回事。而我个人的态度是把“实验水墨”作为一个相对开放的概念去理解的，它还可以走得更远。

回想“实验水墨”的发展，为了使问题能明确呈现出来，在编书约稿的过程中我会提示艺术

中国水墨实验20年，张羽接受美术星空采访，广东美术馆，广州，中国，2001年
20 Years of Experimental Ink and Wash in China, Zhang Yu is Interviewed by Art Star, Guangdong Art Museum, Guangzhou, China, 2001

家拿哪一类作品。比如说，石果、魏青吉作品的变化比较多，为了问题呈现的整体感，只有选择一种样式。实在为难的时候，就要求艺术家提供更多的作品，这样我有选择的空间。因为艺术家拿来的作品，都比较个人化，是个人的偏爱，大家的作品放在一起时不一定有助于整体呈现，我必须尽最大的努力，包括设计，让问题一定是相对明确的、清晰的，整体阵容一定是整齐的，要有倾向。至于选择艺术家，我会根据拟定的问题选择艺术家。你可以看到五期的《走势》、《黑白史——中国当代实验水墨》和《中国实验水墨1993－2003》选择的艺术家都不一样。

高名潞：那“实验水墨”究竟是一个什么样的东西？

张羽：我认为“实验水墨”是一个开放的、发展的、变化的艺术现象，有点像流派，或是一种表现形态。首先它一定是非具象的，是与传统水墨规范断裂的，是和一波三折、皴擦、点染没有直接关联的，是非具象的图式表达我的个人方向是，它不同于“表现”，也不是“抽象”。它存在于中西视觉经验之间，是艺术史不曾有的，是对水墨及水墨媒材的重新认识，并给予重新的诠释。但并不一定是架上的，也可以是装置、行为、影像或别的什么。我认为

“实验”这个词更重要的是一种开放的姿态。我不同意鲁虹把带有试验性的水墨全部看作是“实验水墨”的泛概念，如黄一瀚、李孝宣、刘庆和等。如果如此“实验水墨”就等于“现代水墨”了。其实，“实验水墨”不是“试验性水墨”。我们可以认真思考一下，如今现代水墨画阵营里的艺术家都在进行现代性的探索，只要有探索，就有一定的试验性。而“实验水墨”创作是中国绘画史与西方艺术史都不存在的问题，它超越了现代主义的基本框架，寻找新的表达方法。它是水墨系统里所创造的另一个线索。“实验水墨”问题是图式与痕迹图像的创造。而创造的后面是他们为了表达的需要，把“水”、“墨”、“纸”这三者的关系及这三者的水性、墨性、流动性、纸性、能度、能量，推到了承载的极限、可塑的极限。这是前人，还有近代、现代，乃至当下从事水墨画创作的画家没有做到的。大多对水、墨、纸只是那种普遍性的认识。而“实验水墨”的开放性，利用笔或非笔、拓印、撕纸、拼贴、身体、行为、装置、影像以及综合材料、综合手段，完成了前人对水墨媒材没有完成的。我曾在1999年写过一篇小短文“实验水墨宣言”，为“实验水墨”勾画了一个脸谱。

《中国实验水墨1993—2003》，张羽策划、编辑、装桢设计，黑龙江美术出版社，2004年
Chinese Experimental Ink and Wash 1993-2003, Plotting Directed and Graphic Design by Zhang Yu, Heilongjiang Fine Arts Publishing House, 2004

高名潞：其实当时第二期非常重要，你基本上已经明确了一个思路，排除了倾向于表现性和再现性的了。怎么说呢？其实用“抽象”这个词也不是特别的恰当。

张羽：对，第二期我就在尽可能的情况下做一些清理，但有些客观条件还是没能特别彻底，真正的明确是第三期调整过来的。

《走势》第二期的编辑，正像你所说开始明确起来，这一期没约左正尧。在这个基础上，随后的第三期我同样没约黄一瀚、李津。我集中了“非具象”实践的艺术家这个思路的最后调整是1995年底，我策划的’96广州研讨会而实现的。用“抽象”来概括我们，我始终认为是不合适的，主要是与我们要做的问题没有关系。所以，反对使用“抽象水墨”，而强调“实验水墨”。于是，我在《走势》第三期使用了“90年代抽象型水墨话语”，以示“实验水墨”的大方向。到第四期也就是最后一期我以“走出水墨——当代艺术中的‘实验水墨’问题”，为“实验水墨”做了一次梳理和总结。客观来讲，“实验水墨”的现象和它的发展就

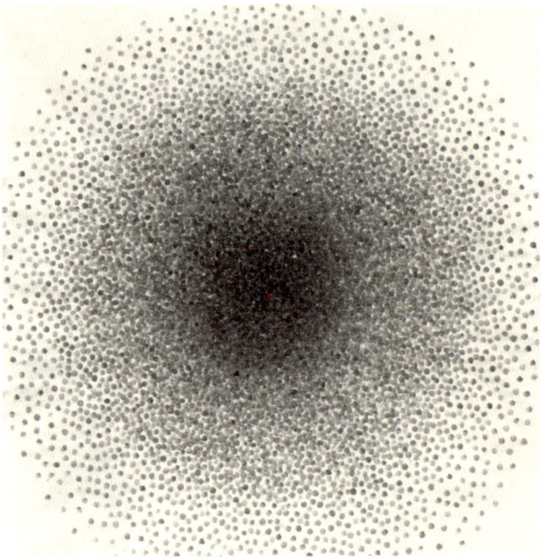

指印1991.3-1
指印行为，宣纸、水墨，1991年
Fingerprints 1991.3-1, Behavior, Xuan Paper, Ink and Wash
99cm × 90cm, 1991

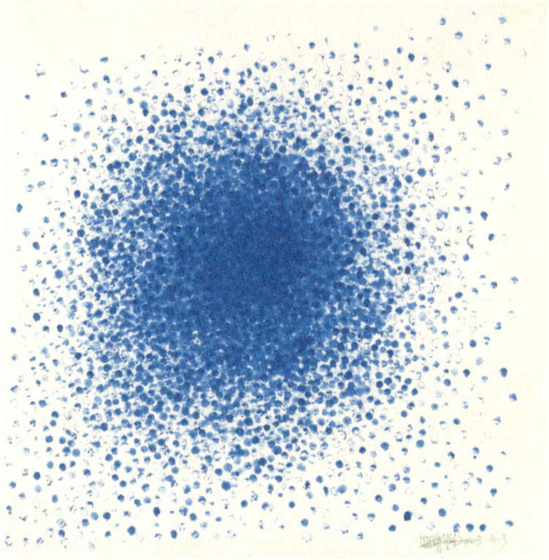

指印2002.7-1
指印行为，宣纸、植物质颜料，2002年（瑞士私人藏）
Fingerprints 2002.7-1, Behavior, Xuan Paper, Vegetable Pigments, 68cm × 68cm, 2002

这样被《走势》和《走势》的艺术家、批评家推动起来了，成为中国水墨艺术向当代转型的最后一道引人关注的风景线。

盛葳：您后来为什么反对他们把你说的那种“非具象”、“纯粹”的东西叫做“抽象”？这个与你说的“抽象性”之间是一种什么样的区别？

张羽：不是后来反对，而是一直反对把“实验水墨”说成“抽象水墨”。因为，“实验水墨”超越了抽象的问题。而他们对“实验水墨”这个概念的理解过于浮浅，仅仅看到一个外在形式的大概，而没有深入的比较，也没有体会到后面的东西。“抽象”来自西方现代主义的一个方面，所以西方文化背景下的抽象和我们文化背景下的抽象性是两回事。抽象性仅仅是一种抽象的感觉。可在西方现代艺术里抽象有两种，一种是比较注重激情的抽象表现，也叫热抽象，一种是比较理性的冷抽象，几何关系的。这些都与“实验水墨”没有直接关系。而我们的这种抽象形态的作品有自己的文化背景，特别是媒材的特殊性所带来的特殊反应，完全是不同的意义和价值，并非如鲁虹他们说的“抽象水墨”。其实，在80年代中期我们做过水墨的抽象形式的探讨，我个人认为使用“非具象”来定义比较具有容纳性。比如我的“指印”，是以文化概念的行为方式针对艺术的表达。这个系列是我1991年开始做的，2001年又重新开始，我可以每天在一张宣纸上不停地一个接一个地按手指印。由于文化的依托，这种指印行为逐渐成就了功夫，呈现的是行为表达和结果的痕迹图像的表达。这样的行为方式是抽象，还是具象？

盛葳：具体说来，这种“抽象性”，与我们的传统之间有什么具体的联系？

张羽：没有什么直接联系。我们的传统绘画里没有抽象，只有意象。像大象无形，禅宗、太极、老庄哲学都与抽象没有直接关联。抽象性是在抽象与意象两者之间的一种维度，这种抽象性更是一种状态。“实验水墨”，是不同文化碰撞的视觉经验。我们从我们的传统绘画与西方的现代艺术那里寻求新的生长点并转换成我们的认识。

高名潞：你再说说你自己的艺术吧，刚才一直讲的都是你的组织工作，接着可以讲一些你自己的创作过程。我了解你的艺术创作是在我策划“inside out”的时候，因为那个展览中有一组是关于水墨的，我们的几次接触也是在那个时候。

张羽：其实，我们第一次见面是1990年，是在你去美国之前，我与邹建平去你家里，你那时剃了一个光头，住在美协后海的院子里，当时因为你马上要去美国，很忙，所以也没有充裕

指印2004.8-1，指印行为，宣纸，水墨，2004年
Fingerprints 2004.8-1, Behavior, Xuan Paper, Ink and Wash, 200cm × 260cm, 2004

的时间来讨论艺术。在以前我还慕名给你寄过我的作品图片，是80年代中期的作品，当时真没想到能给我刊发了。

高名潞：对，那时我发了你的东西，肯定是有一定的道理。在我的印象中，你所说的“实验水墨”更多的还是从圆的那个系列开始的吧。

张羽：如果从笔墨的现代性探索来讲，是1986年后做的一组水墨抽象形式，极简主义的淡墨色笔墨与铅笔线条的方圆组合的关系。如果从超越现代性的实验方向看，是我1991年开始做的“指印”，当时做了一组，后来拿出来给大家看过，大家觉得就是抽象。那时观者无法从艺术家主体的行为去理解作品，而是从抽象表现主义的角度去看待的，因为大家看到的就是点以及点和点的关系。而我的原本是思考行为的契约、画押，当然我不认为是抽象，可当时自己也没有在理论上想得非常清楚，所以就放下了。

高名潞：你那时候可能走得比较靠前。

张羽：我知道有点过了，不合时宜。于是，我又重新调整了思路做了“随想集”、“墨象笔记”，后来又做了“灵光”。现在的“指印”系列是2001年后重新调整的认识方向。

高名潞：现在还有那时的作品吗？

张羽：现在手上还有一部分，有几张在国外收藏。《黑白史——中国当代实验水墨1992—1999》书中刊有一件1991年“指印”作品，是我“实验水墨”初期的作品。画面上的指印，是黑色的，强调了手指的指纹，不很密，不像现在的那么密集。虽然松散，但有一个焦距为中心，我在中间还印了一个图章“羽”，红颜色的。

高名潞：《黑白史——中国当代实验水墨1992—1999》我有，放在美国了。后来的“灵光”其实是从这里过来的？

张羽：是的，就是从“指印”过来的。当时我在想，可能人们还是容易接受一些视觉震撼的东西，因为视觉冲击力还是相对容易撼动心灵。所以，我从“指印”中抽出来一个点，把它放大。我认为一个手指印就是一个生命、一个世界、一个宇宙，“灵光”就这样成就了。当然，这一切是我几年的思考和视觉经验的积累，包括我在欧洲的考察，特别是面对蓬皮杜艺术中心、波恩当代艺术馆白色的展墙时的那一瞬间，将承载着乌黑浓郁的墨晕的宣纸掷在这雪白色的墙壁空间中，一种无法替代的力量，是文化的、是精神的，也是物质的。

高名潞：“灵光”又回到用笔，造型上和形式上。但实际上里面一遍又一遍的覆盖，还是含有了行为的过程。

《张羽：一位当代艺术家的个案研究1984—2008》
殷双喜主编，湖南美术出版社，2008年
Zhang Yu: A Case Study on a Contemporary Artist 1984-2008, Chief Editor: Yin Shuangxi, Hunan Fine Arts Publishing House, 2008

张羽：我觉得是构型，造型有面对物体和自然的关系，构型更多来自心里的认识。“灵光”是一个数百遍皴染过程的结果，但这个过程是一个与绘画相关的过程，这个行为不具有独立价值。“灵光”的创造是以与传统水墨规范的断裂为前提的，构型是关键，是构建一个能够撞击心灵的，能够直逼精神的，艺术史不曾有过的水墨图式。我想它应该是一个纯粹的形式，一个水墨精神的创造，一条新的线索、新的秩序，对水墨媒材的水、墨、纸、笔重新感觉、重新思考。用笔：不能是以前的笔墨法则；用纸：要改变以往只知纸的基本属性的狭隘，挖掘利用宣纸的质性、敏感性、可塑性；用墨：要调动墨性的最大能量，充分利用墨性的蕴涵能度和释放能度；用水：水，不仅仅是用于调制墨色的深浅浓淡，水，是调拨宣纸最有效的工具。

这一切必须建立在对水墨媒材从感性认识提升到理性认识。这种认识完全服务于你的表达需要，表达与对媒材的认识是自觉，它们之间是一种同在，不可或缺，不可替代。

其实，没有对水墨媒材的真正认识和理解，也很难读懂艺术家的作品。有些批评家看了我的作品，说我是拓印出来的，或者说是揉纸揉出来的。这个问题就出在对水墨媒材只是一般意义的理解和认识。其实“灵光”作品创作是复杂中的单纯，我用的是开花笔，当然也有人用过开花笔，但是我的用法和别人的用法不一样。我是在绘画前就让笔开花，然后只蘸水，只需要在纸上留下随意的乱线一般的痕迹，这样纸面上有些地方着水，有些地方未着水。于是，宣纸就会发生变化，着水的地方就会凸起。然后我就用笔蘸较干的灰色墨在纸上反复皴擦，也可以说是一种皴法，我称之为“乱皴”法。开始是要在有意与无意之间进行，到后来逐渐把这种有意与无意转变为自觉，那么宣纸凸起来的部分就不断地被强化，龟裂的自然痕迹被呈现，然后在不断的变化与生成中自觉地操控整个结构。

高名潞：对，这里面有一个材料自身的变化和你对它的认识。那你的这个系列作品叫“灵光”，肯定还是有它的精神性吧，这种精神性和材料有没有什么关系？

张羽：对水、墨、纸、笔的再认识可以说是我完成了前人没有完成的可能性。传统的艺术家没有意识到纸的这种变化，也许那个时代环境不需要。而我对“灵光”的命题是直指万物世界的生命，“灵光”的图式是我利用水墨媒材创造的一个生命载体，是我与水墨媒材的同在，也是我赋予水墨媒材的精神属性。墨性与图式的结构关系正是我精神的凸显，既然万物有灵，我同样相信物质属性的水、墨、纸与我在对话和交流中的感知，同样相信我们共同表达的灵光精神会撞击着人的感觉。“灵光”就表达而言总有一种近乎宗教式的感情，喷染留白的光既不同于中国传统绘画中对光的理解，也不同于西方绘画再现的表现方式。同时，我也自觉让“灵光”图式别于“抽象”和“表现”，使“灵光”具有自己的纯粹形式。

创作“灵光”残圆图式时想到一个问题：本来我们人类生存的地球是一个生态平衡，资源丰厚的家园，是人类生命与其他生命共同的栖息之地。人类在追求进步和发展的同时，也无情地破坏着自己的家园，对矿产、石油的大量开发及高科技的核试验，无疑使地球内部发生着裂变。进步与享乐的负面作用是严重的。于是，残圆图式的结构是崩裂的，不时有碎片崩出，这一定不是我一个人的焦虑。在这里我想把水墨的精神与精神的水墨和我们的焦虑融为一体。

说到这里我又想到在前苏联东方艺术博物馆，当时我看到董其昌、吴昌硕、齐白石等中国艺术大师的作品，却有一种悲哀的感觉。我们仰慕的大师作品只能作为民族文化的古董在这里展示吗？爱尔米塔什、普希金博物馆为什么只有西方艺术大师的作品。但我很快又想到如果把我们传统水墨画与西方绘画放在一起，真应该需要改变一下，在当代社会人的生存方式的改变下，必然对视觉感受也有新的要求，比如画面尺寸的大小，作品的形式和张力。这都需要我们对中国传统绘画语言形式的解放。

我认为传统国画水墨不具备视觉张力，对文人画在近处欣赏与把玩的方式必须突破，主观上是想努力使自己的作品不管置放在多大的空间里都有很强的视觉冲击力，都能抓住观者的眼睛和心灵。我当时想法非常简单就是彻底解放水墨，用浓郁的墨重新诠释水墨的世界。当你面对白墙上的水墨黑白作品时，它必须是强烈的，哪怕退后10米、20米。如此我可以孤注一掷把所有力量投入到水墨的黑白世界，在这样的结构里大做文章！水墨文化中的水墨性的重新开发，是极为重要的，它是我们的优势，因为，水墨属阴，是内敛的、飘然的，向内是其本能。光的应用是随着主体图式的结构而产生的，并通过黑白的结构和它们的阴阳关系将一个主体东西拉近，使它在观者面前产生一种向前的冲力，弥补水墨所不具备的西画材料本身的向外扩张力及厚重感。

那段日子考虑最多的是视觉问题，观念和结构是在创作中不断地生成。后来又逐步考虑更多的内部结构变化、主体与人的关系、主体与内部变化，立体的、空间的、速度的、漂浮的，还有作品向外向内的对应与交错的关系。经过一段时间的研究，发现水墨的“黑”在阴郁的层面上有吞没一切的能量，它浑厚，有无并存，虚实并在，而水墨中的“白”同样浑厚，有无并在，虚空同在，因此它可以阴阳转换。

中国·上墨：当代实验水墨展，张羽与法国艺术评论家易凯及观众交流瑞月宫里尔，法国，2005年
Upcoming Ink Painting: Modern Ink Painting Exhibition, Zhang Yu in an Exchange with French Art Theorist Eric Lefebvre and Audience, Palais Rihour, Lille, France, 2005

但，不管如何我们必须明白今天的当代艺术在世界格局中应该存在于共性与差异的比较之中。

高名潞：那能不能讲一下为什么回到“指印”以及这个过程？

张羽：“灵光”一做就近十年，也已经成为我的标志，甚至是“实验水墨”的标志，“灵光”系列完成了我的预想目标。另一个重要原因是我认为“指印”是我想要创造的，属于自己的方法论，是可以解放水墨的创作系统，或者说完全属于自己的方法，自己的语言，它不可替代，独一无二，可以走出水墨，终结水墨问题。而“指印”在我心里是一道还没有解开的题。

其实，回到“指印”，不仅仅是在我心里一直留恋当初的方案，更是觉得“指印”的创作思路在方法上是清楚的、明确的。2001年、2002年我一边做“灵光”、“每日新报”，一边再做“指印”的探讨，对“指印”也有了新的认识和发现。改变以前的思维线索，必须抛开水墨本身问题的思考路线，从契约文化的角度分析，我明确了红色的指印。因为，红色的指印可以直接反映契约的画押行为，这样就有了与文化关联的明确性，历史与现实、文化与艺术，以指印行为的文化概念作为前提，以文化问题针对艺术问题，把反复按压指印的行为作为观念。

我的方式在一步一步地深入，在2003年全面展开的过程中，我发现指印的反反复复行为过程与禅宗修行中的反反复复的诵经与吟唱过程是异曲同工，过程即意义，即表达，即精神。我们之前的一些方案，无论是实验水墨、抽象性的水墨或者别的什么东西，都没有很直接地非常明确地切入到建构的问题中去，而建构的问题就是当代的问题。如果说建立新规范，没有方法是不可能实现的。同时，我也觉得艺术创作做到最后应该越单纯、越简洁、越纯粹。在累积的过程中我们的脑子里面东西越装越多，想得越来越复杂，就难以实现单纯性、纯粹性。我们应该把丰富的经验和认识经过充分的过滤，最后的那个立足点应该超越这些复杂的具体问题，达到一个最高的境界。在这个过程中我做过很多的尝试，有一些指印作品，排列随意比较松散，但要考虑位置和平衡的结构关系，这样会使人们错觉与抽象有关。后来逐渐地又做了一些密集的、更密集的，这样一来既强化了其中的行为的独立表达意义，也凸现了行为的时间和过程。同时，位置、平衡、结构都在不断消失，抽象性的指印图像逐渐化为痕迹。

2003年后，指印方式的不断调整使“指印”作品在不断地变化。当我和“指印”走到今天，我有一种特别的感受，对于我的指印方式，是一种思想品质的修炼、一种精神意志力的修炼、一种心手相映的内力功夫修炼。我认为“指印”创作方法和观念紧密相连，是一次有机的结合，这个创作过程与修行打坐的精神境界是相通的。我知道我所使用的指印方法以及通过使用这个方法所达到的结果，是我累积二十余年的大融合的结果，这个融合包括很多。文化的、物质的、中国的、西方的、传统的、现代的、当代的、直接经验的、间接经验的、特别是日常性的经验等。指印的方法对我是从容的、自信的、反复反复再反复的过程是化行为为精神的过程，境界在心里及过程中实现，在痕迹图像中呈现。

2004年，我做了指印行为的影像作品，影像作品使观念和精神更凸显了。这件作品参加了横滨国际电影节，反响也非常好。

我还给自己设想了一个方案，若干年后我会用一张巨大的纸，用几年或更长时间完成这件指印作品，我想它是具有特殊意义的。当然这个很难，但我可以实现它。

高名潞：你刚才说得很有意思，就是说少数的几个点，还是跟西方的抽象艺术有关联，你要考虑这个点点在哪个位置，点与点之间的平衡、中心、边缘，就是还要把它作为一个方框，来考虑其中的结构和设计，这些现代主义的东西。后来你不断地往里面添加点，就不用那样多地来考虑画面本身的问题了。把那些平面之类的东西给解构掉了，把那些绘画性的东西也给解构掉。

张羽：是这样，随着“指印”创作的一步步深入，一方面它给了我在理念上的许多提示，使我的思考和认识更加明确，解构绘画性，超越形式与观念成为自觉，一方面“指印”给了我一个很开阔的空间，我想以后把它充分展开来。“指印”方法解放了水墨，也打开了水墨，从水墨的外部解决了水墨的问题。我想指印不仅仅是方法的探讨，其实，“指印”也触及了社会学问题，比如我想邀请社会上不同的人点指印，可以反映他们反反复复点指印的过程所带来的新的诠释，也许这是对人的探讨。我还会把“指印”方法引向空间装置或其他。前段时间我用“指印”方法创作了像雕塑那样的立体作品。

由于这几年的工作变化，思想观念也有了一些改变，对自己的工作也有了新的调整。比如

“实验水墨”问题，2003年我策划编辑出版的《中国实验水墨1993—2003》一书，是对“实验水墨”的总结，我认为“实验水墨”已经完成了它的历史使命。这两年我对“实验水墨”又有了重新的认识和思考，所以，一直都想做一个比较有规模的“实验水墨”展览，重新梳理一下“实验水墨”问题，有很多东西需要清理，“实验水墨”到底做了些什么样的工作，想向人们集中展示一下十几年来它的问题和所做的贡献。因为没弄到钱，至今还没有实现这个愿望，也许争取以后做一个回顾展吧。

有意思的是，我有幸在2005年中法文化交流年的尾声之机，在法国里尔策划了“中国·上墨：当代实验水墨展”，还在巴黎策划了“中国实验水墨研讨会”。不去论这次艺术交流活动是否重要，而从“实验水墨”以一种当代中国的水墨方式走出国门，走进另一种文化语境——曾经的西方艺术中心，我想它的意义与其他的一切都是潜在的。

我以为，“实验水墨”一方面是利用水墨媒材的水墨方式并创造了图式，另一方面是利用水墨媒材通过方法创造了痕迹图像。这两个方面建构了“实验水墨”系统，这应该是它的贡献。那些具象的、抽象的、表现的、涂鸦的都不是“实验水墨”的问题。再就是“实验水墨”的发展终结了水墨问题。

高名潞：今天聊得挺好，挺有意思，有了进一步的了解。

原文刊发于《张羽——一位当代艺术家的个案研究》，湖南美术出版社，2008年
《艺术不看人脸色》，湖南美术出版社，2014年

注释：

1、高名潞：1949年生于天津。艺术史家、批评家、策展人。哈佛大学博士，美国匹兹堡大学艺术史及建筑史系研究教授。天津美术学院特聘教授。主要从事现当代艺术批评和文化史研究，中文专著包括《'85美术运动》（合著）、《中国前卫艺术》、《中国极多主义》、《另类现代，另类方法》、《美学叙事和抽象艺术》、《墙：中国当代艺术的历史与边界》、《意派论：一个颠覆再现的理论》等；英文专著包括Inside Out: New Chinese Art (University of California Press, 1998), The Wall: Reshaping Contemporary Chinese Art (Buffalo Academy, 2005), Total Modernity and the Avant-Garde in Twentieth-Century Chinses Art (MIT Perss 2011)等。策划的主要展览：“中国现代艺术展”（1989），Inside Out: New Chinese Art New York (1998), Point of Origin: Global Concepualism 1950s-1980s, “丰收：当代艺术展”（2002）、“中国极多主义”（2003）、“意派：世纪思维”（2009）等。

2、盛葳：1981年生于重庆。批评家、策展人。中央美术学院美术史博士。先后任Art Exit杂志主编、Muse Art杂志总编。策划的主要展览有“聚合的视野——国际青年艺术家联展”（北京）、“经验 / 惊艳：中国当代艺术展”（北京）、“独白：艺术的重建”（北京/成都）、“在前卫中抒情”（重庆）、“新世纪的冲突与梦想：新锐批评家论坛”（北京墙美术馆）。主要发表论文“后殖民批评，民族主义与本质主义”、“无名画会考”、“反抗的终结与阐释的焦虑：中国抽象艺术中的前卫性及其当代反思”、“后现代艺术在中国”、“捍卫批评”、“艺术史的‘监狱’”百余篇。

Discussion About Zhang Yu's "Experimental Ink and Wash"

Dialogue Between Zhang Yu, Gao Minglu and Sheng Wei

Place: Gao Minglu's apartment, Jiuxianqiao, Beijing
Time: Morning of 6 August 2006
Edited by: Sheng Wei

Gao Minglu: Since the end of the "Great Cultural Revolution", Ink and Wash has been developing for thirty years now. Your involvement dates back to the beginning of the 1990s, I suppose, isn't it?

Zhang Yu: If you mean my overall exploration of Ink and Wash, we should go back to the mid-1980s. In 1984 I began my Fan series, an attempt to explore the modernity of Ink and Wash. You may or may not remember that you published my Fan works in *Art Monthly* in 1984. In fact, when I say that I began to explore modern Ink and Wash in 1985, it was in this year that I took part in planning the founding and editing of *The World of Chinese* Traditional Painting series of publications exploring Chinese traditional painting, and I presided over the editing work until the end of 1991. At the time this was the only publication in China that specialized in introducing modern *Ink and Wash Paintings* of an exploratory character. Besides, its influence in the field of Ink and Wash was very significant in those years, and it was very highly rated. Numerous painters submitted material, and there were many painters who came from all over China to Tianjin specifically for me to see their works. Zou Jianping got to know me through The World of Chinese Traditional Painting. He sent me Painter, and through this exchange of publications we started communicating and got to know each other. *The World of Chinese* Traditional Painting helped me understand the ideas of many artists as well as their psychological stumbling-blocks and aspirations.

Gao Minglu: Yes, at the time there were artists like this in Hubei and Xi'an. *Art Trend* also did some work on this.

Zhang Yu: Yes, periodicals such as *Jiangsu Painting Monthly* and *Art Trend* were very influential. *Art Trend* held a very important exhibition, the Hubei Chinese Painting Invitational New Works Exhibition. This exhibition served a significant purpose in developing modern Ink and Wash. In *The World of Chinese* Traditional Painting series I introduced many of the artists in that exhibition, such as Li Shinan, Zhou Sicong, Tian Liming, Lu Yushun, Chen Ping, Zhu Xinjian, Li Jin, Ding Liren, Wang Yanping, and Yan Binghui. Later I again brought about the publication of *Chinese Modern Ink and Wash Painting* in which I introduced Gu Wenda, Shi Hu, Wang Chuan, Shen Qin, Chen Xiangxun, Zhuo Hejun, Pu Guochang, *Yang* Zhilin, Zuo Zhengyao, Liu Jin'an, Huang Yihan, Li Xiaoxuan, Liu Zijian and others.

Gao Minglu: It seems there was only one volume of *Chinese Modern Ink and Wash Painting*, but two of World of Chinese Traditional Painting.

Zhang Yu:*Chinese Modern Ink and Wash Painting* was a collection of paintings that I compiled. At the time I felt it was impossible to demonstrate my new thinking in The World of Chinese Traditional Painting, for it had already taken shape as a definite direction. Accordingly there was *Chinese Modern Ink and Wash Painting*, for which I specially asked Liu Xiaochun to write a foreword. At the time, he was constantly thinking about the question of modern Ink and Wash. His article was called" Setting New Norms". When this book was produced, the new scholarly (new literati) painting was very lively. Although I took part in several of their exhibitions, the trend of my thinking and the questions I was thinking about were different from theirs. I felt that their works lacked the factor of newness - that they were pouring old wine into new bottles. The purpose of my taking part in their exhibitions was to allow viewers to feel what sort of works involved experimentation with new meanings. To refute the new scholarly painting, and to present something "new" and "modern" were also the purpose of my bringing about the publication of *Chinese Modern Ink and Wash Painting*. However, the World of Chinese Traditional Painting was a series. I produced five volumes from about 1985 till 1991, basically one volume each year. Because the fifth volume was too modern, the publishers suppressed it and didn't allow it to be published. This Volume 5 was the one I was most happy with. The World of Chinese Traditional Painting was the initial forum for my development of modern Ink and Wash experimentation. It also reflected my thoughts and ideas at the time and my understanding of the renewal of Ink and Wash, and to ensure the smooth publication of World of Chinese Traditional Painting I had to practice a lot of humility and hard work. When the time came to publish it, I also got Li Zehou to write the foreword.

Gao Minglu: But it seems that Li Zehou's things didn't feature in the book?

Zhang Yu: True, they didn't. They were removed later! I remember that I had not

8807，宣纸、水墨、铅笔、洗发水，1988年
8807, Xuan Paper, Ink and Wash, Pencil, 68cm x 68cm, 1988

been an editor for long at the time. When producing the first volume of World of Chinese Traditional Painting, I felt that that issue was very important, and that I ought to get a rather influential person to write something for it, some views from an aesthetic angle. So I thought of Li Zehou. To get hold of him involved some twists and turns. I went to Beijing a number of times before I found out where he was living. I remember he happened to be resting at home. He was wearing very fastidious checked tan pajamas when he met us — that is, myself and a female recent university graduate who had been sent out from the editorial office — in his sitting-room. At first he refused to write it. I was in my twenties at the time, arrogant and blunt in my speech, and I was always talking about my ideas. Perhaps it was my persistence that moved this expert on aesthetics, for he ended up agreeing to write something. I received his article a week later and was very excited. The success of this request made me very self-confident in the subsequent management of my business. Indeed, that article was particularly well-written. The rough version was produced very quickly, but just after he had produced it, it was reported that Li Zehou had encountered some difficulties, and the article was removed. Afterwards I heard that he had gone to Singapore, and we had no further contact. It was very regrettable that such a good article was not used. The article disappeared, and though I have made several searches of the publisher's files, I have failed to find it. Now all I can remember of it can be summed up in a few words, roughly:" I do not know what the overall effect will be of the publication of World of Chinese Traditional Painting, but it has a very good vision, and this vision was very well explained to me by the young editor of the Yangliuqing Painters Community. His explanation and his sincerity moved me. Exploration and innovation are not only his ideals, but also in fact what is demanded by the age..."

Gao Minglu: So you began your exploration of abstract experimentation after the departure of Gu Wenda and others in that group, with some other friends in the art world in China, including Liu Zijian. Yet your and Li Zijian's works were rather different from the 1980s works of Gu Wenda and others of that group. I called them 'Cosmic Flow', but whatever we call them, they all were influenced by surrealism, along with some modern philosophical concepts, and besides,

8806，宣纸、水墨、洗发水，1988年
8806, Xuan Paper, Ink and Wash, 68cm × 68cm, 1988

they basically all developed with the Zhejiang Academy of Fine Arts as their base. However, your and your friends' works on the other hand are also different from the direction of the art of the new scholarly painting, for they are more like the Jiangsu artists who "play with brush and ink". To some degree, it also bears a certain relation to "cynical art". I feel that your and your friends' works are very different from theirs. I mean your "experimental Ink and Wash" of the 1990s. By the way, why is it called "experimental Ink and Wash"? Are there any shared conceptions, ideas or pursuits?

Zhang Yu:The phenomenon of Gu Wenda's Ink and Wash was indeed a model, though I personally have no special feeling towards his works. But at the time it nevertheless generated a lot of emotion in us, a feeling of excitement and hope. In the 1980s I still didn't know about Liu Zijian. I first saw his works after 1989. It wasn't until the 1993 that I began to have more to do with him. In the 1980s my contacts were mainly with Shi Hu, Li Shinan, Li Jin, Zuo Zhengyao, Zou Jianping, Wang Yanping and also Yan Binghui. I remember that there was during that time a sense of collision with new scholarly painting, and I even wrote an article with the title *Down with New Scholarly Painting*. Thinking about it now, it seems amusing.

Experimental Ink and Wash only really took shape after 1994. It is inseparable from the publication of *Trends*. At the same time as the first issue of *Trends* appeared in 1993, the concept of "experimental Ink and Wash" was used in a related sense in the special column of the same name, produced by Huang Zhuan and Wang Huangsheng for the third issue of *Guangdong Artists*. However, the artists selected by Huang Zhuan for this column were very mixed, and I personally consider that it would have been more accurate to call them "exploratory". They included figurative, non-figurative, expressionist, abstract, representational and folk artists, and included artists such as Li Xiaoxuan, Wang Yanping, Tian Liming, Deng Qiang, Nie Ganyin, *Yang* Zhilin, Liu Zijian and Huang Yihan. This was also the case with *Chinese Modern Ink and Wash Painting*, which I produced in 1989. Basically they were the same people. I think that using concepts in such a generalized way doesn't do much for establishing academic standards, and this was a reminder for me. When I used the concept "experimental Ink and Wash", it was in a spirit of cleaning and tidying, of emphasizing goals and directions, of maintaining the aim of the construction of experimental Ink and Wash, and of high-lighting the directional meaning of "experimental". As I know and understand the concept of "experimental Ink and Wash", it has an avant-garde character, and can be distinguished from traditional Ink and Wash, which includes the format of figurative painting with its representational nature. Our ideal is to construct a new order of Ink and Wash, and I take my point of departure from the non-figurative, because the non-figurative format is vacant in the history of Chinese painting. At the same time I recognise that the reason why it is called "experimental Ink and Wash" is that this term is inclusive, open and clear. It has a modernist attitude. Besides, "experimental" in itself has a strongly modernist sense.

The general attitude of the shared thoughts or ideas of the artists working under the banner of "experimental Ink and Wash" is to break away from the traditional norms of Ink and Wash by using a modern format. Of course there are also various painters who do not share this opinion. However, at the time when we were just beginning this activity together, we had not previously formed any shared conceptions, since the process had just commenced. People mainly shared some thoughts on artistic creation, and seemed similar in their ideas and slogans, but these ideas hadn't matured. It was still building up. For instance, we often said "break with the traditional norms of Ink and Wash by using a modern format". What was this "format"? How were we to "break away"? What was to be our method of breaking away? What was to be the context? And so on. Thinking back of this as an idea today, we at the time spent some ten years before we could, relatively speaking, move on from breaking ground and theorizing about it to explaining its basic problems and relationships.

Gao Minglu: How did this group of people including you coalesce? You yourself were a representative of this group of artists, did a lot of work including publication, and may be considered an important organizer within the group. Can you say something about this question, whether there were any common pursuits in the formation of this group?

Zhang Yu:I did bring people together. Of course they also had this aspiration. There are a couple of reasons why I could bring everybody together. First, I had published over a number of years and was ceaselessly promoting Ink and Wash. About this time I edited four issues in the *World of Chinese* Traditional Painting series as well as the compilation of paintings *Chinese Modern Ink and Wash Painting*. I also curated some exhibitions and had a lot to do with many critics and artists, so everybody was aware of me to some degree. Second, my

墨象笔记9407
宣纸、水墨、丙烯、白粉，1994年
Notes on Ink Images No.9407
Xuan Paper, Ink and Wash
Propylene, Whitening
68cm × 68cm, 1994

ideal, and everyone else's ideal too, were to produce modern Ink and Wash. They accepted my viewpoint that we couldn't rely on just one or two people to promote modern Ink and Wash and achieve wide attention to it. To establish a problematic or phenomenon takes a collective force, and a powerful battle-array. Thirdly, modern Ink and Wash was in a very awkward position. The world around us was indifferent to it. This included the critics, so self-help was the only option.

I had envisaged this collective prototype before the great China/Avantgarde Exhibition in 1989, beginning from the drafts for *Chinese Modern Ink and Wash Painting*, the book I had been editing from September 1988. For, two years earlier, I had produced an individual catalogue for Shi Hu, after which I had quite a lot to do with him. So I first agreed to have his works in it, and then also works by Gu Wenda, Chen Xiangxun, Tang Song, Zhang Jie, Wang Chuan, Shen Qin and others. In the event I could not use Tang Song's works, because of his apparent connection to the famous gunshots at the China/Avantgarde Exhibition. During the extended editing process of the book, this collective direction became increasingly clear. Ultimately it took three years to complete the editing work for this book. Publishing was very difficult in those days, quite unlike today. The problems arose from the political situation of the time, and there were funding problems. The political situation meant the general environment was not ideal after the China/Avantgarde Exhibition, and there were of course objections from the publishing company's leadership. There was also the problem that the subscription numbers for this kind of book would certainly not be very good, and therefore nobody would vouch for its funding. So things were repeatedly postponed. In desperation I thought of the device of taking second place after the leader of the publishing company as editor-in-chief of this book. Unexpectedly this succeeded, and by this stratagem I achieved my objective of publication. It was also because of this difficult process that I became even more determined to uphold the position of modern Ink and Wash. In the event, *Chinese Modern Ink and Wash Painting* was quite influential once it was published, and in particular it gave an emotional boost to some of the artists in the book.

When I had completed *Chinese Modern Ink and Wash Painting* in 1991, I accepted invitations from the Soviet Union Ministry of Culture's Academy of Sciences (Social Sciences section) and the State Museum of Oriental Art, and I went to Russia to hold a solo exhibition of my works. It took half a year before my passport was approved, and I used this period to draft a new publication. It has always been a strategy of mine to promote artistic development. At the time I was firmly convinced that publications carried more credibility and were more professional and enduring than exhibitions. They also produced more effect within the field, and could be given more depth. During this period I often had telephone conversations with Zuo Zhengyao. I prepared to produce a series purely devoted to modern Ink and Wash, maintaining the tracking of individual case studies over several years, and employing a clear battle-array to explain our viewpoints. At the time I said to him jokingly: If you keep telling a lie, people will eventually regard it as the truth. He answered: Even more so, since what we are saying is true in the first place. So he was very responsive: "This business will definitely work, I'll support you." I then explained the subject of the series I had finished planning: *Tendencies in Chinese Modern Ink and Wash in the Late Twentieth Century*. Later, when Zuo Zhengyao again raised the subject of the series with me when we talked over the telephone, he suddenly asked me in the middle of our conversation, as we were exchanging views: "What about '*Trends*'?" I suddenly realized it would be better, and so I replaced "tendency" with "*Trends*". I felt that "*trends*" was more active, and more consciously aware. I settled on the details of the project in Moscow: I originally planned to make an abstract group on the subject of *Trends in Chinese Modern Ink and Wash Art in the Late Twentieth Century*, but at the time there were not very many artists of scale who were working in this field of exploring abstract Ink and Wash, and I also had to consider whether it would be possible to work together. With this in mind, I found it temporarily necessary to keep it somewhat more open. This is also why the first issue included Zuo Zhengyao, Huang Yihan and Li Jin, and why I myself had not yet published any abstract works.

At the time, there was no mention of experimental Ink and Wash. My feelings about the direction of my own plans were clear, but on the other hand I was somewhat vague about the specifics of getting started on them. It was a bit like Deng Xiaoping’s expression: cross the river by feeling the stones. Well, the theorists who were then studying this aspect were also not too clear about the thinking. They were following the creation of the artists to develop their research and investigations too. As for me, I’m an idealist. I have to proceed, think, and create simultaneously.

I lived and worked in Russia for six months. The harvest of these six months was very rich. I visited the large and small museums, art galleries and commercial galleries of St Petersburg, Moscow and other cities, fully satisfying my visual and psychological needs. This was the first time I had left the country, and to go to the "Soviet Union" was a dream of people of my generation. Since childhood we were so familiar with those two words: "Soviet Union" and felt an admiration for the place. Even more exhilarating was that Belyaevo Modern Art Museum was holding a solo exhibition of my works. Whenever I think about this experience, I feel excited.

The recruiting of this group still begun through publications. After I returned to China in late 1992, I began to carry out my plan. It was, already then, to transform the format by using ISBN numbers, and to make use of the position I had achieved through publishing to compile materials for publication. In March 1993 I first came to agreements with Li Jin and Yan Binghui in Tianjin; Zhang Jin in Beijing; Zuo Zhengyao, Huang Yihan and Liu Zijian (through Zuo Zhengyao) in Guangzhou; and Shi Guo in Zhuhai. On 17 June 1993 I held a solo exhibition in Hong Kong, and I had the opportunity to visit some friends in southern China. On the 9th I travelled to Guangzhou and stayed in the Overseas Chinese Hotel, and that evening I agreed to meet with Zuo Zhengyao and Huang Yihan. Although it was the first time we met, we got along very well, like old friends meeting after a long interval. We encouraged one another. A funny thing was that both Zou Zhengyao and I separately dipped a finger in wine and wrote "*trends*" on the table. I can’t quite remember why, but we were very excited that night, and Huang Yihan immediately recommended Fang Tu. After they left, because I was only in Guangzhou for one night, I arranged to meet Liu Zijian. Because we had never met, we first walked straight past each other when I went to meet him in the lobby. It was a happy meeting. He approved of my long-term plan and was more than willing to work with me. Although this was also the first time we met, our conversation was exhilarating. A week later, I returned from Hong Kong to the same place for a meeting with Wang Huangsheng, and I continued to communicate my views on the subject of *Trends*, hoping that he would support us in his criticism. This is how, where and when *Trends* got started.

Although our conceptions had not matured, but just amounted to a somewhat rough idea, we shared a pursuit and a dream: to produce a "modern Ink and Wash" that was our own.

Gao Minglu: What did you understand the implications of this "modern" to be at the time?

Zhang Yu: Looking at the exhibitions of the time and, for that matter, the publications as well, all the traditional Ink and Wash was stereotypical, too conceptualized, too formulaic, lacking in shock value, incapable of moving the spectator — generally it felt boring. Therefore, my thinking was that I really wanted change, to make something new, to be different. My understanding then of "modern" was very simple. Primarily it had to be different from the tradition, to establish a distance to it. The scope of expression needed to be broadened, and there must be some difference as well. It should refer to modern life, or even to the imagination beyond real life. It must not be superficial. It had to be deep, to emphasize psychological emotions and spirituality. It must dare to embrace the expressive methods of western modern art such as surrealism, expressionism, and abstraction. Then, with regard to technical aspects, it must definitely explore new expressive devices and stand outside the rules of traditional brush and ink. A common saying of mine during this period was "all is fair in artistic creation". Besides, I felt very ambitious at the time. I considered an empty but real problem - the problem of art history and how to create something that didn't exist already in art history. From the angle of the development history of art, each age has a direction and coordinates that are different from those of other ages. I feel that this is the real meaning and value, and that artists should work along these lines.

Gao Minglu: Meanwhile, you were producing books, dealing with other artists, selecting artists and consolidating your line of thought. Do you feel that between you and these other artists there were identical areas, or areas of dispute or discussion? For instance, about what precisely experimental Ink and Wash was?

Zhang Yu: To tell the truth, I chose artists depanding on my understanding and what I would do. Because I knew clearly what we were doing, so everybody rang me frequently, on an everyday basis, and we encouraged one another. Because many things were done by me together with the others, I naturally performed a lot of specific tasks in the course of this process. I regarded the question of experimental Ink and Wash as my own cause to undertake, and therefore I put all my energy into it. My ability to produce books was acknowledged by everybody. Very few people could do what I did, that is, plan a book from scratch, gather material, organise artists and critics, design, proofread it and see it through to its printing, binding and distribution. Although the distribution was not ideal at all, I managed every time to use some of the remaining money to mail books to many artists and critics, which really produced a very good effect. Even today, many critics say that if they have to write an article to do with modern Ink and Wash, they definitely read these issues of *Trends*. Therefore, at the very least it is a relatively concentrated and important documentary resource of the history of the development of experimental Ink and Wash of that era.

In the earliest period there were some minor compromises in the academic line of thought and overall direction of my editing, but later I gradually increased the emphasis on my personal point of view, enhancing the way the problem was targeted. Among this group of artists, Liu Zijian's telephone calls were the most frequent. He was very positive. Accordingly, our contact of the late 1990s increased after about 1998, probably beginning from the Shanghai Biennale. On the whole, this group showed a lot of solidarity. Otherwise the group could not have worked together for so long, for more than ten years. Of course, at the time everyone was very clear that this format was the only way that we could make our mark. Perhaps some of the people wondered seriously about what this line of thought of mine really was, or maybe they didn't. In the first few years, we were very close - one might say that we were struggling together in solidarity. Perhaps none of us were in an ideal situation, and we were all in a position where very high hopes were mixed up with academic ideals and individual circumstances.

In objective terms, everything develops through change, and the development of *Trends* spurred on the creative work of the artists and the gradual formation of artistic phenomena. During the production of the second issue, Wang Tiande looked at the *Trends* series and especially rang me and offered to join us. When I saw his non-figurative works, I sensed that a new phenomenon within non-figurative Ink and Wash would soon present itself. At the same time Chen Xiaoxin recommended Zhang Hao's non-figurative works to me. Our team was growing. Psychologically, I found Chen Xiaoxin's actions very heartening.

By the end of 1995, Fang Tu specially invited me to fly to Guangzhou to introduce me to Fang Tianlong, the General Manager of Dragon Property Development Co Ltd, and to let me get to know him. Fang Tianlong said that he hoped to invest in us. He had already done some preparatory work, and now he needed to negotiate directly with me, as success depended on me now. After two excellent long conversations, I secured his support for experimental Ink and Wash. Securing Fang Tianlong's funding was a turning-point. This time, the funding was directed towards experimental Ink and Wash, and it accelerated its development. I was really excited then, and when I think of it today, I am very grateful to General Manager Fang, and I should also say, to Fang Tu.

For with this funding, a project with scale, clear direction and an academic program was born. In June 1996 I planned and convened the "Symposium on Contemporary Chinese Ink and Wash Toward the 21st Century" in Guangzhou, for which I invited Pi Daojian to be the academic host, along with eleven Chinese critics. There were also ten Ink and Wash artists engaged in abstract form who took part in the symposium, and their works were shown in the associated "Exhibition for Viewing and Emulating". These artists were Fang Tu, Wang Tiande, Wang Chuan, Shi Guo, Zhang Yu, Zhang Jin, Liu Zijian, Chen Tiejun, Yan Binghu and Wei Qingji. Because this academic activity was convened at South China Normal University, Liu Xijian and Wei Qingji gave me a lot of support and assistance. Finally the position of *Trends* was developing as we wished. Accordingly I proposed that the theme of the third issue should be "Abstract Ink and Wash Discourse in the 1990s". 1996 was an important year for us, a turning-point. Henceforth, experimental Ink and Wash became the focus of the Ink and Wash problem. In 1998 the experimental Ink and Wash phenomenon finally entered the Shanghai Biennale as an academic problem. This is when its situation really changed. It was no longer rejected by the official exhibitions.

It was also at this time that there were some changes to our group. The main voice in these changes came from the painter Yan Binghui. He disagreed with the expression "experimental Ink and Wash", saying that it was not experimental but free, as "experimental" implied unsuccessful. He compared "experimental" with "test", and asked when we would "succeed" if we continued in this vein. In fact, Yan Binghui was right in that his own work was not experimental Ink and Wash. He had not broken free from the traditional rules of Ink and Wash. Since then we have not worked together. At the time my views were the same as Li Zijian's. Experimental Ink and Wash was our attitude and our standpoint. "Experiment" differs from "test". And my personal attitude is that the more we understand "experimental Ink and Wash" as a relatively open concept, the further it will go.

Looking back at the development of experimental Ink and Wash, in order to be able to present the questions clearly, I might, during the stage of submitting material in editing a book, prompt the artists to submit the works they had at hand. For instance, works by Shi Guo and Wei Qingji varied rather a lot, so

灵光71号：漂浮的残圆，宣纸、水墨，2003年
Divine Light Series No.71: The Floating Incomplete Circle
Xuan Paper, Ink and Wash, 99cm x 90cm, 2003

the only way to preserve a feeling of unity in the book was to choose works of the same format. When this became awkward, I asked the artists to submit even more works, leaving myself some room for choice. For all the works submitted by the artists were fairly individual, reflecting their individual preferences. When they were juxtaposed, the result was not always harmonious. I had to exert myself to the utmost, including in the designing, to show the questions with crystal clarity, so that the battle-array would be well-ordered. There must be a direction. This applied to the choice of artists too. One can say that the choice was mutual between myself and the artists, but I would choose the artists according to the set theme. You can see if you wish, that the artists in the fifth issue of *Trends* are quite different from those in *Chinese Experimental Ink and Wash 1993-2003*.

Gao Minglu: In that case, what exactly is "experimental Ink and Wash"?

Zhang Yu:I understand and define the concept of "experimental Ink and Wash" as an open, developing, and changing artistic method. First, it is definitely non-figurative in form. It has broken away from the norms of traditional Ink and Wash. It has no direct connection with the traditional techniques of one-wave-three-twists, texture-strokes or touching-up. It is created from scratch. It is unprecedented in art history. It is a new understanding and a fresh interpretation of Ink and Wash and of the materials used in the medium of Ink and Wash. It is not necessarily produced on an easel. It can be an installation, a performance, a video installation, and so on. I believe that the important aspect of the word "experimental" is an open attitude or stance. I do not agree with Lu Hong's pan-theory according to which all Ink and Wash that includes a character of "testing", such as the work of Huang Yihan, Li Xiaoxuan, Liu Qinghe and others, is considered to be "experimental Ink and Wash". This would equate "experimental Ink and Wash" with "modern Ink and Wash", which would obscure the nature of the problem and blur the exploration of the methodology. Experimental Ink and Wash is not "test Ink and Wash". We may seriously consider for a moment that all artists in the modern Ink and Wash camp are engaged in exploration, and thus to a certain degree they are carrying out "tests". However our experimental Ink and Wash exists in the art histories of neither China nor the west. It is a different strand that has been created within the wider system of Ink and Wash, and the most important achievement of the experimental Ink and Wash problem is that it is a creation of schemata and trace images. The background of the creation is that the artists, for their expressive demands, have pushed the relations between water, ink and paper, along with their nature as water, ink and paper, and what they are capable and incapable of, and their potential energy, to the utmost limit as vehicles, and their limits of plasticity. This has been achieved by no ancient, or even recent, modern or contemporary artists working within Ink and Wash creation. They had and have only a general understanding of water, ink and paper. On the other hand, within the open character of experimental Ink and Wash, using or not using a brush, rubbing, peeling, collage, the body, performance action, installation or video installation, mixed media or mixed devices, they have completed an operation that previous people working within the Ink and Wash medium have not. I once wrote a short article," Experimental Ink and Wash Manifesto", to describe the features of experimental Ink and Wash.

Gao Minglu: In fact, at the time the second issue was very important. You basically already then made your line of thinking clear, and you ruled out the tendencies towards a character of expression or representation. How to put it? In fact, it is also not particularly accurate to use the word abstraction.

Zhang Yu: Right. In the second issue I did my utmost to tidy and clean things up, but there were still some objective obstacles that prevented this, and the true direction was only fine-tuned in the third issue.

The editing of the second issue of *Trends* was, as you just said, the beginning of clarity. Zuo Zhengyao left our group. On this basis, I did not invite Huang Yihan or Li Jin for the third issue. The final fine-tuning of this line of thinking of focusing on the non-figurative artists took place when I was preparing in late 1995 for the 1996 seminar. I had always felt that using "abstract" to characterize us in general was inexact. I felt that it had nothing to do with our problem. So we were against using "abstract Ink and Wash" as a name, but at the time we had not to any sufficient degree thought of any other words that could be more appropriate and fitting. In the third issue of *Trends*, therefore, I used "Abstract Ink and Wash Discourse in the 1990s" to indicate the overall direction of experimental Ink and Wash. By the fourth and last issue, I collated and summarized experimental Ink and Wash in "Breaking with Ink and Wash — the Problem of Experimental Ink and Wash Within Contemporary Art". Objectively speaking, the phenomenon of experimental Ink and Wash and its development were driven by *Trends* and by its artists and critics to become the ultimate skyline of the modern paradigm shift of Chinese Ink and Wash art, and people were paying attention to it.

Sheng Wei: Why were you later so opposed to them calling those "non-figurative" and "pure" things that you talk about, "abstract"? What is the difference between this and the "abstract character" that you talk about?

Zhang Yu: Because there is no true abstraction in experimental Ink and Wash. I feel that their understanding of "abstract" is rather too superficial. They only look at the external form, and have not felt and understood the things that underlie it. The word "abstraction" comes from western modernism.

The abstraction of the western cultural background is different from the abstraction of our cultural background. There are two kinds of abstraction in western modern art. One is abstract expressionism focusing on passion, which is also called hot abstraction. The other is cool expressionism, which is more rational. What we usually mean by abstraction is cool abstraction, and cool abstraction stresses rationality, intelligence and apparently a certain calculation in the design. However, our works of this abstract type have their own cultural context and wider cultural background, in particular the special reflection that the special character of the medium and its materials carry with them. They have altogether different meanings and values. In distinction to what people like Lu Hong mean by "abstract Ink and Wash", I personally believe that that using "non-figurative" to define it is quite accommodating. Why am I happier calling it "non-figurative"? For instance, my *Fingerprint* series uses the performance format of cultural concepts for purposes of artistic expression. I first began to produce this series in 1991, then re-started it in 2002. Day after day, I can press fingerprint upon fingerprint on xuan paper. Because I rely on culture, this fingerprinting performance gradually becomes a skilled drill. What it presents is the expression of the image of traces of the expression and the result of the performance. Is this performance format abstract or figurative?

Sheng Wei: In specific terms, is there any connection between this "abstract character" and our tradition?

Zhang Yu: In our former culture there were many relatively abstract, yet apparently quite specific descriptions, such as "obscure", "chaos", "unify Heaven and Man", "naturally all comes together" and "the greatest shape has no form". I feel that they are all to be found between the two and that they relate to subjective cognition. Yet the important things are Chan School Buddhism, religion, Taiji (Tai Chi) and the Daoist philosophy of Laozi and Zhuangzi. There is indeed a realm within the wider character of abstraction, and through this realm one may arrive at the spiritual. However, present-day creative work cannot directly access and obtain these things. It takes a process of transformation, by which one gets to know and understand oneself anew. However one expresses it, our present-day works are the result of a fusion, of the collision between Chinese and western culture. We have taken some interesting things from western modern art. This is natural. With the particular history that this generation has, we have had no choice.

Gao Minglu: Please say something more about your own art. What you have just been talking about is your organizational work. You can follow that up by explaining your creative process. My understanding of your artistic creation dates from when I curated the exhibition *inside out*, as some of the works in that exhibition related to Ink and Wash, and several of our encounters also date from that time.

Zhang Yu: The first time we met was in 1990, before you went to America. Zou Jianping and I went to your residence. You had shaved your head. You were staying in the Chinese Artists Association's Beihai courtyard. Because you were just about to leave for America you were very busy, so there was insufficient time to discuss art. Even earlier, in the late 1980s, your reputation had led me to send you some material about my works. I never imagined then that you might actually publish them.

Gao Minglu: That's right. There was definitely a certain reason why I published your works at that time. My impression was that your so-called experimental Ink and Wash began rather with the Round series, didn't it?

Zhang Yu: If you mean the beginning of my experimental direction, it began exactly in 1991, when I began to produce *Fingerprints*. I made a set at the time, and let people have a look. Everybody just felt it was abstract, and there was no special feeling. In those days, people did not understand a work from the subjective actions of the artist. They approached my work from the angle of abstract expressionism, as all they saw was dots and the relationships between dots. I felt discouraged. I hadn't thought very clearly about it either, and I set aside the fingerprints. I also thought it was rather abstract, and my hope was that I should be more progressive.

Gao Minglu: Perhaps you were relatively ahead in your progress.

Zhang Yu: Perhaps a little too much so, it seems. The time wasn't right. So I adjusted my thinking and produced *Capriccio* and Notes on Ink Images, and then also *Inspiration*. The present direction of my *Fingerprints* series is the result of my reflections beginning in 2001.

Gao Minglu: Do those early works still exist?

Zhang Yu: It seems I only have one or two in my possession, though several pieces were collected overseas. In the book *History of Black and White*, there is a work of mine that dates from the early period of my experimental Ink and Wash. The fingerprints on the surface are black and there is an emphasis on the pattern of the lines in the fingerprints, which are relatively sparse, not as densely arranged as they are now. Although they are loose, there is a focal space in the centre, where I have impressed a seal with the character Yu in red.

Gao Minglu:I have a copy of that book *History of Black and White*. It's in America now. Is this where *Inspiration* came from later?

第四届深圳国际水墨双年展，张羽作品展览现场，深圳画院展览馆，深圳，中国，2004年
The 4th Shenzhen International Biennale of Ink and Wash, the Display of Zhang Yu's Works, Shenzhen Art Academy Exhibition Hall, Shenzhen, China, 2004

Zhang Yu: That's right. It started from *Fingerprints*. At the time I was thinking that perhaps people still wanted to see something that could touch their visual sense directly, as visual impact is the key to shock the spirit. So I extracted a dot from the fingerprints and enlarged it. I believe that a fingerprint is a life, a world, a universe, and that's how *Inspiration* was accomplished. Of course, all this is the accumulation of several years of my reflection and visual experience, including my study touring in Europe, especially the moment when I faced the snowy white exhibition walls of the Centre Pompidou and the Kunstmuseum Bonn. Throwing a black halo of rich black ink into that snowy white space is a unique kind of force, cultural and also material.

Gao Minglu: In *Inspiration* you returned to using a brush, both in modelling and in form. Yet in fact, there is still a performance process in the repeated covering of brushstrokes in it.

Zhang Yu: This is the result of hundreds of brushstrokes, but it nevertheless relates to painting. The creation of *Inspiration* is premised on the split with the norms of traditional Ink and Wash. The modelling is the key, and

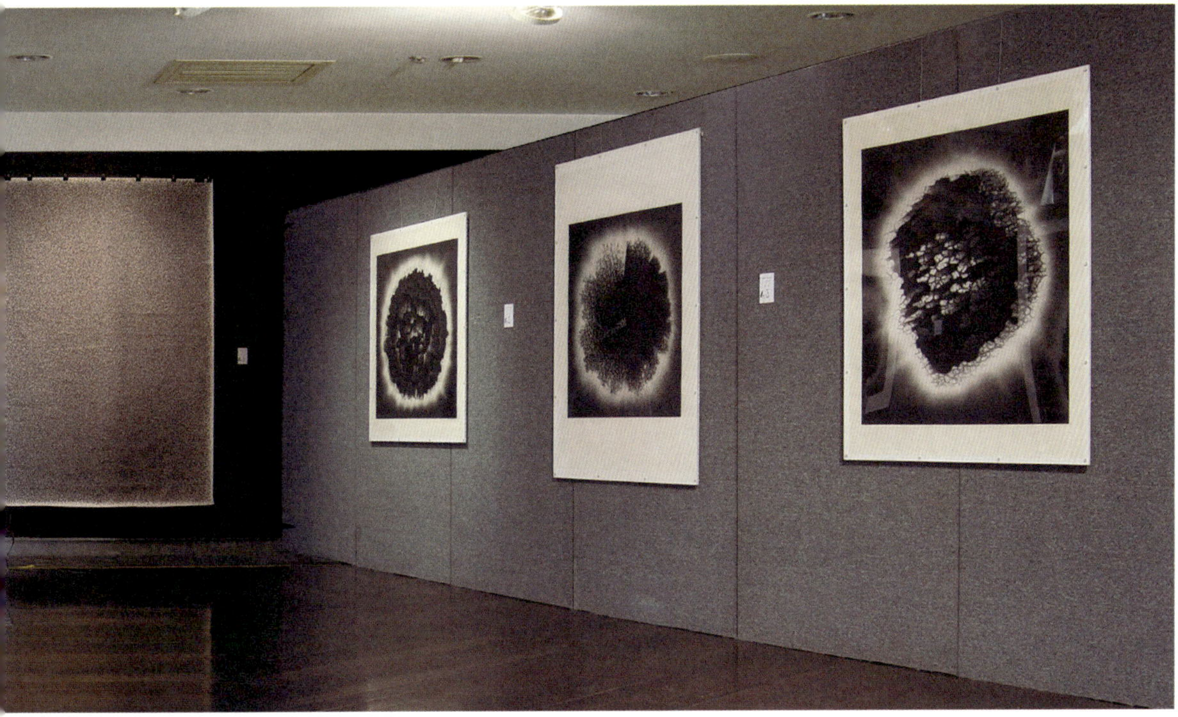

the modelling I'm talking about is the configuration, constructing a design capable of hitting the soul and of encroaching on the spirit, and which is unprecedented in art history. I thought it should be a creation, a creation of the spirit of Ink and Wash, a new thread and a new order, a new feeling towards, and a new knowing of, the water, ink and paper that are the medium and materials of Ink and Wash. My use of the brush could not be according to the old rules of Ink and Wash. My use of paper had to change the constrictions of the old cognition only of the natural properties of paper, and had to tap into using the quality, sensitivity and plasticity of xuan paper. My use of ink had to transfer the maximum energy of the nature of ink, and fully use its potential implications and release. My use of water was not restricted to fine-tuning the depth and the light and shade of the ink: water is the most efficient tool to adjust and manipulate xuan paper.

All this must be founded on a sublimation of the emotional cognition of the Ink and Wash medium into a rational cognition. This cognition is completely subject to your expressive needs, and the expression and the cognition of the medium is altogether conscious. They co-exist, and both are required and irreplaceable.

In fact, unless there is a true knowing and understanding of the Ink and Wash medium, it is also very hard to read and understand the artist's works. Some people who have seen my works say that I started from rubbings, or by crumpling paper. This problem arises from having only an ordinary understanding and knowledge of the Ink and Wash medium. I actually used neither of those methods. What I used was a fluffy-headed or loose brush. Other people have used this technique, of course, but my method was different. I loosened the tip of the brush beforehand, and only then added water. All I had to do was to leave free tracings like a random network on the paper. In this way some areas of the surface absorbed water and others didn't. The xuan paper reacted accordingly, the areas that absorbed water protruding, and the areas that did not absorb water receding. Then I dipped the brush in relatively dry grey ink and repeatedly applied a texture-strokes and rubbing technique, or one might call it simply "texture-strokes". The initial stage was carried out in a state somewhere between intentional and unintentional, and afterwards the intentional and unintentional was gradually transformed into consciousness or awareness, and thus the protruding parts were ceaselessly strengthened, and the natural traces of cracking were presented, and then in the constant changes and generation the entire structure was manipulated.

Gao Minglu: Right, here we have a change in the materials as such, and in your knowledge of them. And this series of works of yours is called *Inspiration*. That must be because it has a spiritual character. Is there a connection between this spirituality and the material?

Zhang Yu: One could say that in the renewed knowledge of water, ink, paper and brush we have done something that nobody has done before us. The traditional artists were not aware of these changes in the paper. Perhaps the environment of their era did not require it. As for the title *Inspiration*, it was a direct reference to the spirit or life of the universe. I believe that all things in the universe have life, and the schema of *Inspiration* is a vehicle of the life created through the medium of Ink and Wash. It is my co-existence with the Ink and Wash medium, and the spiritual properties with which I endow the Ink and Wash medium. As there is a spirit in the universe, I also believe in the perceptions of the dialogue and exchange between myself and the material properties of water, ink and paper. I also believe that our shared expression of inspirational spirit will impact on people's feelings.

When I was creating the broken circle schemata of *Inspiration*, a question occurred to me. The earth in which we humans exist is an ecological balance. The shared habitat of humans and other living beings is this homeland rich in resources. At the same time as humanity pursues progress and development, we are heartlessly destroying our own homeland. The massive development of mining and oil extraction causes cracking on the inside of the earth. The negative effects of progress and of our enjoying the resources of the earth are severe. Accordingly, the structure of incomplete circular schemata is fissured, and fragments collapse from time to time. This is my emotion, but the anxiety is definitely not mine alone. Here I want to merge the Ink and Wash spirit with spiritual Ink and Wash.

Speaking of this I am again reminded of the Soviet Union's State Museum of Oriental Art. When I was there, I saw the works of Dong Qichang, Wu Changshuo, Qi Baishi and other masters of Chinese art, yet I experienced a feeling of sorrow. Could the works by the masters that we worship only be exhibited in this setting as antiques of ethnic culture? Why did the Hermitage and the Pushkin Museum only contain works by western masters? But then I soon realized that if they exhibited our traditional Ink and Wash works next to western paintings, the former would really need to be different. The format of people's life in the society of their time would need to be different. There would have to be new demands of their visual experience, such as in the dimensions and proportions, and in the form and tensile power of the works.

As for my saying that Chinese traditional Ink and Wash lacks visual tensile power, it can only be enjoyed in a close-up and playful fashion. Subjectively, I wanted to work not only at letting my own works have a strong power to strike spectators visually, regardless of the dimensions of the exhibition space in which they were shown. I also wanted to grab the viewer's eyes and soul. My ideas at the time were very simple and clear, simply to coat the surface of the painting with ink until it was black in a new interpretation of the world of black and white. In this way the black and white Ink and Wash works would remain powerful against the white walls, even if the viewer stood at a distance of ten or twenty meters. In this way I could in one fell swoop throw all my force into the black and white world of Ink and Wash and make a big statement! The renewed development of the character of Ink and Wash in Ink and Wash culture is extremely important. This is our advantage, for Ink and Wash is *yin* in nature. Its true nature is restrained, drifting and introverted. The application of light is produced by following the design of subjective schemata, and through the structuring of black and white and their relations of *yin* and *yang*, light and shade, it causes something subjective to be brought into play, allowing it to produce a forwards impetus before the viewer, making up for the extroverted tension and sense of thickness and weight that characterizes the western medium as such, and which it lacks. The visual question was the thing that occupied my mind the most in those days. The conceptions and structures were constantly being generated in the process of creating. Later I gradually thought about further internal structural changes, the relationship between the subject and other people, the internal changes between subject and subject in terms of three-dimensionality, space, speed and floating. There were also the relationships of correspondence and interleaving between the outwardness and inwardness of the work. After a period of research, I discovered that the "ink" of Ink and Wash had the ability to engulf everything on the level of darkness. It was thick and dense, and in it there-is and there-is-not coexisted, and emptiness and actuality coexisted. As for the "white" of Ink and Wash, it was similarly thick and dense, and in it too there-is and there-is-not coexisted, and emptiness and actuality coexisted. They were both sensitive and arousing and therefore could effect a transformation of *yin* and *yang*.

Be that as it may, however, we must be clear that contemporary art in the setup of the world today should exist in a comparative juxtaposition of similarity and difference.

Gao Minglu: Can you say something about why you returned to *Fingerprints*, and about this process?

Zhang Yu:I had suddenly been doing *Inspiration* for ten years, and it had become my trademark. This series had basically achieved the desired target. Of course I still wanted to make it even better, even richer and denser, giving people even more to think about, so I had to put it aside for a while and wait for the reflections and maturity born of the accumulation and discoveries of other aspects before continuing. Another important reason was that *Inspiration* had not altogether fulfilled my task. I wanted to establish a new system of artistic creation that had its own integrity, or in other words, one that belonged completely to its own method, one that was not subject to substitution, something altogether unique and unparalleled that could thoroughly transcend Ink and Wash and solve the problem of Ink and Wash once and for all, and in my mind, fingerprints were a problem that I had not yet resolved.

In fact, returning to *Fingerprints* was not just a nostalgic, original program that I had always had in mind. I felt that the idea of creating fingerprints was methodologically clear and explicit. In Feburay 2001 I at the same time produced *Daily News* and again made a new attempt at producing fingerprints. I had a new knowledge of, and made new discoveries about fingerprints. My previous way of thinking had changed, and I set aside my line of thought about the problem of Ink and Wash as such. Analysing fingerprints from the angle of the culture surrounding contracts, I became more explicitly clear about red fingerprints, for red fingerprints can directly reflect the act of signing or making one's mark on contracts. This now provided an explicit link to culture, between history and reality, and between culture and art. Premised on the cultural concept of fingerprints, cultural questions targeted artistic questions. Performance became a conception.

Gradually my format became deeper, and after 2003, in the process of developing it fully, I discovered that the process of repeated fingerprinting

指印2006.4-5
指印行为，宣纸、植物质颜料，2006年
Fingerprints 2006.4-5
Behavior, Xuan Paper, Vegetable Pigments, 75cm x 75cm, 2006

was similar to the process of repeated chanting in the cultivation practice of the Chan School (Zen Buddhism). The process was the meaning, and the meaning was spirit. None of our former programs, regardless whether they were called experimental Ink and Wash, abstraction or whatever, entered directly and very clearly into the problem of construction, yet the problem of construction is a contemporary problem. We cannot realize the establishment of new norms without having a method. At the same time I also felt that artistic creation must ultimately become simpler, more concise and purer. In a process of accumulation, we stuff more and more things inside our brain. Our thinking becomes more and more complex, and it becomes hard to realize this simplicity and purity. We must completely filter our rich experience and cognition, and our ultimate standpoint must transcend these complex concrete problems and reach the highest realm. In this process I carried out many tests. Some Fingerprint works were relatively free and loose in their arrangement, but I needed to consider the structural relations of positioning and balance. Later I gradually returned to producing denser and denser works, thus strengthening the performance process involved. Positioning, balance and structure were constantly being eliminated, and the abstract images were gradually changed into traces. This resulting pure and simple complexity made me very excited. In fact, the simplicity definitely contained within itself something rich, and the resulting purity was definitely a sublimation of complexity.

After 2003, the never-ending adjustment of the format of *Fingerprints* resulted in the works changing constantly. Now that I have arrived at the present with my *Fingerprints*, I have a special feeling. My fingerprinting format is a cultivation practice of a thinking quality, a practice of spiritual willpower, a practice of an effort that matches mind and hand. I believe that the creative method of *Fingerprints* is closely connected with its concept, that it is an organic combination, and that this creative process coincides with the spiritual realm of cultivation by meditation. I know that the method I am using and the results that I achieve by using this method are the result of a grand fusion accumulated over more than twenty years. This fusion includes many things, cultural and material, Chinese and western, traditional and modern, directly and indirectly experienced, and so on. For me the fingerprinting method is leisurely, self-confident and repetitive, and the process of repetition transforms the performance into a spiritual process. A realm is realized in my mind and in the images of traces.

In 2004 I made a video work of my fingerprinting performance. This video highlights its conception and spirit. It was shown in the Yokohama Film Festival, and produced a considerable reaction.

I also envisaged a program for myself, of spending one or two years to complete a fingerprint work on a huge sheet of paper in a few years' time. I think it would have a stunning effect. Of course this would be difficult, but I might be able to realize it.

Gao Minglu: What you just said is very interesting. That is, when you used just a few dots, it was still very close to western abstract art in which you had to consider how to position the dots, as well as the balance between the dots, the centre and the margins. That is, you still had to turn them into a box to consider structure and design and other such modernist things. Afterwards, as you kept inserting dots, you no longer needed to consider the question of the painting surface as such. You had deconstructed things such as the plane. And those painterly things were also deconstructed.

Zhang Yu: Yes, as I gradually got deeper and deeper into the creation of *Fingerprints*, it on the one hand gave me a great number of conceptual prompts and tips, making my thinking and knowledge even more explicit and clear. I deconstructed the painterly quality, and transcending form and conception became awareness. On the other hand, *Fingerprints* gave me a very broad space, which I should like to open up fully in the future. I believe that *Fingerprints* is not just an exploration of method, but that it also touches on sociological questions. For instance, I'd like to invite various people in society to come and make fingerprints, which might reflect new interpretations arising from the process of repeatedly making fingerprints. Perhaps this would be an exploration of the human being. I may also extend *Fingerprints* into sculpture and other formats.

Due to the changes in my work in recent years, conception within my thinking have also changed somewhat, and there have been some new adjustments towards my own work. Take, for instance, the problem of experimental Ink and Wash. *Chinese Experimental Ink and Wash 1993 - 2003*, the book I designed, edited and published in 2003, is in fact a summary of experimental Ink and Wash. I believed that experimental Ink and Wash had already fulfilled its historical mission. However, in the last two years, I have renewed my knowledge and reflection on experimental Ink and Wash. Therefore I am constantly thinking of holding a rather definitive exhibition of experimental Ink and Wash, to re-analyse the problem of experimental Ink and Wash. There are many things to sort out. Which works were ultimately produced by experimental Ink and Wash? I suppose I'd like to show people its problems and contributions over some nineteen years in a focused way.

The interesting thing is that I was fortunate to have the opportunity at the end of 2005, the Year of Chinese and French Culture, to plan the exhibition *Encres de Chines Expérimentales* in Lille, France, as well as the *Colloque sur l'Encre de Chine Expérimentale* in Paris, which preceded the exhibition. Whether or not this artistic exchange activity was important, I believe that it was potentially significant in the overall picture of experimental Ink and Wash going abroad in an Ink and Wash format of contemporary China, and entering another cultural context — one moreover that once was the centre of western art.

I think that experimental Ink and Wash on one hand uses the formats of the Ink and Wash medium to create schemata, and on the other that it uses the methods of the Ink and Wash medium to create images of traces. These two aspects have constructed the system of experimental Ink and Wash. I suppose this is their contribution. Neither those figurative works, nor the abstract or expressionist works, nor the doodles and graffiti, are the core of experimental Ink and Wash — those things embody issues outside the system. Experimental Ink and Wash has finally resolved the problem of Ink and Wash.

Gao Minglu: Today's discussion has been very good, and very interesting. We have had a deeper understanding of experimental Ink and Wash.

重要的不是“实验水墨”，而是艺术创作本身

What Matters is not Experimental Ink and Wash, but Artistic Creation as Such

——段君访张羽

Duan Jun Interviews with Zhang Yu

重要的不是“实验水墨”，而是艺术创作本身

——段君[1]访张羽

地点：张羽北京大山子环铁艺术城工作室
时间：2007 年 8 月 26 日

意派：中国“抽象”艺术30年，展览现场，张羽接受中央电视台记者赵珊珊采访，墙美术馆，北京，中国，2007年
Yi Pai: 30 Years of "Abstract" Art in China, Zhang Yu is Interviewed by CCTV Reporter Zhao Shanshan, Wall Art Museum, Beijing, China, 2007

段君：作为“实验水墨”的代表艺术家，你怎样看“实验水墨”？

张羽：“实验水墨”有些人说它是一个流派、一种风格。在我看来，它是一种形态，但重要的是一种态度、一种立场。它不是批评家说的“抽象水墨”，它可以是平面，也可以是装置或者行为，它是一种以开放的认识追求融合的一种形式。“实验水墨”群体的水墨实验，反映的是每个艺术家不同的探索所面对的不同问题，共同构成的一个大方向。比如刘子建从1994年开始，用西方艺术史抽象表现主义的手法去改造水墨画，虽然，西方的批评怀疑这些作品的价值。但在90年代初的中国水墨领域，他用西方艺术史方法拼接水墨也是一种探索，他的作品提示水墨也可以尝试从这样的角度去思考这种可能性。遗憾地是他没有从中找到如何建构属于自己的方法。还有，石果90年代中期创作了“团块的包装”等作品也是中西之间的一种探求。事实上，“实验水墨”整体上的努力是解决水墨的现代主义问题，从而进入当代。

段君：水墨如何才能当代?

张羽：水墨要做到当代，必须建构新的方法，创造新的语言突破水墨文化本身那种封闭系统。当代是什么？当代就是创造，就是建设历史所没有的东西！水墨需要呈现新的语法和语言，而水墨材料及水墨传统的方法只是辅助我们对水墨问题的理解和认识。今天我们如果不能从水墨内部找到解决问题的方法，我们可以换一个角度，从外部寻求方法去解决，对水墨材料的把握需要智慧，不能用二元对立的方法面对当代。

段君：“指印”在宣纸的运用方面具有很强的实验性。

张羽：在“指印”中，我将宣纸视为具有物质属性的生命体，特别是当手指与它发生触碰，形成一种呼应的同时，我们是在对话过程中打通诸多关系。或者说，“指印”的过程就是我与宣纸的交流过程，一来一去相互启发。起初，指印摁在宣纸上形成凹下去的窝状痕迹，后来与宣纸磨合久了，摁下去的指印可以凸起来，我们之间像太极。

段君：当前“实验水墨”的整体状况如何，好像没有更年轻的艺术家？

张羽：“实验水墨”中年轻一代的就到魏青吉，后面几乎没有人在做。魏青吉算是我的学生，90年代初在天津南开大学读书，他每个星期都带着自己的作品到我工作室来，像家人一样，自然而然地他就做了“实验水墨”。他现在做的是一些具有标志性的符号，有些波普的意味。其实，“实验水墨”要做得有深度、纯粹，是有很大的难度。现实的今天，无法抗拒的物质诱惑，毅力是一种奢侈，多数艺术家坚持不下去。“实验水墨”已是过去式了，2003年就结束了。我们今天不是什么水墨问题，而是艺术本身的问题。在我看来，艺术创作的问题在于呈现艺术作品的品质，表达的是艺术家的精神境界。

段君：在今天艺术进入激烈市场竞争、急功近利的快节奏时代，坚持实验的立场更难能可贵。

张羽：“指印”的试验超越了“实验水墨”所指，它具有一种社会学意义的层面和对日常生活经验的关注，也体现了一种人文关怀。“指印”所表现的修炼方式提示人们在繁杂的闹市中依然可以追求属于自己精神的、心灵的、进入自然的方法。它可以超越当今社会消费文化中的享乐主义。“指印”以极少至极多的两极行为过程，通过重复指印、点击宣纸，去超越世俗的干扰，向人的心灵极限逼近。

段君：用“极多主义”来定义“实验水墨”作品，还是有一些问题。高名潞认为这是一种参禅悟道的过程，比较笼统。

张羽：高名潞好像没有用“极多主义”来定义“实验水墨”，我说过“实验水墨”已经过去了，我今天的作品与“实验水墨”无关。“指印”作品的外在呈现似乎与“极多”有关。但，“指印”不属于“实验水墨”。高名潞所谈的“极多”是一种表现形式，或者一种创作方法。高名潞认为“指印”是一种修行般的表达方式。其实，栗宪庭也是这样认识“指印”的，而这种方式很像参禅悟道的过程。

段君：艺术家是否从来不关心“概念”？有些艺术家只想形式，不管过程！

张羽：概念对理论研究是必需的。艺术家可能更关注对视觉呈现的形式，对概念或理论往往会忽略。但是你创作的方法、过程是无法忽略的，而且过程直接导致作品最后的结果和质量。这里的参禅悟道不是指我们以往理解的形式，而是针对表达方法。对概念的认识也是因人而异，参禅不仅是一种形式，而是一种意境，更是一种过程，在这个过程中你会遇到许多问题，你要思考和解决。禅既是超然的，也是日常的。日常即普世，即重复。其实，我的“指印”更像是日常生活中的冥想的记录，它把转眼即逝的时间，用一个个指印存留住，以指印的痕迹记录此时的心理感受。“指印”带我进入另一个境界。

段君：意境是一个综合性的东西。你怎样看？

张羽：意境是一种超越一般意义的认识，是一个可以传递感觉和体验的空间，一种精神的体会。总之，这个理解是多层次的。但一定是综合性的，是艺术家综合素质的认识结果。我一直认为艺术要有精英主义的意识，但也不能忽略与大众文化的关系。

段君：你怎样看待中西艺术的关系？

抽象叙事：现代性与抽象艺术研讨会
张羽发言现场，中央美术学院
北京，中国，2007年
Abstract Narrative: Symposium on Modernity and Abstract Art Zhang Yu Spoke on Site, Central Academy of Fine Arts, Beijing, China, 2007

张羽：当今，我们无法回避中西文化艺术的比较，我们既要了解它们之间的差异还要发现它们之间的共性，所以不要过分强调中西的二元对立，因为这是一个融合的时代。艺术创作自然也无法逃避这个时代。五四新文化以来的“中西合璧”的方式是有问题的，因为你能看出来生硬嫁接的痕迹。今天的艺术应该打破任何文化艺术的界限，可以从多种文化中感悟你的个人思想，表达你的个人认识乃至思想。比如我反对把“实验水墨”与“抽象水墨”混同，我一直认为在中国艺术的传统里面没有抽象，有些学者只是把中国艺术里面的某些局部因素抽离出来，牵强附会说成抽象。“实验水墨”的形而上陈述方式，实质是针对传统水墨规则的僵化和表达形式的单一，所进行的图式表达和方法的研究，与西方抽象艺术各行其是。也许表现方式有相通性，但审美观不同。

段君：“指印”是什么时候产生这个想法的？

张羽：“指印”的想法是80年代末，动机源于弃笔，但最早作品中有指印是1988年，我用手指蘸印泥当图章印在画面的上方，这一画押行为启发了我的“指印”。纯粹的“指印”是1991年，那时的“指印”也属于“实验水墨”的范围。1985年我在杨柳青画社策划《国画世界》丛刊，我以前画的相对而言也是一点传统笔墨的，跟我现在想要表达的问题没有什么直接关系。所以在尝试了几年的水墨抽象形式和表现的人物画之后，就把手里的毛笔放下了，开始在宣纸上摁指印。

段君：跟现在的形态不一样？

张羽：完全不一样。用比较干的墨，多焦墨，也没有现在这么单纯。利用“指印”是契约方式的文化概念，所以有意强调指纹痕迹的“契约”精神，也是强调“指印”的契约性含义。我们知道“契约”一旦形成不可更改，这就意味着“契约”与生命相关。另外，“指印”同印刷有某种关联，我认为它是印刷术的最原初状态。我们今天的印刷技术再复杂，也跳不过它的基本原理。

段君： 平均算来，做一平方尺需要多长时间？慢慢点的话。

张羽： 像六尺整张纸，要花费一两个月。一般没有别的事情做的时候，就天天摁指印。我上半年就做了一件，长近六米，宽两米二。

段君： 你是用食指点？

张羽： 对，只用食指，像是一指禅功。

中国版本：当代艺术展，指印作品布展现场，今日美术馆
北京，中国，2007年
Chinese Edition: Contemporary Art Exhibition, Fingerprints on the Exhibition Site Layout, Today Art Museum, Beijing, China, 600cm × 230cm, 2009

段君： 原作中的点，比我预想中的要小。为何没有考虑用大拇指？古代画押用大拇指。

张羽： 不管古代还是现在，画押都有用拇指和食指的，而艺术创作用大拇指的动作，有些蹩脚，显然缺乏美感与通畅，用食指恰如其分。将画押作为艺术行为来表现的话，还是需要考虑到其顺畅及美感。当然，表达形式对于艺术家来说，是一项本职性的工作。

段君： 用大拇指可能力度、气息更难控制，用食指与纸的接触更为敏感。

意派：世纪思维，张羽与作家李陀在指印作品现场交流，今日美术馆，北京，中国，2009年
Yi Pai: Century Thinking, Zhang Yu and Author Li Tuo in the Fingerprint Works Site, Today Art Museum, Beijing, China, 2009

张羽：是。这种点击是一种柔与力的功夫，与太极、阴阳有着某些说不清的关联。你说指印柔，它确实很柔；你说它很硬，它又确实很硬。而太极的精髓，就是以柔克刚。我做作品喜欢多点思维，然后再化简，使之单纯，最后达到丰富，从而形成视觉感染的张力。我今天的努力已不是“实验水墨”问题，更不是水墨问题，而是表达的问题，是如何建构属于我自己的当代艺术表达。

注释：

1、段君：1982年生于湖北省荆州市。批评家、策展人。清华大学艺术史论博士。2004年清华大学美术学院艺术史论系本科毕业，2006年清华大学美术学院艺术史论系硕士毕业，曾任白盒子艺术馆（北京）副馆长，现任教于北京理工大学。策划的主要展览：“艺术中的鱼”（2008）、“中国病人当代艺术展”（2009）、“什么是叙事？”（2010）、“进化共同体”（2011）。

从理想出发到心灵宁修

From Ideals to Spiritual Retreat

———— 刘旭光《再论质觉》丛书编辑小组访艺术家张羽

The Editorial Team of Liu Xuguang's *Feeling of Quality Revisited* Series Interviews with Artist Zhang Yu

从理想出发到心灵宁修

——刘旭光[1]《再论质觉》丛书编辑小组访艺术家张羽

采访：贾羽明、丁怡
地点：张羽北京大山子环铁艺术城工作室
时间：2008年3月8日15点30分

张羽、李华生在东京，日本，2007年
Zhang Yu with Li Huasheng in Tokyo, Japan, 2007

贾羽明： 张老师，我们今天过来想采访您几个问题。首先，我想请张老师先谈一下对您创作影响比较大的经历。

张羽： 上个世纪70年代末，初到杨柳青画社时，有几年面对传统水墨画原作临摹的机会，像龚贤、董源、马远、夏珪、董其昌、倪云林、赵佶、米芾、石涛、四王、八大山人等作品都有反复临摹，要求临得像，这让我很受益。这个经历促使我走进了水墨，而给我最重要的感悟是：大师的作品只能感受无法模仿，更无法走他们的路。

高原人家
宣纸、水墨，1983年
People of the Plateau, Xuan Paper, Ink and Wash
59cm x 50cm, 1983

贾羽明： 我知道，您一直从事水墨创作，那您从水墨画探索到“实验水墨”的研究是怎样的一个过程？

张羽： 由于社会和文化的不断开放，我们一些从事中国画创作的画家面对水墨媒介的表达方式并不满足，渴望能使传统水墨画有新的发展。当时比较突出的事件：一个是李小山的“中国画穷途末路”一说；一个是湖北“新中国画探索作品邀请展”，反响很大。

那时候，我的探索是从两个方面展开的。一方面尝试如何使传统中国画的表现形式具有新的可能，使作品具有现代性，通过表达方式的变化来赋予水墨画新的意义。采取的方法：不管传统笔墨规则如何，我的表现方法不择手段，突围已有的规范强调个人而进行多方面的水墨探索。另一方面是因为我一直从事出版工作，所以对出版有这样的理解：辅助与普及是其一，推广与引导是其二，而引导更为重要。我自信利用出版去传播某种理念或者说传播思想，一定是非常有效的。于是，我把书籍出版作为传达理念和艺术的一种媒介。这样的想法促使我在1985年策划创办了《国画世界》中国画探索丛刊。当时整体上还没有将中国画称为水墨。

丛刊从1985年开始约稿工作，由于种种原因直到1986年初才出版了第一期，至1991年共编辑了五期，但只出版了四期。那时期比较受关注的刊物有《江苏画刊》、《美术》、《中国美术报》、《画家》。它们都属于综合类的前卫性刊物，所涉及的范围较为宽泛，所以很受艺术家们的关注。《国画世界》是一本专门介绍中国画探索作品的丛刊，这对探索性的水墨画家无疑是一个希望的窗口。其实，《国画世界》的生存是艰难的，在当时有《迎春花》、《中国画》两本国画刊物，它们的立场与《国画世界》基本相悖，他们专门介绍与传统水墨画形式接近的作品，刊物之间似乎也是一种思想的斗争，也有刀光剑影。到了80年代后期，我从创作与理论两个方面转向“现代水墨”。“实验水墨”的现象晚一些，概念的出现是在1993年，是针对艺术史的发展而进入具体的水墨问题。最终成为水墨中的焦点是1996年6月5日，我策划的“走向21世纪的中国当代水墨艺术研讨会”之后。

“水墨”其实是一个大概念，它的发展过程包括了“传统文人画”、中西合璧的“中国画探索”、“现代水墨”、“实验水墨”。我的水墨探索经历了后三个阶段：

一、“新中国画探索”，以开放的视野结合西方的表现性现代风格及新的技术语言，探求新的表现形式，如“扇面”与“肖像”。

二、“现代水墨”，以追求现代性为基本，融入西方现代主义的抽象的表现形式和方法，强调个人语言符号的建立，如纯粹的水墨的抽象形式“墨象笔记”、“极简水墨”、“随想集”。

三、“实验水墨”，始于对艺术史的正确发问，在超越中西视觉艺术形式的前提下创造“非具象”具有现代主义的图式，建构属于自己的艺术表达，如“灵光”。

这三个阶段也是新的水墨发展的三个基本阶段。这三个阶段的转变是随着问题的不断深入而展开的，从理想到形式再到观念。

贾羽明：您是说，水墨是一种广义上的概念？

张羽：水墨是一个与文化相关的大概念。其文化属性具有两层意义，一方面是文化层面上的，再一方面是媒介层面的。而它过去的概念是有着严格的边界，并以表现方法来决定。因为，表达方法可以决定语言，所以，我认为水墨可以是一个涵盖比较宽泛的概念，可以通过创造新方法使其发展。像“现代水墨”、“实验水墨”都是水墨问题中的问题特指。比如，1988年我策划《中国现代水墨画》的出版，就是针对水墨发展中的“现代主义”问题，针对其方法或者说表达方式的探讨。

丁　怡：那您就说说这本书吧。

张羽：1988年5月，《中国现代水墨画》一书的策划方案出版社通过了，我很激动。这是中国第一本以“现代水墨”命名并由官方出版社出版的画册。当时的环境能出版这样一本书太不容易了，但在过程中差点流产。最后，一直拖到1991年底才得以出版。

丁　怡：那是为什么？

张羽：一个是我约的作者都是当时比较前卫的艺术家。其中包括谷文达、石虎、蒲国昌、陈向迅、王川、沈勤、杨志麟、李津、朱艾平、阎秉会等，还有唐宋。就是因为唐宋，当时说“现代艺术大展”的那一枪与他有关。这些年才说此事和唐宋无关，而是肖鲁。我是1989年年初发了书稿，正好赶上“现代艺术大展”，所以画社总编室审稿时没有审批通过，就压下来了。

贾羽明：因为唐宋一个人吗？

张羽：这是原因之一。也有社领导觉得书的内容太前卫了，怕出问题。又太学术，还有发行方面也担心，这种书销路很窄，没有市场。我是几经策略迂回，使出浑身解数，当然也撤换了一些作品，包括唐宋的作品，虽然影响了一些质量，但出了总比不出要好。世界上有许多问题都是不以人的意志为转移的，推进一步是一步吧。书出来了算是完成了自己给自己的一个任务。我这个人太理想化了，哈哈。

丁　怡：您说您的“现代水墨”创作是从“扇面”系列开始的？请您说说这个过程。

张羽：1984年末开始“扇面”系列。1987年开始“肖像”系列。“肖像”系列一直停停歇歇做到1991年才结束。但在1986—1991年期间我还做了一些水墨抽象形式的作品，其实，我是随着这个经历走过来的。“指印”最早的几幅作品是1991年创作的，是重墨色的。当时几乎所有的水墨画创作都在水墨的既定规则和直接拼接西方方法上打转。是否可以彻底摆脱传统水墨画规则以及西方现代主义形式的束缚，从一个全新的视角去进行新形式的水墨表达，“灵光”做出了呢力，而“指印”是更大的一步。

肖像系列·空无5，宣纸、水墨、铅笔，1997年
Portrait Series: Void No.5, Xuan Paper
Ink and Wash, Pencil, 189cm × 45cm, 1997

贾羽明：那么，您今天所创作的极简“指印”与“实验水墨”是一种什么样的关系？

张羽：“指印”与“实验水墨”针对的不是一个问题，它出现于“实验水墨”前，但比“实验水墨”走的远，当时是因为水墨当代性问题而弃笔后又因为大多数人不理解，我又从“指印”到“灵光”。“灵光”是针对水墨问题的，“指印”不在于只强调水墨问题，是把水墨问题含在其中。“指印”极简方式背后的观念所蕴涵的是对文化、行为、方法、媒介的综合性呈现。它的意义不在于表达的形式，而在于用如何的方法。

丁　怡：1991年您就开始用手指直接创作了？

张羽：是手指蘸水墨摁指印。当时选择指印，就是想避开传统绘画中的用笔规则，强调指印行为与指纹痕迹创作无图像的图像。我的主观动机，是寻找全新的语言方式。

贾羽明：这个全新的语言方式是一种印指印的行为吗？

张羽：这是其中展开问题的核心。可是当时好多人不理解，认为我做的只是抽象，可我当时觉得自己想得太远了，与当时的当代艺术现状偏离太大，批评家们根本不关注，更别说整体观众了。这时如果再坚持下去会使自己变得比较被动和尴尬。因为，“现代水墨”本身一直处于一个彷徨与边缘的状况。我们应该有一个较为策略的、恰当的切入点。真的，我盯着看“指印”看了好几年，在反复审视“指印”时，发现一个“指印”其实就是一个神秘莫测的宇宙世界，把一个“指印”作为一个点，一个放大的圆，就是一个图式。

1992年结束了“肖像”系列。一方面开始“随想集”和继续“墨象笔记”。

我的创作从感性阶段越来越进入到理性的思考，从小我进入大我。后来又从集体进入到个体。此时的作品显现出一种强烈的宗教色彩，纯粹与单纯进入到我的思考。现在想来这些都为日后“灵光”和“指印”表达做了有效的铺垫。

与此同时，我策划了《二十世纪末中国现代水墨艺术走势》丛书，这时我已经组织起来与我探讨方向相关的一部分艺术家。这个时期我的创作、策划和出版已经成为一个系统性的工作。我很明白当时靠一个人的力量发问水墨问题的方方面面是不可能的，想通过《二十世纪末中国现代水墨艺术走势》这本丛书的研究和文献性所构成的凝聚力实现我的理想，这个理想如同我的使命。1994年开始“灵光”系列，以单纯的水墨方式进入艺术史问题，并以新的方式叙说着水墨的可能性。

“实验水墨”的推进过程中我特别关注我们的表达如何进入国际语境，尤其是水墨画有两个

灵光72号：漂浮的残圆
宣纸、水墨，2003年
Divine Light Series No.72: The Floating Incomplete Circle
Xuan Paper, Ink and Wash
200cm x 100cm, 2003

方面要有改变。其一，语言方面要在强调文化性的同时，把语言推向现代视觉的极致。其二，表达方面在保持特性的同时要有新的变化和视觉冲击力。我们的水墨作品如果在西方现代美术馆展出，是否能像西方现代绘画那样具有很强的视觉冲击力？那么，怎样改变水墨画视觉语言的阴柔性？第一步，大面积使用水墨，在大面积的黑色墨域上做文章。第二步，是最关键的，在水墨图式及结构上做文章。

“灵光”本身的变化就是要创造黑白关系的新形式。我很清楚水墨画材质是内敛的，属阴性渗透往内走。它缺少一个向外的张力，我试图让“灵光”的水墨，形成一种由内向外的力，一种向外拉的视觉与心灵的张力，具有这种力量的绘画才能具有作品本身的分量感，才能撞击心灵。

贾羽明：两种力量一个是渗透，一个是向外的冲击力。

张羽：解决向外的力，一个是结构的处理，一个是黑白关系的处理。在这个前提下，我通过以四射的光芒笼罩起一个漂浮的图式，并具有黑白灰多种层次的变化来实现这种向外的张力。

贾羽明：您可否详谈一下“实验水墨”问题？

张羽：“实验水墨”是一种水墨形态的图像一种现象。它是一种态度、一种立场、一种图式创造的表达方式。从1993年提出“实验水墨”概念，但那时大家还不知道“实验水墨”是什么，我是在创造实践过程中逐渐明确这个概念的。所以“实验水墨”一直有争议。当1996年“实验水墨”成为焦点后，这个争议还在继续。来自两个方面，一方面有批评家认为“实验水墨”就是“抽象水墨”。另一方面，有批评家认为只要具有一些探索性的水墨创作都是“实验水墨”。

其实，这两种说法都有问题，都不准确。我之所以强调“非具象”的探讨才是“实验水墨”的基本方向，是我认为“实验水墨”是来源于西方现代艺术的影响，但内核却是我自己，它是中西两者间的产物。我们清楚“现代水墨”走到今天实际上有两条线索，一个是瓶颈的现代性。这条线索是用传统水墨的笔墨规则加西方的现实主义、表现主义的方法来完成的表达的“表现性水墨”，比如李津、刘庆和、李孝萱等都属于这个线索，他们把传统的技术和西方的表现手法结合在一起。

另一条线索，是能否进入当代的四边不靠的“实验水墨”的“非具象”表达。为什么说“非具象”是哪都不靠？从水墨画的发展史上讲，没有一个规则是“非具象”的表达。只有到20世纪90年代后才出现了“非具象”的表达，而这个表达又与西方的抽象主义、表现主义不同。“实验水墨”在中西文化两者之间，强调视觉艺术的共性元素及差异的变化，可以说是一次在共性与差异中的建构，也可以说是不刻意强调中西区别的，这也是艺术史无法回避的问题。

贾羽明：您的“灵光”作品创造了“漂浮的残圆”和“悬置的破方”两个图式，这个名称对您有何特殊意义？

张羽：“漂浮的残圆”和“悬置的破方”是一种图式状态的区别，既强调图式与表达的关系，也凸现了视觉形式的宇宙观。

贾羽明：您这个圆到底指什么东西？为什么要画圆呢？

张羽：其实，这个世界不一定都有为什么。有些问题是——又不是。但有一个事实，我们生存的这个地球村，这个家园是一个漂浮在宇宙中的球体。我画的圆如果是这个村庄，那么，我的确想到一个问题，人类生存的家园，随着工业和高科技的不断发展和进步，必定带来我们生存空间的负面结果，比如生态平衡、资源破坏等问题。

张羽实验水墨艺术展，Goedhuis画廊，纽约，美国，2004年
Divine Light: Ink Paintings by Zhang Yu, Goedhuis
New York, USA, 2004

贾羽明：这个作品看上去有技法的一部分，但实际上是否有创作中的含义？请您谈一下这方面的内容。

张羽：任何绘画艺术的创作都会与技巧、技术语言有关系。这些技巧是表达所运用的手段，比如结构、墨色、肌理，这些都是通过绘画技巧完成的，这个技巧隐含在表达的过程及内容之中。所以，艺术作品通常有两个层面的内容，既有外在图式呈现的内容，还有图式后面表达的内容。于是，艺术作品的可读性呈现，技巧和手段也是很关键的。

“灵光”图式中的龟裂皴法技能很多人都不太清楚我是如何实现的，包括一些批评家对我的作品都有一些误解。十几年前听朋友讲郎绍君先生在讲座时经常把我的作品作为反例，他说：“我的作品是拓印的，没有笔墨”。其实，艺术的表达必须要有相应的表现手段，无须绝对地非要强调某种笔墨。郎绍君先生在强调笔墨中心时却把笔墨狭隘化了概念化了，当他把笔墨神化的同时却又放弃了对艺术创造性的要求，也就等于把艺术概念化了，从某种角度看降低了艺术的判断标准。其实，对我来讲是拓印还是笔墨都不重要，关键是我的作品通过何种方法可以达到我所要的表达。“灵光”作品表达的第一个环节是图式的整体结构，第二个环节是图式中的结构及龟裂，第三个环节是图式中的光。而对光的处理却是至关重要的。

水墨画发展至今，我们的艺术家对这个媒介到底有多少认识？面对中国文化属性的特殊纸张，我们所有的手段都是拿着毛笔蘸水、蘸墨、蘸色，在宣纸上千篇一律地皴擦点染，反过来讲宣纸所给予艺术家的同样也是千篇一律的水墨效果。其实，很久以来我们只开发了宣纸本身自然属性中的渗透与浸染的一面，不论是谁画，其结果都是一样的。艺术家主观的控制微不足道，某种微小的变化成为艺术家的趣味性游戏。这种趣味性麻木了艺术家的创造性，也使水墨画走向了它的末途。

这里我简约说一下“灵光”图式中的龟裂，这种龟裂的效果是要用皴法完成的。这种皴法和传统意义上的皴法有所不同。这个皴法是用开花笔蘸水的乱皴，无规律，所以我把它称之为“乱皴”！

也就是说用水改变纸的纸性，使纸发生结构变化。传统水墨规则是要靠用笔的变化去完成整个作品的创作，而我的这个皴法既要有笔的变化更要有纸的变化，甚至，纸的变化很重要。首先，把毛笔散开，以开花笔笔锋蘸水，将蘸水后的开花笔在宣纸上随意涂写，就是所谓的“乱皴”，这样使宣纸处于有触水与未触水的不同。这个不同，再通过北方干燥的气候的影响，使得宣纸自然发生起皱的纸性变化。利用这种皱褶的高低不平的变化，再用灰色的淡墨反复皴擦，不断强化宣纸的皱褶纸性变化，不断改变宣纸的结构。如此反反复复地皴擦，使画面出现龟裂的肌理。再一遍一遍地通过皴擦点染，明确图式与结构。光的表现也是靠反复喷染完成的。

丁 怡：我发现您以前也使用过“灵光”作为题目。这里是否有一些特别的东西？

张羽：在1990年创作的“肖像”系列作品中，其中有一幅作品叫“灵光”。内容不同于1994年非具象的“灵光”。画面上表现的是一个女性人物，空间的上方有一个说不清是太阳还是月亮的发光体。我觉得使用这个题目有一些潜在的东西。记忆最深的是1970年间我很小的时候在农村，常常一个人去地里放羊，我多次看到送葬的白衣长队，每一次都想避开这一场景，但总是避不开。脑子里总是出现那样的白衣长队伴着哀鸣在旷野中漂移，从心里生成一种说不清楚的感觉，这种感觉是特别的，是魂灵的触动。

还有，1992年在苏联的那段日子，只要见到教堂我就会进去，并在教堂里默默地呆上很久，总有一种无形的东西吸引着我。每一个人对生死的思考是伴随一生的，其实“灵光”潜藏着生与死的终极思考。

贾羽明：“灵光”从形式上看它的黑色有许多变化，很丰富，不是一下子画黑的吧？

张羽：我的作品从不一下子画黑，它是从灰墨、极灰的墨一层一层经过上百遍的皴擦点染才达到了这样的黑的效果。变化的丰富性是油彩所达不到的，唯有水墨有这个可能。如果急于求成，一下子涂黑，就不是这个结果了，就会变成死黑。而我对墨的要求一定要活，这是作品生动的前提。

丁 怡：像工笔画一样多次地渲染吗？

张羽：不一样，有这样的成分，是反反复复地上百遍皴、擦、积、染。

贾羽明：这个时期您还创作“指印”吗？

张羽：这个时期没有再创作“指印”。1994年后一方面做“灵光”，另一方面先后策划了“走向21世纪的中国当代水墨艺术研讨会”、“对话1999艺术展”，以及出版《二十世纪末中国现代水墨艺术走势》丛书及《黑白史——中国当代实验水墨1992－1999》。

研讨会的召开和《二十世纪末中国现代水墨艺术走势》丛书的出版使“实验水墨”引起了美术界比较广泛的关注。

十年后的2001年我回到“指印”。这时我对“指印”有了重新的认识。从某种意义上讲，回到“指印”是我艺术历程中的一次全面超越，开始了对质觉、物觉及艺术创作的基本原理的深度追问。

2001年后的“指印”是观念的、行为的、痕迹的、密集的、物化的。“指印”通过消解绘画性，建构了一种全新的视觉呈现。

贾羽明：您还画过一个系列叫“每日新报”。

张羽：2001年至2003年是我创作最丰富的阶段。“灵光”、“指印”、“每日新报”在同时进行。“每日新报”的出现与美国“9·11”事件相关，有感于战争、恐怖所带给人民的灾难的社会性问题。作品采用了综合材料的表现，麻布、宣纸、水墨、油漆、白粉、铅笔、报纸、拼贴等。用速写的方式记录了从纽约到中东地区以及世界各地发生的政治事件、战争事件、恐怖事件。

贾羽明：再问一个与“指印”相关的问题，您觉得在今天这个大的时代背景下，用手指来触摸宣纸

意派：世纪思维，张羽作品展览现场，今日美术馆
北京，中国，2009年
Yi Pai: Century Thinking, the Display of Zhang Yu's Works
Today Art Museum, Beijing, China, 2009

留下的痕迹对您个人有何意义？

张羽：最重要的是我的表达方法呈现了我的精神。对于艺术家而言，他的任何艺术创作对他来说都是有意义的。因为，这是他对生活的态度和全部的精神需求。对于“指印”来讲，我在建构一种方法，同时构建了我的语言。这种方法是一种“觉悟”。其实，“指印”有这样几个出发点：1.指印——画押，一种行为的文化概念，它与社会学相关。2.指印——印，最原始的印刷术。3.指印——点，激活抽象的原点。4.指印——触摸，生命与物的交流。5.指印——痕迹，物化的“质象”。6.指印——过程及时间成为表达的一部分。7.指印——修心的方式，呈现精神的表达过程。

贾羽明：其实，这是艺术家和艺术结合的最高境界。

张羽：所谓最高境界，就是一种通过认识的境界，所获得的自然境界。我用“指印”这样一个文化概念来针对艺术问题，一方面是探寻表达的某种可能性。再一方面就是，我们能否通过选择自然的媒材，比如水、指印行为，再创造出自然的作品。

其实，我们通常认识的自然是原始自然。然而，我们艺术创作中的自然有三：一、表现自然；二、呈现自然；三、境界自然。而“境界自然”的高点是通过对自然的认识，对宇宙世界的认识再去创造自然的认识，达到自然中的自然，或称心境的“自然”。

“指印”对于宣纸有多种可能性，一方面它与水墨的关系，比如水墨媒材。一方面它与行为的关系，它在宣纸上的痕迹凸显了行为意义。再一方面它超越了一般意义的媒介，比如只使用无色无味的清水。可以说“指印”的表达完全是与过去不同的艺术的表达，使表达进入了空间形态的、多维的、综合的、立体的，并呈现了宣纸本质中的另外一个层面的价值和意义，上千年的传统走到今天，宣纸开始有机会闪耀着它的自身从没有打开过的一种光芒，这个光芒是开放的，是与空间共赏、共存的。宣纸走出千年的寂寞。指印打开了质觉的另一扇窗“空象”，通过手指蘸水摁在宣纸上的凹凸痕迹，在天光的照射下呈现出神奇的世界，是“洁白”与“纯粹”的超越，是“物”与“化”的超越。其实，超越所达到的最高境界就是自然，通过对自然的认识去触摸“空象”。

再有，艺术表达的展开是多角度的，不是单一的。像“意派”展览中，我把“指印”作品以装置的方式飘在空间，其目的是把“指印”作品在空间中重新进行整体的演绎，有意改变指印原初的意义，展示方式的变化必然导致作品新的呈现和意义。刚才说的“质觉”问题，包括的内容很丰富。在我看来“质觉”是一种反应，是一种觉悟，是一种意识，是一种体验，是一种呈现，是一种表达，是一种关系。总之，“质觉”就是“对本质的深度认识的显现”。

贾羽明： 纯白的“指印”作品，确实是以前“指印”的升华，是从什么时候开始的？

张羽： 2006年开始。做这个作品时，我与宣纸是一种很特别的关系，好像我们在相互考验，好像在切磋武艺。水无色又要留下痕迹，那么，力的把握就是一个指标。创作的开始就是练功的开始，犹如一个僧人在修炼一指禅功。

贾羽明： 用“水”是偶然吗？

张羽： 不是，是不断地通过实践和思考，是随着问题的不断深入和展开的判断。1991年做焦墨的“指印”与一直探讨的水墨问题有关。2001年做红色的“指印”是考虑“画押”这个文化概念的针对性。2005年做灰墨色的“指印”是考虑指印与水墨的关系。2006年意识到用水，目的是通过水与宣纸的变化关系进入作品表达的纯然境界。水的“指印”作品，是全部“指印”作品的超越，是走出水墨，进入当代的推进。

贾羽明： 您从“指印”到“灵光”又回到“指印”，是什么力量驱使您的？

张羽： 首先，是水墨表达如何才可以当代。而“指印”的艺术表达具有这样的针对性，它具有个人方法建设的可能性。我必须要创造自己的语法和语言，这也是艺术史的需要。回到“指印”是一定的，因为我的探讨一直围绕着如何建构自己的艺术表达方式。

丁怡： 您对您的未来的艺术创作有什么设想或改变？

张羽： 做属于我自己的当代艺术。

原文刊发于《质觉美术个案书系》，河南大学出版社，2010年

注释：

1、刘旭光：1958年生于北京。艺术家。清华大学博士。北京电影学院美术系副主任，北京电影学院新媒体艺术实验室主任，副教授，硕士研究生导师，1988年赴日本留学，1995年日本国立琦玉大学、东京艺术大学留学获得硕士学位，1996年东京艺术大学油画系当代艺术研究室讲师。2004年获清华大学绘画博士。

突围——张羽水墨创作三十年

Breaking Out Zhang Yu's Thirty Years of Making Ink and Wash Works

——— 杭春晓访张羽

Hang Chunxiao Interviews with Zhang Yu

突围——张羽水墨创作三十年

——杭春晓[1]访张羽

地点：张羽北京蟹岛艺术区工作室
时间：2009 年 4 月 6 日
整理：原志阳

横滨国际电影节，张羽“指印”作品展览现场，横滨1929艺术银行，横滨，日本，2004年
Annual Film Festival in Yokohama: the Display of Zhang Yu's Fingerprint Works, Bank Art 1929, Yokohama, Japan, 2004

杭春晓：从上个世纪80年代开始，到90年代您成为“实验水墨”的代表人物，这期间作品发生了裂变，而这个裂变的诉求点在哪里？

张羽：因为我是从传统水墨中走出来的，实际上一直在自我突围，为建构一个系统或者说建构一个个人表达系统而自我突围。这背后实际上有两个线路：一个是创作方法上的建构与实践，另一个是方法建立之后在表达上的理论阐释。创作方法的探求是关键，而其后的理论建构需要不断的梳理和深入。作为艺术家，应该思考用何种方式表达自己对当今文化的思想认识及如何创造呈现这种认识的当代艺术，这是我多年来的一个诉求。

杭春晓：沿着从学理到创作方法的转变，您实现了作品从早期注重形式抽象到水墨作为媒介实现东方化的一个视角、判断来做作品。在如此的转换过程中，出现了你作品中以“指印”为绘画语言的中心元素。而在这样一种行为方式、思考方式中，指印是一个最具内容填充的抽象符号。但“指印”在你早期的作品中就曾经出现过，对此，您是怎样看待的？

张羽：“指印”作品首先不是绘画，它属于一种综合形态的作品。你认为“指印”是具有内容“填充”的符号，很有意思。也许“指印”的可“填充”性正是“指印”的广度和深度。我的早期“指印”作品在语言方式和表达心理上与传统中国画完全不同，但与西方抽象艺术概念有些黏连。而如何避开这种形式上的黏连，以及“指印”在当时被批评简单理解为抽象，其实是没有发现指印的行为意义及社会学问题。于是，我把指印实践放下，而转向指印方法的理论思考。在针对水墨如何实现现代性及超越抽象形式，我开始了“实验水墨”，努力于“非具象”的探讨，开始创作了“灵光”作品。这个时期客观地讲我们的创作同样经历了80年代中国现代主义的思考，我把之前的那种具象性的东西全部舍弃掉，去挑战传统水墨材料的新表达。我尽最大努力协调图式与水墨性的关系，把笔性的过去意义逐渐消解，将笔的外化痕迹也弃掉。为了表达的需要，创造了“开花皴”，也称“乱皴”这么一种新笔法。

杭春晓：这样也正像你刚才说到的，你曾给你的“灵光”系列作品起了个“开花皴”这么一个名称，从这一点上也可以看出你当时的这种创作心理。

张羽：其实，对我而言，这是对笔墨的情结，也是策略的水墨推进方式。“灵光”牵扯到你必须要使毛笔的笔墨，那么就要考虑“灵光”表达需要如何的笔墨？你在运用笔墨创作时要明确自己的笔墨方式，千万不能陷入传统笔墨经验的陷阱。因为拿起毛笔就会无意识地向传统绘画性走去，所以这是“灵光”必须面对的一种牵制。也是，后来必须放下毛笔去做“指印”的动机，那么，可否放下毛笔还能找到一种文化上的关联。事实上“指印”不仅和文化有关系，和身体及行为也有关系。

杭春晓：这个还是和你的“灵光”系列有关系。

张羽：对，“灵光”是把“指印”中的一个指印点做极限放大。前面讲过，因为1991年做指印的时候有太多的人不理解，也意识到自己走得还是太远。“灵光”相对于“指印”便于从绘画的经验中接受和理解。但开始的“灵光”也不是太能被接受，直到1996年我在广州策划了“走向21世纪的中国当代水墨艺术研讨会”反响较大，之后“灵光”开始逐渐被接受。当被接受、叫好之后，1999年我提出“走出水墨”的创作理念。当2001年重新开始创作“指印”时是跳出了过去面对水墨的想法而是做了红色的，是在强调契约画押这样一种文化的行为关联。其表达，是想以一个文化概念去针对艺术问题，并超越绘画性，是面对当代艺术的思考。同时指印行为，可以直接感受创作过程及表达的时间显现，一个行为本身的意义在其中，并抛开了抽象绘画概念的界定，在作品中留下行为、痕迹两条线索。

杭春晓：从刚开始您介入水墨，到现在“指印”作品这么一个30年的历程，用一句话，您怎样进行一种概括？因为30年的过程，您一直在进行着一种突围，打破艺术理论概念的界定，并逐渐摆脱我们关于水墨的概念，甚至关于架上绘画的概念。到了今天，您认为您的作品到底是属于一种架上系统，一种非架上系统或是别的系统类型？

张羽：我个人觉得这些并不重要。人类的发展，社会的进步，包括艺术的发展都是一个认知过程。你因为自信你的思考和理念而坚持，当你每一次回过头来看你走过的路的时候总会有一种新的发现，也会发现一些问题，不断地自我调整、自我突围。其实，这种突围、突破的过程，重要的是作为艺术家自身来说，找到一种认知系统，即把你所想表达的找到一种合适的语言及方式，并持续着一种逻辑的发展线索，对当代艺术而言，在今天更多的是一种综合的表述方式。至于属于哪一种类型都无所谓，因为重要的是，你的艺术的表达是否具有意义。实际上是我的作品超越了你刚才说的几种表达类型，也许属于一种总体主义的艺术。

杭春晓：对，这里边你实际上提到很重要的一点就是今天我们艺术不能单纯地进行一种艺术阵营的划分，从而进行一种形式化的判断，更重要的是一个表达系统的构建，即你无论是架上还是非架上都要有一个表达系统，选择一种语言方式。比如选择小便器就是一种方式，一种语言。再者就是你选择的表达语义系统、语言方式与你表达的内容、观念是否恰当，是否有机结合。

张羽：还有，我觉得表达，还牵涉到一个很重要的唯一性，即你的表达语言与内容、观念是否是独一无二的，是否是不可替代的，这些很重要。你所选择的表达媒介与你所表达的内容是否恰到好处。比如说，我可以选择将指印点在木板上，或将指印点在透明胶片上，它们都可以成立，但是它们的表达可能就成为另一个问题。还有一些其他媒介，我也进行过一些尝试，但都无法代替在宣纸上表达的文化价值和针对性。

杭春晓：实际上，经过30年的突围，您从一个很狭窄的水墨领域发展到当代艺术这么一个比较自由的领域，可以以表达内容为中心借用各种媒介、形式语言来进行表达的这么一个时期，可以和西方的，中国的，进行一种语言对话的时期，一句话，即您从一个很小的水墨角落，进入到今天的最自由的这么一个领域空间，您觉得您的最大特征是什么？

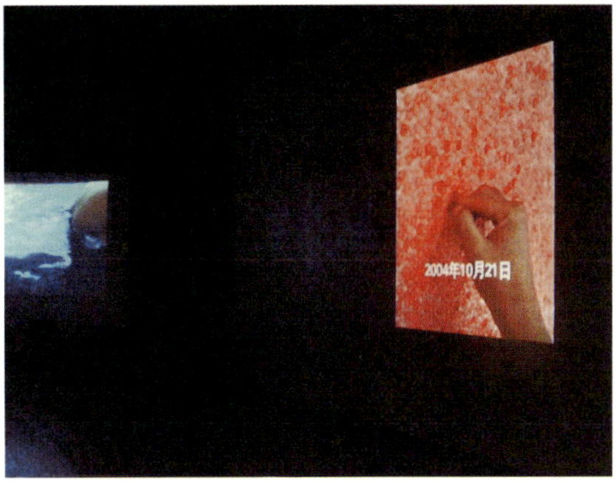

横滨国际电影节，张羽“指印”影像，作品展览现场，1929艺术银行，横滨，日本，2004年
Annual Film Festival in Yokohama, The Display of Zhang Yu's Fingerprint Film Works, Bank Art 1929, Yokohama, Japan, 2004

张羽：就我个人来讲，开放的视野和一种敢于解放水墨的思想，使我有一种放松和自由感，于是使自己努力于个人的表达方法，追求唯一性、不可替代性成为最真实的特征。不断地突围自己也是不断地突围文化上的束缚，而这一切需要你特别站在一个国际性的视角来思考问题。水墨不等于水墨画，水墨不是笔墨，水墨不是神话，水墨是一种认识世界的方法，水墨是一种文化，一种精神。这些都需要你全面打开。

杭春晓：一个艺术家真正完成自我突围，他必须要视野开阔，他不能自我封闭，不能走向自闭症。他需要在一个综合素养的前提下作出一种单一化的方向选择，而不是单一化的声名大噪之后进行众多的语言、材料媒介表演。

张羽：对，任何艺术媒介的使用与表达都不是浅层的，你必须对使用的媒介有足够的认识和充分的准备，语言的表述与媒介质性相辅相成。一个成功的油画家或雕塑家，不一定能做好水墨，因为水墨不仅仅是媒介，还是一种认识世界的方法，更是一种文化。但如果你有当代艺术家的眼界和应对各种媒介的能力你就一定能够创造出优秀的当代作品。

原文刊发于《东方大家》，今日美术馆，2009年第5期

注释：

1、杭春晓：1976年生于安徽当涂。批评家、策展人。中国艺术研究院美术史博士。现任中国艺术研究院美术研究所副研究员、硕士生导师。主要论述有“商周青铜器饕餮纹研究述评”、“绘画资源的开放——古物陈列所与民初中国画”、“重读蔡元培‘实物写生’论”、“认知眼光与二十世纪中国画”、“文人理想的幻灭与重建——文徵明的出仕、致仕及其心理辨析”等；出版《商周青铜器之饕餮纹研究》、《渐进式文化改良——以民初北京地区传统派画家为中心的考察》等；独立承担国家课题“民初美术改良之价值重审”。主要策划的展览“楼上的青年——青年批评家提名展”（2010）、“重新定义——70后艺术中的质疑精神”、“非媒介——张羽、梁铨作品展”（2012）、“松窗采薇——溥心畬书画展”（2013）等。

Breaking Out Zhang Yu's Thirty Years of Making Ink and Wash Works

Hang Chunxiao Interviews with Zhang Yu

Place: Zhang Yu's Studio, A023, Xiedao West Art Space, Beijing
Time: 6 April 2009
Edited by: Yuan Zhiyang

Hang Chunxiao: You started out in the 1980s and had become by the 1990s a representative figurehead of experimental Ink and Wash. During this period, your works have manifested some disjunctions. What were the points that made these disjunctions necessary?

Zhang Yu: Because I started in traditional Ink and Wash, I have in fact been engaged in a continuous personal breaking out with the purpose of constructing a system, or rather of constructing a personal system of expression. Two background lines led to this. One was about creative method. The other was about theory. The quest for a creative method is the key thing, but the subsequent theoretical construction requires continuous sorting out and deepening. For me as an artist, the consideration of which format to use to convey the connection with Eastern cultural identity and Eastern thought is a quest that has taken many years. Once one possesses one's own creative method, it becomes extremely important to sort out one's theory.

Hang Chunxiao: During the transformation from academic theory to creative method, you have managed to move from your early-period emphasis on formal abstraction, to making Ink and Wash serve as a medium through which to realize an orientalized visual angle and judgment in the creation of your works. In this process of transformation, fingerprints have emerged as the central element of the pictorial language in your works. In this performance format, and in this thought format, fingerprints are an abstract sign that is full of content. Yet fingerprints already appeared in works of your early period. What is your view of this?

Zhang Yu: There were differences from the tradition in the works of my early

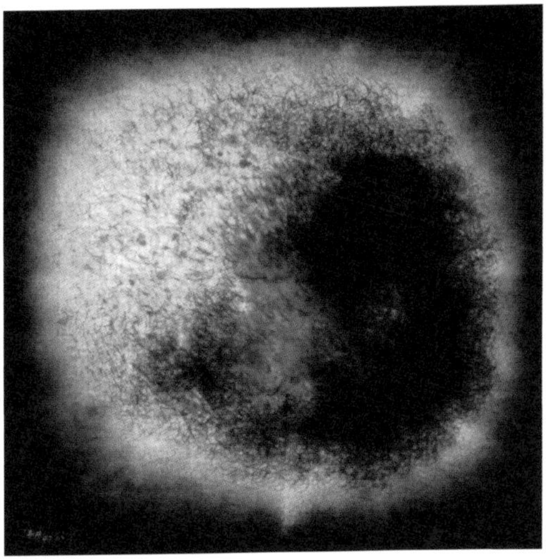

灵光47号：漂浮的残圆
宣纸、水墨，1997年
Divine Light Series No.47: The Floating Incomplete Circle
Xuan Paper, Ink and Wash, 100cm x 100cm, 1997

period, beyond differences of language format and expressive mindset. Although they were, compared to traditional Chinese painting, strongly idiosyncratic in terms of materials and structure, I was nevertheless always thinking of how to strengthen the expressive quality. At the same time, I was taking my thinking a step further, and was thinking about whether it would be possible or not to use traditional expressive methods, to let the resulting expression produce an immediate relationship with one's psychology, and about what kind of connection there would be between this relationship and culture? Through which method could that relationship be established and expressed? By a creative method that was even more individualized, and only connected with culture and not with brush and ink, fingerprint works appeared when I was in this state, but were not accepted by the public at that time, so on the basis of the experimental Ink and Wash that I had begun to adopt as a strategy, I worked on non-figurative explorations, and the *Inspiration* series appeared. Objectively speaking, during this period we had all gone through the considerations of Chinese modernism in the 1980s, and I had completely got rid of those previous figurative things, still however using the traditional materials of Ink and Wash. Against this background, I emphasized the Ink and Wash character to the utmost while gradually eliminating the former significance of the brush-stroke quality and discarding the externalized traces of the brush. To fulfill my expressive needs, I created the new brush technique of "loose brush texture", also known as "random texture".

Hang Chunxiao: This also seems just like what you were mentioning earlier, that you once called the works of your *Inspiration* series by the name of "Loose Brush Texture". This point illustrates your creative psychology during the period.

Zhang Yu: In fact, as far as I was concerned, this was a logic of strategy and promotion. *Inspiration* raised questions of creative experience, unconscious habits and so on. When you use brush and ink to create, you are unconsciously drawn into the trap of the traditional experience, so the appearance of

Fingerprints back in 1991 made me begin my search for a personal creative method. Because you will, as soon as you pick up a brush pen, unconsciously tend towards a painterly character, the question I asked was whether you could still find a cultural connection if you put the brush pen down. Well, hands are the link in all performance, and fingerprints are connected not only to culture but also to your body.

Hang Chunxiao: This is still in relation to your *Inspiration* series.

Zhang Yu: Yes. *Inspiration* in fact took a single fingerprint from *Fingerprints* and magnified it to the limit. I said before that, because there was too little appreciation and too little understanding of the *Fingerprints* works when I created them in 1991, I realized that I had gone too far ahead. So when the *Inspiration* works were produced after 1993, they were, compared to *Fingerprints*, easier to receive and understand from within the painterly experience. However, *Inspiration* was not too accessible at the time either, and it wasn't until after I convened the contemporary Ink and Wash colloquium in Guangzhou in 1996 and it generated widespread influence, that the *Inspiration* series gradually began to be accepted and to achieve recognition. After it had become accepted and recognized, I continued my own inquiries from 1998 on. In 1999 I proposed the creative conception of "going beyond Ink and Wash", and I reverted to making Fingerprint works. The 1991 *Fingerprints* were made with charcoal ink, while the Fingerprint works I started making again in 2001 were red, emphasizing the cultural connection with making one's fingerprint on contracts. What I was expressing here was the wish to target artistic questions by means of a cultural concept, and also to transcend the painterly quality. At the same time, through the performance of fingerprinting one may directly feel the temporal manifestation of the creative process and expression. The significance of an action in itself is involved, and it also dismisses the definition of the conceptions of abstract painting, and leaves performance and trace as the two remaining strands in the work.

Hang Chunxiao: How would you, in a single phrase, sum up the thirty-year course from your first starting out in Ink and Wash to your present Fingerprint works? Because you have, during the whole thirty-year process, constantly been engaged in breaking out, smashing the definitions of the concepts of art theory, and gradually freeing us from our concepts about Ink and Wash, even from our concepts of easel-painting as such. Do you consider today that your works ultimately belong to some system within easel-painting, or to a non-easel-painting system, or to some other systematic category?

Zhang Yu: Personally I feel that this does not matter, for human development, social progress, even artistic development, are all matters of cognitive process. Because you believe in your thinking and in your conceptions, you

水墨≠水墨画——张羽、李华生、梁铨作品展，张羽作品展览现场，张羽策划，和静园艺术馆，北京，中国，2008年
Ink is not Equal to Ink Painting, Zhang Yu, Li Huasheng, Liang Quan, Curated by Zhang Yu, the Display of Zhang Yu's Works
He Jing Yuan Art Gallery, Beijing, China, 2008

persevere, and whenever you look back and review the road you have taken, you are likely to come up with new discoveries, including problematic discoveries. You are constantly adjusting yourself and breaking out of yourself. In fact what is important in this process of breaking out or breaking through, speaking as an artist, is to find a cognitive system. That is, to find a suitable language and format for what you wish to express also requires some logical matching. Contemporary art is today mostly a consolidated format of statement, in which it doesn't even matter what category it belongs to, for the important thing is whether or not its artistic expression means something.

Hang Chunxiao: You have raised a very important point here, which is that in art today we cannot simply carry out a division into artistic camps and then carry out a formalized judgment along those lines. More important is the construction of an expressive system, that is, regardless of whether you paint paintings on an easel or not, you must have a system of expression and choose a format of visual language. For instance, choosing a urinal is a format, a language. The next thing is whether the semantic system and

意派：中国“抽象”艺术三十年，张羽作品现场
巴赛隆纳美术馆，西班牙，2008年
Yi Pai: 30 Years of "Abstract" Art in China, La Caixa Forum Palma, La Caixa Forum Barcelona, La Caixa Forum Madrid, Spain, 2008

linguistic format of your choice are appropriate for the content that you want to express, whether there is an organic combination.

Zhang Yu: Also, I feel that expression involves a uniqueness that is very important. That is, are your expressive language, content and conceptions unique and unparalleled, and not subject to replacement? These things are very important. Whether the expressive medium of your choice is just right for the content you wish to express is also very important. Say for instance that I could choose to make my fingerprints on a wooden board, or on transparent film. It would be possible to do either, but the resulting expression might become a different proposition. There are also some other media in which I have carried out some attempts, but none of them can replace the cultural significance and specific focus of what is expressed on xuan paper.

Hang Chunxiao: In fact, during thirty years' experience of breaking out, you have gone from the very narrow field of Ink and Wash to the relatively free field of contemporary art, through such a long period of being able to use various media and formal languages to convey things centered around your expressive content, during which period you have been able to engage in a linguistic dialogue with the West and with China. In a word, what do you consider your predominant characteristic in entering, from such a narrow Ink and Wash angle, the space of a field that is so free today?

Zhang Yu: I personally would say that the open vision gives me a feeling of relaxation and freedom, and accordingly makes me work hard at my personal expressive method, pursuing uniqueness and irreplaceability. But only through constantly breaking out of myself can I break out of the shackles of the culture, and this requires one to consider problems particularly from the standpoint of an international angle. Ink and Wash is not only Ink and

意派：中国“抽象”艺术三十年，马德里美术馆，西班牙，2009年
Yi Pai: 30 Years of "Abstract" Art in China, Zhang Yu at the Madrid Museum, Spain, 2009

Wash paintings. Ink and Wash is not brush and ink. Ink and Wash is not myth. Ink and Wash is a method of perceiving the world. Ink and Wash is a kind of culture, and a kind of spirit.

Hang Chunxiao: To break out of oneself truly and completely as an artist, one has to open up one's field of vision. One cannot be sealed off on one's own. One cannot move towards autism. One must make a unified choice of direction, subject to one's having achieved comprehensive attainments, rather than carry out a large number of performances in a multitude of linguistic styles and material media after attaining a unified reputation.

Zhang Yu: Right. The use of and expression through any artistic medium is never something shallow. You must have a sufficient knowledge of, and be fully prepared for any medium you use, and the statement of your language and the qualities of the medium mutually complement and complete each other. A successful oil painter or sculptor is not necessarily able to produce good Ink and Wash, because Ink and Wash is not just a material, but rather a kind of culture.

观心自然·建构当代

Mind and Being Natural·Constructing the Contemporary

——张羽与李思贤对话

Dialogue Between Zhang Yu and Li Sixian

观心自然·建构当代

——张羽与李思贤[1]对话

地点：台北关渡美术馆
时间：2009年6月20日

指印——张羽修行的痕迹，座谈会现场，关渡美术馆，台北，中国，2009年
Fingerprints – Traces of Zhang Yu's Cultivation, Site of the Solo Exhibition's Forum, Kuandu Museum of Fine Arts, Taipei, China, 2009

大陆知名“实验水墨”艺术家张羽，受“关渡美术馆”之邀，由台湾艺评家李思贤担任策展人，于2009年6月到8月，在台北艺术大学“关渡美术馆”展出“张羽：指印——修行的痕迹”个展。展览期间的6月20日由策展人李思贤主持，邀集李锡奇、曲德益、王嘉骥、石晋华、刘永仁等台湾不同时代的知名艺术家和学者，于台北展场举办了一场以“从张羽的修行性创作看当代水墨的未来性”为题的学术座谈。6月23日于台中，张羽再次与李思贤针对文化和艺术相关议题进行了一场对话，甚值参考。本刊将对谈内容整理刊出，以飨读者。（编按《今艺术》）

李思贤：我以“观心自然·建构当代”八个字为您这次来台的展览做脚注。所谓“观心自然”指的是风格的问题，着眼在您的“指印”作品，修行或行为艺术等问题；而“建构当代”是从“实验水墨”的脉络中拉出的一种文化历程，是属于较高文化层面的。

张羽：这次在台湾的个展之所以采用空间装置的形式，是扩宽指印的表达空间，同时“指印”具有这种形态。另外“指印”的创作方法也蕴含了与水墨的关系在当代的可能性和建构性，同时它又超越了媒介所指而直指当代艺术。我思索着我们和“当代”之间究竟是何种关系或文化状态？我们该持什么立场去面对当代？而态度及立场必然引发思考和研究“当代性”的问题。另外，从艺术家创作的方法上，可以使批评家梳理出另一种我们当今的自己的理论体系。对于水墨发展而言，寻求方法、创造方法是最重要的环节。我们清楚水墨的创作在过去是以图像的意象为基本线索，但是从“五四”之后，所有水墨画的创作都是参照了西方体系图像。

李思贤：这与当时进步思想有关。那么，之后与“文革”的断裂有没有关系？

张羽：当然是当时进步思想所致。后来“文革”造成的断裂带来了诸多问题，“文革”期间的政治宣传的要求使这种强调工农兵造型形式达到了极致，国画家把中国画都画成了像油画般呈现明暗高光、有体有面；水墨画的发展“五四”之后一直是中西合璧之路，像徐悲鸿那样留洋回国的艺术家将中西合璧方法带进美术教学，强调素描式造型，成为样板。

李思贤：在特殊的时空下，艺术为政治服务是一定的。那么，“文革”阶段所造成的文化断裂，在改革开放之后是否有画家努力衔接这种断裂？在台湾有限资料中我理解大陆当时有一部分画家舍弃了缅怀、全盘西化，仅是将中国的写意特性嫁接上西方抽象的形式表现。

张羽：“文革”政治总体上造成了文化的断裂。开放之后，在西方思潮的影响下，大部分画家的创作又继续五四以来的中西合璧，总体上朝西方现实主义的方向前进。严格来说，中国的现代艺术及“现代”“水墨画”的探索发展应该是在80年代中期、在西方思潮的影响下，一部分艺术家走超现实主义和表现主义之路；一部分艺术家借用抽象表现的方式，开始“现代艺术”和“现代水墨”的探索，一时也出现了一些比较有冲击力的作品。后来这一线索一直在艰难地前行。另一部分画家反其道而行之，走复古的文人画之风，也就是当时的“新文人画”。这一部分的画家后来赢得艺术市场的宠爱，但与艺术史发展无关。现在想来，其实水墨的内在本质一直被画家忽略。80年代末到90年代初“现代水墨”开始逐渐形成一些所谓的“风格”或样式，但不成熟。我之所以说是样式，是我认为“风格”应该是线索，是轨迹，是一条长长的线，而不是一个“样式”。

李思贤：您说风格是一种轨迹和线索，我想那是个内在的问题。人们习惯于用视觉的判断认定风格，台湾水墨画亦同，由于台湾没有经历过断裂，所以没有重塑，也因此一直背负着传统，笔墨依然在学院里发声。正因为台湾学院走传统路子，老师和学生画的只是图像不同，背后的创作思考、文化风格并没有改变，所以台湾的所谓现代性实际上是不具当代性的。

张羽：我看过一些台湾有影响画家的水墨画，基本上与当代没有关系。虽然台湾没有经历过“文革”那样的断裂，但从文化根性讲也是断裂的，其香火根基在大陆，所以也无从谈水墨被延续，没有建构何谈延续呢。从台湾水墨的发展历史看，外来文化的渗入对台湾的侵蚀非常突出，刘国松水墨现象是个例证，而他的遗憾是只有借鉴西方形式主义的开始却没有走进水墨的内部，所以没有构建起自己的方法。今天看来问题的症结在于他没有找到问题的核心。我们如何看水墨？水墨的本质到底是什么？水墨的气质与精神如何显现？实际上，把“笔墨”的感觉追溯到传统那样是完全不可能的，因为我们不在那个情景中。我们所面对的是今天的一切，所以必须用今天的新观念去面对水墨媒介，我们才有勇气往前走或者说才有可能向前走。有些东西是该放下的！就是说，我放下毛笔不是为了放下而放下毛笔，而是因为长期以来我在毛笔上下了很多功夫，都解决不了想要解决或必须解决的问题。

李思贤：你是为了找寻另外一种更准确的当代水墨精神。

张羽：对我而言，更确切地讲是一种当代的艺术精神，而客观是为了构建自己的表达方法，而这个方法其实有两方面的意义：一个是个人性，一个是在大文化系统里的意义。我认为这是艺术家必须认真面对的问题，不要只在形式上做文章，形式不是被想出来的，形式是通过方法而来的，方法决定了形式。这是建构当代性的基本点。

李思贤：停留在写景的水墨画，其实还陷在一个形式的框架里，在这个框架里是无法走出新的样貌的；他们并非一文不值，但他们却很难在文化的层面上有更大的突破，除非作品提升到不仅是艺术甚至文化层次的贡献，症结点要看里头所蕴涵的精神和本质有多少。比如当初你是为了要理清当代水墨的内涵，所以放下笔改以手指蘸水蘸墨去点，再由点召唤出一种形式，形式生成不同当代艺术的样式。这是从传统中反省、由己身发展，再走出另一种新形式，这种思维路径在台湾是极为罕见的。多数的创作都是先确定了形式，再回头去填充内涵，这种内涵就陷在一个框架里，怎么召唤出新的形式和样态？很多人在谈当代文人、谈笔墨的现代性，实际上如果没有了文人就不会有笔墨，笔墨是应着文人所出现的。

张羽：不仅仅是在台湾，内地也是如此，都把水墨概念狭隘化。没有立体地从历史的呈现上去思考它的变化和发展。谈所谓的笔墨现代性、当代性，我认为完全是一个误区。“笔墨”是什么呢？指的是过去的运笔方式吗？还是技术或技巧？运笔方式在作品当中具有这么大的意义吗？那么，笔墨怎么具有当代性？建构新的方法、新的观念、新的语言，这才是关键。有没有新的观念与新的认识，才是“当代”起步的基础，具备这个基础才能去支配自己的表达。说到底，是认识决定了艺术创作是否具有当代性。

李思贤：这是一个途径的问题，笔墨跟当代性其实是个形而上的精神与立场。通过传统笔墨去建构当代性是不可能的，因为大多画家认为笔墨内涵本来就是传统的。

张羽：在水墨画的发展中，每个时段的文人对笔墨的认识都不同。今天的语境和我们面临的是何种场域与文化的状态？虽说传统留给我们的水墨经典是水墨画，但我从不认为水墨是“画”。因为，水墨一方面是文化，另一方面是媒介。当画家拿起毛笔，就等于他通过这样一种媒介去认识世界。另外，没有什么载体是必需的，所以面对表达选择媒介必须跨越地思考，选择媒介必须是不可替代的。我做“指印”，选择是宣纸，所呈现的是一种“指印”与宣纸的关系和表达的问题，而不是刻意的水墨关系，或者说是通过指印方法触及宣纸媒材的一种对传统的遥望吧！通过遥望去连接某种关系。

李思贤：目前在大陆有多少像您这类“实验水墨”艺术家？

张羽：“实验水墨”是十几年前的事了。90年代初到1999年是“实验水墨”比较活跃的阶段，艺术家具备激情和意识自觉，并引起比较广泛的关注及讨论，2001年后渐渐平静下来，它的使命完成了。“实验水墨”在需要深入发展的时机，而大部分艺术家储备不够、缺氧，2005年后群体解散。这个群体从初始到高潮也就十多个人，1998年到2003年展览比较多了非常活跃，这个群体始终保持十来个人，有进来的也有出去的。

李思贤：您在1993年《实验水墨宣言》里已表明了清楚的立场，比如：“‘实验水墨’的艺术表达成为我们认识世界的反应”、“这种东西有很多来源：东方的、西方的、传统、当代的、文化的、社会的、艺术的……”、“‘实验水墨’标志了我们的态度和立场”……而在台湾并不存在这样的艺术语言，我们说的水墨绝对就是水墨画，没有其他。

张羽：我在2006年提出水墨问题的总结，我觉得水墨应该更深入地去思考当代性和建构性问题。我说：“水墨不等于水墨画”，是说水墨本身是个媒介，但不是“画”的媒介，你可以做任何表达，包括装置。前辈们一直在画里头去思考问题，那是水墨历史的时代语境，而我

指印——张羽修行的痕迹，装置（局部），关渡美术馆，台北，中国，2009年
Fingerprints - Traces of Zhang Yu's Cultivation, Installation (Part), Site of the Solo Exhibition, Kuandu Museum of Fine Arts, Taipei, China, 2009

们应该在我们自己的生存环境里思考当代艺术的表达。

李思贤：有一个关键的心理问题，就是必须在当代和传统之间划清界限。当代水墨，就像孙悟空用猴毛变出了五百只小猴儿，就是本尊和分身的关系。当代水墨要跟传统清楚地把距离拉开，并不表示是要反对它或抛弃它，也不可能颠覆它，因为我们根本没能耐去颠覆传统；唯一的办法就是搁置它，让它成为美术史。“搁置”是解决传统最好的方法。

张羽：这个比喻有意思，“本尊与分身”。传统就是遥远的过去经典，我们在遥望的情景中去研究传统。记得2006年底我与朱其聊天，说传统与现在很像“断桥”的感觉。我们在“遥望”的过程中体会那缥缈的气息和境界，感悟便在其中。所以，我们不应该狭隘地去思考水墨文化中的水墨问题，要放开去想，要放下水墨画的概念去想。要去想水墨物质属性本身的表达性，这样才能将我们的认识和水墨本质拉近可能，才能发挥自己的认识能动性。面对传统如果不换个立场，问题永远解决不了。

李思贤：如此精神的把握会更精准。另外，您做如此颠覆性、前卫的“实验水墨”，当时周遭的人怎么看你？你觉得“实验水墨”对中国水墨有破坏性吗？

张羽：只有建设没有破坏。作为艺术家始终只有一个问题，就是如何建构个人表达系统。在触碰传统时，会以解构的方式去建构。所以，我从不想破坏，也不谈颠覆，传统永远存在那里，你破坏不了也颠覆不了，这种用词是理论上的事。对我们而言，走的是自己的路。

李思贤：破坏性和建设性这两个词，是从艺术史的评论方法的两个面向的角度去定义的。在“实验水墨”领域之内肯定它是建设性的，就是我们现在说的“建构当代”。但相对地，在“实验水墨”之外，对那些画“水墨画”的人来说无疑是一种破坏。

张羽：只有建构，不存在破坏。因为，我们针对的是历史的发展线索，与那些画家无关。对于“传统”，我们不应该标榜自己如何传统，标榜自己是传统才是对传统的破坏。经典永远是经典，我们应该吸收经典中的精随。这也是我为什么提出水墨问题终结的原因所在。

李思贤：这次您在关渡美术馆呈现的作品内涵和感受很不同。关渡的空间特性很特别，展场样貌在

指印——张羽修行的痕迹，装置（局部），关渡美术馆，台北，中国，2009年
Fingerprints – Traces of Zhang Yu's Cultivation, Installation (Detail), Site of the Solo Exhibition, Kuandu Museum of Fine Arts, Taipei, China, 2009

视觉上有点像西方的装置艺术。

张羽：“指印”看起来似乎很单一，但却是极为丰富的，其实每件作品的情绪、气候都会影响到“指印”行为与水、墨、色之间的关系。“指印”的创作方法有很多可能性，不同的形式和不同的展示空间，都能呈现不同的感觉。关渡美术馆空间比较大，视觉上容易制造一个场，我希望人们进到关渡的展场时，首先让他们感受这个“场”带来的气息。从天而降垂落地面的条幅是可以让观者正反两面观看，两面痕迹完全不同。而平铺地面空间的九十九本书带来一种别样的雅逸，使得“场”有一种静静的壮观和飘逸的禅意。装置一词表面上好像来自西方，但我的思考从天花板上垂落地面的巨大长卷轴时，我的出发点是黄河之水天上来。我们的传统没有给我们留下看到的，却给我们留下比看到的更大的思维空间。所以，装置不是西方的专利。

李思贤：原先是否预设了这个“场”的结果？

张羽：是，看过关渡美术馆的展场图纸后而决定的。采用空间装置的方式，与关渡的展场更为合适；从空中落下的挂轴、置放墙上的手卷、整齐铺地的简装书籍，都是传统文化绘画要素，把这三种要素在场中做结构置放，搭配影像其中，让展览的作品形式更当代，这之中其实做了很多的跨越。“指印”的视觉效果更显沉静，一种“场域”的感觉直逼心灵。

李思贤：我们布展时，试过两种灯光方式，看起来感觉完全不同，您说两种灯光方式“说”的东西是不一样的。

张羽：对！去掉背景灯的展场有一种舞台效果，比较人为的感觉，虽然给人一种神秘感，但那是刻意出来的，尽管效果不错，但感觉有些紧，指印本身的自然气息被压制了，显得不自然、不真实。所以打开背景灯，就显得比较通透和自然了。我的作品是很飘然的，因此空间要敞开，在自然光的状态下才有自然的显现，才是最对的。

李思贤：指印猛然看时并不觉稀奇，但在凝视一段时间之后，不但点的层次会出现，它们还会自然地跳动。您会不会因此对“指印”作品的光效果特别有要求？

张羽：是的，但不能太刻意，根据展示空间决定。就“指印”作品而言自然光的投射，最令人感慨。“自然”是我所追求的，离开了自然，我的指印意义就会打折扣。至于阅读性，主观上来讲，我希望它越平常越好，如果可能的话，我倾向不打灯光而用自然光去欣赏，就像我工作室巨大落地窗的明亮一般，形成了一个很自然的气场。指印应该在这样的“场”域中被感受。

李思贤：关于修行的相关问题，如果说从修行到艺术再回到修行是一种途径的话，“指印”显然不是宗教的，而是建立在一种自我的澄明状态之上，是“观心”的。

张羽：座谈会上石晋华问我在指印的修行中“观”什么？我说是“观心”，其实“观心”也是“观自然”。我是从画押行为的文化概念出发，确认自己，针对人们现在普遍浮躁的心理，观自己的心。整个创作过程，我只有一个念头，用心去按压，自然地去呈现。我觉得自然是伟大的，做人与做艺术一样，自然是最高境界。于是，我从焦墨走向红色，又走向水墨，如今走向了水。

李思贤：指印看起来很简单，但每个小点所完成的画面却将点本身都消减掉了。它的形式感很强，也很容易引起观者的情绪波动，因为指印与我们众人相关，是所有人所共有的记忆和一种身份的确认。通过现场播放指印的录像，观众能在摁压“指印”的行为中想象而受感动，遁入一种冥思。我对指印的感动，源自于2008年在大象的“味象·澄怀”展，当时我仅是单纯的观者，对指印有股特别强烈的感同身受的撞击。由于我的水墨背景，我很认同这种面对自我诚恳的慢工修行；这种“观心”的态度是最当代的做法。

张羽：我没有强调“指印”的任何形式，而是主观上去形式化，反而这种无形式的形式更凸现了。作为艺术家，创造唯一性、不可替代性是我一直努力的。从当代出发，我试图创造一种方法，在理论上建立我们与西方不同的判断，我想指印能提供给理论家一个线索；我希望理论家、艺评家自觉地共同面对艺术的基本原理。

李思贤：论述不过是一家之言，艺术史绝对可以重新反省，我们的确要建构新的方法、新的架构、新的脉络。这次您到台湾举办个展，“指印”作品提供了一种文化态度上的对照，很希望能够呼唤艺术界、文化界共同来实现一个未来的理想，就像“云门”一样，拉出一种新的当代面向，建构新的艺术体系和艺术视野。

我用三个字为您的这趟个展之旅作总结：面对自己的“诚”；做作品的“观”；布展所提炼出来的“场”。和您的对话成果很丰硕，谢谢您！

原文刊发于《今艺术》，典藏杂志社，2009年7期

注释：

1、李思贤：1969年生于台湾高雄市。批评家、独立策展人。法国巴黎第四大学艺术史博士候选人。现为台湾静宜大学资传系专任副教授、东海大学美术研究系所兼任副教授。主要著作《当代书艺理论体系—台湾现代书法跨领域评析》获台湾出版界的官方最高荣誉“金鼎奖”；李思贤担任南太平洋环礁岛国图瓦卢(Tuvalu)于55届威尼斯美术双年展的国家馆共同策展人（2013）；参与上海新水墨大展“现场—跨地域的水墨经验”的子题展“台湾语调”的策展人（2014）。

指印——张羽修行的痕迹，装置，关渡美术馆，台北，中国，2009年
Fingerprints - Traces of Zhang Yu's Cultivation, Installation, Site of the Solo Exhibition, Kuandu Museum of Fine Arts, Taipei, China, 2009

方法决定一切

Method Determines All

——《美术文献》采访艺术家张羽

Meishu Wenxian Magazine Interviews with Artist Zhang Yu

张羽2006年开始蘸清水摁压指印
Zhang Yu Began to use Plain Water to Make Fingerprints in 2006

我曾经说过："灵光"是图式的创造，"指印"是行为痕迹图像的呈现。其实，在我80年代实践的水墨抽象形式作品中笔墨是纯粹抽象化的，这个系列中的笔墨具有独立存在的意义。

记者：如果说您的"灵光"是消解了笔痕的话，那么您的"指印"则是确立了一种新的痕迹，并且在光影之下呈现出一种浮雕的效果，它们有没有一种延续性或者一种内在的脉络？

张羽："指印"是一种全方位的超越。而超越本身就是一种关系，它超越的是我自己的认识。水墨也是其中的关系，只是表达及表达方法是完全不同的，我所强调的指印行为、指印痕迹、契约画押的方式，它所呈现的是诸多的关系。另外，"指印"先于"灵光"。

记者："指印"表达了一种主体和客体的互动，通过这种痕迹有的人看到了一种形式，看到了一种身体的在场，有人看到了禅意，认为体现了一种禅的境界，是一种修炼，您是否很注重创作的过程？

张羽："指印"的创作过程是重要的，指印行为是"指印"表达的根。它承载着行为的时间及过程。做一件大作品要花半年甚至一年的时间，真像修炼一样，全身心地投入到指印行为过程中。每一个指印的叠加都是定力的体现，过程、时间、身体、意念、精神、境界。

指印2007.9-1（局部），2007年
Fingerprints 2007.9-1 (Detail), 2007

其实“指印”的表达在于以自然为本，我认为自然是最高境界，自然可以通达一切，不管是哲思，还是美学，都会在这里面呈现出来，禅也一样，它在自然的通达语境中显现。

记者：我觉得您这一过程是对浮躁的社会现状的一种反思，具有批判意识，您用最单纯的语言表达出来了。

开显与时变：创新水墨艺术展，张羽作品展览现场，台北市立美术馆，台北，中国，2009年
Open Flexibility: Contemporary Innovative Ink Art, Zhang Yu's Works at the Exhibition Site, Taipei Fine Arts Museum, Taipei, China, 2009

张羽：对，我的“指印”作品通过很单纯的方法获得纯粹的境界。以这种单纯的品质，明确对社会问题的反思，同时也是对再现与抽象艺术的一种质疑。另外，我的作品不能用绘画概念来评判，它不是绘画，它是一种行为的综合形态表达。行为是表达的第一层面，痕迹是表达的第二层面。

法国巴黎吉美美术馆馆长在欣赏张羽指印作品，台北市立美术馆台北，中国，2009年
The Director of the Musée Guimet, He is Appreciating Zhang Yu's Works, Paris, France, Taipei Fine Arts Museum, Taipei, China, 2009

记者：您的“指印”有不同的颜色，它是不是有着不同的含义？

张羽：我的“指印”作品中有三种语言形式。一种是水墨的，和水墨文化有关；一种是红色的，和契约画押有关；再一种是直接用水的，目前选用的水有四种，一种是崂山泉水，一种是青城山泉水，都属于道教文化，还有一种是与茶文化相关的杭州龙井泉水，再就是我们饮用的自来水，走到哪里就用哪里的水。

用手指蘸水按压宣纸，形成凹凸痕迹，通过自然光的投射，使作品显现出特别的品质。痕迹的，不规则的，自然的。我的意思是用自然的方法创造自然的世界，通过自然呈现自然。

记者：不同的指印方法，运力也有所不同。

张羽：是的！因为，有凹凸的变化，我的指印存在两个不同的摁压运力摁，用水点出来的指印我特别强调凹凸感。凹的，是我用手指蘸水把它推进去的。而凸出来的，是我用手指蘸水摁指印吸起来的。所以说“指印”中有太极、阴阳的潜在。而水墨和红色的指印，它是反复叠加的痕迹，因此力是相对均衡的。除此之外，还有对媒介的重新认识。宣纸在千年的历史中对水墨的承载一直没有改变，放弃毛笔，创造新的方法，宣纸获得新的可能。同时“指印”作品的展示也改变了传统的模式，呈现了过去不曾有过的有与无，虚与实的真实空间，为读者提供了一个充满想象的表达，神奇和真实，在宁静中飘逸，空灵却很壮观，新的审美在有无之间显现。

记者：在您新近的作品中，包括水墨、宣纸也不是您唯一的媒介，影像也成为其中的一个部分，展览的空间极雅、极纯、极净，营造了一种极具震撼力的场。您的展览的形式多样化，从而使您的作品也具有很宽广的表现力。您是如何看待您的展览形式的？

张羽：我觉得展览形式不是孤立存在的。“指印”是我十多年来研究方法论的结果，“指印”方法的确立使我超越媒介思考问题，而直接面对表达，我虽然不再想水墨的具体问题，却使我对水墨有了重新的认识和判断，促使我深入思考当代艺术问题。“场”对我而言不是营造的，而是自然生成的。因为“指印”是综合形态的作品，所以“场”是本身具有的。由于“指印”作品具有可以两面阅读的特殊性，“指印”作品就有了空间悬置的可能性，一反千年以来宣纸只能正面阅读水墨画的单一性，从平面转换为空间，使水墨媒介获得了解放，获得从未有过的视觉魅力。

如果没有自己的方法，我很难想象如此单纯的宣纸竟然显现出如此丰富的自然逻辑和如此纯粹的精神所指。同时我也在想，中国当代艺术的发展如果没有自己的方法论，将不会有更大的进步。

记者：最后，能否谈一下您下一步创作有些什么打算？

张羽：明年我会开始创作一件长二十米、宽一米的透明胶片的指印作品。

原文刊发于《美术文献》2009年第5期，湖南美术出版社，2009年

注释：

1、《美术文献》：1993年出版创刊于湖北武汉。属湖北省出版集团。是传播与研究中国当代艺术的重要刊物。杂志全面关注和介绍中国当代艺术家与艺术现象，为研究和撰写中国当代艺术史积累文献性资料。

从“水墨画消亡”到“终结水墨画”

From the Death of Ink and Wash Painting to Back to the Essence

——— 张羽与钱志坚对话

Dialogue Between Zhang Yu and Qian Zhijian

从“水墨画消亡”到“终结水墨画”

——张羽与钱志坚[1]对话

地点：美国纽约皇后区秋园，钱志坚住宅
时间：2009 年 12 月 15 日

钱志坚到访张羽北京大山子环铁艺术城工作室，2013年
Qian Zhijian Comes to Zhang Yu's Studio in Huantie Art Precinct, Dashanzi, Beijing, 2013

“水墨画消亡”一说，是钱志坚于1996年6月5日在张羽策划的广州“走向21世纪的中国当代水墨艺术”研讨会上的发言“假设的可能性”中提出来的。张羽自上世纪80年代投身于现代水墨运动，先后策划并主持编辑《国画世界—中国画探索》丛刊、《中国现代水墨画》、《二十世纪末中国现代水墨艺术走势》丛书、《黑白史—中国当代实验水墨1992—1999》丛书、《开放的实验水墨》、《中国实验水墨1993—2003》等。从1992年召集“实验水墨”群体，1999年提出“走出水墨，进入当代”，2006年又提出“水墨问题的终结”，2008年再提出“水墨不等于水墨画”，而后又在2009年把“终结水墨画”作为观念，2010年策划了“终结水墨画！从“水墨画”到“水墨”当代艺术展。
1999年1月，张羽曾经在纽约钱志坚寓所讨论过水墨现状与发展问题；有意思的是，10年后张羽再次来到纽约，在钱志坚家再一次讨论与水墨有关的话题。

张羽：这次来美国之前就想过，我们也许有机会能见面，我是从迈阿密飞纽约的。1996年6月，我们在水墨研讨会上讨论水墨问题，你转年就来纽约读博士了。1999年1月我来纽约住在你家里，继续讨论水墨问题，10年后，我们今天又在你家里讨论有关问题，我们一下子讨论了十几年，也真是缘分。

钱志坚：是呀。昨天我们通过电话后我就在想我们今天有可能会说些什么？水墨还有意义吗？从你的创作中我感受到“墨非墨，画非画”，有一种感觉，从水墨走到了非水墨。这跟我当时说的“水墨画消亡”挺接近的，我强调的是当时一批艺术家太强调为水墨而水墨，太强调水墨作为中国精粹的东西去延续。

张羽：对，你当时提交的文章“假设的可能性”中提出“水墨画消亡”的观点。我觉得从80年代李小山“中国画穷途末路”到90年代你说“水墨画消亡”。之后我提出“走出水墨，进入当代”，进入21世纪我又提出“水墨问题的终结”。2008年我策划“水墨不等于水墨画”展，2009年我又策划“终结水墨画！创造自己的当代艺术”展。这似乎有一种关联，但是，各有不同层面的认识和思考。我以为认识的深度非常重要。

钱志坚：李小山提得较为抽象一点，而艺术并非无路可走，艺术永远是有路可走的。但是，我是说这个画种当成精华像国粹那样保存，那是没有意义的。并不是说不能有人搞水墨，只是现在的形式已经不在艺术史层面了，已经失去应有的位置，这就是当时我强调的。

张羽：每个人思考的角度各有不同，处于80年代现状，李小山的认识是一个比较外在的认识，也许是他看不下去水墨画阵营的那种迂腐状态，想激发人们重新思考一下中国画创新的问题，再走老路已经毫无意义了。而你提出的“水墨画消亡”的观点与李小山不同，我的理解是，今天的水墨画不应该是已有格式的水墨画了，水墨作为一个画种去探讨是没有意义的。

我是艺术家，坚持从实践出发，认识需要不断地推进和深入，我从“中国画探索”到“现代水墨”，再到“实验水墨”，从绘画到行为，再到综合形态。我的理念是从水墨画创新到走出水墨画，再到终结水墨问题，再到水墨不等于水墨画，再到终结水墨画！以自己的行动，将千年历史的水墨作为画种的时代终结了，目的是要创造自己的当代艺术。

钱志坚：当时的特定环境提出这个观点也是有道理的，激发了画家们的情绪，也使中国画创作有所活跃。

张羽：李小山当时不是批评家，我们一样都是画水墨的，他能有那样的认识和胆量，我当时还挺佩服他的。他从一个画家转型为批评家。你是学艺术史的，你清楚理论家看问题有时是尖刻的，但，往往扔出来的观点与实践脱节，对不对都是它。批评有时符合理论逻辑，但不一定符合艺术创作逻辑。批评家的话语有时能扰乱艺术家心态，也能激发艺术家情绪。创新对艺术家而言很难，特别是从事水墨媒介创作的更难。创新，是冒天下之大不违，每一次创新都会骂声一片。批评家骂！画家也骂！我从画水墨画开始，到提出“走出水墨”，以身试法，又从“水墨不等于水墨画”再到“终结水墨画”。凭着头脑的清醒和自信坚持到今天。

钱志坚：这与我说的“墨非墨，画非画”很一致，你是否在宣告它的死亡？那我们不谋而合了。

张羽：终结水墨画！不是宣告它的死亡。我是在说一个事实，水墨作为画种的时代已被我们终结，是对水墨提出一个新的认识角度。以前我们一直在谈的是水墨画，而不是水墨，我们没有对水墨这个概念深究。其实，水墨与水墨画不是一个等同概念。水墨是一种文化，也是一种媒介。而水墨画是一个画种。它们之间有很大区别。一直以来，我们的批评把水墨与水墨画概念混淆了。这也是这些年理论家不太愿意碰水墨媒介的关键。我认为如果这个问题搞不清楚，我们将无从探讨水墨媒介进入当代的问题。水墨媒介的当代表达走向国际，以及它的理论建设将是空话。

钱志坚：当时我的“假设的可能性”文章，就是强调水墨是个材料，一种媒材，这个媒材是不会消亡的。

张羽：所以，我们在探索与创新的路上辩来辩去，争得很乱，争得不在问题中。

钱志坚：我很高兴看到你这十几年的发展，挺棒的，我很兴奋。你是“实验水墨”的号召人及领军人物，后来你是否突然意识到当时号召的东西可能并不是你想要的，有了另外的发现？

张羽：我是一个充满自信的人，理想主义者。我觉得方向是对的，但在发展过程中不断有新的思考，我也在不断地调整我的认识“架构”。作为艺术家我们必须从实践出发，要走到具体才行。但必须要有理论的思考，艺术家不能一点理论没有。

钱志坚：从你的个案分析，咱们回到十几年前的所谓“水墨是一个虚拟状态”。虚拟状态，

走向21世纪的中国当代水墨艺术研讨会，华南师范大学，广州，中国，1996年
Conference Towards the 21st Century Ink and Wash Art in China, South China Normal University, Guangzhou, China, 1996

是说那个状态并不真正地存在，所谓的繁荣景象并不是一种真正的繁荣景象，而是理想主义者所虚构的一种乌托邦，现代水墨追寻的是一种理想。抽象水墨也好，现代水墨也好。我当时都是反对的。我反对的原因是你、刘子建等几个人的作品太精英了。

我当时之所以说它消亡也好，反对它虚拟也好，是因为这样一种状态，你们把现代水墨当作一种现代中国精英艺术的愿望。理想大于现实，你们的模式是西方的，是西方已经有的。无论是抽象，还是加入材料，在西方60年代70年代都做过了，不要把抽象水墨、抽象和表现都不同。艺术当作中国艺术发展上的一个未来。

张羽：我同意你的这一观点。但问题是，你们当时没有读懂我的“灵光”作品。事实上，到今天大部分批评家也没有彻底读懂，“灵光”不管是视觉图像还是语言方法貌似接近，其实存在于中西之间的夹缝。因为它具有一种纯粹形式，这个纯粹形式与西方抽象和表现都不同。所以，我一直不同意把我们这些艺术创作都视为抽象水墨，是西方化的模式，我一直希望批评能深究个案、深究作品，不要只从表面看。我在研究中发现每一个个案有很大的区别，是有着本质的不一样。比如：刘子建的作品正像你们所说的那样采取西方化的拼贴技法语言，是抽象表现主义的格式。

形而上 / 黑与白——抽象艺术展，张羽作品现场，上海美术馆，上海，中国，2005年
Metaphysics: Black and White–Abstract Art Exhibition, Shanghai Art Museum, Shanghai, China, 2005

2005年，我在法国策划的“中国 · 上墨：实验水墨展”，当时法国的一位理论家问刘子建：你为什么这样创作？这在我们60年代就已经做过了？但这只是刘子建个案问题。在80年代末和90年代初的确有太多艺术家都在使用西方方法，一些人采取以西打东的快捷手段。对我而言“灵光”作品，是针对抽象的“非具象”的图式表达，具有抽象性。抽象性不等于抽象。再比如王川的作品是用水墨媒材将花鸟画的笔墨语言结合抽象绘画的表现方法。我希望批评家坐下来具体面对个案，中国当代艺术的理论建设需要我们静下心来深入研究。从当时研讨会至今13年了，我这一路走来，从“实验水墨”出发一直到“终结水墨画”我非常自信地认为，水墨与水墨画不是一个概念，水墨不等于水墨画。

钱志坚： 所以，我们的话题无论是现在还是十几年前，出发点是水墨，但谈到最后似乎跟水墨好像没有特别直接的关系了。

张羽： 因为，我们改变了看问题的方法和角度，我们明白了如何忽略表面的关系，而去探讨艺术的本身，或者是更本质的一些问题。可能过程中有一些不一样，或是认知上的不一样，或是某些局部理解上的不同，但有一个问题，我们应该明白了，如何表达是艺术创作的核心问题，而不是水墨的问题。

钱志坚：之所以我说没有关系，是说跟水墨作为一个画种，所谓中国精华画种的话题，已经没有关系了。我是说墨已经非墨，画非画了。像你们今天是真正想在艺术本身上有些成就，已经早已超越了画种的概念。

张羽：对，我们不应该再把水墨画作为问题来讨论，因为我们的行为已经终结了水墨画，应该从相关的艺术的基本原理出发。水墨只是我们表达的媒介。

钱志坚：所以，看你的新作我很高兴，你用手指头蘸水点宣纸，我非常欣赏，你已经完全超越传统模式本身的束缚了，已经摆脱水墨作为中国艺术精神精华的画种的束缚，摆脱了民族主义很多意识不到的情节。当时说“抽象水墨”、“现代水墨”，背后有一个很强烈的民族主义的情结，虽然民族主义大家没有批判，但当时很重。现在你非常非常淡，你把身体语言加进去，而且对材料本身很重视，宣纸跟中国传统文化有关系。但宣纸中国人可以用，外国人也可以用。就像油画一样，是西方的一个画种，中国人也用得非常好。所以我强调在全球化的时代，很多东西早已经超越文化、超越种族、超越主义。过去十几年中，中国艺术家很了不起的一点就是很快懂得拥抱多元文化时代，我很吃惊这么快，中国的艺术批评在这方面比较落后一点，抓不住艺术家的反应。

张羽：是这样，这也是我经常说的。但，有些批评家很反感这么说。

钱志坚：国内批评家有个最大的弱点，也是致命的地方，当然跟咱们国家艺术教育本身有关，并不是说批评家不行，他们不笨，都很聪明也很勤奋，但绝大部分批评家写文章是不读作品的。我很注重与艺术家的关系，我特别喜欢到艺术家工作室去看整个创作过程，我觉得很有意思，很重要。

张羽：还有我为什么反对批评家说我们是“抽象水墨”，因为许多批评家概念的使用西方艺术史，他们把西方艺术史中的东西直接套用在我们的作品上，而不能对艺术家的创作进行具体深入的研究，非常可怕。面对艺术家的作品不能一概而论，要深究艺术家的创作方法，更不能把具象以外的都视为抽象，抽象是有抽象逻辑的。

钱志坚：你说得对！他们现在还把你们这些人的创作当作抽象去理解。

张羽：我在文章中反复说过，我们现在做的不是抽象，全部也不是现代水墨，我们做的是“实验水墨”，用抽象的概念连接我们的作品是不通的。首先，我们的创作方法不是全部来自西方。另外，每一个艺术家的创作方式各有不同，选择的方向不一样，各自有各自的精神追求。康丁斯基使抽象艺术进入艺术史，而蒙德里安又使几何抽象达到了高峰，波洛克用行动的方式在艺术史上写下抽象表现主义。而我在今天做的既不是“抽象水墨”，也不是“实验水墨”，实际上就不是水墨，而是当代艺术。

钱志坚：你说的有一点很重要，抽象艺术这个概念不能涵盖所有艺术家，“抽象水墨这个概念本身有两个认识上的错误，或偏差。第一，是他们还用所谓的风格讨论当代艺术；第二，是强调水墨媒材。拿风格论套用媒材，所以出现了偏差，一直不清楚当代艺术真正关键的地方，不是风格，不是材料，也不是语言，而是观念。

张羽：我们也不能忽略语言，我们是要通过新方法创造的新语言。我提出“终结水墨画”就是以观念的角度思考和认识现在的问题。

钱志坚：比如说你在纽约画廊转了一圈，你可能从表面上看、从技术上看、从材料上看，没有什么东西能打动人的，可是你得了解它的观念。我觉得现在国内批评家认识不到这点，所以，我觉得以后展览不要再提“抽象艺术展”、“水墨艺术展”，拿风格或材料做题目已经毫无意义了。

张羽：我比较喜欢从问题切入，比如说：为什么是“实验水墨”，而不是“抽象水墨”。“实验水墨”的所指是非具象的，也是具有实验精神的，同时，也是一种态度和立场。我策展时都以问题入手。

钱志坚：“实验”这个词本来就有临时性、过渡性的意思。当时没有对这个词提出一个明确的界定与解释，这也是很多年争执的原因。

张羽：其实这样理解“实验”一词也是有偏差的，“实验”一词的另一面就是态度和精神层面的。所以对任何问题的探讨都是多层面多角度的，实验对我重要的是态度，实验不是过渡性。在我看来，艺术应该如何表达更为重要，实验表明的是立场。为什么我们能够走到今天，也是因为我们所强调实验的开放态度。“终结水墨画”依然不是我的目的，是我的认识和观念。

钱志坚：我同意你的态度。让我很感兴趣的是，以你为代表的一些艺术家，从90年代到今天的变化，最初你提倡“实验水墨”，作为核心人物，你是从什么时候开始不以水墨为主？

张羽：其实，我的思考一直与水墨保持着距离，但也从没有离开水墨，是我的思维比较多维，善于比较，因为知道水墨不是艺术的根本。1991年开始尝试、思考做指印表达。当时只做了几件，但拿出来后，反映是抽象，不被理解，我就把它放下了。后来是一家英国画廊把这些作品收藏了。

钱志坚：你刚刚说1991年做“指印”，你是不是后来又放弃了？

张羽：不是放弃！而是我发现我走得有点过了，在那个环境下有点超前，就是说，不合时宜。所以，1996年研讨会上我没有展示这些作品。

钱志坚：那你1991年“指印”的作品现在还有吗？

张羽：还有。我当时的问题也是没有彻底想清楚如何突显行为的表达意义，画面上的点有聚有散，有点构成的感觉，人们很容易把它往抽象的方向去想，也就忽略了行为的存在。如果你想呈现一个话题，要看当时的环境关系，于是，我开始创作“灵光”从绘画和观念的角度探讨。

《水墨≠水墨画》，展览画册，张羽策划，和静园艺术馆，北京，中国，2008年
Ink is not Equivocal to Ink Painting, Exhibition Catalogue,Curated by Zhang Yu, He Jing Yuan Art Gallery, Beijing, China, 2008

钱志坚：就是说你当时选择了一条折中的路？

张羽：也可以这么说。也是一个策略。

钱志坚：你是什么时候开始又回到“指印”？

张羽：2001年。

钱志坚：那我现在看到的，我很喜欢的就是你用水的“指印”作品。

张羽：这是2006年开始创作的。

《终结水墨画！从“水墨画”到“水墨”》，展览画册张羽策划，主编，大象艺术空间馆，台中，中国，2010年
The Termination of Chinese Ink Painting, From "Ink Painting" to "Ink", Exhibition Catalogue, Curated and Edited by Zhang Yu, Da Xiang Art Space, Taichong China, 2010

钱志坚：那这之前呢？

张羽：1991年，我做的是焦墨的“指印”。1996年研讨会之后，“实验水墨”得到了广泛的认识和接受，从1998年到2001年在国内成为焦点。此时，国际上发生9·11事件，于是，我开始做综合媒材的“每日新报”创作，持续3年。我一边做“灵光”、“每日新报”，一边开始做红色的“指印”。2004年停止“灵光”和“每日新报”的创作，专注“指印”的创作。

钱志坚：为什么选择红色？

张羽：选择红色是强调指印画押行为的文化概念以及它的象征性，开始以文化概念针对艺术问题，强调指印行为过程带来的表达反映，不是抽象，而是指印行为留下的痕迹。我是把平面的宣纸创造成绘画以外的综合形态作品。

钱志坚：我说的就是，你是从墨非墨到画非画，最后呈现出的结果只是一个精神产品，意义在过程之中。而且我最感兴趣的就是你本身的手指跟材料之间的接触，这是过程中最具鲜活的部分。除了文化象征的意义之外，这个作品有没有跟你本人的经历有关？

张羽：一件刻骨铭心的记忆，在“文革”政治期间，我5岁的弟弟被街道办事处逼供与一条反动标语有关，荒唐地逼迫一个年仅5岁的孩子画押承认。后来我们全家被下放到农村。这是一个特殊的经历，是我人生第一次质疑人性。

从艺术角度讲，水墨媒材仅仅只是用来作画的吗？从60年代台湾的刘国松革中锋用笔的命，一直到80年代的谷文达用超现实主义探讨水墨表达，从80年代到90年代我们这些人，所有的改造都没有超越绘画。难道绘画的方式是唯一的吗？

钱志坚：你说得有意思！

张羽：我想通过指印画押行为的身体与宣纸的接触，记录接触之间最敏感的部分，就是留下的痕迹，这是一种新的审美。一直以来，艺术家和批评家的探讨都跳不开水墨问题，指印让我跳出这一步。指印是有备而来的。行为的突显带动身体和宣纸的关系。这个时候又带来新的问题，媒材本身的可能性。在过去我们会探讨水墨的文化问题，水墨画的笔墨问题，从不讨论宣纸在表达过程的关系。

钱志坚：用一种水墨画的视觉审美标准为目的。

张羽：这样的结果像你说的一样，会导致风格论，其实是一种模式主义。

钱志坚：就像陈平、卢禹舜、刘庆和等。他们做得也不错，但最终他们没有跳出来。

张羽：其实，不能创造也就谈不上继承。继承就是创造。面对传统我们继承什么？这一点特别重要。我问大家一个问题：如果董其昌的作品放在你的面前，你觉得这件作品距你有多近？还是很遥远？其实，你不在他的背景里，这就是断桥。我们读传统的时候，读的是一种气息，还有它的品质。那些笔墨对我们来讲没有意义，因为，那些笔墨是那个时代的象征，是属于董其昌的象征。

钱志坚：你这个认识非常清楚，非常到位。在过去若干年中，很多批评家都把所谓的传统简单化了，他们画了一个等号，说传统等于笔墨，其实，传统绝对不等于笔墨。以郎绍君为中心的笔墨中心主义，现在大概已经没有人再去讨论。传统的东西不是一成不变的。回到我们对传统的定义，我们今天所谓的传统，到底是清朝的传统？还是明朝的？还是唐朝的？因为汉、唐、宋、元、明、清每个朝代的传统是不一样的，与其把中国传统做一个笼而统之的大概念争来争去，还不如回到现实，因为我们今天所创作的一切，在明天来讲就是传统。为什么我们的艺术创作非要回到传统不可？有没有意义？为什么你每走一步都得去看传统的脸色？我觉得没有必要，对今天的人来讲，他更关心与他切身利益、生命、生活有关系的事。所以，我觉得我们在以后的艺术批评当中应该放弃很多空洞的、泛泛的概念：第一谁也不能界定清楚；第二毫无意义。

张羽：艺术不能看人脸色。我觉得这是一种认知，必须走自己的路。不管是批评家还是艺术家都应该思考这个问题，也就好比你生命所处在的位置，传统或多或少会在你身上或是作品上有所体现。

钱志坚：另外，你“指印”作品的宣纸是什么样的宣纸？是薄的还是厚的？

张羽：特制加厚的。

钱志坚：那你如何展示你的作品？

张羽：目前基本是五六种方式：一、平面的，也就是大家习惯的方式，挂在墙面；二、是空间中垂挂的方式，两面阅读作品。这种展示会不断变化，根据每一次展览的主题以及展示空间决定；三、影像的行为记录方式；四、指印的综合媒材等。

钱志坚：把作品夹起来吗？

张羽：是挂在墙面，或平铺在地面或飘在空间，还会把“指印”行为的影像考虑其中。

钱志坚：强调这个过程？

张羽：明确“指印”行为在作品中的第一表达！我做了两个独立影像作品，一个是红色的指印，表面上看去好像是记录我创作的过程，实质上我是把它作为一个行为来诠释，但也呈现了“指印”作品平面痕迹的创作过程。这个片子参加过横滨电影节。另一个是无色的，用水按压宣纸的指印作品。

钱志坚：我非常喜欢你用水做的这个作品，它没有墨，但它有墨的精神。所谓墨的精神就是中国古代说的墨分五色，墨本身是色又不是色。你通过水、指印点在宣纸上造成凹凸不平的效果，在光之下呈现了变化，使人陶醉在这无色之色中，这是你用的功夫，特别有意思。你的背景在中国整个大环境之中，宣纸本身就是中国艺术和文化的象征，它本身就是很强的一个符号。你用了最少的元素，身体的动作去把这个符号当中隐含的含义给点出来了。所以，我喜欢的地方是，你用最少的手段、最少的材料，这是我觉得非常有意思的地方。

张羽：“指印”的整体结构是超越媒介。另外，在指印过程中我对红色有不一样的认识，当你反复按指印，重覆地叠加，按压了三遍跟按压了十遍所呈现的感觉完全不一样。也就是说，一件“指印”作品你可以点压一辈子，有一种无限。

钱志坚：我觉得作为你来讲，可能不会按一辈子指印，但是这个指印本身，在我看来说明了你对传统情结的变化。可以说在你早期传统情结挺重的，但是现在，尤其是这个用水点压的指印，对于传统的理解，我觉得你这个胆量、这个魄力，挺棒的。传统仍然还在里面，但是你已经不像以前那样，那么具有使命感了，但使命还在。

张羽：谢谢！其实，我今天对传统的情节仍然很重，但是我找到了合适的方法。如今的使命感对我而言，就是如何做我自己！

钱志坚：这么说吧，你的使命感是不说出来的，而是做出来的。我觉得现在很多的艺术家说得多，宣称自己的作品如何有使命感，如何延续中国文化传统，但看他的作品并不是这么回事。

张羽：其实，我做水的“指印”是很大的一次挑战，做了挺长一段时间灰色之后，我才敢冒这个险，用水摁压指印，你面对的是空，而“空”在中国文化里是高境界。我刚才说过，前面的未来我不知道，但方向我清楚，所谓艺术体验，它无法喊一个口号，艺术家的方式是一步一步地走过去。前面所有的尝试，你必须要走，哪怕是弯路，对艺术家来讲都是对的，你要经过才能到彼岸。

钱志坚：我觉得不要执著于媒材，而要执著于你的观念。

张羽：观念不是空的，观念与媒材是分不开的，观念要针对表达，表达是要面对媒介和媒材，这是必需的问题。观念是依附在表达及媒材上，你要具体到之间的关系？指印是一个观念，你怎样实现这个观念，于是，你要一步一步往前推，如何去呈现它？那么，宣纸、水墨、色、水、人的身体，用这些元素我怎么说得更好？比如：我使用水却看不到水的存在，水在有无之间，如何在这个空间中叙说这之间的关系尤为重要。

钱志坚：你刚刚说的一句很有意思，就是你说有却看不到，我觉得这恰恰是你这个艺术作品里最有意思的地方，也就是中国禅宗里面讲的“无”。你已经把你所有的东西都极简化、极少化了，你的艺术已经到了一种极少主义的行为艺术，有极少主义的精神。但是你这种极少主义又不是西方那种局限于画面呈现的极少主义，而是把行为简化到最少。所以，我觉得你是一种极少主义的行为艺术。西方的极少主义又跟东方的禅宗，尤其是日本的禅宗，有很大

终结水墨画！从“水墨画”到“水墨”研讨会，大象艺术空间馆
台中，中国，2010
Conference on the Termination of Chinese Ink Painting! "From Ink Painting" to "Ink", Da Xiang Art Space
Taichung, China, 2010

的关系，所以极少主义本身就是一种禅宗艺术。

张羽： 西方的极少主义，它呈现的是简。在中国文化里，简不一定是少，也许是多。我为什么如此认识？在用水做“指印”作品时，你看到了极少的方式！我们一直在讨论艺术的精神性，那么，艺术表达的最高境界是什么？我在做灰色“指印”的时候想的一个问题。我一直在追求作品的品质，我想知道单纯是什么？纯粹是什么？后来我知道了，是自然。你怎样才能呈现自然的品质呢？我用手指蘸水按压宣纸完成我的表达。一个简单的方式，留下丰富的变化，这是品质，也是精神。

钱志坚： 我不太同意你的看法。其实，也同意。同意是说你刚刚说的都是对的，不太同意是我不觉得你做的东西跟西方区别很大。似乎这之间的关系越来越近，非常有意思。因为我觉得人类有很多共同点，这个全球化的时代，大家对于艺术的理解越来越近。西方极少主义所谓的极少并不是说少，西方批评里有一句话：少敌多，以少少许胜多多许。

张羽： 这个说法是一致的。我今天强调的不是与西方的区别，而是在差异中找寻共赏的东西。

钱志坚： 我们不能把极少主义看做是一种绘画风格，它是个观念，就是说绘画已经到了一种让人无法忍受的程度，无法再去探索，所以给你一张白纸，告诉你一切的可能性都在里面。

张羽： 同意，极少主义是一个观念，更是一种方法。我对水墨媒介一直有这样的思考：水墨画走到了尽头，但水墨还有很大的空间有待于我们去挖掘，但挖掘水墨也并不等于就是水墨的问题。表达与水墨问题是两回事。

钱志坚：我同意。

张羽：我在台湾关渡美术馆办个展时，我将“指印”作品从天花板上飘落地面，拓宽水墨媒介的展示局限。讨论会上有人说：你这个作品的展示概念与西方的装置相同。但是，我想告诉大家：当我的作品从空中飘落下来的瞬间，我想的是“黄河之水天上来”。

钱志坚：我觉得吃惊的是，有人提装置这个说法，十几年前我在国内就说过：装置不是艺术的目的，只是手段，为什么会有如此的判断？你的回答很有意思。

张羽：我能理解，他不是批评，他是对你作品认知的角度，那是绘画，这是装置。

钱志坚：我刚才说的就是风格论、画种论。我觉得有些批评家落后就落后在他们对于艺术批评的状态缺乏很多了解。

张羽：是这样。策展人经常会以画种来策划展览，雕塑、影像、行为、装置、油画，而把我们归在水墨类，我们不是当代艺术。那什么才是当代艺术呢？

钱志坚：西方艺术教育，我认识到非常了不起的一点，就是从来不会教学生说装置怎么样、绘画怎么样、雕塑怎么样，因为这些学生什么都学，这只是工具，只是一种手段，你必须熟悉用装置的手法、影像的手法、摄影的手法，你都可以用。现在很多西方的学生对水墨的东西感兴趣，他觉得东方的材料非常有意思。

张羽：一次我给学生上课说到这个问题，作为艺术家你首先要考虑你要做什么，表达什么，然后再考虑用什么媒材去做，这个表达用哪一种媒介去呈现更为合适、更为准确。

钱志坚：你可以随心所欲、一切为我所用。

张羽：记得1994年，我去比利时安特卫普皇家美术学院做讲座，我发现他们的教学和我们完全不同，他们会有一个阶段的材料课程，老师让他们走出学校，在社会上自己去发现各种可以创作的材料，然后回到学校与老师讨论，讨论这种材料可以表达的可能性，我觉得非常特别。

钱志坚：材料在他们眼里是活的，材料是可以说话的，材料的肌理、物质元素、颜色、形状，都是说话的。

张羽：对！我认为宣纸本身是具有可表达性的。比如刘旭光“墨滴”作品，将一滴墨置在一张硬纸上，再用高清摄影手段记录这一滴墨在3个小时中的变化，就是利用墨汁原态做直接表达，墨汁本身在时间过程会有变化，具有表达性，改变了过去它只能作为一种绘画的材料。

钱志坚：把它观念化。

张羽：是！比如：我的指印按在宣纸上，是因为我知道我必须按在宣纸上才是独一无二的、是不可替代的！另外我在展示上想了许多，灯光的效果会出现什么问题？自然光为什么会更好？在一个自然光的空间里，从早上到中午又到下午自然光的变化提供给观众什么反应？光是作品的一部分，正面与背面的阅读关系，光从作品中被指印按压撕裂的指痕上透过又是一种什么感觉？

钱志坚：你这个跟西方艺术家关注的材料文化很接近，我教学也会讲到这个问题，很多中国的古代艺术和现代艺术怎样利用材料，材料在整个艺术中，它本身的重要性。像你用水点的指印是没有颜色的，我一看就很喜欢，受过西方教育的人一看都会马上有感觉。

张羽：日本60年代的“物派”，它是把自然中的原物搬进展厅，以原物来呈现艺术家的表达。这种表达实际上是艺术家把个人观念注入对原物的认识，是将个人认识作为表达。这是禅宗的思想，一个艺术家应该具备走向极限的思考能力。

钱志坚：那你现在除了“指印”还做别的吗？

张羽：还是展开指印，用陶做“指印”的立体作品。用指印的方法，探讨其他媒介的表达可能性。我首先把湿陶土弄成小陶球，然后，用指印行为把陶球一个一个按压组合起来，构成不规则的疙疙瘩瘩的立体的构型，这个型非常有意思。

钱志坚：这个挺有意思的，我觉得这是一个人探索身体和材料之间的互动关系呈现的结果。我为什么刚才说你这个用的虽然是宣纸，但是跟中国的水墨画是没有关系的？你已经进入了当代艺术的思维方式，更多探索与本人的经历、身体、思维有关的东西。你已经非常非常微观化，就是说跟本人的身体直接有关系了。你可以手指按宣纸、按泥土，还可以是其他的东西，有意思就在这。在当今时代人类在一种高速运转的生活中，人类的感情越来越弱化，已经越来越看向自己，觉得自己太脆弱，这个世界发展太快了，能把握的就是自己周围的东西。人类开拓太空的同时，更多时候在那里看守自己的内心。所以，很多艺术家，希望通过自己跟周围环境直接的接触来重新认识自己。它有意思就在于身体和各种材料的接触所留下的痕迹，这种痕迹本身就是承载的符号，记录了当代人思维的痕迹。也许，一百年后人们阅读今天艺术家如何反映这个时代人的精神，就可能会从你的指纹中，你身体接触的材料留下的痕迹当中读到很多有意思的讯息。你创造的是一种讯息的含义，关于当今人类精神活动的一种痕迹，有意思就有意思在这。我的理解，你已经超越了所谓文化的界线、民族主义的界线，我很高兴看见你民族主义的情节越来越淡。

指印NO.8，陶土、漆，2006年
Fingerprints No.8, Pottery, Lacquer, 28cm x 18cm x 16cm, 2006

指印NO.10，陶土、漆，2006年
Fingerprints No.10, Pottery, Lacquer, 32cm x 13cm x 12cm, 2006

张羽：我认为一个艺术家的探索应该具有独特性的，这种独特性是独一无二的，不可替代的，那么才有你的意义和价值。我一直在思考一个问题，我们的当代艺术创作基本上都是用西方的方法。我们能不能不用西方的方法，创造我们自己的方法？

钱志坚：这样就是大师了！

张羽：我觉得不是我非要较劲，也不是说西方的方法不能用，而是说我们中国文化这么大一个系统，我们的传统能创造自己的方法，我们今天仍然可以，也许我们已经创造了，但我们自己还不知道，理论必须跟上才行。艺术家都想做大师。

钱志坚：这是要看有没有这个能力去做？

张羽：前几年艺术家高氏兄弟开玩笑说：张羽你应该策划一个活动，把你的观点拿出来，宣布水墨终结，做一个水墨终结者。我以为我们为什么要终结水墨呢，水墨永远存在，谁也终结不了，会继续发展。我终结的是对水墨视为画种的认识。

钱志坚：你还记得1999年，你在做《黑白史——中国当代试验水墨1992－1999》丛书，你曾跟我说过再过两年不干了！画一个句号。

张羽：目前我准备第二次做“终结水墨画！当代艺术展”，我想从水墨画历史角度做一个简约的文献展，从五四新文化运动开始，到今天。

钱志坚：他们的口号就是要改革中国画。没有说终结，还是要延续。

张羽：他们所谓的延续，其实就是改造，不满意过去，对传统水墨画的质疑。

钱志坚：你会邀请哪些人参加？

张羽：有两个部分，一、是文献部分：像徐悲鸿、林风眠、吴冠中、刘国松、谷文达等案例。二、现场部分：李华生、刘旭光、宋冬、邱志杰、梁铨等。徐悲鸿不满意过去，用西方的素描改造中国画。刘国松不满意过去，革中锋用笔的命。谷文达不满意过去，用超现实主义改造中国画。我们不满意过去，认为水墨与水墨画不是一个等同概念。可水墨画已经几乎无路了，而水墨还有更大空间需要我们创造。我是想通过这个展览把我的观点做一个论证。其实，提出“终结水墨画”，是我的一个观念，事实上谁也终结不了水墨画。但，我希望大家应该明白，“水墨不等于水墨画”。

钱志坚：有意思。另外你在过去出版的那些书，应该在你的历史上是很重要的，当然，对艺术史研究也很重要。

原文刊发于《终结水墨画！从“水墨画”到“水墨”》，展览画册，大象艺术空间馆，台中，2010年

注释：

1、钱志坚：1963年生于江苏兴化市。艺术史家、批评家、策展人。纽约大学博士。现任教于纽约帕森斯艺术设计学院，曾任教于纽约服装技术学院、威廉·派特森大学，1990年代曾任《美术》杂志编辑。教学领域集中在中国现当代艺术、东亚艺术和西方现代艺术。研究兴趣范围包括当代艺术与政治、艺术与都市文化、20世纪中国艺术中的现代主义、海外华人艺术与艺术家等。策划的主要展览包括“文化之间的行旅”、“移植”、“此时此地：纽约华人艺术家”等。1990年代中期在有关现代水墨画的讨论中，曾提出过作为特殊画种的“水墨画消亡说”，并在此后近20年间与艺术家张羽就相关话题保持着持续的讨论。

From the Death of Ink and Wash Painting to Back to the Essence

Dialogue Between Zhang Yu and Qian Zhijian

Place: Queens, New York
Time: 15 December, 2009

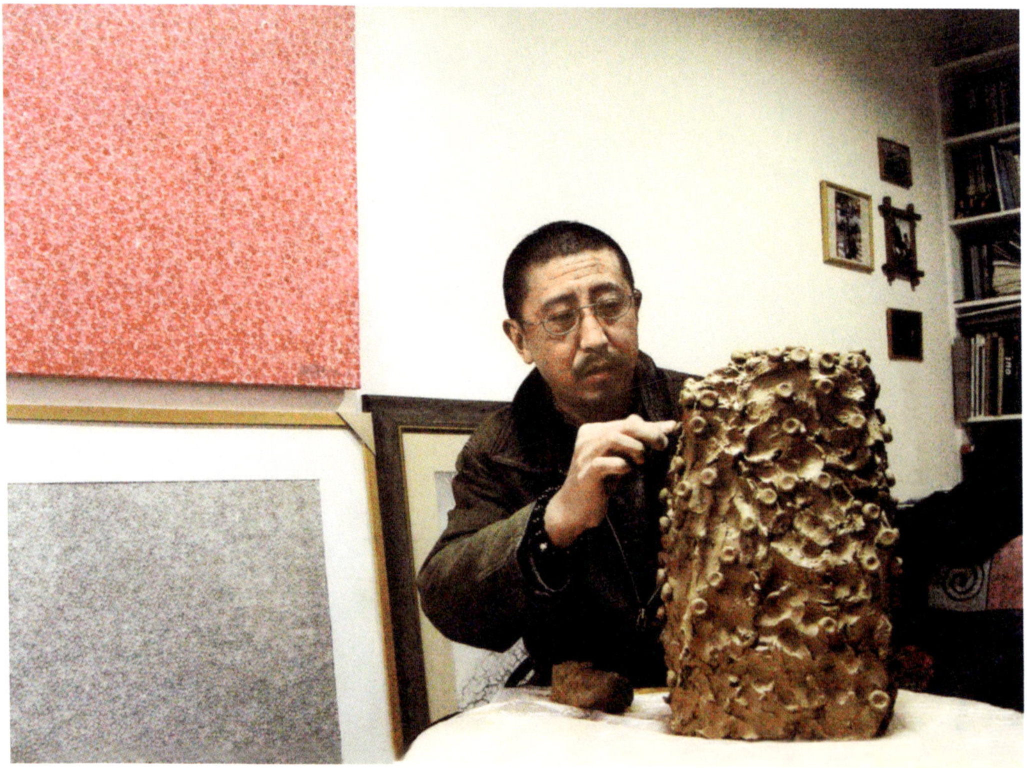

张羽在天津海门路工作室，2006年
Zhang Yu's Studio at the Hai Men Road in Tianjin, 2006

Zhang Yu is an artist, curator, and the spearhead of Chinese experimental ink and wash painting. Qian Zhijian is an art historian, critic, and now teaches at Parsons School of Design, New York.

Qian Zhijian first talked about "the death of ink and wash painting" on June 5, 1996 in Guangzhou, during a seminar on the exhibition "Chinese Contemporary Ink and Wash Painting in the 21st Century", which was curated by Zhang Yu. It was when Qian was proposing a "hypothetical possibility" during the seminar.

Zhang Yu started to paint in the mid-1980s. He has planned and edited publications such as "*The World of Traditional Chinese Painting*", "*Chinese Modern Ink and Wash Painting*", "*The Artistic Trend of Modern Chinese Ink and Wash Painting in the Late Twentieth Century*", "*History of Black and White*", "*Open Experimental Ink and Wash Painting*" and "*Experimental Chinese Ink and Wash Painting 1993-2003*". In 1992, Zhang Yu started to organize experimental ink and wash painters. In 1999, he proposed the idea of "Getting out of ink and wash and entering the contemporary era". In 2006, he proposed "The problem of ink and wash had ended", and said in 2008 that "ink and wash is not equal to ink and wash painting". Then in June 2009, he proposed in the form of a conceptual model "Back to the Essence" and curated the exhibition "Back to the Essence! Create a Personal Contemporary Art". In January 1999, Zhang met up with Qian in Qian's apartment to talk about the current situation of ink and wash painting and its development. Now ten years later, both men came together once again in the same place to talk about issues relating to ink and wash painting.

Zhang Yu: Before coming to the U.S. this time, I thought that we might have an opportunity to meet and talk. I just flew back to New York from an art fair in Miami. I remember that we met each other at an ink and wash painting seminar in June 1996. The following year, you came to New York to attend a PhD program. Then in January 1999, I stayed in your house when I visited New York. We talked about issues for ink and wash painting. Now we have both met again in your house to tackle the same issues. That is very interesting. After a decade, we're still talking about it. I guess it is predestined.

Qian Zhijian: That's right. After our phone call last night, I was wondering what we would talk about today. Is ink and wash painting still meaningful? Then I searched for your work on the Internet. After looking at your work, I had this feeling that you have lifted yourself from" ink" to" non-ink" and from" painting to" non-painting". (You used to say that Lu Hong proposed the concept of" ink is not ink". I guess this is pure coincidence.) From ink and wash to non-ink and wash, this is somehow echoing my views about" the death of ink and wash". I was at that time referring to a group of artists who did ink and wash just for the sake of ink and wash. They were emphasizing the idea that ink and wash is a Chinese form of art too much. In my opinion, their abstract ink and wash works were merely a deformation of Western abstract art.

Zhang Yu:I agree. We have both thought about this concept. Talking of Lu Hong, I recall an exhibition I curated in 1998. It was called" In the Name of Ink and Wash—A Contemporary Art Exhibition". I wanted it to have a big enough scope that it could explore both the cultural aspect of ink and wash painting and the medium. I coincidentally met Lu Hong in 1999 in Shenzhen, and told him about this concept. Then he had the idea to add the words" reshuffle" behind the title" In the Name of Ink and Wash". In 2001, he cooperated with Sun Zhenhua in this exhibition. There is a thread link ink and wash painting Li Xiaoshan's assertion in the 1980s that" Chinese painting is at a dead end", to your proclamation of" the death of ink and wash painting" in 1996, and my suggestion to" Getting out of ink and wash and entering the contemporary era" in 2009, and in 2009 when I curated" Back to the Essence! Create a Personal Contemporary Art!" There is a common thread linking these events. But each contains a different degree of understanding and depth. I thought that the depth of understanding was very important.

Qian Zhijian: Li Xiaoshan did enlighten many at that time, but his ideas were rather abstract and he failed to concretely describe them. As a matter of fact, art is not meeting its end; it always has a path open for it. But the ink and wash painting I was talking about is just one kind of painting among many. It would have been meaningless to consider it as the quintessence of Chinese culture against all odds. I am not saying that no one should do ink and wash painting. I mean that the ink and wash painting style, which used to be highly praised, has already lost its importance. This is what I would like to emphasize.

Zhang Yu: Everyone has a different thinking. Li Xiaoshan has a broader understanding of the situation of the 1980s. He couldn't stand the rotting situation of the ink and wash painting school. This pushed us to think about innovation in Chinese painting and her fate. It was meaningless to follow the old path. Your declaration on" the death of ink and wash painting" is different from Li Xiaoshan's claim. My understanding is that ink and wash painting nowadays should not take the format it used to adopt before. It is meaningless to stubbornly hold on to ink and wash as a way of painting. I am artist. I insist to start from practicing, and push forward into the depth of what an artist has to understand. I explored Chinese painting in the past, then, I moved on to modern ink and wash, and finally arrived at experimental ink and wash. I then went from painting to action performance, before reaching a state of integration. Conceptually I have gone from innovating in ink and wash, to" Getting out of ink and wash", to" Back to the Essence", to " ink and wash is not equal to ink and wash painting", and finally to" Back to the Essence". My aim has been to create one's own contemporary art.

Qian Zhijian: Li Xiaoshan proposed his idea because of the specific conditions of the time. He made other artists realize that there was a crisis going on, and it revived innovation in Chinese art. When I proposed" death", that sense of crisis was already gone. Many painters seemed quite happy with their innovations. I would just like to remind them that such kind of innovation is nothing new thing in art history.

Zhang Yu: Li Xiaoshan is not a critic. He is an ink and wash painter. I do admire him for having this sensitive understanding and the courage to speak out. He received much criticism when he went from being an artist to being a critic. You majored in art history. You are aware that theorists' questions are very biting. They never stop finding problems in artists' works and looking for opportunities to criticize. But they only find the problems and they do not have any concern for the art. They are incapable of analyzing the system. The critic is not concerned whether the outcome is right or not. The critics' comments are sometimes reasonable and logical, but they do not always conform to the logic of art. Just one comment could terrify a whole group of painters as well as stimulate a few. This is hard for an artist, especially one that works with ink and wash. Innovation is forbidden. Each innovation will attract strong criticism. And it is not only critics that criticize; painters do too!

Qian Zhijian:I believe that a critic should be responsible for what he says, and he should make objective comments. If his words could reinvigorate some artists, then that's his purpose. If at the same time he terrifies some other painters, this means that he is correct to some extent. I feel that my past comments and your recent creations have a sort of mutual stimulation. Your recent accomplishments and ideas echo my idea of" from ink to non-ink, and from painting to non-painting" and you recent methods and comments seem to declare ink and wash painting's death sentence! We're actually unintentionally working toward the same objective!

Zhang Yu: The objective is not to declare its death sentence. It would be more correct to say that the development of ink and wash painting has entered a cul-de-sac. This is my new understanding about ink and wash painting. We were too narrow-minded in the past when we referred to ink and wash painting! We were always talking about ink and wash painting, not ink and wash. We didn't elaborate enough on ink and wash. As a matter of fact, ink and wash and ink and wash painting are not the same things. Since the beginning, our critics have mixed up the idea of ink and wash and ink and wash painting. This is also why young theorists avoid tackling the issue of ink and wash. I think that if we can't be clear on this issue, we will not be able to bring the ink and wash medium into the contemporary debate. Then the medium of contemporary ink and wash's ability to develop internationally and its conceptual construction will just be a dream.

线—当代抽象艺术展
张羽与日本批评家、策展人清水敏男
苏河艺术，上海，中国，2007年
Lines: Contemporary Chinese Abstract Art Exhibition, Zhang Yu and the Critic Curator of Japanese Shimizu Toshio, Creek Art Shanghai, China, 2007

Qian Zhijian: When I put forward the article on" hypothetical possibilities", I was emphasizing that water and ink are only materials. They are just media. The medium will never fade. As for the confusion between ink and wash and the concept of ink and wash painting, I believe our education system has contributed to that. This is the same situation in which people think that Chinese painting is ink and wash painting.

Zhang Yu: This is why we have never ceased debating the process of discovery and innovation. But the argument is a real mess, and completely out of focus. Ink and wash is a culture, but it is also a medium.

Qian Zhijian:I remember when critics such as Lu Hong and Ku Chengfeng were talking; I thought that their ideas were somehow very unclear, very wobbly. However, Wang nanming's ideas seem closer to mine.

Zhang Yu: Wang Nanming and I also talked about this situation…

Qian Zhijian:I am happy to see that you have grown in the past ten years. It's great. I am happy for you. Ten years ago, you belonged to the category of abstract ink and wash painter, just like Liu zijian. You were the leader of experimental ink and wash. In the end, did you find out what you were championing was not what you really wanted and thus you found something else?

Zhang Yu:I am full of confidence. I am an idealist. I am very clear about what direction I am headed. But what are the concrete outcomes? I have been asking myself this. A person who realizes his ideals cannot be like a theorist who

线—当代抽象艺术展，张羽作品现场，苏河艺术，上海，中国，2007年
Lines: Contemporary Chinese Abstract Art Exhibition, Creek Art, Shanghai, China, 2007

finds problems in many artists and deduces a theory out off it. We can't do that. We must depart from our own implementation. We must reach our own concrete self.

Qian Zhijian: By analyzing your case, we have to go back to ten years and recall what we used to call " ink and wash is a virtual status". Virtual status means that the status does not exist. Prosperity is not real prosperity. It is an idealistic virtual Utopia, which is also the ideal that modern ink and wash is looking for, whether it is abstract ink and wash or modern ink and wash. I objected to both abstract and modern forms. The reason was that both your works and Liu zijian's were too much a reflection of elitism. At the time, I said it is good if ink and wash is dying and virtual because of this elitist status. You took modern ink and wash and made it into an aspiration of the modern Chinese elite art. The ideal is always better that the reality. The pattern you use is a Western one. It is what the West has already acquired. No matter abstract or adding materials, in the West, artists have already done that in the 1960s and 1970s. Don't believe abstract ink and wash and abstract art is the future of Chinese art development. Because such a future is only repeating what others have already achieved.

Zhang Yu: The ideal is a process. This is very important for art. Whether elites or Utopia, we must all go through processes to attain a kind of artistic essence. This is the difference between the artist and the theorist. I largely agree with you, but I do not agree with categorizing these works as Western abstract ink and wash. As a matter of fact, abstract and ink and wash cannot be put together. Abstract is the approach, and ink and wash is the medium. I always hoped that critics could delve into a piece of art and not only talk about its appearance. I have discovered that every artist is very different. They're different in nature. For example, Liu zijian's works just as you describe have adopted a Westernized technical language and an abstract expressionist style.

In 2005, I was in France attending an exhibition called "China Upcoming Ink: An Exhibition on Experimental Ink and Wash". There was a French theorist who asked Liu zijian why he was producing paintings similar to what French artists had been producing in the 1960s? My work "Devine Light" is non-figurative, existential, and has an abstract quality, but having an abstract quality is not equal to being abstract. "Devine Light" and Wang Chuan's works use ink and wash as a medium to express the language of the brush and ink when painting flowers and birds, combined with techniques of abstract painting. I hope that critics could discuss this as a work of art on its own terms. For the sake of Chinese contemporary art theory, we need to sit down and discuss it. It has been 13 years since the seminar. From the emergence of experimental ink and wash to the time the "termination of ink and wash painting" was proposed, we have suddenly discovered that ink and wash and ink and wash painting are not just concepts. Ink and wash is not equal to ink and wash painting.

Qian Zhijian: My point of view comes from knowing the works. Although there are large differences among actual artists, I still aim for one specific direction. You said your" Devine Light" series of works represent a creation of non-figurative images, and that it has an abstract quality without being an abstract painting. But I think that it is unclear what you mean and looking at your work does not make it clearer. You said your work does not have any direct relation with Western art. Then what is the source of their shape? I would be very happy to take you as an important case study, and probe into the changes you went through, and see that kind of path you took in Chinese contemporary art. Returning to our topic of ink and wash, whether now or a decade ago, the starting point is and has been ink and wash, but what is actually discussed in the end does not have and has not had much to do with ink and wash.

Zhang Yu: Artists and critics have different points of views regarding the same piece of artwork. For example, is this round-shaped pattern Western or Eastern? In fact, what we are doing is changing how people look at issues, and we directly ask questions about the idea of artworks. Critics have never really thought about the concept of ink and wash. They always mix up ink and wash and ink and wash painting. We have come to realize how to ignore the outer appearance of art and probe into art itself, or issues even more related with its essence. There might be a different approach, or perception, or a different way of realizing some part of it. But there remains a clue. Once we adopt an artistic way of thinking, we come to understand ink and wash better, and we discover the problems at the heart of ink and wash as a form of expression.

Qian Zhijian: The reason why I say it does not matter is because it does not matter anymore whether you consider ink and wash a category of painting or an essential category of Chinese painting. I mean to say that ink is no more ink, and painting is no more painting. People such as you who are prominent figures in art have already gone beyond thinking in terms of categories of painting.

Zhang Yu: Yes, we should not consider ink and wash as an issue to discuss. We should discuss it from related artistic issues. Ink and wash is just a mean of expression for us.

Qian Zhijian: This is why I was very happy when I saw your new work. I appreciate the use of wet fingers to mark the paper. You have already surpassed some of the limits of this form of art. You have already freed yourself from the restrictions of Chinese painting and gotten rid of the complex that nationalists would not even perceive. There used to be a very strong nationalism behind both abstract and modern ink and wash. Although the assertion of nationalism was not made clear, no one could criticize this aspect either. But this was very important at that time. Now you seem to have let go of that facet of nationalism to a large extent. You added body language in your creation, and you emphasized the material you use. This shows that you are emphasizing the artist as an individual, not only as a member of the nation. Xuan paper is symbolic of traditional Chinese culture, but nowadays, it can be used by both Chinese and Western people. The situation is the same with oil painting. It is a Western form of art, which Chinese are also performing well with. So I would like to make the point that in this era of globalization, many things have already surpassed the boundaries of culture, ethnicity, and ideology. During the past decade, Chinese artists have very quickly embraced the era of multiculturalism. I am very surprised at the speed everything is changing. It is a pity that Chinese art criticism is behind the world's pace of development and cannot respond

指印2006.12–2007.6，指印行为，宣纸、植物质颜料，2007年
Fingerprints 2006.12 - 2007.6, Behavior, Xuan Paper, Vegetable Pigments, 220cm × 550cm, 2007

quickly enough to artists.

Zhang Yu: I agree very much with your point of view. This is also what I often say. But some critics in our country are very sensitive to such suggestions.

Qian Zhijian: Critics in our country have a very large weakness, a life-threatening weakness, which is they dare not directly probe into the artwork to analyze it and discuss it. They only beat around the bush when they write about an artwork. This is of course related to the art education that our country provides. Few have received training in systematic analysis of an artwork's style and form. This does not imply that critics do not need to exist. They are not stupid. They are all very smart. And they work hard. But because of their lack of education and training, many critics' articles just do not look into the soul of the artwork. The articles do not contain basic observation and description, nor any analysis or judgment. It is probably because of my own preference. I always take exchanges with artists very seriously. I especially like to visit artists in their workshop and observe them while they create. This helps me to understand and analyze. And the training I received in the U.S. requires me to deal with every detail of the artwork.

Zhang Yu: The reason I am opposed to critics who claim that we are doing ink and wash painting is that many of them have a Western art history background. They apply their Western standards to our works, and cannot concretely study the work in depth, which is a terrible situation. Facing artists' works can't be over generalized, shall get the bottom of their creative methods. They should not consider everything that is not concrete as abstract. Even something abstract has logic. Good artists in China who are related to abstract art are not necessarily doing abstract art, because they know who they are.

Qian Zhijian: Are you talking about your past painting works, or the fingerprint works? If we were to consider your works as abstract paintings, that would be a misunderstanding of the concept of" abstract painting". However, it is not a bad thing that different art critics each have a point of view on your works. It is not without reason that they might connect your works with Western art. And this is not an issue of principle.

Zhang Yu:I am not talking about my work. The point is to seize the chance. I used to repeatedly say that we are not doing abstract art, nor modern ink and wash. What we are doing is experimental ink and wash. It is therefore unfeasible to apply an abstract art concept to what we are doing. First, the approach we employ does not originate from the West. And besides this, each artist has a different method of ink and wash. The path that each chooses is different, and each person has a specific spiritual goal to pursue. Kandinsky established his name in art history with abstract art, and Mondrian brought geometric abstract art to its climax. Pollock made his name in history with the expressionist form of abstract art.

Qian Zhijian: There is something very important in what you say, which is the concept of abstract art cannot be applied to all artworks that have an abstract aspect. Some critics still discuss contemporary art using a concept of style. This is why even some non-concrete art works are called abstract art. If the concept of" abstract ink and wash" is too widely used, then that will lead to a misunderstanding. The word" abstract" is a technical term, and ink and wash is a medium. It is thus impossible to say" abstract ink and wash" because the medium has no difference. Take style as an example in the medium, and there will be a deviation. But it does not mean that" abstract" necessarily came from the West. This is a misunderstanding. The concept of the abstract actually exists in many cultures. Of course, " experimental ink and wash" is not necessarily an appropriate technical term, because this hasn't gotten rid of the elitism of" ink and wash". I think that your works should be considered as part of contemporary art, and not only as part of ink and wash art, especially now, you have recently dealt with conceptual works. The key to contemporary art is not style nor material or language. It is the idea.

Zhang Yu: This is another perspective. The reason I did" Back to the Essence" was to consider contemporary art issues from a conceptual perspective.

Qian Zhijian: For instance, if you were to walk around the galleries in New York, you would pick up on some clues through the appearance of the artworks, through the technique and materials used to create them. The works might not seem to have anything about them that is very emotionally moving, but you would have to look closer and understand the ideas behind them. I think that critics and curators in our country do not understand that very clearly. So they would often criticize style and materials, but forget about the idea and the topic. For example, I often see titles such as" abstract art exhibition" and" ink and wash art exhibition". These are only the names of styles or materials and are not connected to contemporary art development. They are also very distant from approaches employed in international art criticism and exhibition curation.

Zhang Yu:I prefer to deal with the issue itself, such as why it is " experimental ink and wash" but not" abstract ink and wash". The emphasis on experiment is to accentuate the attitude and stance.

Qian Zhijian: The word" experiment" contains the meaning of" temporary". This word hasn't received an exact definition ever since it was used here. This is also why there were so many debates during these past years. This word also comes from the West. It is sometimes used with the meaning of" avant-garde", or it also means an experiment of material and technique, or even idea. It is most of the time positive, but sometimes negative.

Zhang Yu: In fact," experiment" is not a trial in the lab. It is the pursuit of a spirit, because experiment does not mean value. In my point of view, the way art is expressed is more important. The reason why we have survived to today is because we knew how to adopt an open attitude at that time." Back to the Essence" is still not my goal. It is my attitude and idea.

Qian Zhijian:I agree with your attitude. Experimentation is like a process. It is a means, not an end. What I am interested in is the change from 1990 till now in which you and your contemporary artists have taken part. You proposed" experimental ink and wash", and you were the core person. When did you stop focusing on ink and wash?

Zhang Yu: As a matter of fact, my thinking has never left ink and wash. I am better at comparing. In 1991, I started to attempt creating with my fingers, and give meaning to it. I only made a few pieces, but the responses I received all said it was abstract art. So I stopped. Then a gallery in the United Kingdom bought all these pieces.

Qian Zhijian: So you just said that you started to create fingerprints in 1991. Why did you quit then?

Zhang Yu: I didn't give up! I found that I had crossed the limits. It was not appropriate at that time. It meant that I had to have a strategy to propose something which was considered not suitable.

Qian Zhijian: Do you still have works made with fingerprints in 1991 now?

Zhang Yu: Yes I do. My problem at that time was to find out a way to express the meaning of this work. The dots on the paper are either in a group, either dispersed. This is why people tend to think of it as abstract art, and neglect the existence of the action. If you want to bring up a topic, you have to consider the context. Therefore, I started to create" Devine Light". I enlarged one of the dots and continued to dig into it with brush and ink.

Qian Zhijian: Which means that you had chosen a middle road?

Zhang Yu: You could put it this way. It was also a strategy.

Qian Zhijian: When did you come back to fingerprints?

Zhang Yu: I started in 2001.

Qian Zhijian: From what I see now, I like your works with fingerprints.

Zhang Yu: That one was created in 2006.

Qian Zhijian: And before that?

Zhang Yu: In 1991, I was making scorched ink fingerprints. After the seminar in 1996, experimental ink and wash widely obtained recognition and acceptance. From 1998 to 2002, it became a more popular topic in our country. During this period, the U.S. suffered the 9·11 attack. It influenced everyone. Therefore I started to create" Morning Post" for three years, and at the same time, I was doing the red fingerprints. In 2004, I stopped creating" Devine Light" and " Morning Post". I focused on fingerprint creation.

Qian Zhijian: Why did you choose red? Is there any special meaning?

Zhang Yu: The choice of red was to emphasize the cultural aspect and its symbolism, and to start dealing with art issues from a cultural perspective. I emphasized the reaction brought by the fingerprints, and the prints have to be very gentle on the Xuan paper, they have to be free of any structural relation, which means using no pattern of any kind of existing painting. In other words, it does not exist in art history. It is not abstract. It is the trace left by the action of the fingerprints. My idea was to create a piece of work that is apart from a piece of flat Xuan paper. My work is not painting at all.

Qian Zhijian: What I wanted to say is that you went from " ink" to " non-ink", and from " painting" to " non-painting". The end product was a spiritual one. The meaning is in the process, and what I am most interested in is the connection between your fingers and the material. This is the most vibrant part of the process. Besides the cultural meaning, is this work related to yourself? I mean the contact of your fingers and the material.

Zhang Yu: There is something I will remember all my life. It happened during the Cultural Revolution. My five year-old younger brother was forced to confess for a counter-revolutionary slogan. People absurdly forced a five year-old to confess. Then our whole family was forced to work in a village. This is a very particular experience. This was the first time I ever doubted human nature. From an artistic point of view, is ink and wash only good for painting? Ever since the 1960s, Taiwan's Liu Guosong's " Zhongfeng" to Gu Wenda's acceptance of surrealism in the 1980s, and finally us in the 1990s, all the changes that have been made during this time have not transcended painting. Is this then the only pattern?

Qian Zhijian: That is a very interesting question!

Zhang Yu: The contact between my body and the Xuan paper through the action of fingerprinting is a record of the most sensitive aspect of physical contact, which is the mark that is left behind. This is a new kind of aesthetics. Discussions between artists and art critics have always been unable to escape the problems of ink and wash. Therefore, I must first side step these issues. My fingerprinting has preparation behind it. The obvious nature of the performed action directs the relationship between the body and paper. It also gives rise to new queries about the capabilities of the medium itself. In the past, I talked about the cultural aspects of ink or the issues of brush and ink in ink and wash paintings. But I never discussed the part the paper has to play in the creative process.

Qian Zhijian: This is because in the past artists only aimed for a particular aesthetic standard. Artists never acknowledged the material itself. People regard Xuan paper and ink merely as tools to create visual images. Many people still

指印——张羽，展览现场，苏河艺术，798，北京，中国，2008年
Fingerprints – The Exhibition of Works by Zhang Yu, Creek Art, 798, Beijing, China, 2008

think this way.

Zhang Yu: This reminds me of what you spoke of earlier—that it will lead to discussions on style—so-called theories of style—whereas in fact it is a kind of theory of method.

Qian Zhijian: Yes. Take artists such as Chen Ping, Lu Yushun, and Chang Jin for example—what they do is not bad, but at the end of the day they have not been able to escape this problem. I think this is because the way they regard the material is totally different from you.

Zhang Yu: In fact, without creativity there can be no passing on of techniques. That is why I say to pass on techniques is to be creative. What are we passing on faced with the tradition? This point is especially important. Let me pose a question: If you were to place one of Dong Qichang's (Ming dynasty painter) works right in front of you, would you think that it was very close to you or very far? In fact, you are not in his background—it is the Broken Bridge. When we study the tradition, what we are studying is a kind of breath; and then there is its moral quality. Those paintings are meaningless to me, because they are a symbol of that period, a symbol of Dong Qichang.

Qian Zhijian: Your understanding is very clear and precise. In the past, many critics simplified the tradition. They painted an equals symbol, saying the tradition equals ink and wash painting. In fact, the tradition absolutely does not equal ink and wash painting. I do not think anyone is talking anymore about the idea of ink and wash "centralism", which has Lang Shaojuan at its heart. Tradition itself is about change; it is not immutable. Returning to our definition of the tradition—when we talk about it today, are we referring to the philosophy of the Qing dynasty or of China? Or the Ming dynasty? Or the Tang? It has been different in every dynasty—Han, Tang, Song, Yuan, Ming, and Qing. Rather than debate the definition, we should return to reality, because everything that we create today will become the traditional thinking of tomorrow. Why must our art always be linked to the tradition? Is there any significance in this? Why must we at every step be so closely following the tradition? I think this is unnecessary because people today are more concerned with personal interests and matters of relevance to their lives. Therefore, in the future when it comes to art criticism, I think we should abandon a lot of empty, wishy-washy concepts. For one thing, no one can clearly define them, and for another they are completely meaningless.

Zhang Yu:I think this is a process of understanding reality and acquiring knowledge and we ought to know how to face it. Both critics and artists should mull over this issue. They should know that it is bigger than what is currently going on in their lives. Their selves and their art will always to a greater or lesser extent embody the tradition thinking.

Qian Zhijian: Can I ask what kind of Xuan paper you use for your fingerprints works? Is it thin or thick?

Zhang Yu: It is specially made paper which is extra thick.

Qian Zhijian: And how do you display your works?

Zhang Yu: Essentially I use two methods: wall-mounting, the method exhibition-goers are accustomed to, and spatial instillation. The instillations are never the same depending on the theme of the exhibition and the shape and dimension of the exhibition space.

Qian Zhijian: Do you need to bundle your works up to display them?

Zhang Yu: Regardless of the method of display, my pieces cannot be pressed together. The reason is that they have uneven surfaces. The flat pieces can be displayed in the same manner as oil paintings, that is mounted on a board or placed in a frame, but they do need to be hung inside the picture frame. The instillations are suspended in the air and accompanied by video of the fingerprinting process.

Qian Zhijian: Is this to emphasize the process of pressing the finger onto Xuan paper?

Zhang Yu: Exactly! In my works, fingerprinting is a primary form of expression. I produced two independent video works. One was a recording of a piece using red ink. At first glance the video appears to be a documentary of my creative process, but in fact I intended it as an interpretational performance. But it does also show the creative process of my fingerprints works, which is the imprinting of a flat surface with my finger. This video piece was shown at the Yokohama Film Festival. The other was a video of a colorless work, where I dipped my finger in water and pressed it on to the paper.

Qian Zhijian:I love this particular piece. It doesn't use ink but it has the spirit of ink. When I say the "spirit of ink" I mean in the way the ancient Chinese referred to ink's five "colors" (burnt ink, thick ink, dry light ink, light ink, and wet ink)—that ink itself is a color and yet is not. By fingerprinting with water, you created an uneven surface on the paper. This created an effect of variable light and shadow, and people were intrigued by this effect of color in a colorless work. This was a particularly interesting technique. In Chinese society, Xuan paper is the symbol of Chinese art and culture. It is a very strong symbol. Using the fewest elements, you used the action of your body to symbolize the significance implicit in this medium. What I like the most is that you use the least amount of methods and materials to "point" out the cultural significance of this special medium. This is what I think is most interesting about this piece.

Zhang Yu: In conceptual terms, in my fingerprint work, the color red is a symbol of life, ink is a symbol of culture, and water is a symbol of nature. The construction as a whole of a fingerprint piece transcends the medium. Besides this, during the fingerprinting process my awareness of the color red changes. When you repeatedly press your finger onto the paper, making layers of fingerprints, the impression you get after you have pressed three times is completely different than after pressing ten times. In other words, you could work on a piece, pressing for a life time, and you would never finish. It has unlimited possibilities.

Qian Zhijian:I reckon that you probably wouldn't keep pressing for that long. But as I see it this action of fingerprinting reflects the changing nature of

个案：艺术史中的艺术家，开幕现场，圣之空间，798，北京，中国，2008年
An Individual Case Study: the Artist in Art History, the Opening Ceremony, SZ Art Center, 798, Beijing, China, 2008

世纪光年传媒
Century Media

your complex about the tradition. In your early works, this complex came across quite strong, but now especially in your water fingerprint piece your understanding of tradition thinking has transcended your past complex. I think this shows courage and daring. It is great. The traditional thinking remains in your works, yet you are not as possessed of a negative sense of mission as you were before, but the life is still there.

Zhang Yu: Thanks! Today, my sense of mission is to create new kinds of expression!

Qian Zhijian: Then is seems that your sense of mission is not from what you say but what you do. Many artists nowadays talk a lot, proclaiming how their works have a sense of mission, how they are continuing Chinese culture and tradition, but looking at their works you find this really is not the case.

Zhang Yu: In fact, the fingerprint piece using water was a huge challenge. It was only after going through a very long period of using grey that I dared attempt it. Using water like this has never been tried before. With such a piece you have to face empty nothingness, and in Chinese culture, "nothingness" represents the ultimate state of being. I said earlier that I do not know what the future will bring, but I am certain of my direction. There's no slogan that can express the so-called artistic experience. Artists arrive at their methods step by step.

Qian Zhijian:I believe it is important not to be stuck on media but to stick to your ideas. If you have a good concept, you can easily find the media to realize your idea.

Zhang Yu: However, concept and media are indivisible. A concept has a specific target—it is aimed at a form of expression, and expression is connected to media. This is a question of musts. The concept is attached to form of expression and media. It would be hard to divide them. Fingerprinting is a concept, which you have to figure out how to realize. Red ink is a way, as is grey ink, as is water. I cannot say it better than this: My art combines the elements of Xuan paper, ink, water, a man, and the body of a man. For example, the water is in between being and nothingness; how can I explain the connection between these two states?

Qian Zhijian: In my view, concept is more important than media. You just said something that is very interesting. You said that you suddenly discovered that there was nothing there. This is precisely the most interesting thing about this work of art. It is the ' nothingness' that is talked about in Chinese Zen. You have minimized and reduced your art to the point that it has become a kind of minimalist performance art. It has the spirit of minimalism but it is not Western minimalism, which is limited to the visual image—you have stripped an

个案：艺术史中的艺术家，展览现场，圣之空间，798，北京，中国，2008年
An Individual Case Study: the Artist in Art History, the Exhibition Site, SZ Art Center, 798, Beijing, China, 2008

action down to its simplest form. This is why I consider your art to be a kind of minimalist performance art. Western minimalism has a lot to do with Eastern Zen, in particular Japanese Zen. So, in fact minimalist art is a kind of Zen art.

Zhang Yu: Western minimalism is concerned with representing "fewness". But in Chinese culture few is not necessarily few. It might be many or it might be abundance. Take my water fingerprint piece: it seems to be a very minimalist method, but in fact perhaps it is not! We are always discussing the "spiritual" quality of art, but very few people talk about its moral quality. So what is the ultimate state of artistic expression? I considered this question while producing my grey ink fingerprint works. I am always pursuing moral quality in my works. I want to know: what is purity? What is the ultimate objective of artistic expression? Later I found the answer: It is nature. So how do you depict nature's moral quality? I dip my finger in water and press it onto Xuan paper and I have completed my process of expression. It is a simple method that has abundant permutations.

Qian Zhijian:I both agree and disagree with your viewpoint. I agree on everything you just said, however I do not think that the distinction between what you do and Western art is very large. In fact it is quite the opposite; the connection seems to be growing closer and closer. This is not bad thing because I think that there can be a lot of commonality between different people. In this age of globalization, everybody's understanding of art grows closer and closer. Furthermore, what Western minimalism seeks to depict is not merely "fewness" but that "few is more" or "defeating the many with the few", which is remarkably similar to Qi Baishi's (19th Century painter) notion of" the very few triumphing over the very many".

Zhang Yu: You are correct.

Qian Zhijian: We cannot only consider minimalism as a style of painting—it is an ideal. By that I mean that painting has already reached a degree that people are unable to bear. They are unable to continue exploring it. And so I give you a sheet of blank paper and tell you that it encompasses all possibilities.

Zhang Yu:I used to think the same about ink as a medium. Ink and wash painting has reached its end. But ink itself still has a huge potential that is waiting to be unearthed.

Qian Zhijian:I agree with you.

Zhang Yu: At my solo exhibition at the Kuandu Museum of Fine Arts in Taiwan,

I hung my fingerprint work from a very high ceiling, thereby pushing the limits of displaying the medium of ink. Some people discussing the exhibition said to me, " Your concept in displaying this work is the same as Western installations." However, I would like to say this to everyone: At the moment that my work was suspended from the air, I was thinking about " the Yellow River's waters surging down from heaven". (Zhang quotes it from the poem" Bring in the Wine!" by Li Bai.)

Qian Zhijian: What surprises me is what you just mentioned about someone commenting on the " installation". Ten or so years ago in mainland China I said that, " Installations are not the objective of art, but just a medium." The West hasn't patented this method, so why does the fact that people in the West use it mean that we can't use it too? Automobiles, electric lights, and computers were all invented in the West, but haven't we used them well? I am bewildered as to why there are people in Taiwan today raising this kind of question? Nonetheless, it is very interesting to hear your response to this.

Zhang Yu:I can understand why they would say this. It was not meant as a criticism. From their perspective, their understanding of your work is that " this is the painting" and" that is the installation".

Qian Zhijian: It is like what I just mentioned about how the theories of" style" and" types of painting" have influenced people's understanding and thinking. I think that the reason some critics get left behind is because their understanding of the current status of art criticism is very out of date.

Zhang Yu: It is like this: exhibition curators often organise the paintings in an exhibition according to the different types of paintings. Portraits, behaviour, installations, and oil paintings are modern art. Categorizing us as" ink and wash" artists means that we are not regarded as contemporary artists. It is therefore very difficult to work with ink.

Qian Zhijian:I have discovered one extraordinary aspect with regard to Western art education, and that is that it never teaches students what installation is like, or what painting is like, or what sculpture is like. And this is because the students study all of these. They are told, " This is just a tool, just a method. You need to familiarise yourself with ways of using installations, creating portraits, photography… You can use them all." Today, lots of Western students are very interested in ink. They think that the materials used in the East are very interesting, and so they can use them as well.

Zhang Yu:I discussed this once when I was teaching a class. I said that being an artist means that you first need to consider: What do you want to achieve? What do you want to express? After that you should think about the type of media you are going to use to achieve this. Which media can be used to express that particular thing most appropriately and most precisely?

Qian Zhijian: You can do completely as you like and use anything and everything.

Zhang Yu:I remember in 1994 when I went to Belgium to lecture at the Antwerp Royal Art Academy. I found that the teaching there was completely different to ours. At one stage they had some classes on material where the teacher let them leave the campus to discover for themselves all of the different types of materials in society that they could work with. They then bought these back to campus and discussed with their teacher what each type of material could express. I found this very interesting.

Qian Zhijian: In their eyes the material is alive. The material can talk. The texture, physical elements, colour, and shape of the material—they can all talk.

Zhang Yu: Exactly! I think that Chinese Xuan paper is expressive in itself. Take Liu Xuguang's work" Ink Drop" for example. Liu places a drop of ink on a piece of cardboard and then uses a high definition filming technique to record the changes to the drop of ink over the next three hours. This is using ink in its original form to express itself directly. Ink itself is expressive, and this has changed the way in which it was only used as a type of material for painting in the past.

Qian Zhijian: It is about idealizing it.

Zhang Yu: Exactly! Take my fingerprints on Chinese Xuan paper as an example. I knew that I needed to imprint them onto the paper in order to make it completely unique, to make it irreplaceable! I spent quite a long time considering this problem. Like the piece of work I did using water fingerprints, which you said was interesting. I thought a lot about how to display this piece—about the types of problems that lighting would create and why using natural lighting would work the best. I thought about how in a space with natural light, the change in natural light from morning to afternoon to evening would give exhibition-goers different perceptions of the work. I thought about how the light would give different effects to the front and back of the work. I thought about what feeling the light would give when coming through parts that had been pressed and broken by the fingerprints.

Qian Zhijian: In this aspect, your thinking and approach is very similar to the Western artist's concern for the culture of the material. I often raise this point when teaching. For example, I look at the way in which many ancient Chinese artists and modern artists use materials, the importance of materials in the process of artistic creation, and so on. Although making fingerprints from drops of colourless water does not seem to leave any visible marks, the subtle interaction between yourself and the material can be seen everywhere. People that have received a Western education will all be able to see this straight away.

Zhang Yu: The Mono-Ha school of art in Japan in the 1960s took objects found in nature and placed them in exhibition halls. It used natural objects to enable the artist to express him or herself. In practice, this type of expression is the artist taking his or her own ideas and projecting them onto their understanding of the natural object. They are making an expression through their understanding of the object and this is the thinking of Zen Buddhism. Since then, I think that if a work uses water in its natural state and turns its natural medium, form, and behavior into an expression of art, then this is displaying a kind of understanding of nature. An artist should possess the ability to think to the limits.

Qian Zhijian: What you say is correct. I would like to ask whether you are working with anything other than fingerprints at the moment?

Zhang Yu:I am still unfolding fingerprints. I am using pottery to create three-dimensional and spatial works with fingerprints. I am using fingerprints to explore other possibilities of expression. Firstly, I make the wet clay into small balls of clay. Then I use fingerprint actions to combine the balls of clay together one by one, making an irregular three-dimensional structure with lots of little lumps. The shape is very interesting.

Qian Zhijian: That is very interesting indeed. Actually, in my opinion, by using fingerprints to create something that isn't related to ink represents quite a leap in your understanding. I think it is the result of a person exploring interaction between his body and his material. I mentioned just now that although you are using Chinese Xuan paper, it has nothing to do with Chinese ink and wash painting. The reason I said this is because you have already entered the thinking of contemporary art. It is much more about exploring things that are related to your own experience, body and thinking. You are already very, very microscopic. And by that I mean with microscopic thinking that is directly related to your own body. You can imprint your fingerprints on Xuan paper, and on clay, and also on other things—and that is what makes it interesting. In modern times, as people's lives are developing and evolving at such a fast pace, their ability to endure the external world is constantly weakening. They are increasingly unsure of their grasp on the external world. Human feelings are becoming weaker and weaker. People are being forced to look inside their hearts to find themselves. It is as if they can only feel their existence in their own body of which they are sure. Only by starting from their hearts can they feel the truth of the external world. At the same time as mankind is opening up outer space, it is increasingly turning inward. In modern times what lots of artists want to express in their works is that they hope to be able to rediscover themselves from their contact with the environment around them. The meaning lies in the marks left from the contact between their body and various types of materials. These marks themselves are symbols of "holding", recording the marks of the thinking of people today. Probably, in one hundred years time when people read about how artists today reflected the spirit of modern times, they will be able to read many interesting signals from your fingerprints and the marks left on the materials that your body has touched. What you are creating is a kind of meaning through signals—the traces of activity of people today. This is very interesting. My understanding is that you have already surpassed the so-called boundaries of culture and national egoism. I am very pleased to see that the sentiments of national egoism are becoming more and more diluted in your work.

Zhang Yu:I think that an artist's exploration should be something individual. This individuality is completely unique and irreplaceable. Only then does it take on your own meaning. I am always thinking about one question: Fundamentally, our modern artistic works all use Western methods. Is it possible for us not to use Western methods and to create our own way?

Qian Zhijian: That is when you become a great master of your generation!

Zhang Yu:I do not think that we have to compete with each other. I am not saying that we can't use the Western methods, but rather that Chinese culture is such a huge system. Can we just stop for a second and consider that carefully?

Qian Zhijian: It just depends on whether you have the ability to do that.

Zhang Yu:A few years ago the Gao brothers joked with me, saying, "Zhang Yu! You should organise an event. You should bring out your opinion and announce the end of ink and wash painting, you should be the terminator of ink and wash painting!"

Qian Zhijian:I still remember in 1999 when you were writing "The *History of Black and White*". You told me that you would only be doing this for a couple more years, and then you were going to call it a day!

Zhang Yu: Currently, I am preparing the "Back to the Essence! An Exhibition of Contemporary Art". I would like to do a short documentary exhibition from the perspective of the development of ink painting, and about how the May Fourth Movement transformed Chinese painting.

Qian Zhijian: But their motto was to revolutionize Chinese painting. They didn't say that they wanted to end it, but rather that they wanted to continue it.

Zhang Yu: What they meant by" continuation" was actually" breakthrough". They were dissatisfied with the past. Actually, it was all about them questioning the tradition of ink and wash painting, about ending the things of the past.

Qian Zhijian: Who will you ask to take part in?

Zhang Yu: It will consist of two sections. The first will be the" Documentary Section", where I will document the cases of artists such as Xu Beihong, Wu Guanzhong, Liu Guosong, Gu Wenda, and Wang Chuan. The second will be the" Current Section", featuring artists such as Li Huasheng, Liu Xuguang, Song Dong, Qiu Zhijie, and Liang Quan. Xu Beihong was not satisfied with the past and so used Western sketching to transform traditional Chinese painting. Liu Guosong was not satisfied with the past and so revolutionized the Zhongfeng (principle refers to a principle in Chinese calligraphy where the tip of the brush always moves within the middle of the stroke). Gu Wenda was not satisfied with the past and so used ultra-realism to transform traditional Chinese painting. We aren't satisfied with the past and do not consider" ink" and" ink and wash painting" to be the same concept. Chinese ink and wash painting is already approaching its death. Ink still has a large space that needs us to create with it. Through this exhibition I would like to provide evidence that backs up my argument. Actually, when you talk about me bringing ink and wash painting to the essence, it is really just one of my ideals. No one can end ink and wash painting. However, I do hope that everyone can be clear that" ink" and" ink and wash painting" are two different things. Our conversation today will be printed in the exhibition's catalogue.

Qian Zhijian: The books that you have published in the past on ink art are very important for the research of art history now and in the future. I hope that at some point they will be brought together more systematically.

Zhang Yu:I think they will. Thank you.

多元面向的艺术家

APluralist-oriented Artist

——— 张羽与金福基Bog-gi kim对话

Dialogue Between Zhang Yu and Bog-gi Kim

多元面向的艺术家

——张羽与金福基Bog-gi kim[1]对话

地点：张羽北京大山子环铁艺术城工作室
时间：2010 年 12 月 8 日

韩国Art in Asia 杂志总编辑金福基Bog-gi Kim专程来北京到访艺术家张羽大山子环铁艺术城工作室，2010年
Korean Magazine Art in Asia's Editor in Chief Bog-gi Kim Comes to Beijing Just to Interviews with Zhang Yu's Studio in Huantie Art Precinct, Dashanzi, Beijing, 2010

金福基：你的作品可以精简成黑、白、红三种颜色。你只用这三种颜色的原因是什么？这三种颜色象征了什么？

张羽：所谓黑，就是水墨，是从传统水墨而来，也是我艺术创作与传统的基本关联；红色是从社会学问题而来，指印是画押、契约，是承诺与见证；它是一种象征“生命的颜色”。白色，即水，无色，是直接用清水进行创作，我用蘸了水的手指，在宣纸上摁压，强调自然的至上精神。这类作品的展示会随着光线的变化以及时间的流动，呈现出各种不同的视觉效果。我从2007年起开始用水做“指印”作品，最重要的一点是，水是最自然的材料。我相信，最高境界的艺术应该是自然流淌的。所以，我通过自然的方法和自然的行为，自然的材料去呈现艺术表达的自然。

金福基：你为什么不用画笔？

张羽：主要是超越传统水墨画问题，放下画笔，切断与传统水墨画笔墨之间的联系，凸现水墨媒介本身，创建新的方法，使水墨媒介有新的可能性，创造出艺术史不曾有过的艺术表达。

金福基：你的作品已经进一步拓展到装置艺术，远远跳出传统水墨画的形式。你还特别放大了卷轴，而涉足空间，将巨大宣纸拖置地面，或是挂在天花板上，让它们垂落下来——任由它们躺在地面，或在空间里矗立，或顶向天空。然而，回顾过去，曾经也有其他中国当代艺术家利用卷轴做装置艺术，像以“天书”受到瞩目的徐冰就是一例。当然，你的作品和他的作品在方法上是完全不同的。你的装置艺术风格是承袭中国传统绘画而来的吗？它意味着什么呢？

张羽：可以说，我们的创作都与传统有关联。但，我的“指印”作品与徐冰的“天书”，有着本质的不同。其根本，是我们的方法不同。

“天书”一方面采用中国传统的活字印刷技术的印刷方式创作他的作品。“天书”是徐冰有意让观众无法识别。也许这“天书”就不是徐冰编造的字，可能就来自西夏文，但这已经不重要了。总之，因无法识别而称天书。而作品悬挂在空中，让观众抬头向上看去的阅读，也可称为天书。其实，这种展览方式都是从传统而来，其实这并不重要，因为，这仅仅是一种展示形式。换句话说，无法识别的字已经完成了“天书”的表达。说到底，“天书”的创作方法，是中国当代艺术二十几来的一个基本方式——中西二元并置的方法。利用中国符号，中国元素，满足西方人的心理状态的表达。

我的“指印”作品，首先是行为艺术的表达，是身体的直接触摸。再就是，将指印行为转换为超越中西绘画的平面作品的痕迹表达。而摁压指印的动作，也许正是印刷术的最原初状态。指印行为的创作方法，是我将僧人面壁修行的方式转换为指印的创作方法。也就是说，

韩国光州双年展策展人Park到访张羽北京蟹岛西艺术区工作室，2009年
Curator of the Gwangju, Korea, Biennale Mr Park Comes to Visit Zhang Yu's Studio in Xiedao West Art Precinct in Beijing, 2009

指印方法，是我个人的方法，是中西艺术史不曾有过的。关于表达，我不要观众从指印中直接阅读是什么，或不是什么，我希望观众自己从更多的角度去感受和体会“指印”作品折射出来的思考，以及观者自己对指印的认知。

另外，用手指蘸水摁压的“指印”长卷，从天而下飘落地面的装置呈现，不仅仅是一个展示形式，而是阅读的必需，这样可以阅读指印作品的正面和背面。因为，光的进入使“指印”作品正背两面有着很大的不同和差异。同时，指印摁压造成的破裂，所透出的光线，给你更丰富的自然感受。天、地、人，相互关联与汇合。

金福基：在韩国有一群艺术家摒弃了传统元素——纸张、画笔、墨水和颜色，只用纸张创作；同时也有采用3 D手法。在这种情况下，他们等于是背弃了传统。请问你的作品中还有哪些传统元素？

张羽：我的“指印”作品，从媒介上讲与传统一样，特别是水墨这样重要的元素。在我看来，水墨不仅是媒材，还是文化。所以，我只摒弃了传统水墨画的画法和笔墨规范。更重要的是，我构建了我自己的创作方法，这个方法与我的身体有关。既修心，也修身体。从文化来讲，哲学、禅宗、诗学等相互渗透。因此，我不依赖外在的工具，我更愿意让我的身体和水墨产生关联，与自然产生关系。于是，我在作品中使用了天然的水。虽然与水墨有关系，但我的表达不是水墨问题，而是表达与身体的问题，更是生命与存在的问题。

金福基：你好像还使用了崂山的水和龙井的水，它们有什么差别吗？

张羽：这并不是最重要的，它们本质都是水。只不过，崂山与道教文化的关联，而龙井泉水与茶文化有的关系。它们之间的差异也许在于水质的味道和口感。而在“指印”作品中，有形的东西，是可以看得到的，而水在这里是无形的。虽然，有些东西是无形的，是你看不到的，但，看到的不等于就重要，相反看不到的也不等于不重要。

金福基： 在风格方面，你的作品可以归纳为西方抽象艺术里的“满幅绘画”。

张羽： 我的“指印”作品与西方抽象艺术无关，无法用西方抽象艺术形式对应，满幅并不是表达的根本。因为，指印方法的表达不在于抽象，而在于它是通过东方文化思维转换的指印行为方法，进超越了西方抽象艺术问题。从康丁斯基（Kandinsky）到蒙德里安（Mondrian），一直到杰克逊 · 波洛克（Jackson Pollock），我们可以清楚地看到抽象艺术的演变过程：从音乐美学抽象到几何抽象，再到抽象表现主义。我的“指印”作品若从视觉的角度来看，平面的痕迹也只是行为叙释不是抽象逻辑，但“指印”作品的综合形态本身，就本质问题，是抽象表现主义之后的新的语言逻辑。

金福基： 你的艺术世界以“自律”著称。像朴栖甫（Park Seo-Bo）这些韩国第一代的现代主义艺术家，就形容他们自己的作品为“放空的过程”。金昌烈（Kim Tschang Yeul）也是如此，他有好长一段时间只画水滴，他说这是他自我净化的过程，也如你所说，跟僧人敲木鱼一样的修行。

张羽： 画水滴不是修行，是写实再现或表现，不是修行的境界。而我的艺术创作是一种方法

高名路在“意派——世纪思维”展，向观者介绍张羽作品，今日美术馆，北京，中国，2009年
Yi Pai: Century Thinking Exhibition, Curator Gao Minglu was Introducing Zhang Yu's Works, Today Art Museum, Beijing, China, 2009

张羽：迷漫的指印，装置，孙中山纪念馆，台北，中国，2010年
Zhang Yu: Diffused Fingerprints, Installation, Zhang Yu's Solo Exhibition, National Sun Yat - sen Memorial Hall, Taipei, China, 2010

上的自我“修行”过程。所以，“指印”作品可以理解为自我修行的痕迹。这种“修行”是指印艺术的创作方法，它既包含了时间意义，也包含了过程中的开合与自律。更重要的是思想认识。

金福基：指纹不仅代表了生物学上的DNA，也代表每个人的实际身份。在亚洲，指纹是鉴定身份的重要依据，远比西方人的签名更有效力。你的指印创作证明你是独一无二的。同时，当整个画面都让重复按压的指纹填满时，它其实传达了一个更广泛的社会学含义。有趣的是，画面上重叠的指纹，不但具有概念，同时也是抽象的。从整体来看，它不具概念，但每个单独的指纹却具有概念。当具有概念的个体集结成群后，从整体来看，它就变成抽象了。总之，概念和非概念之间的界限非常模糊。此外，用手指摁印的动作，可以称之为“生理摁印”。

张羽：没错，按印指纹是印记的原始形式……红色象征着生命，画押意味着承诺的社会学概念。中国正值快速发展阶段，信任与承诺至关重要。然而，在今天所谓承诺满天飞的社会里，又有多少是真正的承诺被遵守？于是，重复的指印承诺不断地叠加，承诺被模糊化了，但指印痕迹也被物化了，同时也抽象化了。

金福基：你的“指印”作品似乎同时蕴含了传统与现代、东方与西方。那么，关于传统与现代，你有什么样的思考？你想要传达的是什么？

张羽：从1985年起，我开始从事“现代水墨”以及“实验水墨”到现在，突破与超越一直是我努力的方向。传统是内在的源，现代的发展是探讨的必然。不管东方智慧，还是西方理性，都是人类的智慧。全球化已经是我们无法回避的现实。传统永远放在那里，让我们学习或者从中发现对我们有益的信息，而我们要做的是我们自己，要走一条自己今天的路。

1991年“指印”系列问世。随着时间的推移，认识的不断发展，2001年后的“指印”作品开始强调修行的自性，强调修行是永恒的，是由内而生的。指印行为是重复、再重复，按压、再按压。总之，“指印”是心性的自然而然，又是对东方哲学的一种有主观意识的精神体验，是一种与内心自性和存在整体的双向对话。在中西之间构建自己的思想认识。

金福基：你最新的“指印”作品，对光有着不同的诠释。在考量艺术作品与光线之间的关系上，你开始采用比纸更透明的材料，像胶片、玻璃以及丝绸。你开始尝试各种不同的媒介，加进更多的当代元素！

张羽：尝试将指印转印在丝绸上，以及尝试在胶片或玻璃上用指甲油这样的时尚的物质接按压指印，这不仅仅是一种拓展，也是一种现实的当代文化关联。我们生活在今天的社会现实，认识在前行，扩展在继续。也许，传统与现代是当代艺术永恒的话题。

原文刊发于《Art in Asia》，韩国，2011年1期

注释：

1、金福基Bog-gi kim：韩国《Art in Asia》主编，评论家、艺评家。《Art in Asia》采用中英双语发行的双月刊，将中国当代艺术的发展和艺术市场的态势在亚洲范围内传播，以亚洲视角看中国，将中国发展告诉全亚洲。

A Pluralist – Oriented Artist

Dialogue Between Zhang Yu and Bog-gi Kim

Place: Zhang Yu's Studio, Huantie Art Precinct, Beijing
Time: 8 December 2010

意方 / 极多之比，张羽作品展览现场，张羽和毕加索儿媳Sydney Picasso，对比窗画廊，上海，中国，2010年
Towards Notion — Maximalism in Contrasts, at the Exhibition of Works by Zhang Yu, Picasso's Daughter in law Sydney Picasso and Zhang Yu, Shanghai, China, 2010

Bog-gi Kim: Your work can be summed up in three colors: black, white and red. What is the reason why you only use these three colors? What do these three colors symbolize?

Zhang Yu: The black you are talking about is the color of ink and wash. It comes from traditional ink and wash, and it is the fundamental link between my artistic creation and the tradition. Red is derived from sociological questions, for fingerprints are used to initial documents and contracts. It signifies commitment and testimony. It is a color that symbolizes life. White, that is, the absence of color, is carrying out creative work directly with water. I use my finger dipped in water and press it onto xuan paper, emphasizing the supreme spirit of being natural. The display of this kind of work may produce all sorts of various visual effects depending on the changes in light and the flow of time. I began to use water to make fingerprints in 2007. The most important point is that water is the most natural material. I believe that art of the highest realm should flow forth naturally. Therefore I present the naturalness of artistic expression through natural methods, natural actions and natural materials.

Bog-gi Kim: Why do you not use a painting-brush?

Zhang Yu:I discarded the brush-pen mainly as a response to the problem of traditional ink and wash painting, to break the link to the brush and ink of traditional ink and wash painting. Highlighting the media of ink and wash itself endows it with new possibilities and creates an artistic expression that is unprecedented in the history of art.

Bog-gi Kim: Your works have already progressed to being developed into installation art, and have leapt far beyond the traditional forms of ink and wash painting. You have especially enlarged the hanging scroll and engaged the spatial dimension, spreading the enormous sheets of xuan paper on the floor, or attaching them to the ceiling and letting them hang down, allowing them to lie on the floor, or tower in space, or point up to the sky. However, in retrospect, there have been other Chinese contemporary artists who have used hanging scrolls to produce installation art, an example of which is Xu Bing's work *Book from Heaven*, which attracted a lot of attention. Of course your works are completely different from his in terms of method. Is the style of your installation art carried on from the Chinese tradition? What is its significance?

Zhang Yu: One can say that our creative work is, both his and mine, connected to the tradition. However, my fingerprint works are essentially different from Xu Bing's *A Book from the Sky*. At a fundamental level, our methods are different.

A Book from the Sky used the traditional Chinese format of the movable type technique. It involved the deliberate invention by Xu Bing of written Chinese characters that the viewers, or even he himself, would be incapable of recognizing as such. It is possible that the characters devised by Xu Bing were derived from the characters of Western Xia, but in brief, they were called *A Book from the Sky* because nobody could read them. Suspending the work in space made beholders raise their heads and look upwards to read it, which is another reason to call it *A Book from the Sky*. The fact is that this kind of exhibition format is not at all important, because it is only a matter of the form of the display. In other words, the unreadable characters have already completed the expression of *A Book from the Sky*. The thing is that the creative method of *A Book from Heaven* has been a fundamental format of Chinese contemporary art for more than twenty years — namely the method of juxtaposing the two elements of Chinese and Western.

My fingerprint works are an expression of performance art. Besides, they are an expression of the traces of the transformation of fingerprinting performance into two-dimensional works that transcend painting. The action of impressing the fingerprints is possibly the most original state of the technique of printing. The creative method of fingerprinting performance is my transformation of the cultivation practice of monks facing the wall (in

指印2010年3月27日—4月29日装置，胶片、指甲油、亚克力，2010年
Fingerprints 27 March -29 April 2010 Installation Film, Nail Polish, Acrylic, 100cm x 2000cm, 2010

意方 / 极多之比，张羽作品展示现场，对比窗画廊，上海，中国，2010年
Towards Notion — Maximalism in Contrasts, Contrasts Gallery, Shanghai, China, 2010

contemplation), into the creative method of fingerprinting. In other words, the method of fingerprinting is my personal method. It has never existed before in Chinese or Western art history. As for its expression, I do not wish the beholders to read directly from the fingerprints what it is, nor what it is not. I hope that the beholders will themselves feel and experience from many more angles the reflections that are refracted through the fingerprint works, including their own perception of fingerprints.

Besides, the long fingerprint scrolls impressed with a finger dipped in water are presented as an installation that floats down from heaven to the floor. This is not just a display form, but necessary for the reading of the work, for thus it is possible to read both the front and the back of the fingerprint work, and the light that enters the front side shows a great difference and diversity from that which enters the back side. At the same time, the ruptures produced by the finger imprints and the light that shines through, gives you a richer natural feeling. Heaven, earth and human mutually associate and converge.

Bog-gi Kim: There are a number of artists in Korea who have discarded the traditional elements, sheets of paper, painting brush, ink and color. They use only sheets of paper to create work. At the same time there are also three-dimensional devices. In these conditions, they have virtually

伟大的天上抽象——21世纪的中国艺术，开幕式现场
中国美术馆，北京，中国，2010年
The Great Celestial Abstraction: Chinese Art in the 21st Century, on the Opening Ceremony, National Museum of China, Beijing, China, 2010

伟大的天上抽象——21世纪的中国艺术，张羽与意大利著名策展人阿基莱·伯尼托·奥利瓦在“指印”作品前，中国美术馆，北京，中国，2010年
The Great Celestial Abstraction: Chinese Art in the 21st Century, National Museum of China
Zhang Yu with the Famous Italian Curator Achille Oliva, Beijing, China, 2010

abandoned the tradition. May I ask you which traditional elements remain in your works?

Zhang Yu: My fingerprint works are the same as the tradition in terms of media, especially in an element as important as ink and wash. In my view, ink and wash is more than a physical medium. It is a culture. Therefore I have only discarded the traditional ink and wash painting norms of painting methods and of brush and ink (bi-mo). Even more importantly, my creative method is related to my cultivation practice, and is even more related to my body. In ink and wash culture, Eastern philosophy, the Chan School of Buddhism, the Neo-Confucian School of Principle of the Song and Yuan Dynasties all interpenetrate one another. Accordingly, I do not rely on external utensils. I am more inclined to let my body produce its own connections with ink and wash, and produce its own relations with what is natural. That is why I have used natural water in my works.

Bog-gi Kim: It seems you have even used Laoshan water and Longjing water. Is there anything different about them?

Zhang Yu: This is unimportant, for they are essentially all water. It is just that Laoshan spring water is connected with Daoist culture, whereas Longjing spring water is connected with Chinese tea culture. The difference between them lies perhaps in the taste and texture in the mouth of the water quality. In the fingerprint works, one can see the things with visible form, but here the water has no visible form. Nevertheless, although some things have no visible form and you can't see them, being visible is not the same as being important, and conversely, being invisible is not the same as not being important.

Bog-gi Kim: In their stylistic aspect, your works may be summarized as All-Over Painting within Western abstract art.

Zhang Yu: It is not possible to find a formal correspondence between my fingerprint works and Western abstract art. The expression of the fingerprinting method does not lie in abstraction. It lies rather in its being

伟大的天上抽象——21世纪的中国艺术，张羽作品展览现场，中国美术馆，北京，中国，2010
The Great Celestial Abstraction: Chinese Art in the 21st Century, at the Exhibition of Works by Zhang Yu, National Museum of China Beijing, China, 2010

a transformation of method through thought patterns of Eastern culture. Moreover, it transcends the problems of abstract art. From Kandinsky to Mondrian and Jackson Pollock, we can clearly see the evolutionary process of abstract art from the musical abstract aesthetic to geometric abstraction and on to abstract expressionism. From a visual angle, the two-dimensional traces in my fingerprint works can be regarded as abstract art, but the essential question of their integrated morphology in itself is about possibilities after abstract expressionism.

Bog-gi Kim: The world of your art is known as "self-discipline". The first generation of Korean modernist artists such as Park Seo-Bo described their own works as a " process of emptying". The same applies to Kim Tschang-Yeul. For a long period he painted only drops of water. He said this was his own process of purification. This is also like what you are saying, a cultivation practice like that of the monks who strike the mu-yu ("wooden fish" woodblock).

Zhang Yu: My artistic creation is indeed a kind of personal process of "cultivation practice". The fingerprint works are the trajectory of my cultivation practice. This "cultivation practice" is the creative method of my fingerprint art. It contains a sense of time, as well as the opening and closing and the self-discipline of the process.

Bog-gi Kim: The pattern of the fingerprints does not only represent the biological DNA, but also the actual identity of each person. In Asia, fingerprint patterns are an important basis for establishing identity. It is much more effective than the signature used among Westerners. Your creation of fingerprints proves that you are altogether unique. At the same time, when you fill the whole surface of the picture with repeated impressions of fingerprint patterns, it in fact conveys an even wider sociological implication. It is interesting that the fingerprint patterns that are amassed on the surface of the picture are not only conceptual, but also abstract. Viewed en masse, they are not conceptual, but each individual fingerprint pattern does carry a concept. When the individual prints endowed with concept are assembled in groups and are viewed as a whole, they become abstract. In brief, the boundary between conceptual and non-conceptual is exceptionally blurry. Besides, the action of using your finger to make prints could be called a "physiological imprint".

Zhang Yu: That's correct. Imprinting fingerprint patterns is the original form of imprinting marks. The color red symbolizes life. Initialing documents signifies the sociological concept of commitment or undertaking. In the era when China was developing positively and rapidly, trust and commitment were of crucial importance. However, how many commitments are kept in today's society, when commitments are being made everywhere and all the time? Therefore the repeated fingerprints of commitment are constantly being accumulated, commitments are constantly being blurred, and at the same time they are made abstract.

Bog-gi Kim: Your fingerprint works seem simultaneously to contain traditional and modernist, East and West. What is your thinking on traditional versus modernist? What is it that you wish to transmit?

Zhang Yu: From when I began in 1985 to pursue modernist ink and wash as well as experimental art until today, I have always worked in the direction of breaking through and transcending. The tradition is an internal source, but modernist development is necessary for exploration. Eastern percipience and Western rationality are both human wisdom. Globalization is already a reality that we cannot sidestep.

My 1991 *Fingerprints* series appeared for this reason. As time passed, and my understanding continued to develop, my fingerprint works after 2001 began to emphasize the self-nature of cultivation practice, stressing that cultivation practice is never-ending and is born from the inside. The performance of fingerprinting is repetition and more repetition, pressing and pressing again. In summary, *Fingerprints* are the natural character of the heart/mind. They are also a subjectively aware spiritual experience of Eastern philosophy, and a two-way dialogue with the inner self and the wholeness of existence.

Bog-gi Kim: Your most recent fingerprint works feature various interpretations of light. In considering the relationship between the work of art and its lighting, you have begun to use materials that are more transparent than paper, such as plastic film, glass and textile fabrics. You have begun to try out various other media and adding even more contemporary elements.

Zhang Yu: Trying to transfer the fingerprints onto silk, and trying to use fashion products such as nail polish to press fingerprints directly onto film and glass is not just an expansion, but is a realistic connection to contemporary culture. We live in the social reality of today. Understanding is progressing. Its extension is continuous. Perhaps tradition and modernity, and East and West, are our eternal topics.

张羽以“实验水墨”立场走出水墨

Zhang Yu Uses the Standpoint of Experimental Ink and Wash to Go Beyond Ink and Wash

——— 张羽与冯博一对话

Dialogue Between Zhang Yu and Feng Boyi

张羽以“实验水墨”立场走出水墨

——张羽与冯博一[1]对话

地点：张羽北京大山子环铁艺术城工作室
整理：99艺术网

张羽、冯博一在北京大山子环铁艺术城张羽工作室对谈，2010年
Zhang Yu and Feng Boyi in Zhang Yu's Studio, Huantie Art Precinct, Dashanzi, Beijing, 2010

冯博一：我是觉得，当代艺术发展到今天，艺术家的作品性，还有对作品的深思熟虑，包括各种各样的大大小小的展览，不仅仅国内，也包括国际上像威尼斯、卡赛尔，还有一些重要的美术馆的一些展览，比如说像泰特、莫马，给我们一个感觉，作品本身的完整性和它的针对性，作品的文化意义，包括理论对作品的阐释，现在越来越丰富，有一点争奇斗艳的感觉。但是，也恰恰是这样一个现状，有时候反而好像是谁新奇，或者是更怎么样。现在理论界对这种现象也有一些思考和反省，对艺术家本身的一种生存状态，他对艺术的态度和立场，他对生活的态度和方式等，可以更综合地来看艺术家。那么，作品本身是他的综合，或者是一个多维的、立体方面的一部分，不是唯一的。

传统的美术史对艺术家基本上都是从作品出发，再考虑到这个人的一些经历状态，和这个人所处时代的特殊性，包括地域的，国家的，民族的背景。但是现在更多的是重视艺术家整个的状态，这种状态体现出作为艺术家一个多维的认识。比如说杜尚，杜尚的作品本身不是很多，但是思想性和他对现代艺术的贡献应该是先锋艺术的鼻祖。还有像博伊斯，安迪 · 沃霍尔，他们的言论，对待艺术的态度，行为方式，构成了人的魅力，作品本身只是一个部分。像安迪 · 沃霍尔一生做了那么多作品，而且跨界，也做影像、戏剧等。

张羽：其实，艺术作品的魅力更多的是艺术家的人格所赋予的，而艺术家的人格魅力是艺术家本身所具有的与生俱来的天才般的气质，还有对世界独有的洞察力以及知识储备等许多方面的综合，也就是说艺术家的思想性升华了自己的人格。而一个艺术家的力量则来源于其人格的精神性的不断扩张，说到底是人的问题。

冯博一：是人的问题，人的状态。这是考察当代艺术的一个新的角度。刚才我谈到的这些，其实更多的是什么呢？我们看某个作品，不是拘泥于传统的水墨，当代与传统的关系。比如说你的“指印”这个系列，包括有你的指印行为，跟传统的关系，跟当代的现实针对性。你原来做“现代水墨”，后来又做“实验水墨”。你的指印行为本身，投入了你的真诚实在。其实，反过来也有一点荒诞性？

张羽：这个荒诞性正是这个时代的问题，是今天的人出了问题。在这样一个物质繁荣的世界，为什么是如此状态？“指印”针对的就是这个时代问题，缺少诚信和承诺，同时，“指印”这种行为背后还体现着价值的问题，以及对审美、对学术价值的重新判断。人们会追问张羽为什么要以指印的方式面壁宣纸？他遇到了什么样的问题？其实，这些为什么就是我今天要针对的文化问题、艺术问题、现实问题以及人的问题。这其中的针对性就是它的特别价值。

冯博一：好像有一点“你在干什么？”的意思。

张羽：不可思议。外面的世界是那样的灿烂，你却像个僧人在工作室里念经修行，如同闭关一般。

冯博一：我觉得，这多少也有一些荒诞的意味。你原来用笔、墨、纸，是传统的。你今天用指印，比如说画押、契约、印鉴，我觉得也有版画的语言，这是转印。同时，也有复数性。你的指印，虽然每一个指印都有区别，但是整体上来说是不断地复制、再复制。

张羽：是重复，不可能复制。因为，我不可能把每一个指印都摁压得一模一样。像我们的日常生活一样，每一天都在重复，但每一天过得似乎差不太多，却又不太一样。然而，这已经是我们大家认为的生活惯性。而当你一个人坐在工作室里能面壁重复一个动作时，这不仅仅是一种勇气，还是一种力量，一种精神的坚持，其蕴涵着一种可以不断被放大的力量。这需要安之若素的平静，是采菊东篱下的悠然态度。所以重复是一种认识，是一种来自内心的力量，而不是一种轻松的姿态。

冯博一：对，这的确与日常性有关系。但是，这里面也有中国传统的禅宗的无为。比如说你比较重视表达的方法和形式，还有语言本身，包括你运用指甲油，就是说材料本身你已经拓展了传统的水墨和颜色。这种东西其实也有很明确的现实主义的东西，比如说画押、契约，正是因为现在没有信誉。

张羽：是，我们现在的社会最缺少的就是诚信了，承诺已经是今天最大的危机，而更为严重的是现今社会的人对自己也正在失去承诺！

冯博一：没有承诺，也就丢失了中国传统的优秀东西，现在已经丧失殆尽，所以会有很多造假的东西。

张羽：人们不再拿承诺当回事，不把害人当回事。为了利益，到处充满着欺骗和陷阱。我们真应该呼吁“修行”、“善哉”！

冯博一：对。你的“指印”作品，我觉得指甲油是一种时尚的，也应该算是一种符号，材料本身也是一种符号，这种东西跟时尚，跟物质主义，及时行乐等都有关系。而且我觉得也包括刚才强调的循环往复，我觉得也有中国传统寓言的愚公移山的精神。我挖不完，我子子孙孙继续挖。我的意思就是说对你这个作品的分析已经不是单一的传统与当代，笔、墨、纸，还有抽象艺术，你都有所扩展。

张羽：它是一种综合的形态，总体艺术，也无法从一个方面去阐释清楚，因为它跨越了多种媒介。它超越了水墨、超越了绘画、超越了抽象、超越了行为、也超越了文化。

冯博一：你的行为本身，虽然是一种重复，不间断的，不管你是用颜色还是没用颜色，都是一个多角度的思维表达。

张羽：是一个多维的、多层面的、立体的关系。

冯博一：这也是你“指印”系列作品的一个主要特征。所以，我想你是怎样深思熟虑的？我看了你

意大利策展人帕帕罗尼来访张羽北京大山子环铁艺术城工作室，2010年
The Italian Curator and Art Critic Demetrio Paparoni Comes to Zhang Yu's Studio in Huantie Art Precinct, to Interview Zhang Yu Dashanzi, Beijing, China, 2010

的作品，看了你的一些理论观点，涉及了一些什么问题呢？我一直对中国传统绘画的程式化，包括书法，它的自我系统的完备性，包括京剧，你说这种东西怎么改造？的确很多人在做不同的尝试，但是我觉得还是在内部中。要使传统的水墨画也好，"实验水墨"也好，怎么样去做。我理解你的这种方式，其实有一种从外到里，因为你从内部已经做了很多实验了，从80年代开始，进行了一系列的尝试。那会儿评论界对你的认定是，你一直是从事水墨实验，而且你组织和参与了很多的艺术活动，包括策划的一些展览、研讨，还有出版等。

现在对抽象艺术也有很多讨论，我一直觉得中国的抽象艺术有两方面的问题，一个是"实验水墨"概念。在我看来，"实验水墨"更多的是利用传统的水墨材料和一些手法，向西方抽象主义和表现主义靠近。但是西方的抽象主义在整个的现代美术史当中，已经失去了一种冲击力，或者是说在形式、语言探索上走到了尽头。从这个角度来说，"实验水墨"是有困境的。但从另外一个方面，比如说所谓做传统水墨的肯定质疑"实验水墨"，觉得摒弃了很多传统的基本东西。

张羽：你说"实验水墨"更多的是利用传统的水墨材料和一些手法，向西方抽象主义和表现主义靠近，这是一种误解和误读。"实验水墨"与西方抽象主义和表现主义没有关系，"实验水墨"呈现的是图式，而图式不是抽象。我们不应该把具象以外的都简单地理解为抽象，这是因为我们的批评从来没有认真研究过西方"抽象"和"表现"的问题。我一直遗憾我们的批评把"实验水墨"与"抽象水墨"混为一谈，纠其原因就是图式与抽象形式分辨不清。而事实上，

修行：张羽指印作品1991-2011，展览现场，今日美术馆，北京，中国，2011年
Cultivation Practice: Zhang Yu's Fingerprint Works 1991-2011, Site of the Solo Exhibition, Today Art Museum, Beijing, China, 2011

“抽象水墨”、“实验水墨”是不相同的两条线索。一种是从模仿西方抽象形式出发强调水墨媒材特质的抽象水墨画表达；一种是明确强调“实验水墨”立场的、不以形式主义为目的的、自觉跨越水墨画边界的，并具有超越水墨媒介特质的“实验水墨”表达。

在我看来，这是一个看起来复杂却很简单的问题。前提是，我们需要对中国传统水墨文化有所了解，理解它的核心是什么，同时还要对西方艺术史有所了解。水墨的发展，在今天不再是单纯的水墨艺术范畴，而是在当代艺术的层面展开。所以，水墨的发展，一定是从内到外，再从外到内的不断深入、不断扩展。另外，我们必须清楚传统的水墨画和传统的笔墨针对的问题，前辈艺术家们早在五四新文化运动时便开始以中西合璧的方法解决水墨的现代性。但历史证明这不是一个有效的方法，并且偏离了水墨的美学核心。

发展是时代所赋予的，如果，我们今天还不懂这个基本常识就无法讨论了。所以，我们可以把所谓持传统笔墨的看不上“实验水墨”的观点废掉，因为这种说法是不懂艺术史的，没有必要与他们浪费时间。而你刚才说的“实验水墨”的这些困境，实际上是理论上的困境，主要是批评理论认为“实验水墨”是向西方抽象主义和表现主义靠近。其实，“实验水墨”的核心问题与西方抽象主义和抽象表现主义区别的艺术表达。“实验水墨”中比较有说服力的作品，严格意义上都是“非具象”的图式表达，还有走向空间装置。客观讲，我们没有在理论上投入精力深入研究“实验水墨”问题，以及相关的具有发展性的个案。

其实，从五四新文化运动后到今天，笔墨中心的方式基本上都是借鉴了西方的造型、素描、色彩，运用了现实主义、表现主义方法的创作。并且近三十年的历史足以证明笔墨中心主义观点的方向没有使水墨画有明显的发展。

我们再把当年批评“实验水墨”是靠近抽象表现主义的刘子建作品、王川作品、阎秉会作品先放下不谈。而我当年的“灵光”系列，石果的“团块与包装”作品，这些作品是典型的通过创造图式表达的“实验水墨”作品。另外，还有王南溟的字球、王天德的水墨菜单的装置作品。这样的作品虽然也是借鉴外来的因素，但不是简单地移用西法。比如，通过喷染制造的逆光感和浮雕感，以及对餐桌的包裹。客观地讲，这些“实验水墨”作品根本与“抽象水墨”无关。从另外一个角度讲，整体的“实验水墨”的出现和发展，不管是图式的表达，还是空间的装置，都在探讨水墨如何进化当代的问题。

冯博一：这就涉及了水墨实验，或者是当代艺术的实验，你是怎么看的呢？你是一个实践者，你有你的思想，到目前为止，“指印”这个系列是你现在重点创作的一个方面？

张羽：我之所以能从水墨走出来，是一直把水墨视为一种精神的体悟方式。水墨的价值和意义不在于水墨媒材和水墨性本身，而在于我们今天对水墨文化的认识方法，水墨文化的包容性、融合性在其背后的支撑，更重要的还是艺术创作的表达方法和视觉呈现与水墨媒材的关系。而所有这一切更在于用水墨之外的方法却能使水墨不断发展。而其发展又在于是否是当代艺术的表达。

面对传统文化和世界日益发展的全球化，不断地突破是我的理念。所以，一直以来我把艺术表达及表达方法视为重点，而媒介是根据表达的需要而变换的。把建构个人的方法和系统视为原则，当代性、独特性、创造性、不可替代性，是我一直探寻和坚持的。于是，我坚持从问题入手，采取渐进的，提出一个问题解决一个问题的方式，这样可以随着不断地认识，不断地发现问题。因为，很多东西需要积累，积累多了才会有深入的认识和发现。开始的时候，我不可能让“指印”作品一下子展开，就像一个孩子成长一样，随着年龄的成长，读书学习，阅历不断积累。我们开始学画，从速写、写生、素描、色彩，一步一步到油画或画水墨，我也和其他艺术家一样，与学院的套路有接近的地方，但不同的是，我一直保持着自己敢于解放的状态，所以，才勇于坚持“指印”创作，经过近二十年的积累才有了今天。

冯博一：凡是在学院待过的都是那一套大家都一样的系统。

张羽：选择自己要做的方向，很多时候是机缘。对中国画的情结缘于我在天津杨柳青画社的

不确定性，所以它的前瞻性意义是面对当代艺术的视野。对一部分批评家说“实验水墨”就是“抽象水墨”，首先，是他们不了解80年代后期的“现代水墨”运动，更不理解“实验水墨”的开放性所面对的问题，只看到它的视觉表面。确实，在当时的知识结构背景下，我们大多数人的理论都把具象以外的表达视为抽象。遗憾地是今天还是如此，理论上为什么，为什么总是对“实验水墨”用一个模糊的判断方式！

实验是一种态度和立场。抽象是一种方法，一种风格。而水墨是一种媒介、一种媒材、一种文化。其实，“实验水墨”与“抽象水墨”各有不同层面的所指。因此，“实验水墨”的学术方向，是在水墨的发展历史中创造一个由图式展开的当代艺术表达，这个表达不是以抽象的逻辑思维展开的，而是具有中西艺术方式的叠合显现。它的艺术探讨既是内部的挖掘，也是系统的展开，更是内外结合的当代艺术表达。因为，建构属于当代。

强调“实验水墨”的开放性，是指观念上、方法上的开放，也是媒介的开放。同时，它一定和传统的、现代的有着不同层面的关系。

1996年以后，“实验水墨”越来越受到关注。为了使“实验水墨”向深入发展，1999年我策划编辑了《黑白史——中国当代实验水墨1992－1999》丛书，2003年又策划编辑了《中国实验水墨1993－2003》画册。我的目的是想在此基础上对“实验水墨”作一次逻辑梳理和总结。此时，我已完全做好超越“实验水墨”的准备。

其实，1991年做的指印探索，为我日后做好了方向性的准备。那个时候，我认为指印是画押行为，是现实主义的具象的表达。这种创作思路具有前瞻性，在当时很难被理解和接受，当然在今天仍然还存在这个问题。1994年我创作了“灵光”系列。后来这种“非具象”的图式建构成为“实验水墨”的代表性作品，也成为我超越中西的一个突破口。2000年后我又重新开始做“指印”作品。

冯博一：是2002年开始的吗？

张羽：是2001年。其实，我的“灵光”是将“指印”放大后的图式，是针对我们人类生存的家园环境问题。“灵光”图式中的破裂结构，是对高科技不断发展的同时带给人类地球村破坏的表述。虽然高科技的发展，如水利工程，石油开采，核试验都是世界的进步。但这些进步对地球而言，对我们人类生存的家园而言，是破坏的，地球内部被抽空了，结构被破裂了。对艺术家而言，艺术表达一定要针对艺术本体的艺术史发展及语言层面，还有社会性层面的问题。

冯博一：不是一个简单的一对一的问题。

张羽： 对，世界是丰富多彩的，但也有许多问题我们要面对。而艺术的表达与艺术史发展的内在联系，必须与外在世界诸多方面产生关联。艺术家之所以要表达，是因为，他生活在这个世界，他对今天和过去及未来有许多思考。

2001年我还创作了“每日新报”系列，这是震惊世界的9·11事件对我的撼动。我用作品去呼吁，人民不需要战争，人民需要和平美好的生活。“每日新报”作品的表达，一方面是我对世界的反映；一方面是我对当代艺术综合媒材表达的探讨。这个系列的作品表达，我彻底打破了水墨、宣纸的基本关系，在宣纸上不仅使用了水墨、铅笔、报纸、油漆、白粉等多种媒材，还采用了拼贴报纸及涂鸦手段，再一次考验了在宣纸上进行综合材料表达的可能性。

我在做“灵光”、“每日新报”时，也没有停过对“指印”的思考。经过多方面的积累，更清楚和明确了“指印”表达的意义和价值。“指印”行为既是一种身体的体悟，也是一种境界的反映，而通过行为留下的平面痕迹却承载着我们无法看到的精神之旅。而行为与平面这两者之间的关系的核心，是“指印”的方法超越了艺术史上的行为和绘画的边界。“指印”是一个具有双重表达的作品，行为的意义，痕迹的意义。

如今，“指印”行为的痕迹已经从宣纸发展到胶片、玻璃、丝绸，甚至空间，从水墨扩展到水、指甲油等媒材，从行为修行到平面痕迹，以及装置和空间。

冯博一： 你通过行为的修行，已经从水墨媒介中进行抽离和转移。

张羽： 转移的目的在于超越水墨媒介的新的表达。而

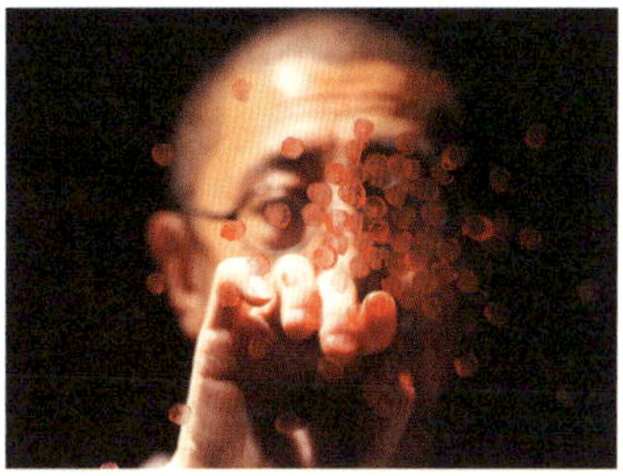

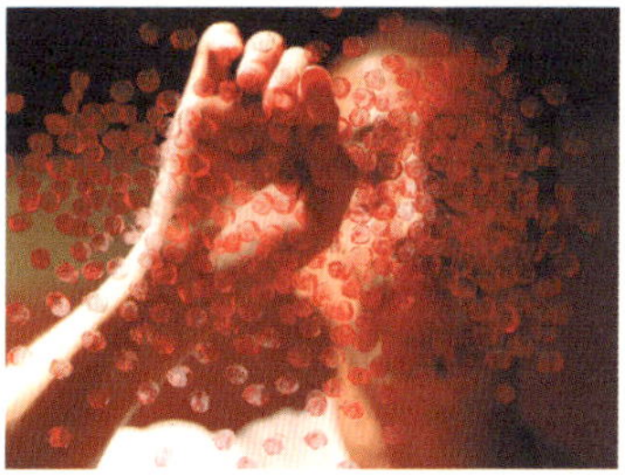
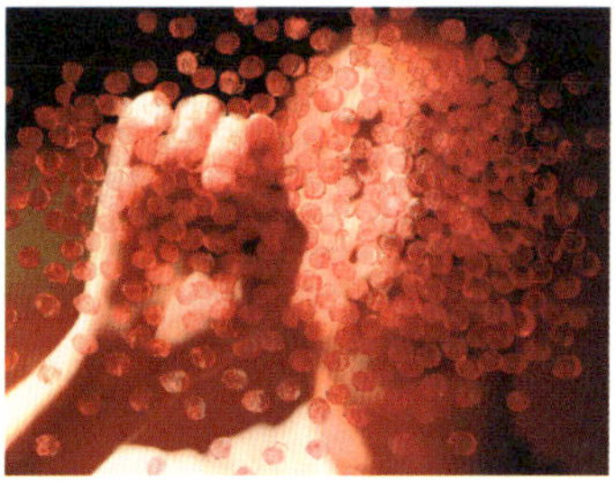

迷漫的指印，影像截图，行为，玻璃、指甲油，2010年
Diffused Fingerprints, Video Screenshot, Behavior, Glass, Nail Polish, 2010

超越媒介是因为你对这个世界有了自己新的见解，不管是用植物质颜料，还是用水墨，或者是用水、指甲油，这既是艺术表达的需要，更是认识上触及了新的问题，所以，解决问题的方式不同了。

冯博一：这个就是我最开始强调的，其实，就是一个综合。艺术创作是一种，生活状态是一种，对生活态度的认知又是一种。

张羽：我们刚才说杜尚、安迪·沃霍尔都是优秀的艺术家。我们说凡·高是优秀的画家。我不是说艺术家比画家要高，但是艺术家和画家的思维方式是不同的，画家特别在乎风格，而艺术家更在乎对世界的思考，更富有思想性。更强调思想与艺术的关系，我的指印更是一种总体艺术的呈现。

冯博一：它是一个更开放的方式。

张羽：艺术家的表达是在一个不断深入和不断调整、不断变化的认识中思考艺术与社会的问题，自然特别强调艺术表达与媒介的关系，所以他会在变化中展开，是不拘于风格的。而画家对媒介和方法是基本固定不变的，画笔是他手中不变的工具，方法在艺术史中，他追求风格，并被风格所限定。所以，艺术家的生存和他所处时代的关系非常紧密。

冯博一：和你刚才说的强调个人性是一样的。比如有一个画家，他画了一辈子，就像你刚才说的自得其乐，非常满足，可能对他个人有意义。把他放在一个宏观的，或者是纵向的空间，就没意义了，他所面临的问题，在美术史上已经解决了，或者是已经不成为问题了。这种个案的价值或者意义，或者说在美术史上的地位就没有了。

刚才你在谈话的过程中，我又想到一个问题，比如有很多年轻的国画家，画比较传统的，追求什么宋人意境或者某一个大师，我就觉得特别无聊。宋代那是一千年前的事，产生了那样一种艺术的样式，他们有他们的意境，那时的山水画，花鸟画等都非常有意思。但，一千年之后的今天，发展得这么快了，为什么还这样做？

张羽：这样的作品如果不能通过观念上的转换，这肯定是没有意义的。

冯博一：你所处的环境，包括你的思维，已经与宋人无关，那个时代一去不复返。而他们却说正是因为现实的这种喧嚣，浮躁，才去追求那种田园的，宁静的，冥想的东西。我觉得这种所谓的当代性就是强调逃避，逃避也是一种方式。但是我觉得这种是不是太廉价了。

张羽：可以逃避，但，你怎么逃避？逃避所针对的问题是什么？逃避之后又解决了什么问题！

冯博一：中国文人画中有一个文化特征就是逃避，是失意之后，去寻求与自然的天人合一的境界。你说你现在单纯地逃避，我觉得是一个缺乏文化自觉和文化自信的表现，同时这种逃避没有责任感。

张羽：我觉得，逃避作为一种观念，需要一种能力与智慧，通过逃避这样的观念重新获得新的表达，并在启发中得到发展，或者通过逃避去转换，从另外一个角度去面对。

曾经有人问我，你的“指印”作品和当代是什么样的关系？其实，今天的社会现实是人们为了利益不仅是浮躁，是缺失诚信，缺失责任，甚至缺失良知。“指印”的行为，不仅仅是给他人也是给自己的契约和承诺。我想通过“指印”的修行方法，提示人们回到自己的内心，寻找内心深处的本真。准确地讲，“指印”不是抽象化的承诺，而是真实的叙事。同时，“指印”避闪了现实主义的方法，以及那些外在的表面化的东西，并从建构的角度避开那些已有的表现方式，而这个表达的话语方法是过去没有的。从多维的角度触及承诺以及所连接的更多问题，因为你无法逃避作为一个当代人的真实，对于社会，一切应该进步。

冯博一：我理解的当代性除了你刚才说的这一点很重要之外，我觉得当代性的东西应该还是反映当下人，在当下的这种生存状态和感受，包括社会状态等。你怎么来看待，你怎么来认知，你能不能提供在当下的价值，带有建构性的一种方法也好，思想也好，因为你是一个艺术家，还涉及怎么利用媒介的样式，你的视觉感受，视觉张力等。但是我觉得最关键的是要体现现代人的这种真实。

张羽：反映当下没错，还是我刚说的你怎样去反映当下，你是用常人的眼光，还是用思想者的眼光。更客观地讲，应该真正以一个当代艺术家的思维或认识方法去判断，这很重要。如果你偏离了这一点，就不是艺术了。比如我们说禅，说修行。从过去到今天，我们一直在说修行。我在想一个问题，我们应该研究，过去是怎么说的，他面对的背景是什么？其实，禅还是那个禅，修行还是修行，但是认识和思考有很大不同，认识的变化必然会带来呈现的不同。也就是说，我们在谈禅和修行的时候，作为一个当代人，你的再认识非常关键。世间所有的事物都是重复的，但是重复的态度和认识是不同的，意义也就不同了，而且每一次重复都使社会向前推进了一步，这就是它的意义。为什么进步了？因为，后人的认识是在一个新的起点上面对未来。

冯博一：应该赋予不同的意义，延续，还是以往。

张羽：我们说一些很具体的东西。比如宣纸，上千年的历史进程，宣纸是文人用毛笔、水墨书画的纸张，这是我们对宣纸的普遍性认识。而我们今天的认识这只是其中之一。我的“指印”作品，其中有蘸水按在宣纸上，用了水，而又看不到水，却看到了留在宣纸上的凹凸变化，这里面既有“有”和“无”的哲思关系，还呈现了物质性的结构变化，这是今天对宣纸的再认识。还有，这样的“指印”作品在空间中的装置展示，还可以获得自然光对作品的反映，显现自然光每一天不同变化带给你的不同感受。这是宇宙世界带给你的自然呈现，一个

张羽：弥漫的指印，个展现场座谈会，右起：黄一鸣、李锡奇、张羽、廖仁义、孙中山纪念馆 台北，中国，2010年
Diffused Fingerprints-Zhang Yu's Art Works , the Site Forum, From Right: Huang Yiming, Li Xiqi, Zhang Yu Liao Renyi, National Sun Yat-sen Memorial Hall Taipei, China, 2010

不一样的新的阐释，这也是一种当下。思想上的认识很重要，是用一个当代的视角观察事物，宣纸还是宣纸，水还是水。但表达完全不同。

冯博一：有许多问题是可以通过个案研究解决的。

张羽：在21世纪的今天，我们如何在世界上找寻我们自己的位置，我们需要认真思考在中、西方之间不可替代的存在方式的艺术实践。艺术理论的建设不能忽略具有独特价值的个案，不能空谈理论，需要认真面对研究那些看似简单，但更有文化底蕴支撑的东西，千万不能再做像前一阶段那种"溪山清远"的肤浅之举，应该潜心面对传统，读懂传统，特别是传统与当代的关系。事实上，今天的理解已经是更多认识的叠合。

冯博一：刚才你说的那句话挺有意思，修行这个概念早就有。佛教，出家修行，包括念经，打坐，其实都是修行，这种修行怎样纳入到艺术家的视野？作为一种方式，然后通过一种艺术方式去呈现。

张羽：僧人的修行是一种大彻大悟的个人行为。而修行对于我是一种认识，启发了指印方法的建构，我通过指印行为对当下有一种反映，一种态度。

冯博一：营造一个新的空间，在这个空间和气场之下可能给人的感受就会比传统的修行方式有意义。

张羽：这是一种转换的关系，这种意义在于通过修行的表达，并呈现一种新的认知趋向提供给大家。我觉得艺术家的艺术创造和研究，就是要提供给世界一个新的美学系统或者是一个美学认识。

冯博一：观察事物的一个新的角度，或者是开启另外一个新的空间。

张羽：我觉得是新的美学思考，这是我们今天的艺术家，理论家应该承担的责任。

冯博一：对，是一个责任，或者是你对这个社会的一个贡献。

张羽：这个贡献是潜移默化的，为今天和未来创造新的理论思考，这是优秀艺术家最基本的作用。比如我今天选择用指甲油摁“指印”作品，不仅仅因为这个媒介很时尚，同时用这个媒材按在胶片上的感觉是一种新的反映，一种新的关系。

冯博一：这是对材料的选择和呈现的方式把握。我对你的这件行为作品很感兴趣，摁指印的过程是慢慢遮蔽了透明物后面的你自己，这种表达其实会引发我们很多的思考。指甲油本身也是有指向性的，然后慢慢地覆盖了。我觉得其实都折射了你对当代的这种思想性，还有时尚化。

张羽：“指印”走到近期，越来越凸显了其中的思想性、文化性、批判性、建构性。语言虽然极为单纯，却获得想象的丰富性。人生活在今天，生命本身是单纯的，但是面对社会时却是一个既丰富而又复杂的状态。所以，我们说一个人能在今天活好并不是一个简单的事情。

冯博一：你从80年代、90年代，做编辑、策划、出版、研讨会、艺术家，慢慢地这种方式发生了一些变化，我觉得你更多的是从艺术家的身份或者是角度，包括身体力行投入作品，或者是你通过个人的一种方式，实际上还是在延续和实施你的一种理想，这种转换和实施的过程到目前为止你觉得怎么样？

张羽：这和我的理念是一致的。首先，我是一个自觉和主动的人，也许是我的个人经历造成的，喜欢自觉地做自己能力范围的事。另外，不这样也不行，因为以前总希望有更多的批评家，策展人介入我们这方面的研究和推动。后来发现这只是一个愿望。所以我就开始自觉自己去做。

更多的批评家、策展人一直以来更关注一些社会性问题。所以，我只好自己做策划、编辑出版，并逐渐觉得这也是一件与我有关系的很有意义的工作，从某种角度讲，我开始是自觉和不自觉都有，后来，就成为自己工作中必不可少的了。

冯博一：咱们的艺术，学了西方三十年，这毕竟不是出路，而且随着中国的国力的逐渐强大，文化自信心也在不断地高涨，尤其是八九十年代的年轻人，我觉得咱们多多少少有一些从悲情当中过去。1840年就开始被人欺负，然后清朝腐败，民国之后，爆发抗日战争，就一直处在不断的社会危机和历史危机中，造成咱们整个是一个动荡的，没有一个相对稳定的发展，这也是中国历史，现代历史的一个特征。五四其实就是科学民主，这种科学民主也是向西方学习的。

张羽：五四新文化运动以来一直追随西方，向西方看齐。

冯博一：然后又涉及中体西用，中西合璧，有很多不同的学说。尤其是1949年之后，“文革”，整个的文化传统被摧毁，文化的断裂和咱们成长的扭曲，比如说，改革开放之后对以往的反思，对“文革”的反思，包括你刚才谈到的，80年代的中国画，这种一步一步的都是历史过程必不可少的一些阶段。反过来看当然也可以看出一些问题，这也是构成我们不断展望未来的动力。从这个角度来说，我觉得未来，跟传统跟当代的关系，实际上还是一样的。我觉得这是东方国家都面临的。你看日本也挺发达的，或者是在亚洲国家当中，它相对来说经济文化的文明程度，包括它的体制，还是比较特别的，但它仍然也有这种困扰，怎么面对新旧，怎么面对这种转换。

张羽：我是这么觉得，我们经历了民族化、中国化、去中国化，现在我们又面对国际化，还有人提出东方性，但怎样东方性呢？东方性的意义是什么？我们能代表东方吗？值得质疑！国际化又是怎样国际化？我以为，面对艺术的表达，不要强调太多，也不要太刻意。首先，你是一个生存在地球村的中国人。中国文化的精神应该在你心中，世界的发展，国际化是必然。

冯博一：但是我们捕捉什么或者是关注什么呢？学完西方之后，达到了一定的程度或者是一个阶段。你如何表达这种中国的当代文化特性，我觉得中国整个社会也面临着这个问题，你如何发展。因为，你完全向西方学的那套，我觉得是不行的。落实到中国当代艺术的范围，比如：我觉得徐冰的东西，他沿着文字的线索，利用中国的方式。他特别强调艺术为人民，可艺术为人民实际上是矛盾的。延安文艺座谈会讲话的核心就是艺术为政治，艺术为人民。而我觉得他的9·11“尘埃”，那个作品还是比较有意思的，他对材料的敏感。我现在想，他那个作品也可以从几个层面去看，但最关键的是他作为一个东方人，或者是东方的艺术家看待美国的角度，或者是在美国发生的9·11，而引起世界格局的这种变化，有他独特的东西。

张羽：艺术为人民有投机性，所谓的人民是哪一部分？其实，徐冰选择的文字是中国符号，这样很容易被西方接受。我不是说我做的就是最正确、最有意义的，但我做了别人做不了的作品，创造了自己的方法。还有，我们做了不同的点和层面上的问题，或许是一个线索。我认为“尘埃”是徐冰所有作品中最好的一件。

艺术家的敏感很重要，尤其我们有中国文化背景的艺术家，所以看问题的角度会有不同。中国人和西方人对“尘埃”的理解也是完全不同的，徐冰把握了这一点。记得黄永砯有一件表达“尘埃”的作品，他在一个空间里展示了一卷从墙壁上挂下来的白纸从上至下铺到在地面，每隔几天拉下一部分白纸，随着时间的变化“尘埃”不断地落在纸上会有一个渐变。这也是一件明显带有东方哲学认识的作品，这是我们特有的看世界的方法，只有中国艺术家能做的出来，但也不是每个艺术家都能够做到的。

冯博一：我也觉得这种作品西方人可能做不来。为什么呢？他跟我说过一个细节，“尘埃”获奖公布之后，有博物馆想收藏，说你还有没有9·11的尘土，我们博物馆想收藏。实际上9·11事件之后最多的东西就是尘土，尘土是一种物质，是东方人对尘埃物质本身的认知。

张羽：这是文化的不同，所以导致了思想认识的不同。我们愿意对“尘埃”赋予了象征性及深刻的文化的思考。

冯博一：所以学院套路不能再延续，国画也不能再是传统的，或者是像蒋兆和那批画家一样。有时候我看艺术作品，或者是我判断艺术作品，那种西方逻辑思维的，或者是从西方理论大师借来的一些东西，我基本上不看。其实，西方人也开始在关注中国当代艺术的发展，在找属于东方文化下的东西，但是我觉得现在还没有特别明显。

张羽：其实，我们不需要用二元对立的方法看问题。艺术家可以在不同文化中找到自己的认识，像美国抽象表现主义就从日本禅宗寻找他们需要的东西。当然，我也策划过强调东方思维的针对性展览，主要谈认识的角度和方法。我认为针对性强的展览哪怕小，但能明确地指出问题，总比那些空洞的大型展览有意义。

冯博一：其实，老栗在80年代、90年代就起到这样的作用，他把敏感的东西推了出来，之后被接受。

张羽：但，我们能不能真正地把这种思维性的东西做出来，是对我们的考验。老栗“念珠与笔触”、高名潞“极多主义”是两个有意思的展览，但艺术家的作品都有些泛泛，也就是关联不够。我在2008年策划了“水墨不等于水墨画”，从认识上对水墨有了新的思考。我觉得30年的现当代艺术发展，我们对水墨与水墨画之间的关系始终没有搞清楚。比如：我蘸清水摁压宣纸的。如此的表达是纯粹的一种极限，不管是东方人，还是西方人，我想都会有特别的感受。

冯博一：材料的特别性。

张羽：不仅是材料特别性。选择材料是一种敏感和认识的智慧，重要的是方法导致的思想性，材料与方法与表达是不可分的关系，它们的关系是不可替代的。我们对禅文化、道文化、太极等的认识，都是我们思想认识的丰厚的支撑。

冯博一：这实际上涉及到对方法的深入研究。

张羽：是方法论的问题，为什么我们要有自己的方法呢？不仅仅是为了别于西方，西方的方法非常好，但这些方法无法面对我们新的表达。作为今天的艺术家我们有责任创造自己的方法。现当代艺术发展三十年，有多少当代艺术作品是用自己的方法创造的，我们给世界提供一个完整不同的文化范本，这是对人类的贡献，我今天还能提供什么给世界。

冯博一：从宏观上看这三十年，日本的卡通文化，我觉得比较有特色，包括韩国，香港所有的卡通其实还是从日本来的。日本的卡通文化像村上隆，奈良美智是这方面的代表，在全球范围有影响的人。

张羽：其实，高名潞的“意派”论是有研究价值的。2007年，我邀请高名潞在日本策划了一个展览，我们一路上聊了许多方向上的问题以及日本“物派”。所以“意派”出炉是有方向的。重要的是高名潞发现了我们个别艺术家作品中的问题。但更多的批评还没有认识到。换句话说，我们的知识结构目前还没有能力完成这一理论建构。这是中国当代艺术理论的悲哀。

冯博一：老栗这方面就做得比较好，他有他的敏感，有他的机智，他对中国当代艺术的东西特敏感，相对客观，比如老栗推出的艳俗艺术，还有玩世。

张羽：但是，我更希望能有一种声音是我们中国自己智慧的。所以，我喜欢老栗的“念珠与笔触”的说法。

冯博一：或者我们一下子还拿不出来。

张羽：其实，问题已经有了，实践已经成熟了。我们是理论上还没有达成共识。由于各种原因，我们错过了。老栗的“念珠与笔触”，高名潞的“极多”、“意派”，都没有走下去。说明艺术创作整体上还需要强大。但我相信终有一天会有中国自己的当代艺术的未来，期待策展人、批评家、理论家的研究。

冯博一：其实，高名潞做的“意派”有这个出发点。

张羽：事实上，“意派”是成立的，是有价值的研究。首先，我很期待这个研究成功果。我只是对高名潞的“意派”展览有些不理解。我觉得他选择这么多艺术家会把自己消解掉，如果选择五六个具有代表性、针对性极强的就成功了。选择像徐冰、蔡国强、张培力这样的艺术家，因为他们的作品已经被西方理论定格了，再用“意派论”就没有说服力。“意派”一定是西方说不了的东西。我一直想发出我自己的声音。还有我策划的小规模的展览，比如：“场”、“水墨不等于水墨画”、“终结水墨画”等，都是想把我的想法呈现出来，希望能引起大家的关注和思考。目前，我正在策划“无形：一种超越媒介的思考方式”展。

冯博一：还是从个人做起。

张羽：当然。不过，我不是理论家，所以很希望理论家、批评家、策展人能从具体问题入手。重要的是理论建构，不在于理论规模，而在于理论的深度和明确的观点，以及艺术现象的相关性。同样，针对性的展览也不在于人数的规模，更在于问题的呈现，一个提出问题的展览，一定是要求问题与艺术家的紧密相关性，这种严谨才能使展览以及理论有效。否则，很容易偏移指向。

在我看来，“意派”应该是你中有我，我中有你，是什么都不是的是，是四两拨千斤的力量。这是我对“意派”的个人理解。

冯博一：包括“极多”。

张羽：“极多”太针对“极少”了。我为什么愿意做小展览，主要是针对问题，关系，便于言说。我做“终结水墨画！——从‘水墨画’到‘水墨’”展览，不是要终结水墨画，我也没有能力终结水墨画。客观上，我只是提出终结水墨画的思考方式，也就是提出一个思考水墨问题的问题，也就是将水墨媒介抽离出来再去思考。

冯博一：你是提示出一个警醒。

张羽：对，我是说大家可以换一个角度，别再想画水墨画的问题，从真正意义上去研究和探讨当代艺术的未来。

冯博一：接下来看你的这个展览能不能引起话题，能不能引起讨论或者是通过你的个案的修行方式，把咱们刚才谈的东西有所推进。

张羽：抛砖引玉。我想这样话题的展览太少了，希望以后会多起来，所以，也希望大家能借题发挥，深入思考。这是一个充满智慧性的研究。这个问题解决了，你才能释放你的思想，才会轻松地面对水墨媒介，才有可能从认识上超越这个媒介，才会有你自己的当代艺术未来。

注释：

1、冯博一：1960年生于北京。批评家、独立策展人。1984年毕业于首都师范大学历史系。1990年曾在中央美术学院史论系进修。1988年起任中国美协《美术家通讯》执行编辑、副编审。兼做中国美协大型展览宣传工作。主要论述有“寻找新的契合美”、“思索生命的实在”、“揭示文化的负累与警觉”、“当代艺术学院的困境”等。策划的主要展览有：“世纪末中国画人物画展”、“生存痕迹——’98年中国当代艺术观摩展”、“中国之梦——’97中国当代艺术展”、“平台——’98青年雕塑展”、“东北墟——东北当代艺术的轮廓”、“一个人的剧场——80后艺术家作品展览”（2011）。

冰冻三尺非一日之寒

Rome was not Built in a Day

——张羽与刘骁纯、皮道坚对话

Dialogue Between Zhang Yu, Liu Xiaochun and Pi Daojian

冰冻三尺非一日之寒

——张羽与刘骁纯[1]、皮道坚[2]对话

地点：张羽北京大山子环铁艺术城工作室
时间：2011年2月22日
整理：崔付利

批评家刘骁纯、皮道坚到访张羽北京大山子环铁艺术城工作室，2011年
Critics Liu Xiaochun and Pi Daojian Come to Visit Zhang Yu's Studio in Huantie Art Precinct, Dashanzi, Beijing, 2011

张羽：两位老师应该是第一次到我的工作室。这件是最早的“指印”作品，以焦墨为基础，你们可能以前没有见过。

刘骁纯：那个时候是不是都是这样的作品？

张羽：这一阶段类似于这样。在宣纸上按指印，要对传统水墨画有一定的认识。做水墨和做其他材料还是不太一样，除了对内部文化的积累，对媒材的感受、体验都很重要。

皮道坚：这件作品是1991年的吗？

张羽：对，1991年，那时候的“指印”作品还在使用图章。

皮道坚：从按压的技术上来讲，你现在比那时候要发展很多。

刘骁纯：观念也不一样。

张羽：这个时期的指印，还是有聚有散的构成关系。

皮道坚：有绘画的关系。后来就放下来了？

张羽：对，逐渐去掉了绘画性。后来我把指印的一个点抽离出来放大。

皮道坚：这是在“漂浮”系列之后做的？我记得你原来有一些“漂浮”的作品。

张羽：不是“漂浮”，是蝌蚪的“随想集”系列，其实无意识中也和“指印”有一些关系。指印痕迹的叠加类似“随想集”图像中的笔墨圆圈的叠加。这种叠加效果，从线索上往回看的时候你会发现，我给您们拿一件作品。

皮道坚：啊，这是它的胚胎。

张羽：“随想集”是我1993年创作的，一共创作了10件。后来的“灵光”系列作品，都和当时想把毛笔放下有关系。

刘骁纯：“灵光”作品是怎么做的？

张羽：还是用毛笔。

皮道坚： 当时是想颠覆笔墨？

张羽： 是放下传统的笔墨规范，又重新拿起毛笔而生成的。认识需要不断地调整。在昨天的研讨会上有批评家把修行以仪式的角度去阐释，其实，这种阐释只是个概念，在我看来没那么表象。修行，从人的行为到自身的认识选择，是自律，也是调整。当它成为一种认识方法的时候就改变了仪式的表象。方法论的问题是认识的问题导致的。

张羽北京大山子环铁艺术城工作室，2011年
Zhang Yu's Studio in Huantie Art Precinct, Dashanzi, Beijing, 2011

刘骁纯： 方法还是一个哲学概念。

皮道坚： 我想问，"灵光"系列都是用笔？用焦墨？

张羽： 用毛笔，还有喷笔。不是焦墨，比如墙壁上这件作品需要上百遍的淡墨皴染完成。在开始作画时我用的是开花笔，最初只用水皴写而先不用墨。这种在宣纸上随意的皴写，只有笔锋触纸，相当于是水在纸面上行走。"灵光"作品只适合北方干燥的气候，宣纸上的水干得快，宣纸纸性会随之发生起皱变化，南方无法解决这个问题。

当时郎绍君先生一直认为我的作品是做出来的，没有笔墨。实际上他没有跟我讨论过，也不知道我的创作过程。我是通过宣纸纸性起皱的变化之后，再在上面用灰色的笔墨皴擦，然后，再深一点，再深一点，实际上是一层一层皴出来的。有的人认为是团纸，但他不知道团纸的结果是直角，我作品的图式中没有一个局部是直角，它像龟裂一样，都是圆的。我在皴擦的时候就在控制这个变化，从特别灰的水墨经过上百遍皴擦、皴染最后成浓黑墨色。如果用焦墨就没有那么丰富的层次，没有那么润，所以从灰墨到深色的过程很重要。

刘骁纯： 起初的基础是什么样的？

张羽： 这幅作品有类似之处，还保留了一些"灵光"中的初始状态。这个系列是2001年的，创作背景是9·11事件。当时有些批评家说我们做的"实验水墨"没有当代性，也就是没有社会性问题。

皮道坚：那是鲁虹的观点。

张羽：社会关怀有不同的层面。“每日新报”出来后，有一些批评家说张羽当代了，我觉得这是一个笑话，当代性哪那么容易就做到了？我认为当代性最重要是如何建构的问题。

刘骁纯：这部分是喷的？

张羽：是的，这个部分是用笔甩出来的。

刘骁纯：这个灰颜色没有用喷枪吗？

张羽：用的喷漆。这件作品中的宣纸上有报纸、铅笔、毛笔、水墨、漆、白粉不同的痕迹。我也是在尝试宣纸的可能性。

皮道坚：你这一段讲得非常有意思，中间你走了这么一段，对你来说我认为是一个弯路。

张羽：也不算弯路，因为我知道自己在干什么。当时我想得很清楚，不是我们不关怀社会，而是关怀社会的哪个方面？怎么去关怀？不是指艺术家的作品描写了今天现实就有当代性，怎样描写今天也是重要的。我认为作品里有自己的方法或者能够建构一个系统，这也是一个当代问题。

皮道坚：那你用硬笔比小魏还早。

张羽：其实，我最早在宣纸上用硬笔是在1986年创作的水墨抽象形式和拼贴的作品中，还有用白

修·行——张羽指印作品展 1991—2011
今日美术馆，北京，中国，2011年
Cultivation Practice: The Ehibition of
Zhang Yu's Fingerprint Works 1991 - 2011
Today Art Museum
Beijing, China, 2011

修·行：张羽指印作品展 1991—2011，展览现场，装置，今日美术馆，北京，中国，2011年
Cultivation Practice: Zhang Yu's Fingerprint Works 1991 - 2011, Installation, Site of the Solo Exhibition
Today Art Museum, Beijing, China, 2011

粉、茶水都是90年代前后。

皮道坚：用硬笔，我原来最早是看小魏的。那你用水按的指印为什么能有凹凸的变化？

张羽：哈哈，小魏是我的学生呀。这种凹凸的变化是自然而然的，是手指接触纸的瞬间运力的反应。这是修炼的磨合结果。

有人说“指印”作品做一件和做十件没有区别，其实是不一样的。十年的指印过程我体会了每一个阶段的反应，甚至说每一天的感受也是完全不同的。昨天才知道年轻批评家在评金棕榈奖时，何桂彦曾提我，可很多人说“指印”作品不是今年的创作。我先不说指印痕迹的每一天不同，就说“指印”作品的完成是进入展馆的那一刻，这两年我的个展都是把“指印”作品做成空间装置，这意味着“指印”作品要在展览现场完成。

刘骁纯：还有冰冻三尺非一日之寒。你在今日美术馆做的这个作品，和你以前的所有东西都不一样，但是它又是以前所有东西的一个延续和一个总成。

皮道坚：另外，从行为意义上讲你要传达的行为性已经完成了。这就涉及作品本身视觉上的丰富性，和它作为艺术品的收藏价值。我今天看了这些作品后，这种感觉就更加强烈了。我赞同杭春晓的意思，虽然作品有行为的意义，但是行为不是作品的全部。这种行为，包括所有的指印，不管点的是什么形态，他的行为和尝试都是一次性完成的。我也理解刘骁纯提到的开放性。他的行为可以采取不同的方式呈现，而呈现也有杭春晓提到的视觉上的魔力和视觉上的冲突性。我觉得他的观点跟骁纯不矛盾，你如果把行为抽离出来，那作品本身的那种收藏的意义没有了。

刘骁纯：这点上可能咱们俩还是有点差异，我不是否定你的想法，咱们谈的是张羽。张羽做作品时，他会把宣纸的那种感觉，甚至笔墨的感觉，艺术素养，都通过转化带进去，这是他的特点。“指印”作品中的命根子是什么，我觉得是行为。我曾经问张羽的“指印”是不是找人替做的，如果替做就没有意义了。意思就是，“指印”作品非常重要的命根子是你的行为，而且这个行为跟他的生命投入程度成正比。他生命投入越大，他的张力越大，他的意义也就越大，这是他最根本的东西，我是强调这个意思。

皮道坚：他的行为就是一种修炼，像高僧或者达摩面壁，所有这些行为是持续性的。而这件作品，我是从作品的行为意义角度来谈的。它可能表示今天物质主义、拜金主义盛行，导致人们价值观的混乱。他日复一日、年复一年来做这种看似无意义的事情，提醒我们对这个时代，对我们的价值观进行反思或反省。这个行为本身就是所说的修行、修炼，像释迦牟尼2500年以前在娑椤树下清修，这是一个很长时间的修行。

刘骁纯：对。我那天为什么非要谈王南溟呢，我觉得他太可惜了。他的水墨行为如果坚持到现在，是了不起的。

皮道坚：这里面有一个纯粹和不纯粹的问题，我觉得王南溟是不纯粹的。

刘骁纯：他那个行为不是很纯粹。他的行为开始是写书法，写完以后将纸团起来扔掉，然后再写再扔，反复重复这个行为。当时我跟他提过，最关键的理念就是这个过程，可是他后来不关心这个了。

张羽：这里涉及这样一种思考和认识，大多数艺术家创作追求的可能性是一种形式，他把形式看得更重，对恒久性或者是内在的本质性以及精神性没有加深考虑。“指印”对于我，在最初坚持这个行为时我特别针对如今社会中的信誉危机，而逐渐感受到指印行为其中内在的意义。

刘骁纯：对你的作品来讲一个是真实，一个是修行。因为“指印”本身有这个含义，“指印”绝对是信誉，它是你生命的一种真实表露。这个内涵就是对真的一种寻找，实际上你的核心就是“真”，这是生命的展示。

张羽：因为，它和身体的关系是实实在在的，思想认识是实实在在的。

刘骁纯：本身就是生命。“行”就是生命，所以我觉得它的核心是“真”。昨天研讨会最后一个小伙子提问，说外面的生活变化那么大，你在工作室进行指印创作跟社会又有什么关系？这个关系其实就在这，外面变化很大，正在失去真，所以我在这儿寻找真，这就是关系。所以，我觉得张羽作品中最核心就是“真”，“真”是最重要的。

张羽：是这样，艺术家的精神追求是最重要的，这种自觉也是和人的“真”有关系。在“指印”不断发展的过程中，一开始总会想水墨的问题，后来逐渐地认识到水墨问题不是关键，关键是指印要表达什么。

我认为艺术的最高境界是自然，而“真”也是自然，达到自然的作品一定是好的作品。指印用水去表达的目的就是追求更高境界。如果今日美术馆的空间有一个天窗，那么天光打在“指印”作品上的效果就完全不一样了，它的整个呈现和自然更密切了，在天、地、人之间就构成了一种连接。

皮道坚：刚才谈到水墨媒介，你现在跟水墨没有多大关系了，有这样的意思吗？

张羽：是说“指印”表达的核心问题已经不是水墨问题，与水墨画的规则已经没有什么关系了。

皮道坚：和水墨已有的规则没有了关系，这个规则具体指笔墨或者是笔墨中心。我注意到你前面做的展览“终结水墨画”，你不是终结水墨艺术，也不是终结水墨精神、水墨文化和水墨方式，这是很重要的。刚才你说年轻批评家不太理解你在实验中细枝末节的东西。你说，“我们这些人都跟传统有关系，原来都画过传统笔墨”，这一段话我非常赞同，我想骁纯也应该赞同这个观点。从事“实验水墨”的艺术家和从事其他艺术方式的艺术家有质的不同。跟传统的关系，我们有一种天然的亲和性，因为这些艺术家本身都是从传统方式中走出来的。

中国水墨艺术历来就是视觉感受和行而上的思考，不然的话中国艺术就没有那么耐人寻味，没有那么深的内涵了。所以不管张羽作品的形态是什么，无论是行为、装置还是影像，你作品最深层的内核还是水墨。

为什么我昨天发言的时候提到了荒木经惟？他谈到了中国人跟水墨的关系。我觉得荒木经惟他也是一个东方人，而且他也是一个了不起的当代艺术家，所以我非常赞成他的这种认识。骁纯在研讨会上谈到了开放性，我觉得还不是张羽一个人的开放性，他是提供了一种可能性，其他的水墨方式可能也会产生优秀的当代艺术作品。

研讨会上，《Art in Asia》主编金福基问到前面发言的批评家是否谈到了中国文化的精神，因为当时没有时间，有时间的话我想我可以回答他。这就是我们的哲学思考，这是我们中国人对自然的态度，和西方人是不一样的，和他们从柏拉图走出来的那种思想是不一样的。

哲学界我有一个朋友也在感知西方哲学，他是一个很优秀的哲学家，他原来一直是研究西方哲学，也对传统持比较尖锐的批判态度，但是他现在重新审视西方哲学。当然不是说西方哲学不好，它有很多很好的东西是我们所没有的。但是我们这个世界应该是有多种哲学思想的，应该讲是多元的。

刘骁纯：远不一样，但是有很多交叉的地方。我接着你的话题来说，你谈水墨精神的时候，我用一句话来概括，我们谈的问题追根到底可以到文人书画。因为所有的问题都包含在文人书画中，文人书画已经把所有内容都包含了。我们在这个基础上进行解体，升华出各种各样的可能性，最后把文人书画中一些在今天很有生命力的内涵用新的方式延伸。为什么我谈文人书画呢？因为文人书画实际上就是中国的文化精神，它之所以在世界上其他的地方没有，就是因为中国的哲学本身是独特的，而中国哲学寻找的就是水墨精神，所以我一开始就讲水墨为上。为什么水墨为上呢？因为它有一种精神，它是一种“道”，它可以把任何事情说到本质上。我曾经跟王朝闻院长有一次争论，他觉得搞“现代水墨”好比光想取西瓜瓤，扔掉西瓜皮。我说“你说得非常对，就想把西瓜皮扔了，取里面的瓤”。

实际上，现在的水墨开放性在不断增加，就是想让“瓤”延续下来。虽然现在“瓤”已经变了，但是它始终有精神连贯至今。昨天研讨会上他们提到历史早就提出过这样的问题，你们现在还在谈这个问题有何意义？这个问题最早应该是老庄提出的，老庄之后的每一代都在说，但是每一代说的都是新的、不一样的，都是跟当时的社会有关系，跟当时的思想有关系。

张羽的创作方式是之前所没有的，这就是新的生命、一种新的理解。我承认“修”，“修”就是传。但是如果仅仅是“行”的话，确实艺术就完成了。正因为他是在一次一次不断地做，所以他的行为就变成“修”了。宗教界有个虚缘法师，他在宗教界有着极高的声望。他厉害在什么地方呢？宗教界称呼他“行脚僧”，他比红军25000里长征走的路要远得多。从时间上讲，他从清末走到明国，然后又走到了共和国。从路程上讲，他从北方走到南方，然后步行到亚洲，之后再走到东南亚，最后转一圈又回来。每到一个地方他都会把当地破败的宗教环境重振起来。他21岁就开始了他的云游行动，他第一次出发好像是从北京附近的一个寺走到五台山，一共走了三个多月。关键是他一走一拜，就跟西藏的拜法相同。他已经做得很了不起了，但是他没有就此完结，他就这样持续走了一辈子。所以我就想“修”大概就是这样的。

张羽跟他是不一样的，我觉得张羽的开放意义有更多的方面。张羽跟其他的行为艺术家不同，他是一个很注重艺术的行为艺术家。当你做到纸上作品时，绘画因素也会不知不觉地考虑进去，当然有时是有意识考虑进去的。比如刚才谈到物质和精神的关系，实际上你在集中文采跟他们对话，这也是文人书画里面的东西。文人书画中的笔墨就是心、腕、笔、纸、墨之间的交融。清末的时候之所以把水墨抬得那么高，就是因为水墨有一个内涵存在，而不是因为技术性因素。水墨核心的内涵在今天仍在播散，只是张羽是用他自己的方式播散，邱志杰的作品是用另外一种方式播散。而离开这个内涵就会成为一种雕虫小技，成为一种技术性、公益性的方法、它就跟西方的文化很难划开一种距离，必须要把技术性和“虚”的东西结合。中国的哲学理论是围绕着说不透的东西在不断地探讨，其实这就是一种生命过程，是一种新思想的过程，所以这些东西要不断地讲清楚。

> **张羽：**正因为说不清楚，才是其魅力所在，这正是东方哲学的魅力。同时，也使我们在人类的进程中不断探讨和不断创造，这个空间所连接的东方哲学就是生命哲学。

皮道坚：艺术存在的价值就是因为世界上有说不清楚、不可言说的东西。那如何去表达它们呢？通过艺术家的作品、艺术家的行为、艺术的方式来表达，说不可说之事，我想是这样的。刚才骁纯谈到，昨天我们在研讨会上摆出了观点，行为艺术的行为和意义是否一次就完成？是否还可以继续进行？你刚才谈的我认为很对，我同意你刚才的分析。从这个意义上讲，张羽的“修行”墨点，“指印”系列作品和一般西方的行为艺术有很大的区别。区别在哪呢？他们的行为是一次完成的。比如像克莱因从窗户上跳下的行为是一次完成的，而张羽的行为的意义就是他本身修行的过程中展示得比较充分。

我们刚才谈到了“修德”的内容，或者是“修德”的坚持性。刚才骁纯列举了几个艺术家，他们都没有把它持续下去。或者是他们在做作品的时候，本身就不是一个取向。我想张羽的作品既是

“行”也是“修”，这点我是认同的，非常肯定。

“修”是什么含义呢？"修"就是不断地去体悟。我最近看了西藏仁波切佛教的上司宗萨仁波切，他曾经拍过几部佛教的电影。他受过西方文化的影响，在国际上宣传佛教很有影响力，他曾经就谈过真悟。在“修”的过程中，艺术家跟佛教徒一样，都要去体悟一些东西。虽然佛教的道理是四大皆空，但对“空”的体悟是怎样完成的呢？佛教中分为僧人、罗汉、菩萨、佛。佛是佛教徒中的最高层次，代表着大智大觉。而达到最后这个层次就要有一个修炼的过程，四大皆空的道理并不是最初就懂得。看了张羽今天的作品，从技术、观念上和早期的作品都是不同的，这就是一个修行的行为。

研讨会上王璜生提问，你心里的感受是什么样的？我想是不是将来的艺术创作还有这个层面？你在做每一件作品的时候，你的心理活动能不能除了用作品的方式以外，可以用另外一种方式、一种记录、一种展示来表达。昨天研讨会上，我才知道你从1991年就开始做“指印”作品。我原来对你有很大的误解，我以为“灵光”系列作品以后没有继续，于是找到了指印的方式，我现在看了以后感受很深。你真的是一个值得我们同业中研究的个案。我赞同骁纯刚才讲的“修”的过程是很重要的。你的作品确实存在“修”的过程，而且这个行为不是一次性的行为，我不说它是开放性，但是它是有连续性的。你开放的是艺术，而不是行为的开放性，我体会到了你刚才讲的。

刘骁纯：我是说目前的一种方式，它还可以沿着行为的开放，也是一种方式。比如我和张羽讨论过要做一次“指印”行为跟社会互动的大型“指印”行为作品。

皮道坚：“修”深入下去以后，确实有很多的期待。可以这样说，对张羽下一步的“修”我自己也有很多的期待。作为一个艺术家，他在更深入地走下去，我相信“修”的成果对我们大家来说都会有很大的借鉴意义。

张羽：是的，“修”，我认为最大的障碍是能否坚持下去，“修行”是这次展览我坚持的主题。希望通过这个主题给我们更多地启发，前些日子与刘骁纯老师讨论让公众参与的大型“指印”行为作品的实施，我也是反复思考，想从多方面打开这样的认识。

刘骁纯：敢用这个词很不容易。

张羽：我为什么坚持提“修行”呢？因为人们听到“修行”普遍认为这是很俗的一种说法。很多人认为那就是一个仪式，一个概念。我觉得这样理解“修行”是太简单化了、表层化了。“修行”是一个宏观下的两部分，“修”、“行”各有所指。我觉得“修”是内，它是主动的自觉，而“行”是外，是传播，可以往外不断地伸展和不断地开放。但是开放本原的点很重要，这需要多方面的修为。“修”对于艺术家来讲，要不断地积累、不断地认识才能达到这种境界，这种境界是我一直以来的追求或者理想，这个理想支撑着“行”在不断地变化。我的这个行为不是一般意义上通常说的“行为”表演，所以我把它强调为“修行”。

“修”的根本就是人的认识问题。东方哲学里，我最大的体会就是空无关系的“思辨”性。不管东方哲学是“虚空”还是“说不清楚”，对一个艺术家来讲，认识和判断是一个很重要的环节，而且这里面会构成一种关系。它怎样通过“行”去连接这些关系？“行”不仅仅指的是我的行为或者创作，它也指向各种媒介，或者是各种形式。当手指触及宣纸的时候，我一定要呈现指印行为在宣纸媒介的不可替代性，一定要把水墨的这种媒介的气韵呈现出来，或者是身体之间的磨合的感觉也要呈现出来。这种方式放到另外一种材料的时候，也要做到这种材料表达的特别性，这样的转换才有意义。比如我用“PVC”做指印表达，在思考用何种颜料去点击留下的痕迹效果是最佳的。用油彩、油漆、指甲油都可以，最后我选择了指甲油。选择指甲油不仅因为它有时尚性，有现代的因素，还有就是指甲油被接受的感觉和关系，油漆点上去会有刺鼻的气味，材料和人的关系不通畅。这也提出了我们对普世性美感的要求，这里提到的“美感”不仅仅是视觉上的，我觉得美感也应该是立体的、多维的。胶片上的“指印”作品在展示的时候可以给观者提供一种完全不一样的新方式和新感受。

修·行：张羽指印作品展 1991—2011，展览现场，装置，今日美术馆，北京，中国，2011年
Cultivation Practice: Zhang Yu's Fingerprint Works 1991 - 2011, Installation, Site of the Solo Exhibition
Today Art Museum, Beijing, China, 2011

去年，我在上海做过一次展示，我将一件20米长的胶片“指印”作品以大卷轴的形式铺在20米长的白色木板上。然后把胶片用亚克力架子支撑起来，使胶片悬空在板子上面，形成一个空间距离。胶片上的指印有密集，也有松散。光线从天顶投在作品上会呈现指印的投影，它们之间又形成了另外一种关系。其实，这又构成了空间中的另一种呈现，或者是一种审视。转换媒介一定要强调它的特别性。

张羽、黄锐在“修·行：张羽指印作品展 1991—2011”现场
今日美术馆，北京，中国，2011年
Zhang Yu and Huang Rui at "Cultivation Practice: The Exhibition of Zhang Yu's Fingerprint Works 1991 - 2011", Today Art Museum Beijing, China, 2011

多少年来，我们不断地探讨或强调“有”和“无”，我也是在不断地创作实践中不断地感受。比如，我把水按在宣纸上，十几分钟过后水蒸发掉了，但指印的痕迹留下了。水，我们虽然观察不到，但水依然存在，这是“有”和“无”的物质关系，行为的存在使其显现为精神关系——境界。

刘骁纯：这是你对“水墨画”的一个认识过程，以及对东方哲学的思考和认识。

张羽：“终结水墨画”其实是我自己发展的一个线路，我以自己的行为终结了水墨画，换句话说，水墨作为一个画种的时代被我们终结了。回想我们以前讨论当代水墨，其实基本上都是围绕“水墨画”讨论的，没有进入水墨媒介本身。

刘骁纯：“终结水墨画”，最重要的是对你个人，这是最重要的。你的行为轨迹就是终结水墨画的轨迹。作为全局来说，有什么意义呢？当初之所以提出水墨画和现代水墨画这样的概念，存在价值本身是针对传统水墨画而言的。这种针对性到一定时候就完成了历史任务，一旦任务完成，它这方面的意义就不大了。但不是现代水墨画的画家就绝对没事可做了，或者是不会再出现现代水墨画的画家了，形态转换过程中提出的问题已经不是问题了。

张羽：这是一个由认识过程而连接的认识问题。

刘骁纯：因为当时两点很重要。一个是传统程序，传统程序就是图像传统，就是以芥子园为代表的传统程序。一个是笔墨，即笔墨程序。在那个时候它的意义是有的，因为它要从这里面脱离出来，除了你个人的意义之外，还有整体的意义，当然这是不能妥协的过程。

皮道坚：我还是希望有更多的艺术家能进入这个层面来思考，我想这样一个文化或者媒介可能会有更大的空间。参与的人多了，人的认识就不一样了，就能够把僵局打破。第七届深圳水墨双年展研讨会上，靳卫红作为艺术家代表发表了一次讲话，他的讲话体现在两个部分，一是心语传韵，还有就是再现人间。

刘骁纯：她给我的印象主要是批评当代，为水墨画辩护。

皮道坚：最近他们约我写一篇文章，我谈的是边界问题。我不太赞成水墨画应该有边界，边界即使存在，那也是在不断地拓展，不断地推移。所以从这个意义上来说，你讲“终结水墨画”也对，也不对。终结，是指传统的规范、笔墨中心等路线延续下来的界限。

但是如果是作为水墨艺术的一种方式，它的边界是不太重要的。我认为水墨画的边界是开放的，但是有人应该会反问任何事物都是有边界的，没有边界的话怎么去讨论呢？我觉得当我们要讨论它的时候，我们可以人为地给它一个“边界”，如果是事物发展的话，完全是没有边界的，是可以突破边界的，这就谈到了终结水墨画的问题。我觉得张羽的艺术方式找到了一个核心，那就是行为的意义。“修”应该是中国传统文化中非常重要的概念，我最近要做一个展览，展览主题就是“书写与修为”，好像张羽刚才也提到了“修为”。中国人历来就是讲究修身齐家、治国平天下，历来对于个人的修养、修为是比较重视的。当然张羽的“修”不是在道德层面的“修”，他的“修”有佛教徒的感觉，通过修炼的过程，创作艺术作品的过程，去体会我们心中的理念，包括人和自然、人和人、人和社会，时代、历史、艺术和社会种种的关系，他在修悟这些东西。“修”的过程就是“悟”的过程，这也应了佛教徒的说法，“修”就是正悟，为了达到一个境界，达到一种大觉的程度。

我始终认为张羽的艺术延续下去是一个很重要的方式。你刚才谈的胶片作品，我认为“修”的视觉呈现方式也变了，你在进行一种不断的转换。这有一个很重要的关系，我们如果不来看你的这些作品，我对你表达视觉层面上那些非常细微的、微妙的变化是感觉不到的。今天在你的工作室，我真正地感觉到那些指印有凹进去的，有凸出来的，有不同叠印的，有几个指印叠得像花瓣一样，各种各样的形状。下一步，你选择新的可能则会有不同的呈现方式。你的每一种新的呈现方式，如何带给我们这种不断修行后的新内涵？这两者之间有什么样的联系？这不仅仅是一种形式上的。

张羽：刚才说到边界，我认为我们如果讨论水墨画就应该有边界，因为它不仅是水墨媒介的范围，它还是一个画种的问题，所以，画一定是有边界的。如果讨论的是水墨，自然也就打开边界了，水墨面对当代艺术这个边界就没有意义了。而水墨画的方式就不可能是当代艺术。

刘骁纯：我们对张羽也有很多的期待。我做一个比喻，实际上昨天研讨会其实是讨论未来的发展，我想你自己也有感想。德国的艺术家基佛尔为什么这么突出，就是因为他不断地展开。去年在德国的几个城市他同时举办展览，完全是新的作品。但是，作品一看就跟原来有关系，是他对德国文化的独特理解。但是作品形态完全不同，他既延续了自己的线索，同时又在不断展开，这一点确实很关键。在现在的水墨画家中，你在这方面走得比较远，所以大家对你很有期待。

张羽：这个我能感受得到，我会坚持我自己的认识。其实，我是把自己的理想看成是自己的责任，是对自己的承诺。

皮道坚：所以我不同意昨天高岭提到的“寿终正寝”，这跟你浓缩的行为是不一样的。我们今天探讨这个事情，我自己对这个问题也有了一个新的认识。

刘骁纯：关于跟西方行为艺术的不同，我再展开一点。我们很多艺术家也在效仿基佛尔，我觉得这种思维方式是西方的。张羽现在的思维方式很多，我为什么这么讲呢？因为刚刚改革开放的时候，谈东西方的哲学文化、宗教以及文化的对立关系，东西方的知识分子有共同的关怀，那就是对人的关怀，对社会的关怀。关怀的方式西方和东方是有一些共性的，跟哲学逻辑是有关联的，都体现在悲剧性比较强，然而悲剧到一定程度就变成绝望，绝望到一定的程度，西方的思想家、文学家，就会走到自杀的道路。

中国也有一种关怀，平天下或者独善其身是从仕途方面讲的。从知识分子的本性来讲，则是对世界的关怀。看到了很多问题之后，他们会采取另外一种方式，他们不会去责怪外在的东西。中国的文化，是从责怪外在的存在转向修炼自身，这样才出现了中国哲学的策略。所有宗教都讲究“修”，但在哲学上，就要把对外在的批判转为内心的修炼。

张羽：我也想过这个问题，为什么用“修行”这个概念呢？在选择指印方法的时候，首先就针对与西方方法的不同。我们的艺术表达，从过去走到今天，其实大部分当代艺术的呈现都是在西方方法论的线索中走过来的。

修行，从认识的角度是呈现中国文化和人自身的关系，对于认识的结果，是认识层面的内部能量。我觉得只有把我们自身的东西呈现出来，在整个国际的艺术表达上才有可能是鲜活的，不一样的。我一直特别强调关系的不可替代性，这里涉及好多方面。这对于一个艺术家面对表达的思考也是一个挺难的问题，怎么样做到不可替代地展开？有很大的挑战性。 我认为高岭的意思是看我能否坚持，如果我点到生命的最后时刻，那么这一件作品真的是无法衡量的一件作品。我把“指印”作品积累得能量堆起一座山时，这个行为我也期待。

刘骁纯：这里还有一点，昨天研讨会上提出一个问题，张羽是不是在自我重复？从外在看好像是在自我重复，但如果是“修”，那就不存在自我重复的说法。为什呢？从作品创作角度来看，如果作品本身一直有一种新鲜感，那就不存在这种情况。另外指印是每天都不一样的，再加上跟其他物质打交道，指印都会不同。

张羽：当第一个指印按上去，再按第二个、第三个指印时，感受是不同的。还有我无法控制手指动作的自然变化。我之所以有把握在这么大的空间里就展出一件作品，是构想在平静中获得凝视，坚信我的始终如一，并使阅读者专一。“指印”作品的行为是以“一”为哲学的阐释角度。这不仅是老子的“道生一，一生二，二生三，三生万物”，同时“一”意味着回归本体。指印行为是由“一”开始，并以回归“一”为目的。“一”是万物之本。

刘骁纯：你叫我想到了黄宾虹的“日课”，日课也是一种修。为什么这么说呢？他大概有几千件作品，在外部看来是都一样的，并没有什么变化，尤其是年轻艺术家来看。稍微在行一点的艺术家是什么感觉呢？每一张都不一样，他每一次面对纸的时候感觉不一样，心境不一样。

皮道坚：对。我们现在又说到了释迦牟尼一个最根本的观念。在《四大法印》中，第一条就是“无常”，没有任何东西是永恒的。比如手，你以为是昨天那个手吗？世界上所有的东西都在不断变化。你这件作品为什么大家觉得有意思呢？只有一件作品放在那里，美术馆展览有那么多人去观看，之所以成为一个展览，就说明阐释的东西很多。你谈的“一生二，二生三，三生万物”，这是一个层面的展示。

昨天杭春晓还在你的作品中看到了中国的“韵味”，这确实是张羽找到了一种属于他自己的很独特的方式。我还期待着有另外的，跟你完全不一样的艺术家、艺术作品出现，我觉得这是非常有意义的事情。

张羽：我自己也有一种企盼，希望我们有很多的艺术家能够出现有意义的作品，把我们的文化思想带向国际，形成一个整体的中国当代艺术系统。今天，我们的艺术推进存在着很大的障碍和困难，去年北大做了当代水墨研讨活动，也来了很多西方学者，活动结束后有几位西方学者也来我这里聊了一下。国际上似乎也有期待，他们在想，中国的当代艺术从政治波普的政治符号到中国元素、中国符号的表层，是不是还有一种新的东西出来。他们开始关注抽象，关注水墨，他们有一个基本的判断和意识，好像要在这两个方面找中国的东西。

皮道坚：昨天朱其的发言里，提到了古根海姆前段时间的一个展览“第三种想法”，主要是展示了从19世纪以来的160年间，美国19世纪中期受东方文化、东方哲学、东方艺术影响的那些艺术家的作品。我看了那个展览，从一楼一直到顶楼，实际上并不是像他说的主要是表现主义、中国的书法式的作品，其中很多是受禅宗的影响，作品中大都有精神寄托，明显可以看出是受东方哲学影响。

刘骁纯：首先，是东方思维的一个问题，世界观、哲学思考、文化立场等。

张羽：东方思维是我一直强调的。以前我做过一两件小的“指印”作品，按得非常厚，重复按了很多遍，那种感觉又不一样。我在强调水墨材料的质觉反映，也可以理解为物化的反映。

皮道坚：本质的质？不是质感是质觉。

张羽：对，本质的质。美国抽象表现主义艺术家中，有些艺术家就是从日本禅宗中寻找他们需要的东西。除此之外，我还思考了对于物质媒介中的“质觉”是物的一种反映，物的一种变化。曾经的宣纸和颜料经过反复按压生成另外一种无法言说的东西。

皮道坚：我觉得你可以做“修行日记”，昨天我们都已经提到过，按指印时你的心情是什么？你肯定会有很多想法。

刘骁纯：他很能写的。

皮道坚：对，他很能写，我说他是理论家、活动家、艺术家。

张羽：谢谢两位老师的鼓励。我觉得我们今天谈的特别深入，而且打开了很多层面。希望有机会能再次坐下来交流。

原文刊发于《修·行：张羽指印1991——2011》，展览画册，中国今日出版社，2011年
《荣宝斋》，荣宝斋编辑部，2011年2期
《意外》，台北，2011年3期

注释：

1、刘骁纯：1936年生于河南洛阳。中国艺术研究院博士。美学家、美术批评家、美术理论家、策展人。曾任《美术》编辑、《中国美术报》主编、中国艺术研究院美术研究所学术委员会副主任。发表论文、评论200余篇，计300余万字，主要代表作有：“致广大与尽精微——秦俑艺术略论”、“从动物快感到人的美感”、“解体与重建——论中国当代美术”等。

2、皮道坚：1941 年生于湖北。批评家、策展人。1981年毕业于湖北艺术学院研究生班美术史论专业，毕业后留校任教。80年代曾参与创办及编辑《美术思潮》，任副主编。1992 年调华南师范大学美术系，任美术系主任，美术学专业硕士研究生导师组组长。出版论文集《当代美术与文化选择》，专著《楚艺术史》、《楚美术图集》。曾为“1992年广州艺术双年展”学术总监、“首届当代艺术学术邀请展”学术评审委员、“走向21世纪的中国当代水墨艺术研讨会”学术主持（1996）、应邀为广东美术馆策划大型水墨艺术展“中国·水墨实验20年”（2001）并主持学术研讨会。

Rome was not Built in a Day

Dialogue Between Zhang Yu, Liu Xiaochun and Pi Daojian

Place: Zhang Yu's Studio in Huantie Art Precinct, Dashanzi, Beijing
Time: 22 February 2011
Edited by: Cui Fuli

Zhang Yu: This must be the first time that you two Teachers have been to my studio. This piece is my earliest fingerprint work. You might not have seen it before. It's based on charcoal ink.

Liu Xiaochun: Were all your works like this during that period?

Zhang Yu: They were similar at this stage.I made fingerprints on xuan paper, wanting a certain knowledge of traditional ink painting. It's rather different from other media. Apart from the accumulation of its inner culture, the feel of the medium and the personal experience of it are important.

Pi Daojian: Does this work date from 1991?

Zhang Yu: Yes,in the works of that time, I still used seal stamps.

Pi Daojian: Your fingerprinting technique has developed a lot since then.

Liu Xiaochun: The concepts are also different.

Zhang Yu: The layout of the fingerprints was structured then with some dense and some sparse.

Pi Daojian: As in painting. Later you stopped?

Zhang Yu: Yes, I stopped. Then I extracted a fingerprint and magnified it.

Pi Daojian: You did this after the Floating series? I remember you originally had some Floating works.

Zhang Yu: There was the Collection of Random Thoughts series of tadpoles, which in fact had an unconscious connection to fingerprints. The overlaying of fingerprint traces is like the overlaying of brush and ink circles in the Random Thoughts series. If you trace the thread back, you'll discover this kind of overlaying effect. I'll get out a work for you.

Pi Daojian: Oh, this is his Embryo.

Zhang Yu: The Random Thoughts Collection was created in 1993. That and the *Divine Light* series that followed it, both had to do with my laying down my brush-pen at the time.

Liu Xiaochun: How did you create your *Divine Light* works?

Zhang Yu: With a brush-pen.

Pi Daojian: You wanted to subvert brush and ink at the time?

Zhang Yu: That's right. I did put it down, then I picked it up again to make works. Understanding has to be ceaselessly adjusted. A critic at yesterday's conference explained cultivation practice from the angle of ritual. This sort of explanation is just a concept, but in my view things aren't that idea-based. Cultivation practice is, from human actions to personal cognitive choices, self-discipline and also regulation. When it becomes a cognitive method, it changes into a ritual idea. Methodological problems arise from cognitive problems.

Liu Xiaochun: Method is after all a philosophical concept.

Pi Daojian:I'd like to ask whether you used a brush in all of the *Divine Light* series.

Zhang Yu:I used a brush-pen, and also an airbrush.

Pi Daojian: And charcoal ink?

Zhang Yu: It wasn't charcoal ink. For instance this work hanging here took more than one hundred applications of texture-gradation to complete. When I began making paintings I used flower pen strokes, at first just scrawling in water and not ink. This free scrawling on xuan paper involved the tip of the brush touching the paper and the water accordingly running onto the paper. The *Divine Light* works only suited the dry climate of the north. The xuan paper dried easily and fast, and the nature of xuan paper is that it easily puckers (around the wet spots). This would have been an insoluble problem in the south.

At the time, Mr Lang Shaojun believed that my works were produced without using pen and ink. He hadn't discussed this with me, nor did he know about my creative process. After the sheet of paper had become puckered, what I did was to apply grey ink in a texture-and-rub. The ink was very light, but then became gradually darker and darker, as the texture-effect was achieved layer by layer. Some people thought I had folded the paper, which is also unfounded. If you fold paper the result is right-angled, and there isn't a right angle in any detail of the patterns in my works. They look like cracks. They're all curved. When I was wrinkling-and-rubbing , I was controlling this alteration, going from a very grey ink through more than a hundred applications to achieve finally a deep black colour. Had I used charcoal ink, there wouldn't have been such a rich layering, it wouldn't have been as glistening, so proceeding from grey ink to a dark colour was very important.

Liu Xiaochun: What was the original basis for this?

Zhang Yu: This work had a similar basis. It retained some of the original attitude of *Divine Light*. This series dates from 2001. Its creative background was the incident of September 11. Some critics at the time were talking about the problem that our experimental ink painting had no contemporary character, and thus no social character.

Pi Daojian: That was Lu Hong's point of view.

Zhang Yu: There are various levels of social concern, and social concern doesn't equate to contemporary character. After the Meirixinbao ("*Daily News*") series appeared, some critics said, " Zhang Yu has become contemporary." I feel that this is a joke. Does it seem so easy to achieve a contemporary quality just like that? I think a contemporary character is a question of how to construct.

Liu Xiaochun: Is this part airbrushed?

Zhang Yu: Yes, I ditched the brush-pen here.

Liu Xiaochun: You didn't use an airbrush here?

指印2011.2.20，装置
指印行为，宣纸、植物质颜料，2011年
Fingerprints 2011.2.20, Installation
Behavior, Xuan Paper, Vegetable Pigment, 1200cm × 230cm, 2011

指印2011.2.20，装置（局部），指印行为，宣纸、植物质颜料，2011年
Fingerprints 2011.2.20, Installation (Detail), Behavior, Xuan Paper, Vegetable Pigment, 2011

Zhang Yu: It is spray-lacquered. This work has various traces of newspaper, pencil, brush-pen, ink, lacquer, white powder on xuan paper. I was also trying out what the xuan paper could bear.

Pi Daojian: Your explanation of this period is very interesting. I think that this middle period of yours was a detour.

Zhang Yu: At the time, my thoughts were very clear. It wasn't that we didn't care about society, but what aspect of society did we care about? How does one care?

You don't get a contemporary character just because an artist's works describe today. I think that being contemporary comes from having your own method in your works, or being able to construct a system.

Pi Daojian: So you used a hard pen earlier than us?

Zhang Yu: Well, I first used a hard pen on xuan paper in my abstract collage works of 1989, and I also used white powder and tea before 1990.

Pi Daojian: The first artist I saw use a hard pen was Wei. How do achieve the concave/convex changes when you fingerprint using water?

Zhang Yu: These concave/convex changes are natural, and are the instantaneous reaction to the finger touching the paper. This is the" breaking-in" result of training.

Pi Daojian: Here some part of it is sticking out.

Zhang Yu: Some people say that there is no difference between making one fingerprint work and ten fingerprint works. In fact the works are not the same. In the process of ten years of fingerprinting, I have discovered from experience that the reactions of each period, even the feelings experienced every day are completely different. I heard just yesterday that the young critic He Guiyan in assessing the Palme d'Or talked about me, but many people say that my fingerprint works are not topical today. I'm not talking about fingerprints being different every day. Fingerprint works are completed the moment they enter the exhibition hall. These last two years my solo exhibitions have all involved making installations of my fingerprint works.

Liu Xiaochun: Well, Rome wasn't built in a day. The work in the Today Art Museum that you made is different from all your previous things, yet it is a continuation and an bringing together of all your previous things.

Pi Daojian: Besides, speaking of the sense of performance, the performance character that you want to convey is already complete. This has to do with the visual richness of the work in itself, and its collection value as a work of art. Today after I had seen these works, that feeling was even stronger. I agree with Hang Chunxiao, that although the works have a performance meaning, performance is not their sum total as works. This performance includes all the fingerprints, regardless of what form they take, performing them and attempting them are both completed as unique events. I also understand what Liu Xiaochun means by their character of opening up. Performing them can take various formats of presentation, and their presentation also has the charming yet clashing quality that Hang Chunxiao speaks of. I don't think there is any contradiction between his point of view and Xiaochun's. If you excise the performance, you lose that meaning in collecting the works as such.

Liu Xiaochun: The two of us may still differ on this point. I'm not denying your way of thinking, but we are talking about Zhang Yu. When Zhang Yu makes his works, his special thing is that he through a transformation brings into the work that feeling of the xuan paper, even the feeling of brush and ink and his artistic accomplishments. I think that the lifeblood of his fingerprint works is performance. I once asked Zhang Yu whether he got somebody to do the fingerprinting for him, but if someone else does it for him it becomes meaningless. What I mean is that your crucial lifeblood is your performance. Besides, this performance is proportional with how much he puts his life into it. The more he puts his life into it, the greater the tension, and the more he means. This is his fundamental thing, and I'm emphasizing this meaning.

Pi Daojian: His performance is a kind of practice, like that of a monk or Bodhidharma facing the wall. All these performances are continuous. I'm talking about this work from the angle of the meaning of the performance in it. Maybe he is protesting against the prevalent materialism and money-worship of today, and the chaos of people's values. Day after day, year after year he continues to do these apparently meaningless things, reminding us to reflect on and introspect about this age and our system of values. This performance in itself is what we have called practice or observance, like Shakyamuni's instructive interview under the sala tree two thousand five hundred years ago. This is a very long-term practice.

Liu Xiaochun: Right. That's why I didn't want to talk about Wang Nanming that day. I think it's a great pity. If he had continued his ink painting performance art until the present, he would have been great.

Pi Daojian: There's a question about purity or otherwise. I feel Wang Nanming wasn't pure.

Liu Xiaochun: That performance of his wasn't very pure. His earliest performances were writing calligraphy. When he'd finished writing he would scrunch up the paper and throw it away. Then he'd write some more, then throw that away also, repeating this performance several times. At the time I mentioned to him that the key conception was this process, but later he didn't worry about that anymore.

Zhang Yu: Here we come to this kind of condition. The possibility that most artists pursue in their creative work is a form. They regard form as important, and haven't thought deeply about permanence, inner essence or even spirituality. As for me, when I first began to persevere with performance of fingerprinting, I aimed it squarely at the crisis of credibility in today's society, and gradually felt the inner meaning of the performance of fingerprinting.

Liu Xiaochun: One side of your works is truth. Another is cultivation practice. You see, fingerprints carry this implication in themselves. A fingerprint carries absolute credibility. It is a true revealing of your life. This intrinsic meaning is a kind of search for the truth. In fact, your core is" truth", that is, a display of life.

Zhang Yu: Because its connection with the body is truly genuine.

Liu Xiaochun: In itself it is life." Action" is life, which is why I think its core is" truth". At the end of yesterday's conference, a young person asked, if the external changes in life are so big, what connection does the fingerprinting creative work that you do in the studio have with society. This is really where the connection is. The external changes are very big and are losing their truth. So I'm still seeking truth here. That's the relevance. So for me the most central thing in Zhang Yu's works is" truth"." Truth" is the most important thing.

Zhang Yu: Artists have a habit of spiritual pursuit. This self-confidence has to do with human" truth". Once you get started on the unceasing development of the fingerprint process, you'll start considering the problems of ink painting. Afterwards you gradually realize the problems of ink painting are not the key. The key is what you want to express through fingerprints.

I think that the highest realm of art is nature. Now "truth" is nature, and the works that reach nature are definitely good works. The goal of fingerprinting with water sought to achieve an even higher realm. If there were a window in the Today Art Museum, then the effect of the natural light falling on the work would be quite different. Its overall presentation would be even closer to nature, and a link would be constructed between heaven, earth and man.

Pi Daojian: As for the medium of ink painting that we were just talking about, do you mean to say that it is no longer all that relevant to you?

Zhang Yu: Its rules are no longer particularly relevant to me.

Pi Daojian: If the pre-existing rules of ink painting are no longer relevant, in specific terms the rules refer to brush and ink, or are the centre of brush and ink. I notice that in your previous exhibition" The End of Ink and Wash Painting", you didn't terminate the art of ink and wash, nor the spirit of ink

修·行：张羽指印作品展 1991—2011，展览现场接受多家媒体采访，今日美术馆，北京，中国，2011年
Cultivation Practice: The Exhibition of Zhang Yu's Fingerprint Works 1991 - 2011, Zhang Yu Received a Number of Media Interviews at the Exhibition Site, Today Art Museum, Beijing, China, 2011

painting, the culture of ink painting or the format of ink painting. This is important. You just mentioned that young critics don't really understand the nuances of your experiments. You say that we all relate to tradition, and that we originally all painted traditional ink paintings. I agree whole-heartedly with this, and I imagine that Xiaochun will also agree with this viewpoint. There is an essential difference between artists who work in experimental ink painting and artists who work in other artistic formats. We have a natural affinity with the tradition, because we ourselves have all started from traditional formats.

The art of Chinese ink painting has always been one of visual feeling and metaphysical reflection. Otherwise it could not have nourished so much interest or contained so much intrinsic meaning. So regardless of the morphology of Zhang Yu's works, regardless of whether they are performances, installations or video recordings, at the deepest level of your works, they are still ink paintings.

I mentioned Nobuyoshi Araki in my talk yesterday. He has referred to the connection of the Chinese with their ink painting tradition. I think Araki is also an Easterner, and besides he is also an outstanding contemporary artist, and I fully approve of this understanding of his. At the conference, Xiaochun talked about a quality of opening-up. I think this wasn't about Zhang Yu's opening-up quality alone. He was offering a kind of possibility. The other formats of ink painting might perhaps also produce many outstanding contemporary works of art.

At the conference, the Editor-in-chief of Art in Asia, Kim Boggi asked whether the previous speaker had been talking about the spirit of Chinese culture. Had there been time, I think I could have given him an answer, but there wasn't. This is our philosophical thinking. This is our Chinese attitude to nature, different from that of Westerners, and different from that thinking that started with Plato.

I have a philosopher friend who is looking into western philosophy. He is an outstanding philosopher who all along used to specialize in Western philosophy. He has a rather sharply critical attitude to the tradition, but he is now re-examining Western philosophy. Of course this doesn't mean that Western philosophy is not good. It contains many very good things that we lack. However in this world we should have a pluralistic philosophical thinking. Our discourse should be pluralistic.

Liu Xiaochun: The first principles are different, but there are many intersecting areas. Carrying on from what you said about the spirit of Ink and Wash, I'd sum it up in like this: the questions we are discussing can be traced back to literati painting. Literati painting contains all these questions and all this subject matter. Let us carry out a deconstruction on this basis, and sublimate out various possibilities, and finally extend the ingredients in literati painting that are viable today, using new formats. Why do I speak of literati painting? Because it really is the cultural spirit of China. The reason it is not found in other places in the world, is exactly because China's philosophy is unique, and the object pursued by Chinese philosophy is the spirit of Ink and Wash painting. That's why I immediately posit the primacy of Ink and Wash painting. And why is ink painting paramount? Because it possesses a kind of spirit, it is, in some sense, " the Way". It can express the essence of anything. I once had an argument with Lang Shaojun. He felt that doing contemporary ink painting was like only wanting the flesh of the watermelon, and discarding the peel. I said, " That's exactly right! I do want to get rid of the rind, and get at the flesh inside!"

In fact the present liberalization of ink painting is ever-expanding, and it does want to extend the flesh. Although that "flesh" has already changed now, it nevertheless contains a spiritual line that has continued all along

修·行：张羽指印作品展 1991—2011，现场张羽与观者交流，今日美术馆，北京，中国，2011年
Cultivation Practice: The Exhibition of Zhang Yu's Fingerprint Works 1991 - 2011, Zhang Yu Exchanges with the Audience During the Exhibition, Today Art Museum, Beijing, China, 2011

until the present. What they raised at yesterday's conference is similar to a problem that was already raised far back in early history. What's the point of your continuing to discuss this question? Similar? Why, nothing has changed. The first to raise this question was probably Zhuangzi. Every generation since Laozi and Zhuangzi continued to discuss it, yet what every generation said was new and different. It always related to the society of the day and with the thinking of the day.

Zhang Yu's creative format has never existed before now. This is a new life and a new kind of understanding. I accept "practice". Practice is transmission. Yet if it only "performance", that means art has been completed. But because it is performed time after time without break, his performance has become "practice".

In the religious sphere, there was a Master Xuyuan who enjoyed great prestige. What was his great point? He was called "the Itinerant Monk" in the religious world. He walked much further than the 25,000 li walked by the Red Army on the

Long March. In terms of time, he walked from the end of the Qing Dynasty to the Republic and then until the People's Republic. In terms of distance, he walked from the North to the South, thence into Asia, and then again to South East Asia, and finally back again. Whenever he arrived in a place, he would revive the decaying religious environment he found there. He started his traveling when he was 21 years old, and apparently started out from a temple near Beijing to Mount Wutai, walking for more than three months altogether. The key was that he would bow after each step, in the manner of Tibetan bowing. Having achieved this was astonishing in itself, but he didn't stop there. He walked like this for his entire life. So, that's more or less what I think of as "practice".

Zhang Yu is not like him. I think that Zhang Yu's meaning of liberalization has even more aspects. The difference between Zhang Yu and the other performance artists is that he is an artist who takes performance of art very seriously. When you come to the works on paper, the elements of painting will imperceptibly enter your calculations, and of course this happens consciously at times. Just now we were talking about the connection between materiality and the spirit. In fact, when you gather together literary talent and converse with them, this is also something from literati painting. The brush and ink of literati painting is just that: the blending of heart/mind, wrist, pen, paper and ink.

修·行：张羽指印作品展 1991—2011，展览现场与栗宪庭廖雯、交流，今日美术馆，北京，中国，2011年
Cultivation Practice: The Ehibition of Zhang Yu's Fingerprint Works 1991 - 2011, Today Art Museum, Zhang Yu Talking to Li Xianting at the Exhibition, Beijing, China, 2011

The reason that Ink and Wash was raised so high in the late Qing Dynasty, was because it had an intrinsic existence and not because of technical factors. The core content of Ink and Wash painting is still being propagated today. It's just that Zhang Yu uses his own format to disseminate it, Qiu Zhijie's works use a different format to disseminate it. If one excises

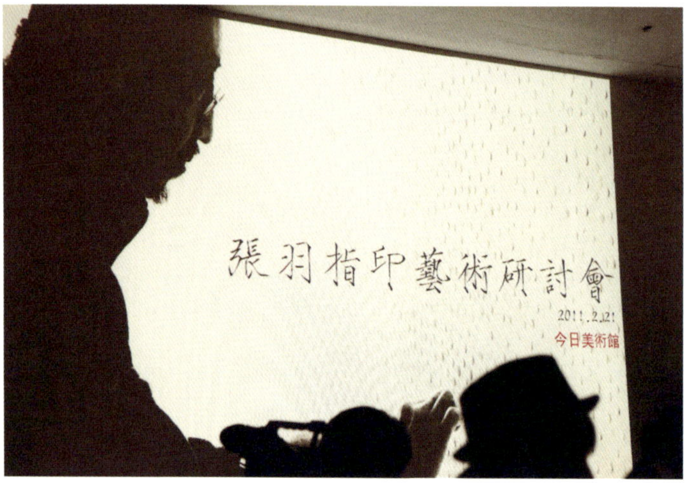

修·行：张羽指印作品展 1991—2011
研讨会，今日美术馆，北京
中国，2011年
Cultivation Practice: The Ehibition of Zhang Yu's Fingerprint Works 1991 - 2011 Conference, Today Art Museum, Beijing China, 2011

this content, what's left easily becomes an insignificant small art technique, a technical, linguistic method for the common good. It becomes very difficult for it to carve out a distance to Western culture. It becomes necessary to combine technical proficiency with "emptiness". Chinese philosophical theory circles around things that cannot be spoken and is constantly investigating them. This is also a kind of life process, a process of new thinking, so that these things must be constantly explained. It's not that ineffable things must be explained, this would mean being excessively influenced by Western philosophy. In the matter of ineffable things, most Western philosophies are like this to this day.

Zhang Yu: For it is only in things that cannot be explained that there is charm. This is the profundity of Eastern philosophy. At the same time it is what makes us constantly investigate and create in the evolution of humanity. This Eastern philosophy that is connected with space is also a philosophy of life.

Pi Daojian: Does the existence of art have its value because there are inexplicable and ineffable things in the world? Then how does one express them? Through the works of the artist, the performances of the artist, the formats of the artist. I think that this is how what cannot be said is said. A moment ago Xiaochun mentioned that at yesterday's conference we proposed the argument whether the performance and meaning of performance art was completed on a single occasion, or whether it could be prolonged. I think what you just said was very true, and I agree with your analysis. In this sense, the ink dots of Zhang Yu's" cultivation practice", and the Fingerprint series are quite different from normal performance art in the West. What is the difference? Their performance is completed in one go. For Klein's performance in leaping from a window was completed in one go, whereas the meaning of Zhang Yu's performance is richly displayed in his personal process of practice.

We were just talking about the content of the "cultivation of virtue", or the perseverance involved in "cultivating virtue". Xiaochun just raised the example of several artists who didn't continue with it. Perhaps, it just wasn't in itself an orientation when they were making their works. I think Zhang Yu's works are both "practice" and "cultivation". I can definitely identify with this point, without the slightest doubt.

What are the implications of "cultivation"? "Cultivation" is ceaseless realization. Just recently I read that a Superior Dzongsar of Tibetan Rinpoche Buddhism had made films about several religions. He was influenced by Western culture, and was very influential in promoting Buddhism internationally. He has spoken of true understanding. In the process of "cultivation", artists are like followers of Buddhism. They must go and realize some things. Although the reason of Buddhism is indifference to the four elements, how is the realization of "emptiness" completed? There is a distinction between monks, arhats, boddhisattva and the Buddha. For believers in Buddhism, Buddha is the highest level, representing great wisdom and great awareness. However, to reach this final level, one must go through a process of cultivation training. One doesn't understand the indifference to the four elements from the beginning. Having looked at Zhang Yu's works today, I see they are different from the earlier works both in technique and in conceptions. This is a performance of cultivation practice.

At the conference, Wang Hengsheng asked you how you felt in your heart/mind. I think artistic creation will still have this dimension in the future, don't you think? When you are making each work, is it possible for you to have the psychological activity — apart from the format of making a work of art — of using other formats, such as recording, or exhibiting to express it. At the conference yesterday, I realized for the first time that you began making fingerprint works in 1991. I was previously quite mistaken in my understanding of you. I thought the *Divine Light* series had no continuation, and that that was the reason you turned to the format of fingerprinting. After having seen them, the impression is quite deep. You really are a case worth studying for your fellow artists. I agree with Xiaochun when he just said that the process of "cultivation" is very important. There is really a process of "cultivation" in your works, and besides this performance is not a one-off performance. I am not saying it is opening up, but it is continuous. Your opening-up art is not a liberality of performance. I understood what you were just talking about.

Liu Xiaochun: What I'm saying is that the current format can be opened up according to performance, which is also a kind of format. For instance Zhang Yu and I were talking about future interaction with society.

Pi Daojian: The thing is, there is indeed a lot of expectation of what will happen after you keep penetrating into" cultivation". If he keeps on going deeper as an artist, I believe that there will be a lot for us others to learn from" cultivation".

Zhang Yu:I believe that the greatest obstacle to" cultivation" is whether or not it can be adhered to. This Exhibition, Cultivation•Practice, is on the theme of my adherence.

Liu Xiaochun: It is not easy to dare to use this vocabulary.

Zhang Yu: Why do I keep on talking about" cultivation practice"? Because when people in general hear" cultivation practice", they think of it as a very common expression. A lot of people think it is a ritual. I think that this interpretation is too simplistic and superficial. There are two parts to the overall view of" cultivation practice", and both" cultivation" and" practice" mean something. I feel that" cultivation" is internal. It is the most active self-awareness or consciousness." Practice" on the other hand is external. It is transmission or propagation. For an artist," cultivation" is a realm that can only be reached through ceaseless accumulation and cognition, a realm that has been my constant pursuit or ideal. This ideal supports the ceaseless variation of" practice". This" performance" of mine is not a" performance" in the usual sense that we use of performing for others, and therefore I have emphasized the context of" cultivation practice".

The basis of "practice" is a question of human cognition. In Eastern philosophy the greatest experience is *jñāna shakti*, the pure awareness of emptiness. Regardless of whether Eastern philosophy is "void" or "ineffable", for an artist cognition and judgment are a very important link. Besides, a connection may be formed here. How does this go through "practice" to link up with this connection? "Practice" does not only refer to my performance or creative work. It also refers to various media, or various forms. When I touch xuan paper, I must present the irreplaceable quality of performing fingerprints on the medium of xuan paper. I must present the spiritual resonance of the medium of Ink and Wash, or present the feeling of breaking the body in. When I apply this format to some other medium, I must also express the special aspect of that material for this kind of transformation to make sense. For instance, in performing fingerprints on PVC, by considering what kind of dyes to use to hit on the optimal effect of the traces. Greasepaint, oil colours, nail polish were all possible. Ultimately I chose

修·行：张羽指印作品展 1991—2011，研讨会现场，今日美术馆，北京，中国，2011年
Cultivation Practice: The Exhibition of Zhang Yu's Fingerprint Works 1991 - 2011, the Exhibition Conference Site, Today Art Museum Beijing, China, 2011

nail polish. I chose it not just because it was fashionable, or because it was a modern element. It was also because of the feeling and connections that I got from nail polish. If I dotted on oil colours they might have an acrid smell. That material mightn't gel with me as a person. This also raises the question of our demands of aesthetics. This "aesthetics" is not just visual. I feel that aesthetics must also be three-dimensional, or multi-dimensional. When the fingerprint works on plastic film were exhibited they could give the beholders a completely different and new format and new feelings.

Last year in Shanghai there was an exhibition where I spread a 20 meter long fingerprint work on plastic film in the form of a scroll onto a 20 meter long white wooden board. Then I propped it up by means of an acrylic framework and let the film float above the board, forming a spatial distance. Some of the fingerprints were concentrated, others were scattered. The light falling on the work from the ceiling presented shadows cast by the fingerprints, and another relationship was formed between them. In fact, it also constructed a sense of space, or perhaps of beauty. In changing the media one must definitely emphasize its irreplaceability.

For so many years I have ceaselessly been examining and emphasizing "there is" and "there is not". I have also ceaselessly been sensing things in my ceaseless creative practice. For instance, when I pressed water onto xuan paper, the water would evaporate within 10 to 20 minutes, but the trace of the fingerprint remained. Although we cannot see the water, it still exists. This is the material connection between "there is" and "there is not". The existence of a performance makes it appear as a spiritual relationship — a realm.

Liu Xiaochun: This is your process of understanding " Chinese ink painting", and your reflection on and understanding of Eastern philosophy.

Zhang Yu:"The End of Ink Painting" was a line I developed myself. I ended ink painting by my performance. In other words, the age of Chinese Ink and Wash as a category of painting was ended by us. Thinking back to our previous discussion of contemporary ink painting, it was in fact basically all about " Chinese Ink and Wash". We didn't get into the medium of ink in itself.

Liu Xiaochun: " The End of Ink Painting" is most importantly about you yourself. This is the most important thing. The locus of your performance is the locus of the end of ink painting. Speaking overall, what is its meaning? The existing values of the concepts that we raised first regarding ink painting and modern ink painting and so on, relate in themselves to traditional ink painting. This relevance sooner or later reaches the completion of its historical duty. As soon as that task is fulfilled, its meaning is no longer significant in that regard. However, unless you are a modern ink painter, there is nothing you can do about it, or perhaps there may never appear another modern painter of Ink and Wash paintings. The problem posed by the process of morphological transformation is already no longer a problem.

Zhang Yu: This is a question of understanding.

Liu Xiaochun: For at the time, two points were important. One was traditional procedure. Customary procedure is the pictorial tradition as represented by the Manual of the Mustard Seed Garden. The other point is brush and ink, that is, brush and ink procedure. At that time, its meaning still did exist. Because it wanted to break out, there was, apart from the meaning of you individually, also the meaning of the totality. This was a process where there could be no compromise, of course.

Pi Daojian:I Still hope that more artists will be able to enter this level of thinking. I think this kind of culture or medium will occupy an even greater sphere. When more people take part, their understanding varies and it becomes possible to break through deadlocks. At the Shenzhen Seventh International

Biennale of Ink Painting, Jin Weihong, representing the artists, presented a lecture. Her lecture took the form of two parts. One was on " New Media with Traditional Thought", and the other was on " On Line: (Representing) Human Relations".

Liu Xiaochun: The impression she gave me was one of criticizing contemporary art and defending ink painting.

Pi Daojian: They recently asked me to write an article. I talked about the problem of boundaries. I'm not really in favour of ink painting having boundaries. Even if there are boundaries, they are constantly expanding and constantly evolving. So in this sense, your talking about the " end of ink painting" is both right and wrong. " Ending" suggests a limit to the continuation of the line of traditional criteria, the center of brush and ink and so on.

However if it is in the format of the art of ink painting, its boundaries are not so important. I think that the boundaries of ink painting are open, but some people will probably ask me rhetorically whether anything has no boundaries, and if it has no boundaries, then how can we discuss it? I think that when we have to discuss it, we can artificially give it boundaries, but if things are developing, they have no borders whatsoever. Or perhaps they can break through any borders, which brings us back to the question of the end of ink painting. I feel that Zhang Yu's artistic format has found a core, namely the meaning of performance. "Cultivation" should be a very important concept in Chinese traditional culture. I am about to hold an exhibition, the theme of which happens to be "Writing and Cultivation". This seems to be the same "cultivation" that Zhang Yu was talking about. Chinese people have always paid attention to cultivating the body and regulating the family, ruling the country and pacifying the world, and have always regarded the nurturing and cultivation of the individual as important. Of course Zhang Yu's "cultivation" is not a cultivation at the moral level. His "cultivation" has a feeling to it of a Buddhist follower's passing through a process of cultivation and training, through a process of creating artistic works, to realize the ideas in our mind, including those of mankind and nature, human and human, and man and society, and the various relationships with the present age, history, art and society. He is realizing these things through cultivation. The process of "cultivation" is the process of awakening. This also corresponds to the manner of speech of a follower of Buddhism. "Cultivation" is true awakening for the purpose of reaching a realm, to reach a high degree of awareness.

From beginning to end I believe that the continuation of Zhang Yu's art is a very important format. As for the work on plastic film that you just talked about, I think that the visual presentation format of "cultivation" has also changed.

It is in the process of a continuous transformation. There is a very important connection here. If we had not come and seen these works of yours, I should not have been able to perceive those extremely minute and subtle changes at the visual level. Today in your studio, I have really been able to feel that some of those fingerprints are concave and others convex, there are various overprintings, some of which look like petals, and all kinds of shapes. And if you choose new possibilities in the next step, there may be different formats of presentation.

How each new presentation format of yours gives us this new content that follows from this constant cultivation practice, and what the relationship between the two is, is not just a matter of form.

Zhang Yu: You just mentioned boundaries. I feel that if we're discussing Ink and Wash art, there should be boundaries, and they should definitely be within the range of the ink painting medium. If we're discussing contemporary art, these boundaries don't make sense.

Liu Xiaochun: We also have great expectations of Zhang Yu. I'll suggest a metaphor. We were really discussing future developments at yesterday's conference, I imagine you felt that yourself. The reason the German artist Kiefer is so prominent is exactly because he is constantly spreading out. Last year he held held exhibitions in several German cities at the same time, all new works. However, as soon as you see the works, you know there is a connection with his previous works, namely his unique understanding of German culture, and yet the morphology of his works varies completely. He both continues his own thread, and still is constantly spreading out, and this point is crucial. Among current Ink and Wash artists, you have come a relatively long way, so everybody is expecting great things of you.

Zhang Yu:I can feel this: I will continue, and I will move forward.

Pi Daojian: Therefore I disagree with Gao Ling's suggestion yesterday of " dying in bed of natural causes". This is different from your concentrated performance. I have gained a new understanding of this matter from our discussion today.

Liu Xiaochun:I'd like to say a bit more about the difference from Western performance art. Many of us artists emulate Kiefer. I find this is a Western thought pattern. Zhang Yu currently has many thought patterns. Why do I say this? Because right at the beginning of the Reform and Opening-Up Period, in talking about the opposing relationships of Eastern and Western philosophy, and in religion and culture, Eastern and Western intellectuals had shared concerns, namely concerns about mankind and concerns about society. There was some common ground between Western and Eastern formats of concern. This had to do with academic philosophical logic, and was all manifested in a rather strong sense of tragedy. Afterwards, after being tragic to a certain degree it changed to despair, and after being desperate to some degree, Western thinkers and literary scholars might take the road of suicide.

China also has a concern. Pacifying the world or minding one's own life are spoken of from the aspect of career. From the point of view of the intellectuals' proper nature, it is a concern about the world. After looking at many problems, they may resort to another format, but they would not just blame external things. Chinese culture turns from blaming external existence to cultivating and training one's own body. Only thus could the strategies of Chinese philosophy appear. All religions pay attention to "cultivation", but philosophically, one must then turn the critical judgment of external things into an internal mental cultivation and discipline.

Zhang Yu: I have also thought about this question of why to use the concept of " cultivation practice". When I chose the method of fingerprinting, it was primarily aimed against Western methods. The presentation of our artistic expression from the past until today, in fact of most contemporary art has come to us along the lines of Western methodology.

From the cognitive angle, cultivation practice presents the relationship of man with himself within Chinese culture. As for the result of cognitive understanding, this depends on the internal ability of the cognitive level. I feel that it is only by presenting our own things within the artistic expression of the whole international world that we can live afresh, not by being the same. All along I have particularly emphasized a certain irreplaceable quality, and here it is relevant for many aspects. This is also a very difficult question for artists, how to spread out while achieving that irreplaceability. This is a particularly difficult and challenging question.

I believe that Gao Ling's meaning is to see whether I can keep this up or not. If I am fingerprinting until the last moment of my life, then this work is a work that cannot be measured. When I accumulate enough fingerprint works to pile them up into a mountain, this performance will be terrific. It's very simple.

Liu Xiaochun: This point here, there was a question raised at the conference yesterday, was Zhang Yu repeating himself? Seen from outside, he seems to be repeating himself, but if it is " cultivation", the expression " self-repetition" doesn't exist. Why? From the point of view of creating the work, if the work itself has a feeling of freshness all along, then that circumstance doesn't apply. Besides, the fingerprinting is different every day. If you add to this the dealings with other materials, fingerprints will always be different.

Zhang Yu: All understanding is in there, isn't it? When the first fingerprint is imprinted, then the second, then the third, their feeling is different. Also, I cannot control the natural variation in the movement of the finger. The reason I can master the exhibition of a single work in such a large space, is the idea of achieving a gazing in a quiet state, maintaining faith that my beginning and end are as one, causing the beholder to be single-minded. The performance of fingerprint works takes " Oneness" as its philosophical angle of explanation. This is not just the:" One produces Two; Two produces Three; Three produces All-Things" of Laozi At the same time, " Oneness" signifies a return to essence. Fingerprint performance" begins in Oneness" and has" returning to Oneness" as its goal." Oneness" is the root of all things.

Liu Xiaochun: You remind me of Huang Binhong's Daily Lessons. Daily Lessons was also a kind of cultivation. Why do I say that? He probably had several thousand works. Seen from outside, they all seemed the same. There was no variety at all, especially in the eyes of young artists. What was the feeling of the slightly better artists? Each work was different. Each time he faced the paper, his feeling was different. His mind-realm was different.

Pi Daojian: Right. We have now again come to a most fundamental conception of Sakyamuni. The first of the" Four Great Dogma Seals" is" impermanence". Nothing lasts forever. For instance, take your hand. Do you think it is the same hand as yesterday's? All things in the universe are constantly changing. Why does everybody think that this work of yours is interesting? There is only one work placed there, and so many people come to the Museum exhibition to see it. The reason it becomes an exhibition explains many things. The " One produces Two; Two produces Three; Three produces All Things" that you mentioned is one level of what is shown.

Yesterday Hang Chunxiao saw some Chinese "grace" in your work. In fact Zhang Yu has found a very unique format that is all his own. I still look forward to the appearance of other artists and other works that are completely unlike you and your works. I feel that this is an extraordinarily significant thing.

Zhang Yu: Sometimes I myself have a longing. I hope that there will be many of us artists who are able to appear and to carry our cultural thinking to the world, forming a unified system of Chinese contemporary art. Today there exist in us great obstacles and difficulties. Last year there was a contemporary ink painting symposium activity and many Western scholars came. After the Symposium was over, they also came to my studio and chatted for a while. There are also international expectations. They are thinking that Chinese contemporary art goes from the political symbols of Political Pop to a superficial layer of Chinese elements and Chinese symbols. Has there not also appeared something new? They are beginning to pay attention to abstraction and to ink painting. They have a basic judgment and consciousness, and seem to want to find Chinese things in these two aspects.

Pi Daojian: Yesterday Zhu Qi in his talk mentioned the Third Mind exhibition that was held recently at the Guggenheim. It mainly exhibited works dating from about 1860 till 1989, by American artists whose works were influenced by Eastern culture, Eastern philosophy and Eastern art from the mid-nineteenth century on. I saw that exhibition from the ground floor to the top floor, and in fact it wasn't at all like what he said: mainly expressionist works in the style of Chinese calligraphy. Many of the works were influenced by Chan Buddhism, and many of the works found sustenance in spirituality. It was easy to see that they were influenced by Eastern philosophy.

Liu Xiaochun: Primarily it is a question of Eastern thought, such as world-view, philosophy, reflection, cultural standpoint and so on.

Zhang Yu:I have always emphasized Eastern thought. Previously I made one or two small works where I made very thick fingerprints, and repeatedly pressed numerous times. That feeling was different again. I was highlighting the reflection of the qualitative feeling of the materials used in ink painting.

Pi Daojian: Is it the essence? It isn't intuitive feeling but qualitative feeling.

Zhang Yu: That's right. I think that "qualitative feeling" is a reflection of the thing itself, a sort of variation of the thing. What was once xuan paper and colour have through the repeated pressing produced some ineffable other thing.

Pi Daojian:I think you can make a " Cultivation Practice Diary". We all suggested this yesterday. What your mood was when you were fingerprinting... You'll surely have many ideas.

Liu Xiaochun: He's very good at writing.

Pi Daojian: Yes, he's very good. He says he's a theorist, an activist and an artist.

水墨、自然与抽象形式

Ink and Wash, Being Natural and Abstract Form

——张羽与朱其对话

Dialogue Between Zhang Yu and Zhu Qi

水墨、自然与抽象形式

——张羽与朱其[1]对话

地点：张羽环铁艺术城工作室
时间：2011年3月2日 16:00－19:00

左起：张羽、朱其、李禹焕、金南武，光州美术馆，光州，韩国，2012年
From Left: Zhang Yu, Zhu Qi, Lee U-fan, Jin Nanwu at the Gwangju Art Museum, Gwangju, Korea, 2012

朱其：你如何开始“指印”作品的创作？是什么样的动机？

张羽：从80年代中期开始，我一直在进行中国画探索的实践，之后随着艺术发展的逻辑进入到了现代水墨画问题的思考。但不管你是怎样借鉴西方或吸收东方的元素，我发现没办法从根本上与传统拉开距离。因为你只要拿起毛笔，就会自然不自然地掉进中国画的惯性之中。这种在宣纸上的绘画，必然在笔墨的规则里，如果想把笔墨这个规范性的东西断开的话，只有把笔放下，笔墨规范才会放下，你才有可能去想水墨本身媒介所给你的可能，你才会针对这个媒介去思考问题，于是1991年我开始点指印。

朱其：就是说你使用了排除法……

张羽：一个想法的初始总有它的模糊性，只有通过不断地排除，不断地认识和积累，问题才逐渐清晰。所以，必须采用排除法。首先，一定要知道我做的不是什么，才有办法确定我到底要做什么，这是一个比较理性的思考方式。“指印”的方式是画押、契约的一个文化概念，这个文化概念是由行为展开的。但是你的指印行为在宣纸上的指印触点呈现的疏密变化，有你的不确定性，或者自然。

朱其：大家也许会这样去想，也许不会想这种关系？而你带有一种西方理性的某种坚持，是一种减法的逻辑关系，我这么想。

张羽：是减法，其实，我想的也很简单，既不能像我们自己的传统，也不能像西方的传统及现在。所以说，我的思考在哪一个层面，就解决哪一个层面的问题。当我弃笔终断了笔墨的问题，但又有人说，你这是“指画”。其实，这完全不是一个概念，“指画”是以手指代笔，它还是笔墨规范的连续。而“指印”是行为留下的痕迹，是行为，不是画。

朱其：你的“指印”，是在“灵光”之前吧？

张羽：“灵光”之前，1991年。但最早使用“指印”是1988年。

朱其：也就是说你的“指印”，在当时的背景下很多人不能理解。而我觉得当时的“指印”作品有点像星象图，那么你怎么会选择这样一个像星象图式的抽象视觉呢？

张羽：这与我当时面对空白宣纸的感觉有关，也和我本身的经历有关。很小的时候就跟着父母下放到了农村，感受了童年不该感受的那些东西。那些记忆好像已经很久远了，又好像是昨天的事。那时，我不知索然地被扔进一个完全陌生的世界，像一个迷失家园的孩子游离在无际的黑夜。那段日子，每天早晨我很不情愿地去放家里饲养的几只羊，尤其是冬天的时候，我孤身一人躲在树下，漫无目的地远望着周边空无一人的荒凉田野。却经常见到穿白衣送葬的长队，那种悲伤的哀嚎使我颤栗。人在自然的世界是那样渺小。当你仰望天空，宇宙之大，生命的微不足道，也许只是闪耀在空中的一个小小的点，夜晚经常对着天空数星星，这种感受，我从那个时候就开始了。

朱其：“灵光”是从哪年开始的？

张羽：1993年底开始动笔尝试，依据“指印”的一个墨点放大展开。1994年建立了基本的“灵光”图式。

8806，宣纸、水墨、洗发水，1988年
8806, Xuan Paper, Ink and Wash, Pencil, 68cm × 68cm, 1988

朱其：好像当时有不少批评家对此还是不太接受。

张羽：当时对“非具象”的“现代水墨”探讨几乎还是一种排斥的，认为是西方的抽象，认为是玄学，是精英艺术，和社会现实没有关系。鲁虹是持这个观点的代表。

朱其：我发现在’85新潮有一个现象，就是超越现实主义的超现实图像组合。这个组合很有意思，它的背景是宇宙，但是前面会有一些政治符号，所以我将此叫做“超越现实主义”，因为当时要借这个“宇宙主义”去打破现实主义的组织结构，但我觉得有意思的是，为什么会有这么多人去做。当然这条线路后来到90年代，除了“实验水墨”还有些人在做，整个油画基本上都不做了，开始转向写实波普。

张羽：80年代中期到90年代初，“宇宙流”是现代水墨画发展的一个特点。

朱其：“宇宙主义”这种图像，你当时关注吗？当然你是水墨这个体系的。

张羽：其实，我认为我不属于这个体系。因为我思考的问题不是超现实主义，所以没有特别关注。因为当时我刚从农村回来没几年，心里装满的是自己的记忆。80年代我做了许多方面的探讨，比如：“扇面”系列，“肖像”系列，“水墨抽象形式”等。

朱其：像这类的“宇宙主义”，谷文达是把里面的符号发展了。后来又把一些宇宙的图像抛弃了。

张羽：实际上，他是把超现实主义的方法与水墨传统的笔墨相结合，呈现超现实主义图像的样

8805，宣纸、水墨、洗发水，1988年
8805, Xuan Paper, Ink and Wash, 68cm × 68cm, 1988

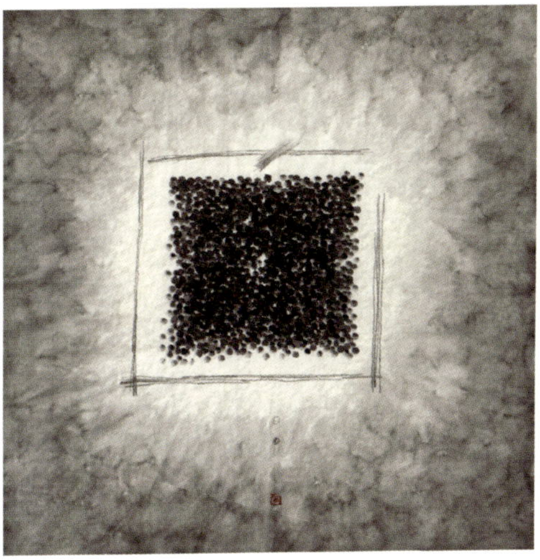

8903，宣纸、水墨、洗发水、铅笔，1989年
8903, Xuan Paper, Ink and Wash, Pencil, 68cm × 68cm, 1989

式。任戬的作品特征很明显属于“宇宙流”。是高名潞把那个现象称为“宇宙流”，后来也把我放在这条线索上看。但我是针对中国画的发展史里没有“非具象”这一块，认为“非具象”的图式更能与水墨结合进行有效的水墨表达。我一直在强调“非具象”的水墨是图式的创造。

朱其：我的意思就是现象上的联系。

张羽：明白。而我的思考是中国画山水、花鸟、人物这个发展史是应物象形，是借景物抒发情感的表达。而“非具象”表达决定了我能否建立一个心理景观和别于传统的审美趋向系统，所以“非具象”表达是我当时的坚持。一方面我认为“非具象”表达和水墨的关系更为亲和，因此，“灵光”解决的是水墨画的图式问题，这个图式是由心里的感受和对艺术史的分析。就是对生存的这个环境的认识所呈现的表达。

朱其：你觉得中国画的发展，是以现实为主，还是以线条本身造成一个形态的比较。一个是没骨画法，第二个是晕染技巧，晕染技巧是依附于形象塑造的。整个现代范畴，晕染墨色的技巧是运用得最多的，其中肯定有一点点表现性，但大部分还是再现那个造型。

张羽：过去以书写性线条发展为主线，线条的形态是其基本骨架，但都是依附于应物相形。后来出现大面积晕染，强调表现力。

朱其：现在就是说晕染整片的墨色独立成为一种形式，可能是从八九十年代开始？

张羽：80年代中期的艺术家为了视觉表达的张力需要，把大面积的水墨晕染技巧独立出来，放大而凸现。当然，这是传统水墨画没能解决的问题，传统的水墨画强调书写性、趣味性，而不太强调水墨画的视觉震撼。

朱其：晕染脱离造型的依附性，独立变成一种形式，谁在这块做得比较早？

张羽：在我看来晕染脱离依附造型，是“现代水墨”的一种方式，“实验水墨”的出现更为自觉，主要努力于图式的建构，开始强调想象空间中的构型，于是，强调晕染与结构关系的比较及晕染所达到的浑厚无限性。至于，谁做得早说不好，谷文达算是挺早的。

朱其：我觉得谷文达好像是在黄宾虹的脉络上，发展为更抽象的水墨形式，他有这个意思，但还没完全投入进去。

张羽：从他的作品中的笔墨形式来看，更像是从石涛的笔墨发展而来。也许八大、黄宾虹对他都有启发。我觉得他是想从观念入手，特别是汉字符号的介入。

朱其：对。但当时你做过很单纯的整块墨色的时候，你当时是怎么想的？

张羽：当时我就是想从原有规则中把水墨性、水墨晕染抽离出来，强调水墨性本身的现代性可能，尽可能什么都不是。就是单纯的墨块，不要去拼接传统，这样的折中方式我认为不对。

朱其：你当时自信吗？

张羽：当然自信。否则我怎么会走到今天。因为，我觉得水墨画的发展史中，这一方面没有艺术家发现这个问题，能够自觉地把这个部分作为一种认识去思考，或者没有几个人意识到这是一个可以发展的空间。我认为具备这个能力的人很少。

朱其：晕染墨色因此更独立。

张羽：而且我的晕染墨色和传统的方式完全不一样，我是皴擦积墨的综合晕染，像墙壁上这件作品要积墨上百遍。我不像传统用墨那样，传统用墨如果要画这么重的墨色，那要在重墨的百分之五六十或七十的墨色上使用，最多也就两三遍而已。而我达到这个程度的墨色，是从极浅的灰墨逐渐加深，最浅的那一部分，可能也只有百分之十，从百分之十很淡的墨一遍一遍，经过上百遍，最后导致了这样黑的墨色，所以它很润、很透、很厚重。

朱其：不是用晕染，主要是用积墨。

张羽：不是传统意义上的晕染和积墨，而是皴擦、晕染和积墨的混用法，一遍遍积上去。

朱其：现在很多人叫“墨象”，这个问题你怎么看？

张羽：90年代初，我做了一组泼墨或滴墨的作品，这组作品我取名“墨象笔记”，是对水墨的流动性、自然性、单纯性的晕染。1994年，我曾经写过一篇短文“墨象空间的精神启示”。在我看来“墨象”它只是一个指向的过渡词语的称谓。墨象不能范指，你说的许多人是范指。

朱其：有的批评家也这样说过！

张羽：其实，这样的说法，有一种不确定的虚空与迷离感，或形而上的想象。也许就“象”来讲，与传统美学可能更接近。但形式上却走向现代。

但我觉得其中有很多具体的问题需要等待。“墨象”的确是我当时的一种认识状态。

朱其：你的“灵光”很有意思，因为从中国画脉络看，中国画也有光线，但不像西方那种外光线……它更多的是一种心理光线。清朝时的中国基督徒画家吴历，他在山水画上增加了一些外光，还有陶冷月画的西湖，表现月亮的光。但是你的这个光，既不像西方的外光，又不像中国画早期的心理光线，不知道你当时是不是自己也意识到了这一点？

张羽：“灵光”的光线处理，是我当时特别有意识强调的。因为，我非常明确避开你刚才说的这两个方面的处理方式。主要来自我心里要强调的精神性要求，用图式遮蔽假设的宇宙外光或制造心里的精神之光对光的希望。

朱其：你这个光看上去也不像是宇宙光线。

张羽：传统水墨画对光的处理，更多来自于心理上的想象。一个是文化上的原因，一个是认识的问题，再有是驾驭材料的能力。你曾经评论我的作品是“夹缝中的实验”，我觉得很准。我有意识避闪上面所说的两种光线，是我想表达的，是那种似乎来自于上苍的光芒，这的确是我一种心里需要。然而对于人生，我一直处于逆境之中，所以你觉得我表达的也不是似乎宇宙光。其实它是人生中的逆光，是被遮蔽的光，是心灵渴求的光，或许是未来的光，有其不确定性的思考。

朱其：你当时为什么想到要去做“灵光”系列，起初“灵光”是不是针对这种光？

张羽：这对我是两个方面。一方面是我的联想与启发，一方面是对家园地球的无限遐想，也是对宇宙的遐想，也许更主要的是对我自己精神家园的遐想。地球、宇宙、机遇，“指印”而不断生成。其实，“灵光”源于“指印”当时的不被理解，而生成的一种渴望，我是一个充满理想主义的人。我知道“指印”的意义，也知道“指印”太超前了。“灵光”是我从传统中走出来的中间环节，而这种“光”是进入“灵光”创作中又逐渐地给了许多有启发性的点和关系。它是“灵光”作品的核心。

朱其：怎么的关系？

张羽：简单说也有两个方面：1. 经历：1992年的时候我在莫斯科，还在列宁格勒生活过一段时间，在那里我几乎走遍了所有教堂，不是刻意是很自然地，有一种无形的意识让我走进。可能和我身体有某种关系，说不太清楚。我这个人虽然比较理性，但也很感性，有伤感的一面，走进教堂好像能够获得一种力量……。教堂特殊的建筑结构，你会很自然地向上看，看它的穹顶，我会被穹顶投下的一束光柱所牵动，这和我们在房间感受从窗外进来的自然光是截然不同的。2. 认识：我在西方博物馆看了很多优秀作品，我有一种自觉，水墨这个媒介我们应该做出如何的努力。不是要和西方绘画作表面的对抗，我记得在阿尔米塔什博物馆阅读西方现代主义作品时，我坐在距离作品几米或十几米远的地方观看，仍然会感觉到作品的视觉张力。这是作品表达的结构问题，也是材料的问题。西方的材料是附加上去的，属阳，向外走。而水墨材质，属阴，往里走。从视觉的效果，是很难做出视觉张力的。我们的媒材有很大的局限性，是内敛的。那么，水墨材料，能不能在视觉张力方面相对解决呢？如果我的作品和西方艺术家的作品放在一起，在十几米以外，我的水墨作品是否也能达到预想的视觉张力。我的第一个想法是把宣纸大面积涂黑了。第二是如何把这张涂黑的宣纸形成往外走的力，我想到了“图式”结构，还有“光”的处理能解决这个问题，这样我既解决了水墨作品的视觉张力，又建构了中国传统水墨画所不存在的图式问题。

朱其：那么，这里没有宗教性吗？

张羽：一定有。在我心里有一种牵动，一种宗教感的力量。虽然，不是我们说的那种皈依的感受，却有一种呼唤。

朱其：那么，这和你现在的作品有些差别，你的“灵光”好像更接近于基督教，现在的“指印”更接近禅宗？

张羽：是的！但并不矛盾，对于我是多方面认识的积累。我的目的在于艺术表达，“灵光”是我主观上特别针对艺术史问题的认识，当这个问题解决后，我更想回到“指印”那种比较放松的自然状态，我认为艺术的最高境界是自然。

朱其：为什么又从基督教回到禅宗？

张羽：那种心里的牵动很重，当然这不是刻意的。而进入“指印”创作后的不断地深入心境不知不觉中放松下来了，更超然一些。我认为，做艺术和做人一样，自然是最高境界。思考自然的问题你就一定会面对禅宗的状态，因为，禅宗的核心是和自然最密切的和心性最贴近的，抛开了很多人为的刻意。

朱其：那么，你觉得禅宗的自然表现在哪些方面？

张羽：我反对用艺术去表现禅宗。传统的水墨画有许多类似的作品，叫什么禅画，毫无意义。禅宗在我看来是哲学层面的，我是把对禅宗的认识联系到创作方法论的思考。方法是可以改变过去所有技术层面及视觉样式的根本。我没办法一一举例说禅宗的自然表现有哪些方面，但我理解禅宗的自然是一种关系。这种关系几乎无处不在，因为它与心性有关，我们可以利用自然体会自然，但不要人为的改造它。它不存在绝对形式，如果非要从形式讲，用手指点水的指印行为最能体现这种层面。如果从方法讲，指印行为的创作过程是和日常的日复一日相近的一种关系，是没有表现的显现。指印是“一”的方式，“一”是万物之本。指印行为的“一”是平静、平和及平衡的过程。

朱其：但是大部分人在做与禅有关的艺术时，没什么观念，只有少数人像日本“物派”的李禹涣有一些观念……

张羽：对，这是每一个艺术家的认识问题，是对禅宗的理解问题。对禅的认识我们不能只是浅层的一种形式概念，而没有深入的认识。禅怎么会有固定形式呢？每个时代对禅的认识是不同的，我们只能尽量维护本来的样子，这种不随意的改变是一种态度，但方式上可能有所不同。

朱其：有的人能理解你说的那个自然，但光是说自然，这个观念在中国历史上的形态，每个阶段是不同的。一般的意义，是指尽量地不要主动地去改变。

张羽：这是一般的意义的认识。但我们今天面对艺术，顺其自然能否成为观念，这是艺术表达上认识问题，也是智慧问题。比如指印行为的重复性是一种自然状态，这种状态如修行。但它又不只是说修行一方面，也有其它。

朱其：当然，自然是指一个很微妙的重复本身，或一种禅宗的修行。我的意思是说你可以做任何事情，画圈，画水珠。

张羽：我觉得还不是画具体的什么，比如修心式的行走，它应该有一个离开具体的现实目的那个说不清楚的呈现。我觉得这是基于自然性的思考，但这个基本方式在艺术表达的过程中获得了一种意义，我们没有必要用哲学去解释它，也没有必要用艺术去说哲学，我是说我们对哲学和禅宗的认识的是转换方法或认识。我为什么这样强调呢，因为禅宗其根本就是说人和自然的关系。比如指印的“一”是指印行为的特殊性，而不是因为重复指印“一”的方式是在强调皈依，归“一”是指印行为表达的认识态度。

朱其：你跟观众交流得多吗?比如说你做“指印”这个作品，你的手指跟纸面的接触的这种微妙感，观众是体会不到的，这个作品是不是只对你有意义？

张羽：观众的知识结构不同，所以认识不同，有很多层面，依据每一个观赏者的经历。你给观众的不只是行为手指接触纸面的瞬间。还有行为本身，还有无数的点在空间。总之他们有许多想象。更多的是感性，有的观众感到很平静，有的认为沉重，也有人认为快乐。他们认为很好看、很美，但看不懂它的意义。其实，他们已经看懂了。

朱其：你有没有统计过有多少种可能？

张羽：没有统计过。但他们的确说了很多，比如空灵、宁静。好像最有意思的是一个观者说指印如在空中行走。女性说的最多的是像花开花落一样。

朱其：看你的作品也是一种自足。

张羽：我不太想把自己的思路限定给观众，我觉得艺术表达应该留给观众的余地越大越好。因为每个人经历不一样，你没有办法强制他们都按照你的思路走。我们大家都来说自然，但每一个人说的都不一样，因为认识的不同所以感受也不同。2004年，我在日本参加横滨电影节，我展示了“指印”影像作品，放映时，我在边上看到观众不停地发出“啊”的声音……他们的声音不断在加重，他们没有办法想象指印行为的不断重复，却一直没有被结果所震撼。这对常人来说在精神上是不可能的，为什么如此不停地重复，给他们的心理造成一个强烈的（印象）。还有一次展览上一位观众看我的作品说，很像是一个个花瓣，像桃花漫天飞舞。

朱其：他们是自然的想象，指印和自然有着那种内在关系。

张羽：我每次摁压的指印都是随意放松的，不刻意动作，随着手指与宣纸接触的感觉走。

灵光68号：漂浮的残圆，宣纸、水墨、奶，2003年
Divine Light Series No.68: The Floating Incomplete Circle
Xuan Paper, Ink and Wash, Milk, 260cm x 200cm, 2003

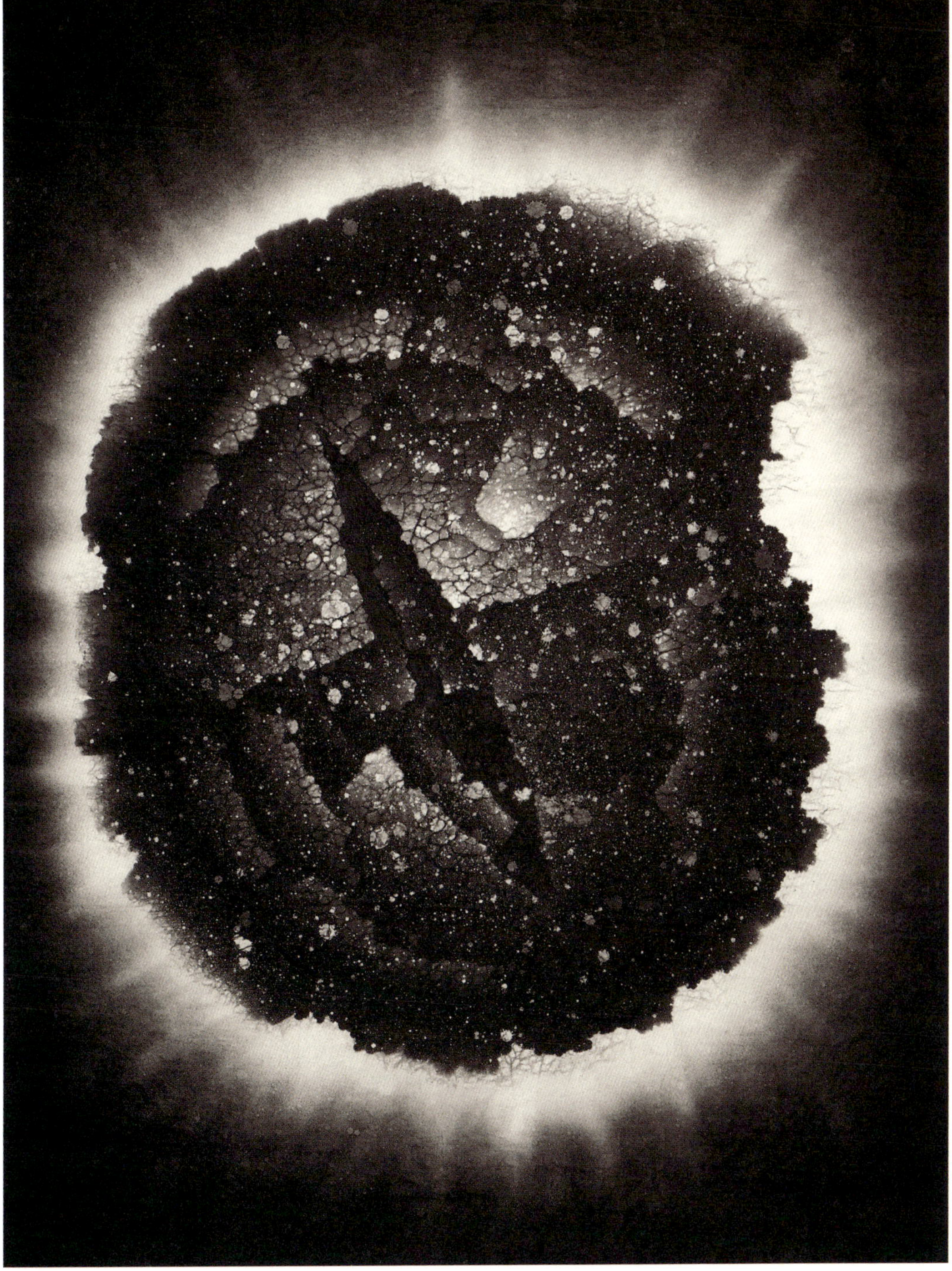

朱其： 是不是你自己的一种感受？是一种视觉上的？

张羽： 我随着感受走，有视觉上的，更有心理上的。观众更多的是视觉上引发的想象，他们没有办法去你的工作室看你的行为。"指印"这个作品实际上是一个互动的联想，你提供了一个基础，留给他们一个进入空间的可能。

朱其： 对。"指印"通过"灵光"这个状态，我想可能就是把所有注意力集中在指印，和纸接触的一个心灵关系，你在用手指蘸水点纸面时，有没有点坏了？

张羽： 没有，不存在这个问题，因为每一次按压实际上都是在调整指印与指印关系的过程。所以，对于我如何点都是对的。

朱其： 其实，"灵光"就是个视觉极限。

张羽： 是的，"灵光"的视觉呈现，我已经努力试图把它推到极限。动机和结果完全一致。

朱其： 所以，我觉得它们的区别在于，"指印"是所有的真实感集中在你眼前，"灵光"在视觉上是有宇宙联想的。

张羽： "指印"是真实中的真实，"灵光"是联想和感受的真实。

朱其： 感受到的是一种真实性。其实，就是状态的真实，或是抽象的那种错觉。

张羽： 是这样。艺术就是错觉中的真实。

朱其： 你有没有考虑过"灵光"系列有一些风景画的想象，比如联想到一个宇宙星象？

张羽： 想过，似与不似的模糊状态。

朱其： 你下一步还会追求这种图像的联想性吗？看西方现代绘画，追求的是不要让观众联想到一个像摄影一样真实的风景，画面所有的组织都是一个抽象结构，表现画面本身的一个真实性，不是让你看到一个画面，再想象出画面以外的东西，这是西方现代绘画的一个开始。

张羽： 其实，对于艺术表达来讲，特别对于我，一直都是排除摄影一样的真实联想，我更愿意追求完全来自心里的感受的真实，或者说创造不存在的真实，这种东西更具挑战性。一种不同以往的形式结构。

朱其：西方走这个路线，其实是非常观念自觉的。

张羽：我喜欢自然而然的观念，更喜欢有无之间的关系，这本身就具有观念性。这不是一个简单的构型的结构，这是智慧的把握和认识的自觉。

朱其：中国水墨画的内心方式与西方绘画的概念是不一样的，但当代水墨还没有完全拉开与西方绘画的形式差异，现在最大的问题就是，我们是参照西方现代绘画的形态改造水墨的。

张羽：中国画的现代性改造一直以来都是参照西方现代绘画经验的。但是，我是这么想的，拉开与西方的距离不是一个形式差异的问题，而是一个认识线索问题，根本的是方法问题。我现在不具体地思考水墨如何，而是思考我的艺术表达要在西方视觉审美之间，并有东方哲学支撑下的方法，其形式应该是共性的国际形态，媒介可以转换，根据你表达的要求，相互关联，这很关键。如果强调水墨的媒介，会容易局限你的思考。但你主观上一定要强调与抽象不同。

朱其：但传统的有些基本关系，还是保留在你的作品中，中国人强调一个主观控制和自然关系，这个大概关系还在。

张羽：这个关系肯定在，因为水墨是我的根本，已经浸染了我，否则我为什么如此坚信自己的理念，如此坚持我的行为。我跟西方策展人聊过，中国当代艺术的问题不是你们想象的问题，也不是简单的水墨媒材问题，它是我们自身的文化问题，这个可能和哲学有关。但关键是通过方法如何转换的问题，以往你们所关注的，社会性也好，意识形态也好，波普也好，这一部分的确和我们传统一直以来的这个线索是有距离的。

朱其：中国画强调精神性带动形式，这个关系被一些西方现代绘画用过去了。

张羽：其实精神性带动形式，就是方法带动形式。他们就是用他们的方法转换的，其表现形式还是他们的关系，这是西方人的理智。

朱其：中国水墨的精神性体现在三方面，一个就是六经理学，第二就是佛学禅宗，第三是山水诗歌文学，即这三个方面的精神性。我觉得水墨的现代转换，中国画它不是一个纯绘画性的问题，它有儒释道的精神在背后支持，所有画得好的都是儒学、禅宗学得很通的人。

张羽：没错，我完全同意这个观点。中国画本来就不是一个纯粹绘画问题。目前我们的问题是书确实读过一些，甚至有些人还可以背诵，在撰写文章时也多有引用，表面上好像明白了，但实际不通。读书在于觉悟，觉悟才会通，这对艺术家、批评家来说很重要。如今水墨难以前行，也是这个环节没有打通。

指印2008.2-2，指印行为、宣纸、水，2008年
Fingerprints 2008. 2-2 , Xuan Paper, Water, 96cm × 86cm, 2008

朱其：其实，有的艺术家读佛教书不是很多，但是有感觉。

张羽：对艺术家来说感觉很重要，感觉也是打通觉悟的前提。当年在莫斯科我记不清楚走进多少座教堂，也记不住有多少种建筑形式，但是那一束从天上下来的光永远留在我的心中。在日本我也特别去了禅院。

朱其：你在日本时，禅是什么感觉？

张羽：我只能说我到过的日本禅院，禅院内与外部世界是完全隔断的是两个世界。进入其中让你感觉与自然的关系很亲和，十分营造气场，营造仪式感，瞬间让你进入那种状态，清净于心，并安详于天地之间。

朱其：艺术家有怎么样的感受？

张羽：我只能说我自己，当我在被隔断与外部世界关联的那一刻，我情不自禁地仰望天空，又马上回到心中，回到自己，你无需远望，此地是一个世界，属于你内心。于是，顷刻间心里不再有任何琐事，生命意识非常自然地有一种自觉。记得那天在禅院，我静坐了半天没有动，也不想动。全身心的放松、安详、平和。超然于外，空的，真的是空的。

另外，你刚才提到“抽象”的错觉很有意思。有很多人讲中国传统的书法是抽象的，绘画中的笔墨是抽象的，所以中国传统里有抽象。其实，这个判断是误解。书法中字形结构是一定的，不能随意改变，它的美是结构和笔墨之美，而不是抽象美。而绘画中的笔墨是不能抽离的，因为抽离出来的笔墨不具有独立表达，所以无意义。

原文刊发于《无视的形象》，展览画册，台中，2011年

《当代艺术理论前沿》，理论文集，江苏美术出版社，2012年

注释：

1、朱其：1966年生于上海。批评家、独立策展人。中国艺术研究院博士。现为文化部中国国家画院理论部研究员，曾任《雕塑》杂志执行主编，参与创办世纪在线中国艺术网，现生活和工作在北京。主要出版著作：《新艺术史和视觉叙事》（2003）、《1990年以来的中国先锋摄影》（2004）。《Video：二十世纪后期的新媒介艺术》（2005），《形象的模糊：里希特三十年艺术访谈和笔记》（2007），《当代艺术理论前沿》（2012）。策划的主要展览：“以艺术的名义——中国当代艺术交流展”（1996）、1999年“东亚的位置——中、日、韩当代艺术展I”釜山大学美术馆、“转世时代——2000中国当代艺术展”（2000）、“青春残酷绘画”（2002）、“出神入画：华人摄影新视界”（2004）、“意念的形式：张羽个展”（2013）。

Ink and Wash, Being Natural and Abstract Form

Dialogue Between Zhang Yu and Zhu Qi

Place: Zhang Yu's Studio in Huantie Art Precinct, Beijing
Time: 4 pm-7 pm, 2 March 2011

新境界：中国当代艺术展，中国美术馆馆长、批评家范迪安向当地文化官员介绍张羽“指印”作品
澳大利亚国家艺术博物馆，堪培拉，澳大利亚，2011年
New Realm: Chinese Contemporary Art Exhibition, National Museum of Australia, Canberra, Australia, 2011

新境界：中国当代艺术展，张羽“指印”作品，澳大利亚国家艺术博物馆，堪培拉，澳大利亚，2011年
New Realm: Chinese Contemporary Art Exhibition, National Gallery of Australia Canberra, Australia, 260cm × 200cm, 2011

Zhu Qi: How did you get started on *Fingerprints*? What sort of motivation lay behind it?

Zhang Yu: From the mid-1980s, I have constantly been engaged in carrying out exploratory experimentation in Chinese painting. Ultimately, following the logic of artistic development, I began to think about the problem of modern ink and wash painting. However, regardless of how you draw on Western elements or absorb Eastern elements, I discovered that there is no way you can fundamentally open up a distance to the tradition. For as soon as you take up your brush-pen, you will naturally, or unnaturally, find yourself existing within the inertia of traditional Chinese painting. Writing characters on xuan paper with such a brush will necessarily conform to the rules of brush and ink (bi-mo), and if you wish to break open that rule-bound phenomenon, the only way to let go of the rules is to lay down your brush-pen. Only then can you possibly consider the possibilities that the medium of ink and wash as such offers you, and the problems of this medium, and it was thus that I began making *Fingerprints* in 1991.

Zhu Qi: That is to say, you used a process of elimination…

Zhang Yu: The beginning of an idea is generally ambiguous. It is only through constant thinking and accumulation that the problem gradually becomes clear. Therefore it was necessary to employ a process of elimination. First of all I had to know what I was doing was not something, before I could determine what I ultimately wanted to do. This was a fairly rational way of thinking about it. The format of fingerprints is a cultural concept of pledge or contract. This cultural concept grows out of an action. But the changes in

8708，宣纸、水墨、铅笔，1987年
8708, Xuan Paper, Ink and Wash, Pencil 136cm × 68cm, 1987

spacing presented by your action in the contact of the fingerprint with the xuan paper also carries your character of indeterminacy or exploration.

Zhu Qi: Perhaps anyone might think like this, or perhaps not think of these connections. But you in some sense maintain a species of Western rationality, a logical relationship of subtraction or reduction, as I think of it.

Zhang Yu: Perhaps. The level of your thinking determines the level of problems it can solve. When I cut through the problem of brush and ink (bi-mo) in laying down the brush-pen, there were still people saying that what I was doing here was "finger-painting". This is not the concept at all. "Finger-painting" means replacing the brush with your fingers while retaining the connection with the standards of brush and ink. *Fingerprints* on the other hand are the traces left behind by an action. They are performance, not painting.

Zhu Qi: Didn't the *Fingerprints* that you have just mentioned predate *Inspiration*.

Zhang Yu: Yes, they're from 1991, earlier than *Inspiration*.

Zhu Qi: This also means then that many people didn't understand your *Fingerprints* against the background of the time. Yet I feel that the *Fingerprints* works of that time rather resemble star charts. How did you come to choose an abstract visuality that resembled star charts?

Zhang Yu: This was related to my feeling in facing a blank sheet of xuan paper at the time, and also with my own life experience. When I was very young I was sent down to the countryside with my parents and experienced those things that children shouldn't experience. Those memories already seem very distant, yet also seem no older than yesterday. At that time, I was for unfathomable reasons thrown into a completely foreign world and seemed to drift in an endless dark night. Every morning in those days, I most unwillingly had to go and mind a few sheep that the family was raising, and in the winter, especially, I would sit alone under a tree, purposelessly staring at the desolate fields devoid of human life. In my memories it seems I often saw a long funeral procession clad in white, and their heart-broken wailing made me shiver. Man is so tiny in the natural world. When I looked up at the sky, and at the vastness of the universe, the minuteness of life, is perhaps only the glint of a sparkle in the air. That's when those feelings began.

8703，宣纸、水墨、铅笔，1987年

8708, Xuan Paper, Ink and Wash, Pencil 136cm × 68cm, 1987

Zhu Qi: In which year did you begin *Inspiration*?

Zhang Yu: At the end of 1993 I took up my pen and began to experiment, and building on the enlargement of the black dot of a fingerprint, I established the basic pattern of *Inspiration* in 1994.

Zhu Qi: It seems that many critics were not too receptive towards this at the time.

Zhang Yu: The non-figurative exploration of modern ink and wash was mostly still rejected then. It was considered abstract, metaphysical, elitist art with no relation to society. Lu Hong was a representative example of those who held this viewpoint.

Zhu Qi: I notice there was a phenomenon in the '85 New Wave, the combination

品藏东方：中国经典艺术展，张羽作品展览现场，上海美术馆，上海，中国，2012年
Appreciating the East : Exhibition of Classical Chinese Art, Shanghai Art Museum, Shanghai, China, 2012

of surreal images with post-realism. This combination is very interesting. Its background is the cosmos, but there might be some political symbols in the foreground, which is why I call it post-realism, as it was at the time seeking to use this "cosmism" to break the organizational structure of realism. However, what I find interesting is why there were so many people who went and did this. Of course, in this line there were, later, in the 1990s, in addition to new ink and wash, others again working in this direction, and basically hardly anyone was still doing oil painting at the start of the paradigm shift towards realist Pop-art.

Zhang Yu: The "Cosmic Flow" of the mid-1980s to early 1990s was a characteristic of the development of ink and wash painting.

Zhu Qi: Did you pay any attention to the images of Cosmism at the time? Of course, you belonged in the system of ink and wash.

Zhang Yu:I paid no particular attention to them. For it was then only a few years since I had returned from the countryside, the feelings in my heart mainly consisted of my own memories. Nevertheless I noticed these works, which I thought of as surrealist. My 1980s Fan Painting series and Portrait series are connected with this.

Zhu Qi: Gu Wenda developed the symbols of this sort of Cosmism. Later he rejected some of them again.

Zhang Yu: What he really did was to combine the methods of surrealism with the brush and ink of the ink and wash tradition, to present the style of surrealist images. Some theorists call this era by the name of "Cosmic Flow", and later lumped us together as one line. However, as for there being no such thing as "non-figurative" in the history of Chinese painting, I am of the opinion that non-figurative patterns can be combined with ink and wash to evolve an even more effective expression through ink and wash. I have always stressed that non-figurative ink painting means the creation of "schemata".

品藏东方：中国经典艺术展，开幕式，上海美术馆
上海，左起：李旭、仇德树、张羽、谷文达，2012年
Appreciating the East : Exhibition of Classical Chinese Art Opening Ceremony, Shanghai Art Museum, Shanghai, China , 2012

Zhu Qi: What I meant was the contact with phenomena.

Zhang Yu: I understand, but what I was thinking was that the history of the development of landscape (shanshui), birds-and-flowers (huaniao) and human figures (renwu) in Chinese painting was one of "likeness shape corresponding to object", an expression of feelings by means of scenes. But as for whether or not we could establish a landscape of the heart that was different from the tendency of traditional aesthetics, non-figurative expression was thus what I maintained at the time. I think that the connections between non-figurative expression and ink and wash are very close. Therefore, what *Inspiration* resolved was the question of schemata in ink and wash painting. These schemata were an expression presented by the experiences of the heart and the understanding of people and of this environment of survival.

Zhu Qi: Do you think that the development of Chinese painting is mainly about reality, or is it a form that is created by the use of lines as such, relatively speaking? One relevant area is boneless painting, another is colour-gradation technique. Colour-gradation technique depends on the shaping of images. In the whole modern category, the technique of ink colour-gradation is used most commonly. In this there is a little bit of manifestative character, but nevertheless it is mainly that same molding of re-presentation.

Zhang Yu: Line is, relatively speaking, the fundamental skeleton of any development with the characteristics of writing, but in any case it still is based on molding. However, there is no way its development can escape the influence provided by reality, as people and reality are connected.

Zhu Qi: Now wholesale ink-colour-gradation has become an independent art form, beginning perhaps from the 1980s or 1990s?

Zhang Yu: The artists of the 1990s, because of the tension of the needs of visual expression, made the large-surface ink-colour-gradation technique independent and enlarged it for the sake of highlighting it. Of course this was a problem that traditional ink and wash painting could not solve. Traditional ink and wash painting emphasized its own written quality and charm, and did not seek to produce visual shocks. It wasn't the priority of that age.

Zhu Qi: Who was the earliest artist to ween colour-gradation of its dependence on molding and to turn it into an independent art-form?

张羽：封存的指印，个展现场，其他画廊，上海，中国，2012年
Zhang Yu Sealed Figeprints, Personal Exhibition at the Scene, Other Gallery, Shanghai, China, 2012

封存的指印：张羽个展，其他画廊，上海，中国，2012年
Archived Fingerprints: Exhibition of Works by Zhang Yu, Other Gallery, Shanghai, China, 2012

Zhang Yu: As I see it, the distancing of colour-gradation from its dependence on molding was a direction in modern ink and wash. The emergence of experimental ink and wash was more deliberate. It mainly strove, in the construction of schemata, to emphasize the configuration of imagined space, and therefore emphasized the contrasts in the relationship between colour-gradation and structure, and the limitlessness achieved by colour-gradation.

Zhu Qi: I feel that for instance Gu Wenda had this idea in continuing the development towards an increasingly abstract ink and wash form in the line of Huang Binhong, but that he didn't altogether throw himself into it.

Zhang Yu: Judging by his works, he doesn't reach this standpoint. I rather see him as relying on some thing, such as a rock, tree, Chinese character, or the like. I feel that he wants to proceed from concepts.

Zhu Qi: Right. But when you made some very simple monolithic ink colours, what were you thinking?

Zhang Yu: At the time I was thinking how I could totally detach myself from pre-existing rules. To be nothing, as far as possible.

Zhu Qi: Were you self-confident at the time?

Zhang Yu: Very much so. For I felt that in this respect no artist in the history of the development of ink and wash painting had discovered this issue, and that to be able consciously, or unconsciously until now, to make this area a kind of knowledge to think about, was a space that could be developed. Further, I thought that there were very few people equipped with this ability.

Zhu Qi: Colour-gradation accordingly became even more independent.

Zhang Yu: Besides, my colour-gradation ink-work was completely different from the traditional format. My colour-gradation was wrinkle-and-rub and accumulation of ink: a work like this one hanging on the wall requires a hundred accumulated applications of ink. I don't use ink in the traditional manner. To paint ink in this density, the traditional use of ink would require the effort of using dense ink colour of 50, 60 or 70 per cent, and a few layers would be sufficient. When I on the other hand achieve this degree of ink colour, I start from very shallow grey ink and gradually increase its darkness. In the palest ink, there might be only 10 per cent. In the application of this very thin 10 per cent ink, repeating it more than a hundred times finally leads to the black colour that you see, which makes it very rich, transparent and thick.

Zhu Qi: So you don't use colour-gradation, you use an accumulation of ink.

Zhang Yu: This is not colour-gradation and ink-accumulation in the traditional sense, but is a hybrid use of wrinkle-and-rub, colour-gradation and ink-accumulation, applied over and over.

Zhu Qi: Nowadays many people are called "image of ink" or Bokusho artists. How do you view this question?

Zhang Yu:I don't feel this is very important. In my opinion this name is a transitional term for a trend.

Zhu Qi: Some critics have said the same thing!

Zhang Yu: As a matter of fact, this kind of term is a transition that cannot be helped, but which produces in people who read it a blurry sense of emptiness, or metaphysical fantasy. As for "likeness", it is perhaps closer to traditional aesthetics. I believe that there are many specific problems that cannot be explained by "bokusho/image of ink", but it can refer specifically to a phenomenon, or to the works of particular artists. "Bokusho/image of ink" elucidates one aspect.

Zhu Qi: Your *Inspiration* is interesting, in which there is also light in the context of traditional Chinese painting, not the external light of Western art, but rather a kind of light of the heart/mind. The Chinese Christian painters of the Qing Dynasty, such as Wu Li, added a kind of external light, and there are Tao Lengyue's paintings of the West Lake, where the light of the moon appears. However this light of his works neither resembles the external light of the West, nor the heart/mind light of early Chinese art…I wonder whether you yourself were aware of this at the time?

Zhang Yu: My treatment of light in *Inspiration* was emphasized by me in a fairly conscious way at the time, for I was very clearly avoiding the connections of these two aspects. Of course, my heart/mind feelings were not the same, so the special emphasis also was not the same.

Zhu Qi: This light of yours also did not seem to be "cosmic" light.

Zhang Yu: The treatment of light in traditional ink and wash painting mainly comes from heart/mind feelings. This is partly for cultural reasons, and partly a question of epistemology, also there is the ability to master the materials. You once critiqued my work as "experiments in the interstice" — rightly, I feel that. I have consciously dodged those two kinds of light referred to before. What I am presenting is backlight, light that is masked, it is both psychological light and natural light — perhaps the light of the future, a reflection with a quality of indeterminacy.

Zhu Qi: At the time, what motivated you to make the *Inspiration* series? Was the very first *Inspiration* work directed at this kind of light?

Zhang Yu:I created *Inspiration* as a tactical move that arose because my *Fingerprints* were not being understood. I am an idealist. I knew the meaning of *Fingerprints*, and I knew that it was too far ahead of its time. *Inspiration* was an intermediate link in our stepping out of the tradition, and this kind of light was gradually understood when I embarked on the creation of *Inspiration*.

Zhu Qi: What was the connection?

Zhang Yu: In simple terms there are two aspects. First, there is my personal life experience. In 1992 I was in Moscow, and I had also spent some time in Leningrad. I went to see almost all the churches there, not deliberately but in a very natural way, wanting to experience that certain something. Perhaps this had something to do with my health. I can't tell it for sure. Although I am a fairly rational sort of person, I have my hesitant side, my sorrowful side, and I seemed able to find some strength by going into the churches. In the peculiar architectural structure of the churches, you naturally gazed upwards, towards heaven, into the dome. I was often moved by the beam of light cast by the dome. This was completely different from the light experienced in nature. Second, there was my thinking. In the museums of the West I saw many outstanding works of art, and I got a kind of awareness of

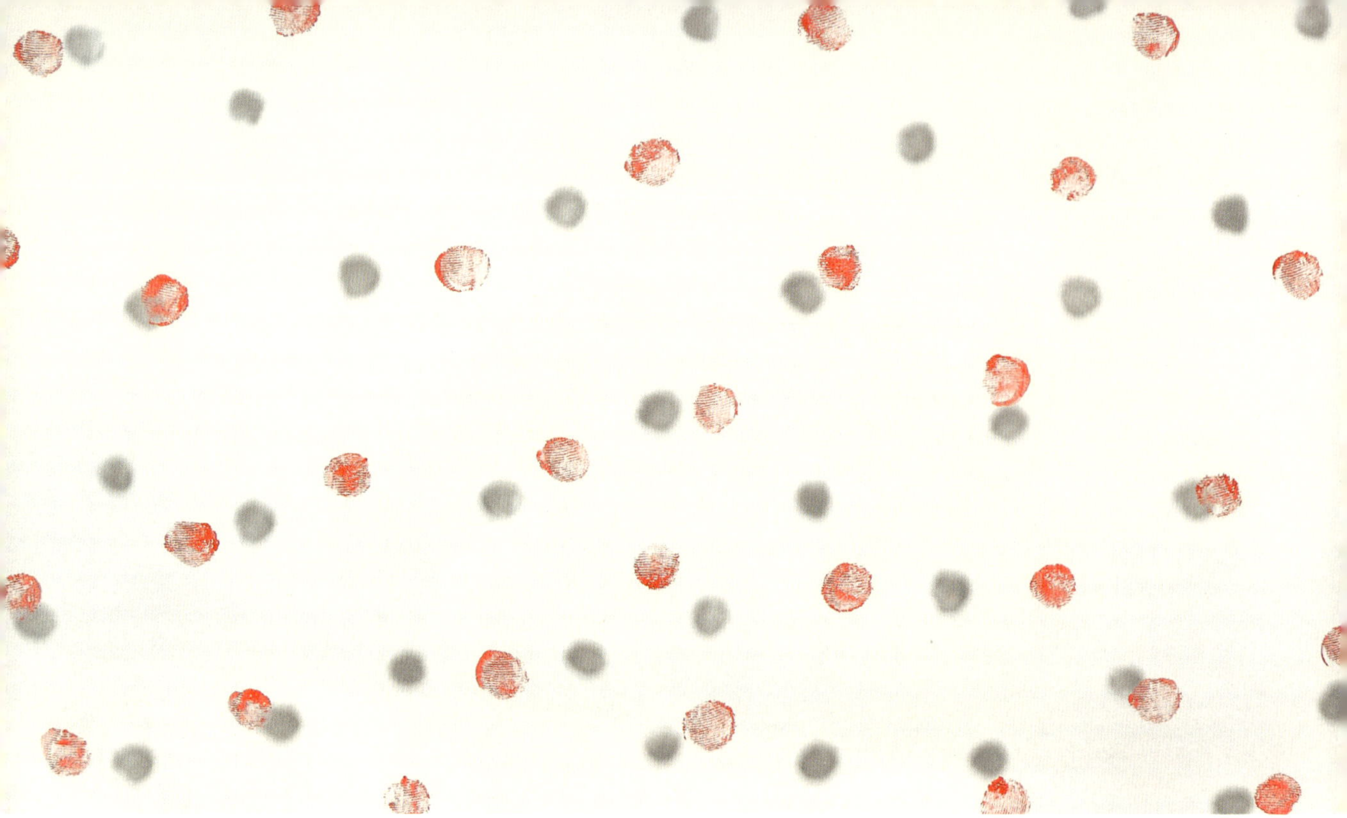

张羽：封存的指印2012.4.15，微型装置（局部），木材、玻璃、指甲油、宣纸，2012年
Zhang Yu Sealed Figeprints, Wood, Glass, Nail Polish, Xuan Paper, 2012

what we should strive to achieve in the medium of ink and wash. We should not resist Western art in a superficial way. I remember when looking at Western modernist works in the Hermitage, sitting at a distance of a few meters or perhaps more than ten meters, that I could still feel the visual tension of the works. This was due to the expressive structure of the works, and to the materials used. In the West, the materials are added, positive, outgoing, where the materials of ink and wash are passive and introverted and, going by their visual effect, difficult to endow with visual tension. Our medium has one great limitation. It is reserved, or restrained. Well, would it be possible for the materials of ink and wash to solve this aspect of visual tension? If my works were placed side by side with the works of Western contemporary artists at a distance of more than ten meters, would my ink and wash works also be able to achieve the required visual tension? My first thought was to paint a large surface of xuan paper black. Then, thinking about how to produce the extroverted force of this black piece of xuan paper, I hit on the idea of a "schematic" structure. There was also the problem of whether it was possible to solve the treatment of light, and in this manner I resolved both the problem of the visual tension of the ink and wash work, and constructed the question of the schemata that didn't exist in traditional Chinese ink painting.

Zhu Qi: Was there not a religious aspect to this?

Zhang Yu: It was a psychological impact, a force of religious feeling. However, it was not an experience of what we call conversion, but rather one of some kind of calling.

Zhu Qi: Are there any differences between that and your current works, then? Your *Inspiration* seems closer to Christianity, while your *Fingerprints* now seem closer to Chan Buddhism.

Zhang Yu: *Inspiration* is my subjective understanding of the problem of art history in particular. Once I had solved this question, I wanted rather to return to the comparatively relaxed natural state of *Fingerprints*. In my opinion, the highest realm of art is the natural.

Zhu Qi: Why did you return from Christianity to Chan Buddhism?

Zhang Yu: This was not a conscious decision. I arrived there as I, having re-entered the creation of *Fingerprints*, went deeper and deeper into that creation. In my opinion, being an artist is the same as being a human being, and the natural is the highest realm. In the consideration of problems of nature, you will certainly come face to face with the condition of Chan Buddhism, for the core of Chan Buddhism is very close to nature and sets aside very many conscious human deliberations.

张羽：封存的指印，现场交流，其他画廊，上海，中国，2012年
Zhang Yu Sealed Figeprints, Personal Exhibition at the Scene, Other Gallery, Shanghai, China, 2012

Zhu Qi: In that case, in which respects do you feel that the naturalness of Chan Buddhism is manifested?

Zhang Yu: I don’t agree with using art to manifest Chan Buddhism. Analysing this from the angle of the value of art, it doesn’t make sense. There are many works of this kind in traditional ink and wash painting. Chan Buddhism in my view belongs to the philosophical level. I combine my understanding of Chan Buddhism with my thinking on creative methodology. Method is the basis of being able to change all the technical levels of the past along with their visual formats. Chan Buddhism is a relevant factor. From the point of view of form, the best way to manifest this level is to make fingerprints using your fingers and water. This must be the closest connection. From the point of view of method, the creative process of fingerprint action is a relationship with the everyday passing of day after day. It is appearance without expression. *Fingerprints* are the format of the "One". The "One" is the foundation of all things. The "One" of fingerprint performance is a serene, peaceful and balanced process.

Zhu Qi: And yet most people, when they make art with Chan connections, do not have any conceptions. Only a minority, such as Lee U-fan of the Japanese Mono-ha School, have some conceptions…

Zhang Yu: That’s right, this is a question of the understanding of each artist.

Zhu Qi: Some people can understand "being natural" that you refer to, but the concept that it solely means being natural, varies in its morphology with every stage of Chinese history. In its normal sense, it means that one must not actively go and change things.

Zhang Yu: This is the understanding of its normal sense, and is also an understanding in the past tense. What we are talking about today is art, so this is a question of its understanding in art. For instance, the repetition of fingerprint performance is like practising something.

Zhu Qi: Of course, "being natural" refers to a very subtle repetition as such, or a kind of Chan Buddhist practice. What I mean is that you can do anything, draw circles, use drops of water.

Zhang Yu: This is a matter of fundamental format, but what meaning does this fundamental format express in artistic terms? We don’t need philosophy to understand art, nor do we need art to talk about philosophy. What I mean is: can our understanding of philosophy and Chan Buddhism be converted into practical method? The reason I emphasize nature is because I think that not only Chan and the Way, but in fact everything is in nature, and its basis lies in the relationship between man and nature. For instance, the "One" of fingerprinting is the particular quality of the action of fingerprinting, and not due to its repetition. The format "One" lies in its emphasis on conversion, returning to "One" is the epistemological attitude expressed by the fingerprinting performance.

Zhu Qi: Do you interact much with your public? For instance, in your Fingerprint works, the viewers cannot experience the subtle feeling of your fingers touching the surface of the paper. Doesn't this work only make sense to yourself?

Zhang Yu: There has at times been some interaction. The understanding of the beholders varies. There are many levels and many imaginings, according to the experiences of each beholder. This is an interesting question.

Zhu Qi: Have you calculated how many possibilities there are?

Zhang Yu: No, I haven't.

Zhu Qi: There is a sort of self-sufficiency about your works.

Zhang Yu: I don't particularly wish to define my own thinking to the viewers. I believe that artistic expression should leave as much space to the beholder as possible, for the life experience of each person is different, and you cannot control everybody according to your own way of thinking. We all talk about being natural, but what each one of us says is different, for as the understanding differs, so too do the experiences. In 2004 I participated in the Yokohama Film Festival in Japan and screened a video work about fingerprinting. The audience around me constantly emitted sounds of "Ah!..." Their sounds kept on getting stronger. They had no way of imagining the ceaseless repetition of fingerprint performance, but were overawed by there never being an outcome to it. This is spiritually impossible to

张羽：封存的指印，张羽与批评家王南溟在个展现场，其他画廊，上海，中国，2012年
Zhang Yu Sealed Figeprints, Zhang Yu and Wang Nanming in Personal Exhibition at the Scene, Other Gallery, Shanghai, China, 2012

the ordinary person. Why did this ceaseless repetition make such a deep psychological impression on them? Also, various people who see my works say that the fingerprints seem like individual petals, like peach petals flying and dancing and filling the sky.

Zhu Qi: They naturally imagine that there is that kind of internal connection between fingerprints and nature.

Zhang Yu: Every time I press down my finger I am free and easy. It is not a deliberate action, but follows the feeling of the contact between finger and xuan paper.

Zhu Qi: Is this a feeling of yourself? Is it a visual one?

Zhang Yu: It is a feeling of myself. Some of it is visual, but more of it is psychological. Most of the public's imagination is produced visually. They cannot come to your studio and see your actions. Fingerprinting is in fact an interactive relationship. You provide a foundation and allow the beholders a possibility of entering a space.

Zhu Qi: Right. Fingerprinting passes through the state of *Inspiration*, I imagine perhaps it concentrates all the power of attention on the fingerprints, there is a spiritual relationship of contact with the paper, and when you dip your finger in the water and press it onto the surface of the paper…do you ever misprint once your finger touches the paper?

Zhang Yu: No. This problem doesn't exist. However I print, it's always right.

Zhu Qi: In fact, *Inspiration* is a visual limitation.

Zhang Yu: You're right. I worked hard in an attempt to push the visual presentation of *Inspiration* to its limit. Motivation and result corresponded completely.

Zhu Qi: Therefore I feel that the difference between them is that all the feeling of truth of *Fingerprints* is gathered before your eyes, where *Inspiration* is visually associated with the cosmos.

Zhang Yu:*Fingerprints* are the truth of nature, *Inspiration* is the truth of association and feeling.

Zhu Qi: And what is experienced is a quality of truth. Actually it is the truth of a condition, or that sort of abstract misconception.

Zhang Yu: That's it.

Zhu Qi: Have you ever considered whether there are imaginings of landscape in the *Inspiration* series, such as an association to a cosmic constellation?

Zhang Yu:I have thought about this, but in a very unspecific way.

Zhu Qi: Will your next step still be to pursue this associative quality of images? In Western modern painting, what is pursued is not to let the beholder associate to a scene of photographic truth. The entire organization of the surface of the painting is all an abstract structure that presents the truth of the surface as such. It doesn't let you look at the surface of a painting, but allows you to imagine again things that are outside of it. This was one of the beginnings of modern Western painting.

Zhang Yu: In fact, speaking of artistic expression, as far as I am concerned in particular, I have broken off that line of association to photographic truth. I rather pursue the feelings that come altogether from the heart/mind, or in other words: it is more challenging to create things that do not exist at all.

Zhu Qi: This way that the West follows is in fact very conceptually conscious.

Zhang Yu:I like concepts that arise naturally, and I like even more creation from nothing. This is not a structure of simple configuration, but a grasping of wisdom and a consciousness of understanding.

Zhu Qi: The heartfelt format of Chinese ink paining is different from the concepts of Western painting, but contemporary ink and wash has not yet opened up a formal difference to Western painting. The biggest problem now is that we are reforming ink and wash by reference to the morphology of modern Western painting.

Zhang Yu: This is how I see it: opening up a distance to the West is not a question of formal difference, but is basically one of method. I am not currently specifically considering what ink and wash is, but rather the method by which I want my artistic expression to be supported by Eastern philosophy. Its form should be an international morphology; the medium can be converted according to your expressive needs in an interrelated way. I feel that this is enough. If you stress the medium of ink and wash, it can easily constrain your thinking.

Zhu Qi: But there are some basic traditional connections that still remain in your works. The connection between that the Chinese emphasize subjective control, and being natural, is probably still there.

Zhang Yu: Definitely, for ink and wash has already become ingrained in me. Why else would I believe so firmly in my conceptions, and persevere in my actions in this way? I have told Western curators that the problem of Chinese contemporary art is not what one imagines, nor is it a simple problem of the medium of ink and wash. In fact it is a problem of our own culture. This probably has to do with philosophy, but the key is the problem of how to transform things through method. What you paid attention to earlier is also valid, the nature of society, ideology, Pop…but that part is still really distant from the line of our tradition since time immemorial.

Zhu Qi: Chinese painting stresses that the spiritual character drives the form. This connection has been used by some modern Western painters.

Zhang Yu: But they have transformed it using their own methods. Their form of presentation is still their own connections — this is the wisdom of the Westerners.

Zhu Qi: The spiritual character of Chinese ink and wash is manifested in three aspects. Referring just to the spiritual character of these three aspects, they are, first, in the six canons of the Neo-Confucianist School of Principle, second, in the Chan School of Buddhism, and third, in shanshui landscape painting, poetics and literature. I feel that in the modern transformation of ink and wash, Chinese painting is not purely a question of painterly quality. It has the support of the spirit of Confucianism, Buddhism and Daoism behind it. All the good painters are experts in Confucianism and Chan Buddhism.

Zhang Yu: This should reasonably be the case. However, in most cases that I have personally come across, they have indeed read some books, they may even be able to recite from memory with familiar ease and use many references in their written essays, and, superficially, they seem to have understood, but in fact they are mostly not experts. It is very important that artists and critics read the books and then come to some realization, and then, through that realization, that they become experts.

Zhu Qi: In fact some artists have not read many Buddhist books, but they have a feel for it.

Zhang Yu: Feeling is very important for artists. Feeling is the foundation of realization. In that year in Moscow, I don't remember how many churches I walked into, nor how many different forms of architecture there were, but those rays of light descending from heaven remain forever in my heart. In Japan I deliberately entered Zen temples seeking experiences and answers.

Zhu Qi: What feeling did Zen give you when you were in Japan?

Zhang Yu: When I went to the Zen temples in Japan, the architecture deliberately emphasized a feeling of separation from the outside world. Although the connection with nature was very close, they created a site of energy that emphasized a sense of ritual. It made it very easy for me to enter that state of quiet in my heart/mind and serenity between heaven and earth.

Zhu Qi: And what were your feelings as an artist?

Zhang Yu: The moment I was cut off from connection with the outside world, and all that remained was to confront my own life, I couldn't help looking up at the sky. In an instant those trifles disappeared from my mind, and there was, in a very natural way, an awareness in my life consciousness. I remember I meditated, motionless, for a long time in the Zen temple that day, and slowly my life and my consciousness entered their own universe. I perceived my own heart/mind, and perceived that cultivation practice was not a posture, but an attitude derived from the nature of the mind. This is indeed a realm, relaxed, pure, serene and natural. That's right, what you just said about "abstract misconception" was very interesting. Many people say that Chinese traditional calligraphy is abstract, and that the ink and brush of painting is abstract, and that therefore abstraction exists in the Chinese tradition. The truth is that this judgment is a misinterpretation. The foundation of calligraphy is Chinese characters. The structure of their shape is fixed. You cannot change their shape as you like. Its beauty is the beauty of structure and of brush and ink (bi-mo), and not an abstract beauty. As for the brush and ink (bi-mo) work in painting, you cannot isolate it, because brush and ink in isolation is meaningless. In the traditional culture of China, the key thing is the view of space and time, and the view of being natural. Space and time, and being natural, are what we should emphasize and develop. So-called abstraction is only a concept that we can use for the time being to communicate and link up with the international scene.

指印，跨媒介的创作方法

Fingerprints, a Creative Method that Transcends Medium

——《艺术锋尚》采访艺术家张羽

Yishu Fengshang Interviews with Zhang Yu

指印，跨媒介的创作方法

——《艺术锋尚》[1]采访艺术家张羽

地点：张羽北京大山子环铁艺术城工作室
时间：2011 年 8 月 12 日

张羽北京大山子环铁艺术城工作室，2012年
Early Morning at Zhang Yu's Studio in Huantie Art Precinct, Dashanzi, Beijing, 2012

记者：张羽老师您的“指印”创作最近有没有新的形式呈现？

张羽：我最近一直在想，想做一个由公众参与的“指印”行为艺术活动。今年初，国家核电规划设计院找到我，一来想收藏我的“指印”作品，二来也想一起合作一个活动。于是，我便提出这个想法，他们也觉得这个方案很好，希望能与我合作。看看吧，能否有可能做这个活动。目前，我在起草这个计划方案，主题是“承诺”。我认为现在的社会最缺的就是诚信。而“指印”本身具有画押、承诺的社会性象征。主题就叫“承诺”——张羽·千人“指印”公共艺术活动。

记者：这个很值得期待。

张羽：做一个有意义的艺术活动要有它的内涵和问题所指，要能够触及问题，这个表达才会有意义。所以，在表达的视觉范围内要强调公众的参与性，以及引发公众的思考和认识，更要通过后期的文献整理再以多种媒体的形式进行传播。

记者：也可以说这是当代艺术赋予艺术家身上的责任。

张羽：这是一种当代使命感，是社会的，也是艺术可以承载的。一直以来我们都是以现实主义、社会性作为一个基本点来讨论当代艺术。我一直认为当代性的首要问题是建构性问题，而不是说简单地面对现实生活就等于当代性，因为任何艺术表达在不同时代只要是现实主义的都会和时代有关系，其实这只是艺术表达的一个侧面，而不是唯一的当代性。真正意义上的当代性，是看在整个社会的文化、艺术发展方面建构了什么。艺术家对社会的反映需要有一种深度的认识。

记者：张老师1991年就已经开始创作“指印”作品，在当时来讲步子迈得确实挺大。而现在从艺术批评、艺术理论都已经认同，而且很多国内外的收藏家也已经很认可了。

张羽：当时的步子确实有点大，大家不接受，也正常。所以“指印”中断了十年，2001年重新开始做。但这一次开始，我非常自觉和明确强调“指印”的行为表达的重复性及时间性。我当时清楚自己的步子有点快，所以停下“指印”，开始做“灵光”系列，我也清楚“灵光”这样的作品会比较快被认同。

记者：问题在哪儿呢？

张羽：我的作品一直被来自两方面的判断所排斥，一方面是来自传统水墨画笔墨中心的保守派，他们以笔墨形式作为标准。另一方面是来自五四新文化运动以后我们的教育向西方看齐。艺术教育西化，于是判断的方法自然是参照西方艺术史线索。对“指印”的判断一定会从点、线、面的聚散、构成、抽象等去理解。抽象是西方现代主义的概念。问题是，这两个方面都忽略了传统文化发展的基本线索，以及“指印”在东方文化哲学中的关系。我们都在谈方法论，但是很少有人能够真正地从方法的角度去思考其建构的问题，这就是“指印”当时不被接受，以及今天还有人不理解的原因。因为，“指印”不是绘画，也不是抽象，又不是单一的表演行为。它超越了许多媒介表达的边界，所以不被广泛理解，也就很正常了。虽然“灵光”很快被较大范围所接受，但它同样遭遇来自这两个方面的批评：一、“灵光”没有笔墨；二、“灵光”是抽象水墨。于是他们又说：“实验水墨”的参照系是西方。其实，这种说法是极为荒谬的，我们不能因为艺术家的创作与西方艺术的某些视觉联想，就说它是西方绘画标准下的。其实“灵光”是两者之间的产物。

记者：2007年高名潞提出“意派”，可以说是咱们自己的方法论，您对这个怎么看？

张羽：“意派”这个概念是有意义的，“意派论”本身也没有什么问题，虽然很多人持反对意见。我觉得问题出在“意派”展览上所选择的艺术家，范围太大，因此消解了问题的核心和针对性。“意派论”是我们自身文化以及哲学思辨的艺术表达，是别于西方艺术史的方法论。从这个角度来说，“意派”所针对的个案及方法，一定是西方艺术理论难以说清楚，无法判断的。唯有“意派”的理论能明确阐释，这样才能凸显“意派论”的意义。西方的艺术理论如果也能够清楚地判断这个方向的作品，那“意派论”就失去了其存在的意义了。其实，艺术发展到今天，艺术表达就艺术本体探讨而言，中西方之间的差异虽然我们能够找到不同，但已经变得越来越模糊了。只有那种比较深厚的内在的东方哲学，或者我们自身的文化性，西方人从形式上看了好像也能理解，但却拿西方的理论说不清楚。这应该是“意派”不是之是的价值。

记者：艺术创作的本土性、当代性在今天能更好地呈现，从哪些方面去做或者是切入更好呢？

张羽：根据每个艺术家认识问题的深度而思考，没有绝对性。深厚的传统文化资源需要我们不断地去挖掘，而每个人对今天的文化和传统文化，以及中西方文化的比较在理解和认识上都不在一个层面上。比如说我选择“指印”，大家都能体会“指印”是修行？也许有人会认为有一种修行的仪式感。而我认为修行是一种方法，不是简单的一种形式。我们不能简单地从表层看问题，要看根本。这种“指印”的修行是一个表现形式，而更多的是心理体验，目的是通过这种方法进行转换，去发现这种行为方式和传统文化、当代文化现实及媒介的关系，通过这些关系呈现新的表达。它超越了平面，超越了绘画性，超越了抽象。再比如展望的作品，他把太湖石这样一个中国文化符号通过媒材直接转换。这些方法反映出不同的艺术家在不同的事物面前的不同认知，只适合于他自己。今天，艺术表达无需刻意强调本土性。

记者：特别想知道您在创作过程中是怀着一种怎样的心情在摁指印，是愉悦的还是平静的？

张羽：一定是平静的，但每个阶段一定会有变化不可能完全一样。我的生活比较有规律，比如每天早上起来浇花、种地、喝茶、稳定心态。当面对媒材缓缓进入状态再去摁指印，当状态趋于平静，思绪越来越干净，不时地，眼前会出现清空的感觉。随着时间的过程当指印越来越密集时，在平静的过程中注意痕迹的视觉反应，由精神状态控制指印行为的摁压痕迹的视觉平衡。因为，平衡是“指印”作品的整体视觉支撑，自然的平衡关系会使读者随着不解与猜测、想象而走进你的作品。

记者：在创作的过程中有没有偶发性的东西？

张羽：每一个指印的动作都具有偶发性和客观性，我能控制的只是一个行为的基本状态，偶发性每时每刻都发生。我不是电脑控制的机器，所以每一个指印的力量肯定是不一样的，重复只是行为动作意义上的。读者无法直接体会指印行为，身体触碰宣纸时感受到的指印痕迹体验，也就无法充分认识“指印”作品表达的内在关系。所以，评判“指印”作品的前提是必须了解其内在关系，才能够明白艺术家到底做的是什么，才会明白作品的特别性及价值和意义。

记者：张老师您1991年的时候开始这种方式创作，到2001年又重新继续，那么，现在相对1991年你对它的认识有哪些方面的变化？

张羽：1991年的“指印”针对的是传统笔墨规范而放弃毛笔，如果想与传统笔墨断裂，这支笔就不能用，所以才有了1991年的指印，不用毛笔等于不用笔墨规则。2001年重新开始的“指印”不再针对水墨，而是强调指印行为的特殊意义及指印表达本身，从而是跨越媒介的创作理念，水墨艺术不是单纯的水墨问题，而是当代艺术的表达。它开始触及了水墨、绘画、版画、行为、影像、装置、空间等媒介的总体。

记者：到现在“指印”又从事十年了，这十年对它的认知也是不断地完善或者是丰富吧？

张羽：这十年，我从水墨媒材发展到陶、水、胶片、指甲油、玻璃，从水墨媒介的行为发展到影像、雕塑、装置、空间。“指印”有意思之处还在于不仅仅可以摁压在宣纸上，也可以摁在其它媒材上，但结果是完全不同的。你可以选择蘸水或蘸墨，或蘸植物质颜料摁在宣纸上。还有在宣纸上摁一层、两层、三层，甚至四层、五层，所呈现的气息或质感是完全不同的，这就是这些水性颜料与宣纸碰撞的特别性，那种厚实、柔和、通透。如果摁在PVC胶片上一定选择指甲油，它们的结合所反映的是其特别性，比如材料的透明感、时尚感和现代感。

记者：这样又解决了探讨材料自身表达的问题。

张羽：“指印”作品因为是指印行为留下的痕迹，所以可以延展到其它媒材。但，不是所有的媒介表达都有意义。作为一个艺术家对媒介的认识和选择是非常重要的，跨媒介的艺术表达，需要对媒介有足够的认识和把握。

记者：如果您一直这样坚持下去，那么从艺术史上讲，您是唯一把这个行为艺术做了一生的艺术家。

张羽：坚信是一种信仰，坚持是一种态度和立场，指印行为的艺术表达是我人生的重要作品。

记者：您年轻时候的艺术创作已经很前卫了，当代艺术三十年中，水墨发展也是三十年。

张羽：水墨的创新与发展和现当代艺术的发展都已走了三十年。我从80年代初开始中国画探索，那个时候没有“现代水墨”、“实验水墨”这个概念。直到80年代中后期才提出“现代水墨”概念，而“实验水墨”的概念是1993年提出的。

记者：一路上都是在探讨当代性的问题。

张羽：1994年，我曾提出“与传统笔墨规范断裂”；1999年，提出“走出水墨，进入当代”；2001年，提出“水墨问题的终结”；2008年，又提出“水墨不等于水墨画”；2009年，提出“终结水墨画”等理念。提出这些问题，其目的是想让水墨媒介的艺术表达真正意义地进入当代艺术问题的思考。因为，我们已不存在单纯的水墨问题，跨媒介的表达是必然。

记者：80年代李小山提出“中国画穷途末路”，以及后来的新中国画概念，都没有很好地解决这个问题。

张羽：虽说，水墨的发展很艰难，但还是一步一步地向前推进，如今已有很大的发展，现在的水墨状况已和当时完全不一样了。那时非常单一，只是水墨画，如今很多元，水墨媒介已经发展到行为、影像、装置。现在的问题是我们没有自己相应的理论来客观评判这些作品。

记者：从美术史角度看，您创作的“灵光”、“指印”作品都具有特殊价值。

张羽：我自信这一点。只要我们的推进是以建构的方向并从艺术史发展的逻辑出发，就没有问题。从当代艺术发展的历史来看，从国内外众多理论家撰写的现当代艺术史及现当代艺术研究书籍看，都把“实验水墨”作为中国现当代艺术史里的一个问题。从这个角度讲“灵光”、“指印”都具有代表性，也是无法绕开的。

记者：1999年，张老师在“实验水墨宣言”中提到一个观点，您认为“实验水墨”是反对笔墨中心主义的，在今天来看，时隔十多年，有没有修正或者是补充？

张羽：当代艺术的发展是多元的，反对笔墨中心主义就是反对单一和狭隘。单一与狭隘无利于中国当代艺术的发展，过去、现在、将来也是如此。在宣言中我还强调：“‘实验水墨’是开放的、运动的、变化的、发展的。”为什么当时强调这些问题呢？我们虽然不能预测明天和未来，但我们对未来有一个方向。当代艺术的发展在于开放性，我们一定不要狭隘地面对文化的发展以及艺术的表达，对媒介的开放一定是随着你的认识不断打开。

记者：您认为国内的收藏家与欧美的收藏家比，最大的区别是什么？

张羽：我所接触的欧美藏家所收藏的作品，他们更看中作品本身及形式感，看重作品所具有的特别性、不可替代性。国内的藏家更看重作品的升值空间，喜欢听大多数人说什么，而不看作品的内在价值。

记者：张老师在展览方面近期有怎样的计划？

张羽：没有明确的计划，对于展览我一直都是顺其自然。9月后在美国明尼苏达大学美术馆，意大利的佛罗伦萨有联展；11月还在意大利罗马当代美术馆有一个奥利瓦策划的联展；12月在美国纽约有一个双个展。明年上半年在摩纳哥、新加坡有两个个展。

原文刊发于《艺术锋尚》，2011年3期

注释：

1、《艺术锋尚》：中国国际文化出版社出版，《艺术锋尚》编辑部主办。本杂志以发掘艺术的先锋性为宗旨，致力于传播和推广当代艺术，着眼于全球视野，关注学术动态，跟踪艺术品市场，服务于艺术品机构、收藏家以及广大艺术爱好者；发布海内外艺术市场最新资讯，报道艺术家最新动态。

旅游卫视“书画中国”张羽特辑录制现场，张羽北京大山子环铁艺术城工作室，2012年
Chinese Painting and Calligraphy: on the Record Site of Zhang Yu's Special Feature Films (First and Second Series), the Travel Channel, Zhang Yu's Studio in Huantie Art Precinct, Dashanzi, Beijing, 2012

指印行为是“指印”作品的根

The Fingerprinting Performance is the Basis of the Fingerprints Works

——— *Flash Art*采访中国艺术家张羽

Flash Art Magazine Interviews with Artist Zhang Yu

指印行为是“指印”作品的根

——*Flash Art*[1]采访中国艺术家张羽

方式：网络书信 / 米兰 → 北京
时间：2011 年 11 月 1 日

伟大的天上的抽象——21世纪的中国艺术，罗马当代艺术馆，罗马，意大利，2011年
左起：马可鲁、徐红明、周洋明、孟录丁、张羽、奥力瓦、张浩、张健君、李向阳、雷虹
The Great Celestial Abstraction: Chinese Art in the 21th Century, Contemporary Art Museum of Rome, Rome, Italy, 2011, From Left
Ma Kelu, Xu Hongming, Zhou Yangming, Meng Luding, Zhang Yu, Achille Oliva, Zhang Hao, Zhang Jianjun, Li Xiangyang, Lei Hong

首先，非常感谢张羽先生同意接受我们的采访，并希望以后我们有机会碰面。以下我们给您提出了十几个问题，您可以全部回答，也可以有选择地回答。再次感谢您，占用了您的时间。

Flash Art：在过去30年中，您的作品已经从人物的“扇面”和“肖像”到“灵光”和“每日新报”系列中的抽象绘画以及拼贴，再到现在的“指印”。而“指印”作品，是您自2001年以来就一直不断创作的。从您早期的80年代作品看，对您来说是否已经有某种可能性，就是您的创作看起来像从传统的中国绘画直接过渡到“指印”？

张羽：传统的中国绘画其珍贵的品质，需要艺术家有敏锐的观察力与智慧去认识和把握传统艺术中的精髓。我对水墨艺术的探讨是从传统到现代，再到当代的一个研究过程。“指印”，从文化艺术发展的角度来看，一定是延展传统和超越传统的结果。

Flash Art: 您在1991年已经开始做“指印”作品。请您描述一下，为什么您一直到2001年才又继续？

张羽：80年代的中国艺术界对每一位艺术家来讲，突破传统绘画规范的束缚是必须思考和经历的课题。恰好这个时期我能有幸在享誉盛名的天津杨柳青画社拜读了许多优秀的传统水墨画精品，经过深入研究传统绘画发展的脉络，以及对水墨媒介的笔墨性研习和把握，经十余年探讨，在1991年初我冒天下之大不韪，放弃了中国水墨画有史以来必须使用毛笔作画的规范，通过指印行为做了十几件焦墨的“指印”作品。这对封闭已久的中国水墨来说，这种超乎寻常的举动，一定是不被接受和理解。于是，我只好通过十年迂回性的“灵光”创作研究，并在美术界获得广泛影响后，我在顺其自然的状态下，2001年重回“指印”创作，并在2004年后逐渐引起越来越多的关注。

Flash Art: 1991年您创作“指印”作品时，得到了什么样的反馈？比如“我的朋友某某说……”或者“艺术家某某说……”

张羽：在中国刚刚开放的时期，艺术界更关心西方现代艺术已经做了什么，西方会用如何的眼光以社会性的意识形态来看中国的现代艺术。所以，朋友也好，艺术家、批评家也好，从认识到理解基本上都是比较表面的，无法从内在的核心看问题，更无法从自身文化的本质去思考。因此，在批评界普遍认为，我的“指印”作品是抽象绘画，属于西方现代主义艺术形式，根本不理解“指印”作品中的行为意义和价值存在。

Flash Art：在您的“指印”系列作品中，行为扮演了什么样的角色？

张羽：指印行为是“指印”系列作品的核心，也就是说是指印艺术作品的根。指印行为是“指印”作品的第一表达，指印行为留下的指印痕迹是“指印”作品的第二表达。指印行为既是我的艺术表达，也是我面对现实世界的修行方式。

Flash Art：“现代水墨”和“实验水墨”在技术性和概念上的区别是什么？能否从您自己的全部作品中举一些例子？

张羽：“现代水墨”泛指那些挪用或者结合西方现代艺术方法或风格来突破传统水墨画的水墨绘画范畴。比如，我的“扇面”系列、“肖像”系列、“随想集”作品，都有一些超现实主义和表现主义的因素。“实验水墨”是特指与传统水墨画笔墨规范断裂的“非具象”的，甚至超越水墨画的综合材料的艺术表达范畴。比如，我的“灵光”系列、“每日新报”，在超越东方与西方的艺术观念下，强调艺术表达的个人性和不可替代性。

Flash Art：您可以谈谈您选择“指印”系列中的颜色吗？为什么是红色？您试过蓝色，但它并没有继续？为什么？

张羽：“指印”作品对颜色的选择，首先，基于“指印”作为契约画押的文化概念的思考。“指印”作品主要创作了植物质的红色、水墨的灰色、天然水的无色。红色指印行为是契约画押，其特殊性具有象征性的意义。水墨之色特指与传统水墨文化的关系。天然无色的水强调指印行为触碰宣纸的表达的极限，凸显纯粹性与自然性。蓝色“指印”作品是我的偶发作品。

Flash Art: 当您创作“指印”作品时，您只用您的右手食指，那重要性是什么？

张羽：用右手食指摁“指印”作品，重要性是自然和顺畅，也符合“一指禅”的修行境界。

Flash Art: 您一直在艺术群体中与当代水墨艺术家有着密切联系，您也编辑刊物和书籍，策划展览并出席论坛。这个群体对您发展成为一个艺术家有何重要性？您的“指印”作品是非常有特色的，如果没有很强的，您作为一分子的群体，您能否单独同样达到这样一个高度？

张羽：能否成为一位艺术家，首先是你是否选择做艺术家态度和立场，而这又是命中注定的，而努力使自己成为一名出色的优秀艺术家是我的目标。如果你要想成为一名杰出的艺术家，所有的努力必须是由心而出的自觉，要靠你的思想，更要付出全部的努力，提出你的主张去推动艺术的发展。编辑出版、策划都是我的个人行为，这个所谓的群体，是由我把一些有共同理想的艺术家组织起来的，所以也有人说我是个活动家。但这与我作为艺术家是一回事。我很清楚策划、编辑出版是传播我的思想主张和艺术理念的最有效方式。“指印”的出现是我艺术追求的逻辑发展必然，“指印”作品的特别性以及追求的高度，也是一个必然。但从事这些活动或者说工作对我而言，最重要的是练就了敏锐的分析力和观察力，所有的这些努力都出自于我对艺术的热爱。

Flash Art: 您的一些作品是需要高度集中很长一段时间才能完成。您创作“指印2011.2.20”需要多久？您通常创作是连续性地从开始到结束，还是您创作了一个星期，休息一个星期，又重新开始？当您开始创作一件大作品时，您的每日作息是怎样的？

张羽： 由于指印行为的特别性，所以这件12米长、2.3米宽的“指印”作品是巨大的，我断断续续做了一年多。我的创作过程，如果没有外出展览或其它工作的话，每天除了吃饭、休息，我一天要创作五六个小时，甚至更长时间，天天如此，像僧人诵经修行一样每天不停，日复一日、年复一年。

Flash Art: 您的“指印”创作过程具有修行，很明显，这些些作品具有独特的形式。当你开始创作时是否有想过这些？你是否会做出更多或更少密集的作品？

张羽： 指印的行为是自然的，是不经意的，但也是刻意的，指印的行为从某种角度看如同体会禅宗。在很强的形式感中却使你体会了无始无终的境界。指印，始终如一的境界是指印的修行核心。因此，指印的多和少不是问题的根本。

Flash Art: 能否请您详细阐述一下您的“指印”系列与禅和佛教之间的关系？

张羽： 我们必须明白“指印”作品不是阐释禅和佛教的。确切地讲，“指印”作品是艺术的一种表达，虽然指印行为可以理解为是一种修行方式，但它更是一种艺术方式。而修行是禅、佛教或道教信仰者的修炼过程，那是一条通往人类内心最深远的道路，在这条道路的尽头，是我们要寻找的一种智慧，达到这种智慧的过程，不是用体力去跋山涉水，也不需要口号和说教，而是需要平静，需要单纯和清澈。因此，它是超越狭隘与世俗的一种境界。那么，“指印”艺术就是探寻这种平和、平静的艺术，或者说具有智慧的艺术。指印是一种行为，也是一个契约的文化概念，因此，它是一种承诺。禅是一种认识，是一种文化，更是一种智慧。佛教是一种礼仪、一种文化，也是一种修行，更是一种智慧。一种寻求平静的智慧。对于“指印”作品而言就是通过这种面壁般的修行，由内而外地获得自然的、清澈的、单纯的感受和境界。

Flash Art: 您创作出了一个明显的在“水墨”和“水墨画”之间的差异，您能否描述一下这个？

张羽： “水墨”指的是水墨媒介这样一种媒材，也是指“水墨”这样一种文化。“水墨画”指的是中国绘画中的一个画种。“水墨”是一个不固定的表达范畴，而“水墨画”是一个固定的表达样式。

Flash Art: 我想问您一个问题，在2010年“终结水墨画”的展览中，您在一个介绍性的文章中假定：

伟大的天上的抽象—21世纪的中国艺术，张羽作品现场，罗马当代艺术馆，罗马，意大利，2011年
The Great Celestial Abstraction Chinese Art in the 21th Century Display of Zhang Yu's Works Contemporary Art Museum of Rome Rome, Italy, 2011

"它是水墨艺术或当代艺术？"在这里，让我们认为"它"是您的作品。您能描述一下这个"指印"系列的联系吗？

伟大的天上抽象——21世纪的中国艺术，罗马当代艺术馆
罗马，意大利，2011年
The Great Celestial Abstraction: Chinese Art in the 21th century, Macro Testaccio Contemporary Art Museum of Rome, Rome, Italy, 2011

张羽：我的意思是说：今天，我们虽然通过水墨媒介创造了艺术表达，但不要狭隘地从水墨画的角度看问题。就是说，你的表达在今天不应该仅仅是水墨艺术，更应该是超越水墨特指的当代艺术。"指印"作品，虽然与水墨媒介有关，但它不是一般意义的水墨，而且仅用水墨概念去衡量已经无法阐释清楚，因为它已经超越了水墨范围所指。同时，也无法用任何已有的方法去判断。它首先不是水墨画，也不是抽象绘画。它既是行为的，也是平面的，还是空间的。所以，"指印"表达是一种综合形态的表达。

Flash Art: 美国评论家乔纳森·古得曼Jonathan Goodman 写道："西方艺术在现代和当代实践中已经发展，对于张羽来说有空间来改变自己的工作方式。"有什么特别的西方思想或艺术家最影响你的作品？

张羽：指印行为的艺术表达，是一个不可替代的美学新观念。如果一定要在西方抽象艺术概念下判断，它一定是超越格林伯格抽象表现理论的，更是超越波洛克抽象表现主义作品的。"指印"以一种东方哲学观念，为今天世界提供一种新的艺术理念。

Flash Art: 是否可以说，西方艺术和"水墨画"的轨迹汇集于你的作品中？我觉得有些人认为可能有且只有两个结果：亚洲传统吸收西方传统，或者西方传统吸收亚洲传统。对于这一点，是否是民族主义方面的？

张羽：对我而言，东方艺术和西方艺术的视觉感受是融为一体的。我不再刻意强调民族主义，21世纪是一个特殊的世纪，由于整个世界在人们心里成为地球村而缩小。所以，你中有我，我中有你，已是必然。

原文刊发于《Flash Art》，米兰，意大利，2012年282期

注释：

1、Flash Art：意大利最具影响力的当代艺术杂志。Flash Art的主编恩卡罗·玻列蒂从历史的角度思考了艺术与商业的关系，认为艺术就受到各种赞助，与市场永难分离。

让灵动飘在空中

Let Inspiration Float in the Air

——— *Pipeline*访中国艺术家张羽

Pipeline Magazine Interviews with Artist Zhang Yu

让灵动飘在空中

——*Pipeline*[1]访中国艺术家张羽

采访：Pipeline
方式：网络书信 / 新加坡 → 北京
时间：2012 年 2 月 5 日

张羽：指印——闭关的方式，装置，丝绸、宣纸、显示器，新加坡，2012年
Fingerprints: a Format of Retreat, Installation, Silk, Xuan Paper, Projector, Singapore, 2012

Pipeline：您对空间的阐述是什么？

张羽：空间就是场。空间就是有和无的关系。空间就是思变。所以，我一直认为，空间，是一个哲学问题。

Pipeline：与空间对话，对您来说重要吗？

张羽：与空间的对话是无时不在的。对艺术表达而言，所有的艺术创作几乎都离不开空间的关系，不管是立体的装置、影像，还是平面的绘画，都一定会涉及空间问题，会在不同程度上反映人与作品，人与空间的关系，以及作品本身的空间结构。而对空间的独到认识，足以体现你的思想和智慧。

Pipeline：当您面对艺术创作时，您是如何去思考的?也就是说，您是怎样处理创作和展出之间的空间关系？

张羽："指印"的艺术创作其思考对我而言，我以"指印"超越行为、超越绘画、超越抽象、超越媒介。创作与展出既是逻辑的，也是不断变化和关联的，变化的关系也是思变的关系。"指印"创作的第一现场是艺术家在闭关的工作室，而展出是再创作的第二现场，也就是说，"指印"与展出空间必须发生关系。所以，在某种程度上讲"指印"作品是随着展出空间而变化的。

便于对问题的阐释，今天，我的论述只针对"指印"架上平面作品与装置作品的空间处理。"指印"架上平面作品的视觉表达，是通过指印行为，并以水墨媒介为基本方式，而制造视错觉反映的平面空间的深度极致，同时，指印重复与繁复叠加的质性变化将导致视觉物化反映。于是，"指印"平面作品更能把阅读者引进单纯的、朴素的、空灵的想象空间，进而进入自己的精神世界。

"指印"装置作品的视觉表达有两个方面：1.单纯的装置，只在于装置本身的组合关系及展示空间的关系。比如，用指甲油点印在20米长的PVC胶片上；2.空间装置，这是一个创造视觉空间表达的场，这个空间的场，不仅仅是天与地的关系，还有空间与物的关系，或者媒介与媒介、媒材与媒材，以及观者与作品的关系。这种关系，是一种多媒体组合的综合形态。这种表达会给观者提供无穷的想象和思变性。比如，我在新加坡的个展作品，这个装置作品，我采用综合媒介及新媒材，再一次诠释将修行方法转换为创作方法的表达。我将整个展场的表达空间，创造成由两个大小不同的U字形套合而成，造成一种既闭而通的感觉，使观者能够慢慢地感受、体会，自然而然地进入主空间的那种修行状态。主空间以丝绸转印为主要媒介，特别制造了丝绸材料那种灵动飘逸的空间场域。再将张羽指印行为影像置于这个封

指印——闭关的方式，装置（局部），新加坡，2012年
Fingerprints: a Closed Format, Installation(Detail), Singapore, 2012

闭与不封闭、透明又不透明的修行空间中，给观者提供了一个在今天全球化背景下的东方思维面对世界的表达方式。

我曾经在北京今日美术馆创作的“指印”作品，台北孙中山纪念馆创作的“指印”作品，台北关渡美术馆创作的“指印”作品，3个作品都在不同层面触及了不同的问题。

总之，空间问题是一个具有哲学思考的问题。所以，对空间认识的深度会直接关系到其艺术作品表达的深度。

原文刊发于《Pipeline》杂志，新加坡，2012年

注释：

1、Pipeline：新加坡艺术新闻杂志。

媒介作为精神体验的修辞

The Medium as a Rhetoric of Spiritual Partipatory Experience

——杭春晓访谈张羽

Hang Chunxiao Interviews with Zhang Yu

媒介作为精神体验的修辞

——杭春晓访谈张羽

地点：张羽北京大山子环铁艺术城工作室
时间：2012 年 5 月 4 日
整理：魏祥奇

杭春晓到访张羽北京大山子环铁艺术城工作室，2012年
Zhang Yu's Studio in Huantie Art Precinct, Dashanzi, Beijing, 2012

杭春晓：毫无疑问的，您在公众的接受层面上，是作为中国抽象运动的代表人物。到“指印”系列的时候，从形态的表征上说，您似乎又在背离所谓抽象的界限。您是怎样看待在这段历史中、未来的描述中，这样一个抽象艺术家的身份？

张羽：实际上，我就没有想过自己是不是抽象艺术家，也没想我要做一个抽象艺术家。在我看来，我一直在“非具象”的情境中探讨我想要解决的艺术问题，同时我是一个喜欢使用多种媒介、多种媒材创作的艺术家。我更希望能不断地超越自己，超越那些被已经界定的东西。其实，从语词使用上讲，将“抽象”与艺术家并联表述，是不恰当的，与画家相连比较恰当。因为，抽象是一种方法，也是一种风格，属于绘画层面的范畴。艺术家与画家看问题的角度和方法完全不同，画家在乎绘画的技巧与风格，而艺术家更在乎他的表达应该建立在对世界的一个整体判断的认识上，也就是说更在乎思想上的认识。正因为如此，艺术家很难停留在使用一种媒介的表达上。在过去，大家对我的了解是，我是做水墨艺术的，是“实验水墨”艺术家。的确我是从水墨出发的，最早与中国画探索、新文人画有关。后来是“现代水墨”、“实验水墨”。因为，“实验水墨”是“非具象”的图式表达，所以被批评家认为是抽象水墨艺术家。在这个逻辑关系中，大家比较熟悉我在“实验水墨”发展过程中所做的很多工作和艺术探索。

事实上，在此之前，我还做了很多基础性的学习、探讨和研究。比如说工作之前，我做过版画、油画、国画、雕刻等。工作以后，由于工作的关系和需要，为了增加对传统中国画的理解，我开始大量临摹传统中国画和书法，如：顾闳中“韩熙载夜宴图”、贯休“十八罗汉”、米友仁“潇湘奇观图卷”，再有像马远、夏珪、巨然、赵吉、文徵明、董其昌、倪云林、龚贤、石涛、八大、金农、任伯年等这一连串名字的作品；书法方面有爨龙颜、爨宝子、张迁碑、黄庭坚、张旭、王羲之等很多。同时，我还创作连环画、年画、版画、工笔画。1984年后我又持续做编辑二十余年，组织策划了许多有关“中国画探索”、“新文人画”、“现代水墨”、“实验水墨”的出版、展览、研讨等活动。

我并不是说这些尝试和工作有多么重要，但对我而言这些都是很丰富的经历和积累。通过使用不同的媒介和创作不同形式的作品，之间形成一个互相穿插的关系和不同方面的认识，也许正因为如此，使我走到今天，成为今天的我。应该说或多或少在年轻的时候就奠立了这样的基础。

杭春晓：您年轻的时候在媒介的运用上是多元化的，这与人的经历有关，碰触了很多的东西，然而最终您却是选择了水墨的媒介。毫无疑问的是，水墨媒介在您后来的艺术创作中是一条主线，很多人都不了解您还画过工笔、年画、连环画。

水墨作为传统绘画的材料，与传统笔墨的语义空间相接，背后有一整套的生活方式、观看方式等一系列的文化。并且，您在进行“实验水墨”行为的时候，正值80年代以来中国画传统媒介面临转换的时期，这个转换的最终答案落实于抽象。这里预设了一些基本概念，比如说在一种西方的逻辑下，认为从具象走向抽象是一种“艺术进化论”，实际上并不完全理解抽象在西方发生的真正意义。就是在那个时期，在很多人看来，西方的抽象代表着一种更高意义的探索成果，这与我们长期接受具象绘画的现实有关。当然今天回过头来看，这并不严谨，但不能否认那样一个时期这些思考的意义。从某种角度来说，当时很多艺术家都投入到这场水墨转换的运动中去，共同形成了可以给大家进行合理观照的答案是：有一批中国画家超越了再现、超越了具象，用水墨的媒材进行抽象化表达，并且这种表达符合他们对世界潮流的一种假设。您当时是以怎样的逻辑投入到这场潮流中的？

张羽：说“实验水墨”发展正值80年代以来中国画传统媒介面临转换时期，最终落实于抽象，这是当时批评话语的误解，是一种想像批评，也是对西方抽象和表现方法及语言缺少深究，或许是当时知识结构导致批评的失误。我比较同意你刚才说的：用水墨媒材进行抽象化表达。80年代，西方现代主义艺术对中国美术界的冲击，使艺术家们向西方现代艺术学习直接用抽象表现主义的方法改造中国画，这确实也是一些艺术家在当时情景中的一种简单理解的办法。事实上，使用水墨媒介的艺术家并没有深入地思考有关的抽象艺术问题，而是凭着一种感觉直接对应西方表现主义和抽象表现主义的表达方式。因为，水墨媒介的水墨画的写意画法与表现性方法或抽象表现性方法有着天然的通道和某些相融性，不用转换便可以直接对应连接使用。于是，在彰显自我价值，摆脱官方意识形态的控制的背景下，就这样开始了表现化的与抽象化的“现代水墨”运动。但创作的出发点与西方抽象主义是不同的，而这些不同，当时的批评并没有注意到，或者根本就没有发现，便将其归类为抽象也就在所难免。可是这种通过简单的方法的表面形式转换不可能使水墨深入发展，但不管怎样，中国画表现化、抽象化的“现代水墨”转换过程是具有一定意义的。记得1986年栗宪庭曾撰写过一篇文章发表于《美术》杂志，说：“纯粹抽象是中国水墨画的合理发展。”

但，问题是，“实验水墨”是在“现代水墨”之后发生的：一方面是针对“现代水墨”以来表现化与抽象化的改造方法的简单化和形式化问题；另一方面是针对将水墨简单地引入抽象表现化方法所带来对水墨媒介文化的能指等诸多因素的屏蔽，以及难以深入发展的困惑。所以，“实验水墨”首先避开西方逻辑下的“抽象水墨”定义的发展方向，以开放的视野进入水墨媒材在文化层面的图式思考，同时，也带来了对水墨媒介物质属性的可能性探讨空间。实际上，我当时对“实验水墨”的提倡与推进是策略的，其主要动机是拓宽水墨媒介的可能性及如何进入当代艺术层面的可能性。而我们当时的批评却一直无法正视被他们认为是抽象化的水墨表达，也无法正视这些艺术家的创作到底针对的是什么样的问题和思考。于是，忽略了“实验水墨”背后所关注的水墨媒介向当代艺术发展所触碰的一些问题，以及建设性的铺设。或许这些问题都被当时的“抽象水墨”概念所遮蔽了。

事实上，从“现代水墨”的抽象化表达到“实验水墨”的“非具象”图式的、装置的，以及综合材料的表达，其发展是一个必然，是一个无法跳过的至关重要的过程。水墨媒介进入当代艺术的表达，它的作用是无法忽视的。

为什么有那么多的批评将其视为“抽象水墨”？一方面是简单地运用西方艺术史从“具象”到“抽象”的发展逻辑；一方面也有人认为，在中国传统绘画中有抽象，诸如笔墨、书法。这虽然是一种简单的推理，也的确反映在一部分画家的作品上。这些画家从传统的山水画、花鸟画笔墨技巧，或者书法的书写形式进入“现代水墨”。因为，他们一旦放松了笔墨很容易找到一种所谓的抽象化、表现化形式，并乐于其中的笔墨放纵的快感。这种认识也许与70年代“星星画会”追求艺术表达的形式自由化有关。也许与1980年前后吴冠中讨论“绘画形式美”以及“关于抽象美”，1986年栗宪庭“纯粹抽象是中国水墨画的合理发展”等都有关。

而我一直反对将“实验水墨”简单地理解为“抽象水墨”的理由是，我非常清楚“实验水墨”与“抽象水墨”是两个完全不同方向，不同层面的问题。首先，“实验水墨”本身就是从平面架上去反驳“抽象水墨”的简单形式化。再有，“实验水墨”是以“非具象”的图式创造去挖掘水墨的表现力和针对及承载现实文化问题的。

在我看来，从水墨画的角度思考水墨几乎是一个死胡同，而关注水墨媒介表达的可能性是一个未来话题，具有不可预见的空间。我也认为，现代主义发展中的抽象艺术在西方艺术史中有着完全逻辑化的线索，这条线索在西方是一种必然。如果与我们直接相关联，在外在表现形式上似乎有某种拓展的可能，却无法深入。就是说，从内部上看有一个很大的距离，缺少上下文关系。这也是文化导致的，也是媒介背后诸多问题导致的，换句话说是水墨文化的能指决定的。所以，我认为传统文化中的转换一定不是这个，我们前面上千年的基础都是以景物为图像的，人物、山水、花鸟都是非常具体的情形，通过应物象形去抒发和表达一种情景。而心性中不具有抽象的理性形态，包括书法，一些人认为书法是抽象的，这个观点也非常不准确。书法是建立在文字的基础上，文字是一个可以用来识别和解读的符号代码，文字和书法都是笔画结构，而不是抽象结构。

实际上，在我们传统文化中的东方思维有比抽象更大视野的思想：如老庄思想。还有，我常常喜欢讲公孙大娘舞剑，我觉得公孙大娘舞剑是一件非常经典的行为作品，公孙通过舞剑这一形式载体，展现了人的身体曲线运动，再由舞剑行为带动流动的线性运动，剑与人合为一体。线性、速度、时间、空间、场域等叠合在一起，这种叠合是超越时空的，我想这也是感动唐代大书法家张旭的主要原因吧。这种不断的思考和认识也促使我加快走出“实验水墨”，并超越水墨，甚至超越了水墨媒介。

杭春晓：这个涉及我们今天重新梳理三十年水墨运动中，今天想来是一个简单化的东西，其背后有两个内在逻辑：一个是艺术进化论，也就是说抽象代表着艺术发展的方向；第二是用西方的逻辑来

张羽获AAC艺术中国年度艺术家水墨类大奖，北京，中国，2012年
AAC, Arts China: Artist of the Year (Ink and Wash Category), Forbidden City, Beijing, China, 2012

储备不够，这不仅仅遮蔽了“实验水墨”发展的前瞻性问题，也遮蔽了你说的：运用媒介方法认知的当代性。这无疑反映出理论建设的滞后。

1991年我最早的“指印”作品，在不被接受的情况下，1996年经批评家栗宪庭介绍在英国伦敦画廊展出之后被藏家收藏。2001年又参加在伦敦举办的“梦：中国当代艺术展”。而2001年重新开始的“指印”作品又是首先在2003年法国巴黎展出，并被收藏。2004年又在日本参加“横滨国际电影节：视像群——中国当代艺术新学院方式”。而在中国的首次展出是“第四届深圳国际水墨双年展：高名潞策划的‘水墨空间’专题”。

很显然，我们都非常清楚批评的解释很难从运用媒介的方法去认知当代性和建设性，我们经过三十年对水墨媒介的不断挑战和不断深入，批评解释对运用媒介的新认识方法还经常处于误读状态。另外，当时只要是与传统有关联，不管是抽象还是水墨，前卫的批评一定是认为无意义的。当然，这些对我并没有什么影响，对我而言，不管是“灵光”，还是“指印”都是呈现我是如何看世界、认识世界的方法，以及我怎样表达我认识的这个世界。还有我想重提一个我说过多次的问题，三十年来我们在讨论水墨的时候，其实都没有思考水墨的问题，而是在说水墨画的问题。我们一直简单地把水墨画理解为就是水墨，同样，把这种“非具象”的水墨形态视为抽象水墨。水墨的问题是一个复杂的问题，因为它的背后潜含着丰富的关联。还有一个辩证的问题，我们今天不能再忽略，我们需要对水墨媒介有重新认识，水墨媒介的背后从历史角度看是有那些丰富的关联。然而，过去的水墨媒介与今天的水墨媒介其关系是不同的，所以承载也是不同的。这个不同对于我，是重建观看世界的方法，而这个方法来源于超越媒介的认识。当我在1998年提出“走出水墨”时，其目的是以走出水墨的方式重新看水墨。

杭春晓：水墨画和水墨媒材是两个概念。我们以前谈水墨的时候谈的是水墨画而不是媒材本身。而一旦说水墨画，其后有一套既定的形式编码，相反水墨更立体的文化编码，被屏蔽和消解。

张羽：不仅仅是被屏蔽和消解的问题，而是忽略了水墨作为媒介及媒材本身的特殊价值，以及水墨媒材物质属性的可表达性，文化及精神性的立体承载和关联，更关键地是忽略了水墨媒材物质属性的开放性，也就忽略了水墨媒材的开放性。所以，2008年我策划了“‘水墨’不等于‘水墨画’：张羽、李华生和梁铨联展”。我是想借此机会展开对水墨媒介、媒材及背后问题的思考：一、水墨是一种物质属性的媒材；二、水墨对于世界而言是一种文化，这种文化应该是超越媒介的；三、水墨是被赋予了超越物质属性的精神价值；四、水墨的表达是可以超越平面绘画的。就是说，我们需要重新认识水墨及水墨概念，提出水墨与水墨画是两个不同层面的所指，也是两个不同层面的思考方式。这个问题不澄清，无法展开对水墨理论的梳理与建设，超越媒介的认识便是空话，更不可能有机会进入中国当代艺术的新层面 。

杭春晓：所谓的“非媒介”并不是“反媒介”，而是超越将媒介作为一个表征的认知，跨越到媒介背后的编码系统。

张羽：这种超越媒介的表征认知不是一句话，我经过十多年的艺术实践和不断的自我否定，在90年代开始认识的自觉。其实，从80年代初开始的水墨画探索只是一个认识的准备阶段，从1991年开始做“指印”作品才是我认识的开始也是探讨的开始，当2001年重新开始“指印”创作时我有了一个相对完整的思路和线索。于是，我才有了以后的全面展开。一些批评认为我在水墨领域推向了极致，也将水墨推向另外一种可能，甚至于水墨无关。而对于我，其实，重新做“指印”也是实现我1999年提出的“走出水墨”，跨越媒介，并且在跨越媒介与释放媒介能指的前提下超越媒介，进入媒介背后表达的关联系统，叠加全球性话语中表达方法的认知再生，并突破媒介界限与媒介的表达能指。

我认为，“指印”作品是行为的，行为是我的第一表达。行为是一种媒介的表达方式，身体的、行为的、修行的。但是，区别于西方表演的行为艺术。当指印行为的身体进入到宣纸媒材，它们之间产生了一种关系，是媒介的关系，也是表达的关系。当进入宣纸就进入了架上平面，也就开始消解绘画性的思考，这种消解不在于水墨还是油彩，而是艺术史中的绘画性。当我选择用水摁压指印时，对在宣纸上摁压时偶然出现的自然的破裂，我发现了这一情节，也发现了这一情节在“指印”作品中的空间展示上的表达意义，于是进入空间、进入装置、走进更丰富的关系。由此发现我对这个世界又有了新的视野，对社会与人的关系有了新的理解，对艺术史发展的逻辑关系有了新的思考。这是一个经“指印”创造的时空。

“指印”表达在认识的前提下，将人类众生的修行礼仪方式转换为我的艺术修行表达方式。换句话，就是认识决定方法、决定方向、决定观念。

我们如果仅仅从单一媒介去思考，就会失去许多可能性。其实，这种跨越媒介的表达，是我一直以来不断思考去如何超越媒介表达的一种可能性。比如我创作的“指印”行为影像，将指印摁压到胶片、玻璃上，呈现出各种不同的表达形式，以及与不同物质的关系等，使精神在不同的媒材层面上得到释放。也许是职业的原因，我会经常冥想我在不同的地方，不同的环境所看到的水、山石、树木、阳光、石头、木材、钢材、玻璃、水墨、宣纸和画布等给我的启发。我用了近四十年的宣纸，这是一种特殊的感受和认识。但，对宣纸深入的认识来源于我超越媒介之后的体验。其实，早在我的“实验水墨”宣言中我就说过：“‘实验水墨’是超越形而上的，是超越东方与西方的，是发展的、变化的、动态的、多元的、开放的。”

在我看来，非媒介是一种对媒介的深度认识，是一种超越媒介的认识，它的意义在于表达的精神呈现，在于表达的方法，而不完全在于媒介本身，但我们又不能忽略媒介本身的特殊性意义和文化价值，这就是媒介背后的关联。艺术家应该敞开胸怀看世界。当你有勇气改变看待世界的方式时，回过头再看水墨将是完全不同的一片天地。

杭春晓：并不是回到对水墨的认识上，今天我们一谈某种创作形态的时候，我们都会先验地将自己界定到一个类型中。而这个类型我们会认为有一个边界，这个边界取决于媒介特殊的物理性，然后为自己的创作划定一个区域和范围。恰恰是这个区域和范围构建了一个对人控制的权力，重复媒介已经被编码过的东西，无法为媒体提供新的编码。只有突破权力的控制之后，才能够重新进入到媒介中。这时候虽然仍在使用这个媒介，但是已经不是那个已经被语言、知识权力化的媒介。我们在谈水墨的时候，其已经不再是被中国传统水墨历史权力化的水墨。

传统的精神如果是文化编码的话，在古代是与笔墨结合的表征方式，但是这种编码在水墨的媒材下，可以使用新的修辞来表达出来。传统精神是一种形而上的东西，是一种观看世界、认知世界的体验，这些体验存在于中国古代文人画系统中。文人画构建的是一种修辞方法，这种修辞与水墨的淡雅结合，与山水的布局相结合，构成了表达这一编码的具体方法。但并不代表着中国所有的精神体系只有这一种修辞方法。今天我们重新用水墨的时候，重复这样的修辞就是在重复死的故事，而提供新的水墨修辞仍然能够触摸到传统精神文化内核的时候，你才真正推进了水墨的发展。就是说，水墨作为一种媒介的发展需要新的修辞的不断产生。在文人画的内部中，也有局部形态修辞

非媒介：张羽、梁铨作品展
悦-美术馆，798
北京，中国，2012年
Non-Medium: the Exhibition of Works of Zhang Yu and Liang Quan, Enjoy Art Museum, 798, Beijing, China, 2012

的改变，诸如斧劈皴、卷云皴、披麻皴、解索皴等的修辞方法。毫无疑问这些修辞方法改变了，但他们仍然属于一套修辞体系。今天，我们希望重新改变这样的修辞方法，并且这种修辞仍然能够触碰到传统精神文化的内核，这样才能说真正推进了水墨语言的当代转换，这是一个根本的问题。而一旦提出水墨抽象的概念，就不再将其视为触碰中国文化体验的编码；而是将自己放到由具象到抽象，由写实主义到形式自觉的内在逻辑中，也就无法完成一种新的修辞方法的提供的可能性。

张羽：对。我经过三十多年的努力走到今天，其实就是要提供新的修辞方法，这个修辞方法一定要能够触碰传统精神文化的核心。所以，我同意你的一些说法，我们今天的目的不是要回到对水墨认识的权利层面，而是要通过对水墨的深度认识获得再水墨的新的修辞方法。而对于我，是要获得超越水墨的新的修辞方法。但事实上，由于我们大多艺术家对水墨媒介的深度没有足够的理解和认识。所以，水墨媒介的表达更多在当代艺术层面之外。

传统文人画的精神性是通过形而上的思想，寄予情感的，但有意思的是，他们又通过主观的应物象形的笔墨去呈现与物象的关系，山水布局的形式在合理与不合理之间与思想沟通。比如说披麻皴、斧劈皴、解索皴都与自然有关系，景物为笔墨的形态提供了参照。他们又在摹写与象形之间获得他们的修辞。而文人画巅峰之后，从五四新文化运动开始水墨画为什么一直走向下坡？这意味着什么？所以新的修辞方法针对的是什么？它针对什么层面才会有意义。如今我们也看到不少想创新的水墨画作品，似乎也有新的修辞或方法，但深究之后发现，这种修辞方法没有意义。我还是比较强调艺术家对媒介本身的物质性和文化层面需要有深入的思考和研究，这种认识是多方面的。这一关要过，否则新的呈现是一句空话，因为，所有的这一切都在关联之中。这种关联告诉我们，今天的现实屏蔽了太多精神层面的东西。因此，抒发虚假的情感是多余的，语言的描述既要非常的单纯，又要有丰富的关联，传统的、现代的、当代的、东方的、西方的、思变的、理性的、综合的、平衡的、集体的、个人的。

从某种层面上看我的“指印”，对精神的呈现是一个内部化的、私密的，但由于“指印”作品的行为性，又使指印行为开放到了宣纸、玻璃、胶片、水墨、水、指甲油等媒材。这种日常化的、经验化的体验，一定带有精神性的体验，由此直接对应物和物之间的碰撞和转换，这是传统不存在的认识，但是你仍然可以触摸和感受那种内在的精神内核。这就是去除媒介表象附加的观赏性之后指印行为背后的东西带给你的精神寄予。

杭春晓：中国的文人画系统是带有一种抒情性的，能够碰触中国传统文化中某些核心的精神体验，抒情是桥梁。今天重新运用水墨的时候，可能将中间性的桥梁都去除掉了——从水墨媒材的运用方法和感官上，直接触摸到中国文化核心的东西。禅宗化的、日常经验化的，不仅屏蔽了中国画那种固定的修辞方法，也屏蔽了触碰中国经验和中国体验的桥梁修辞。这个桥梁如果也称之为一种修辞方法，就是抒情化的。以淡为宗带有象征性，比如说排斥焦墨重笔的运用，强调舒缓用笔的情绪；反过来，今天将这种修辞方法全部抛弃以后，而是用诸如“指印”这样新的修辞方法，其更直接触碰中国传统文化经验的时候，就会提供一种新的视觉感官。

张羽：这种视觉感官背后有很多与生命相关的东西，却去掉了中间环节，直接用生命去碰触。以前画水墨画时，我也很留恋那种情结与快感，拿起毛笔在宣纸上那种逻辑化的行走笔墨的流动，那种水墨晕染千变万化的感觉。这种表现的中间环节在制约着你，你只能如此，你不是在控制材料，而是被材料所控制。有很多美感或者享受是这种媒介的天然性提供给你的，而不是画家的全部自觉。媒介的作用大于画家对精神的呈现，文化和精神在格式化中。

然而，“指印”带给我更多的自觉，更多的体验。我可以不用宣纸，可以就摁压在墙上，也可以点在空气中，还可以在更大的视野里。其实，精神性也是一种文化态度。支撑生命存在的本身就是一种气，这种气就是精神。艺术创作并不一定是媒材支撑你的，媒材只是其中的一个方面，重要的还是人的问题，一个人你有多少的东西能够支撑你的内心，你的内心就够多强大。其实，修禅也好、打坐也好，都是一种精神、一种境界。精神性和文化性是一种自足状态。也就是说，超越了媒介的认识，才有可能真正获得对媒介的把握。在宣纸上看到的“指印”首先是一种视觉体验，而看不到的指印行为恰恰是指印的精神呈现，你读到的不一定都是你所看到的。用水按在宣纸上的指印，你看到的是凹凸不平的痕迹却看不到水，而行为、水、过程和时间你是看不见的，却留在宣纸上以及你的心中，赋予了时空，这正是作品的魅力所在。

我今年策划了一个展览叫“无形”。“无形”我不仅提示了一个外在的表象无形，重要的是我想阐释关联在“无形”背后东西乃至媒介无形。同样“无形”不在于表面的形式，更在于后面艺术家的认知方法。艺术家能够将对更多媒介的理解和认识，都叠合在表达中。我想说

再水墨：中国当代水墨艺术邀请展，湖北美术馆，武汉，中国，2012年
Ink and Wash Again: Chinese Contemporary Ink and Wash Art Invitational Exhibition, Hubei Art Museum, Wuhan, China, 2012

的“无形”是一个不固定在一个媒介上的思考。当你面对一个表达的时候能随意地叠合使用媒介和材料。同时，也远离艺术史中的方法和风格。

杭春晓：有形并不是完全的能指。指向所指的能指，除了我们看到的有形之外，还涵盖了我们看不到的一些东西，他们共同构成了表达的能指。我们在讲能指和所指系统的时候，诸如说这个杯子，这个杯子就构成了一个能指，这个能指就指向了杯子的所指。但是在这一类的创作中一定是我们看到这个杯子，但这个杯子不是完全能指，这个杯子还缺失一个我们没有看到的构成的能指系统。只有把我们没有看到的东西补充进来，这两个东西结合在一起才是完整能指。这个完整能指才能指向作品的所指。就比如说“指印”是手指行为留下的痕迹，但还不是一个完全能指，还必须要有这个指印背后你看不到的行为等一系列的过程，这两个东西叠合在一起，才是一个完整能指。我们叫不完全能指，就是说我们所看到的都是不充分的能指。充分的能指一定是有其他的东西弥补和进入，其他的东西对于整个作品的所指，才是核心和根本的。而一旦我们将看到的东西作为完整能指，作品也就被认为是形式主义的抽象。问题是，这一创作，最有意思和价值的是我们看到的结果是一个不充分的能指。

张羽：“指印”为阅读者所提供的是一个与艺术史中完全不同的阅读方式，是一个多重认识叠合的想象的空间。我在用手指蘸水按压宣纸时，有有意与无意多种可能，比如无意中用力将纸给弄破了，形成了一些不规则的自然的撕裂或者破洞它完全可以获得另外的关系。在展示的时候我就特别强调，可利用装置的形式展示“指印”作品的两面，提供两面阅读的机会，只有这

再水墨——中国当代水墨艺术邀请展（2000—2012），张羽接受媒体采访，今日美术馆，北京，中国，2013年
Ink and Wash Again – Chinese Contemporary Ink and Wash Art Invitational Exhibition (2000-2012), Zhang Yu Accepted the Media Interview, Today Art Museum, Beijing,China, 2013

样悬挂起来光线才能进入，有意让光线从破洞穿过，也就是使能指和所指获得外延扩展。这个破损的部分也是“指印”作品的内容，显现指印行为过程的偶然性相遇。就是说一件作品不能从一个层面、一个角度去审视，一定要立体地来看。只有如此才能真正进入这个想像的世界，进入作品本身。再比如早期“指印”作品我按一层或两层，是一种感觉，后来按三层、四层，又是一种感觉，再后来几层或十几层，最后已经感受不到这是一张宣纸，有一种被物化的质觉，给了你一种新的质性的变化。这是一种非常自然性的物性变化，物性的变化又补充给了你新的内容传递和精神层面的显现。精神、文化和材料形成一个通道。

我喜欢1968年至1971年日本“物派”对艺术表达的探讨，他们的思考与认识基于老庄思想。比如关根伸夫的“位相 · 大地”、李禹焕的“关系项”，榎仓康二的“不定地带”、“壁”等。“物派”使用自然的、没有经过人为加工的石、木、水、阳光等进行表达，尽可能展示它们的原貌。“物派”的主张是含蓄，不是关心物体本身，而含蓄恰恰是指媒介的物质属性与表达关系的含蓄。李禹焕当时有一个著名的论点，“寻求相遇”，其所指虽然是不同思想间的碰撞，但在我看来不同媒材的相遇既是有意思的关系，也会呈现出新的可能。日本艺术家保科曾演示榎仓康二的“不定地带”，将杯子里的水倒在桌面上，让水自然地流动，这种自然的流动呈现着不可预测的可能。这种对于自然性的把握贯穿了禅宗的思想核心，同时对物质本身变化的判断是一种再认识的发展。为什么这些艺术家在那个时代可以做出这样的作品，他们关注的不是外在的形式，更有他们对老庄思想的深入理解，对东方智慧的觉悟。他们对水、木、石、阳光的敏感，应该说也是超越媒介的。我觉得思想的认识深度使他们有可能做出这样的表达。

对于我们，水墨媒介的背后隐含着不同层面的文化内涵和东方智慧。而如何揭示我们日常经验背后隐含的某种东西与此相关联，这也许是虚幻的真实，也许是错觉的真实。但中国当代艺术的未来或许就在中国哲学非逻辑方式中的东方思维的智慧与西方哲学的理性智慧的碰撞中开始。

杭春晓：禅宗作为一个思想，在七十年代以后的西方当代艺术中，包括日本“物派”艺术家的运动，与结构主义哲学是资源互通的。比如以前我们对一杯水倒出来流淌的过程，我们会界定于对这种方式的描绘。这种描述的语言会构成我们对事件描述的事实与真实的判断，这种判断在禅宗看来恰恰只是虚幻。虚幻是否定语言表达的能指，其强调对语言的转向的观看。这样一种日常能指的语言，还有一个剩余的被我们遗忘的能指系统，就是其所指。禅宗强调你对一个事物反向观看以后，去揭示其背后隐含的某种东西。这在六十至七十年代表现为罗兰巴特和福柯，用逻辑的方式完成语言学的审视；中国哲学不是使用逻辑的方式，而是一种东方智慧式的觉悟。色即是空，空即是色，无物无色，无物无空，空即是空，色即是色等，与心经形成对应，本身就是语言学的资源共生。这些经典经验遏制了我们对世界的观看经验，我们将其作为真理的时候，突然说不是风动不是幡动，是你的心在动；这就是推翻所有的日常经验、日常语言所描绘的世界，也就突破了日常经验对我们的权力控制，于是讲我们重新触摸到心。用西方“逻各斯”的话说，我们获得了对人的权力的重新掌控，而不是在他者话语方式下的描述。今天的中国画创作，我们并不是要完全回到中国的传统中，我们所有的立场和基点应该是东西方思想资源的叠合，在叠合中寻找到一种恰当的方式去触碰两种思想资源共生的力量，并且提供一种很恰当的视觉修辞，其已经不再是文学意义上的技术化的修辞方法，而是一种呈现方式。

张羽：而这种呈现方式一定是一种综合形态的合力，这是今天全球化的现实，是回避不了的。当我们认知了我们不可能回到传统。那么，今天的水墨媒介也已经不是传统意义上的水墨媒介了。但我坚信日常经验是我们触碰内心的有效通道。我从触碰水墨学习与觉悟到“走出水墨”，再到“水墨不等于水墨画”，再到“超越水墨媒介”的认知，的确是我一次精神之旅的体验，从内心的感触转变成思想的认识。我以为“非媒介”是一种认识过程，所以，非媒介也是跨媒介、多媒介。

原文刊发于《非媒介——关于水墨的一场讨论与对话》，展览画册，湖南美术出版社，2013年

张羽：个体经验将构建新的当代性

Zhang Yu: Individual Experience will Construct the New Contemporary

——魏祥奇访张羽

Wei Xiangqi Interviews with Artist Zhang Yu

张羽：个体经验将构建新的当代性

——魏祥奇[1]访张羽

地点：张羽北京大山子环铁艺术城工作室
时间：2012 年 5 月 27 日

张羽——指印蒙地卡罗个展，展览现场，sem-art画廊，蒙地卡罗，摩纳哥，2012年
Zhang Yu's Solo Exhibition Fingerprint Works, the Exhibition Site, SEM-ART Gallery, Monte Carlo, Monaco: 2012

魏祥奇：您从80年代参与“现代水墨”运动，到90年代组织“实验水墨”的理论构想，再到今天探讨水墨的“当代性”，可以说，您都留下了鲜活的理论思考的印迹。这些转换是怎样发生的？

张羽：在当时，艺术家的创作思路来源于两个方面：一个是视觉上受到了西方现代艺术的极大影响。一个是自身的文化开放和现实生存状态。那么，视觉的表达形式还是借鉴西方现代艺术的视觉经验。创作思路有时候未必非常清楚，因为艺术家的创作很多时候依赖于感性的冲动。而在这个大群体中我一直是多重身份，我做编辑多年，比较理性，善于通过自己的思考去组织和策划一些有意义的活动。因此，策划出版是我当时推动“现代水墨”和“实验水墨”发展的主要手段，也是最有效的方法。在编辑出版“现代水墨”和“实验水墨”的工作中会把我通过创作实践获得的理论思考及观点注入其中。“现代水墨”在某种角度上看是集体主义运动，而“实验水墨”则是群体意识的现象。

“实验水墨”是针对“现代水墨”中将传统写意与抽象表现的简单对接的抽象化发展，并明确“实验水墨”是“非具象”的图式创造，指出“实验水墨”是开放的、变化的、发展的。其实，在1998年“实验水墨”的大部分“非具象”作品参加“上海双年展”时，我就发现水墨表达的局限性，所以提出“走出水墨—进入当代”，以此超越“实验水墨”的观点。当我超越了“实验水墨”后又以策展的方式提出“水墨不等于水墨画”、“从水墨画到水墨”的超越媒介的再认识，努力以“日常经验”的表达进入当代艺术层面的思考。

魏祥奇：也就是说，虽然“现代水墨”创作接受了西方现代艺术的直接影响，但仍然会注意保持传统笔墨语言的笔墨性，这是否说明“现代水墨”自身界限的模糊性？另外一点，之所以会简单判定为“抽象”，是因为在理论借用过程中，我们习惯于二元对立的思维，即，“非具象”就是抽象。而“实验水墨”与“现代水墨”之间的关系又是怎样的？

张羽：“实验水墨”的出现结束了“现代水墨”运动的自然过渡期，但作为一名参与者和组织者，我非常清楚“实验水墨”和“现代水墨"是完全不同的两个层面。“现代水墨”有两条线索：一个是具象的表现性人物画，它的表现框架是现实主义加表现主义再加写意笔墨；一个是“非具象”的抽象性水墨画方式，以表现性对接写意笔墨。但不是严格意义上的抽象画。从西方舶来的“抽象”概念，有着自身文化的具体的能指，比如说蒙德里安的设计几何抽象；而“现代水墨”的抽象性作品，应该更接近美国的抽象表现主义。另外，所谓的“现代水墨”，实际是现代水墨画。

1993年，黄专在《广东美术家》杂志做了一期“实验水墨专辑”，这期“实验水墨”专辑与“现代水墨”之间没有任何区别。比如表现性形态人物画王彦萍、李孝萱、海日汗、田黎明等；抽象化的石果、聂干因、王川、杨志麟等。这与我同年策划出版的《二十世纪末中国现代水墨艺术走势》第一期，实际上这两期刊物内容也有一些接近的地方，但我更偏重于“非具象”。我后来逐渐将现实主义的加表现形态的创作排除出去，到第三期完全是“非具象”的。事实上，“实验水墨”也有两条线索：一个是针对架上平面的“非具象”图式创造；一个是架上平面之外的可能性探讨，比如综合材料与装置形式。

魏祥奇：中国传统语言本身的修辞方式，与西方现代艺术之间有着较大的区隔。

张羽：对！一旦被界定为抽象形式，那就只是一种写意方法与表现方法上的似是而非的关联，缺乏文化关照。“实验水墨”非具象图式表达的提出，在于文化层面的观念呈现。中国传统语言中没有抽象的概念，但，有大于抽象视野的东方思维的思想智慧—老庄的思想哲学。

我很喜欢公孙大娘舞剑，我视其为一件作品：舞剑，是一个用身体表演的行为，是思维意识与身体意识的一次叠合行为表达，身体的运动带动身体的曲线变化，剑随身体的运动形成线的运动，这就是张旭为什么从中体会出草书的力与势。最终人与剑成为一体，构成线性的运动，速度、时间，在一个场域之中展开，舞剑的叠合呈现，构成了一个时空中的流动。

魏祥奇：这也说明了批评理论结构的局限。

张羽：这种局限使艺术批评一直处于滞后的状态，“实验水墨”虽然在当时红火了一段时间，成为中国当代艺术发展史中不可回避的现象及问题。但始终没有被理论深入研究。当其与现实主义的社会性相遇时，总是被搁置和边缘化。面对“实验水墨”问题，批评已经固化为是“抽象水墨”问题，即便到了今天，我们已经跨越了“实验水墨”，艺术创作已经进入日常经验层面的精神之旅的综合形态，行为的、观念的、空间的，而批评还跳不出抽象水墨的思维惯性。

魏祥奇：为什么会这样？

张羽：我觉得，批评还是停留在或者是习惯了用西方艺术史的眼光看自己周边一切，不想关注那些深入的东西，我没有能力深入，并且在习惯于社会浮躁状态中找快感。这也涉及价值观问题。

魏祥奇：您又是如何看待今天自己的被接受？

张羽：我不知道自己是否已被接受。这么多年已经习惯了，1991年我做“指印”的时候，几乎没人理解。是1996年栗宪庭将我的作品介绍给来北京找作品的英国画廊，他们看到“指印”作品之后很兴奋，拿到英国展出就被欧洲人收藏了。西方人喜欢我的作品，有两个方面：西方现代艺术的发展逻辑使得他们能够看到文化间的不同，而新方法特别与媒材的特殊性也令他们感到兴致。就是说，他们可以发现作品的差异和共识。而我们的批评一直存在阅读作品的障碍，视而不见是常事。2001年我重新做“指印”，2003年有几件作品在巴黎展出，后来法国和瑞士的藏家收藏了。2004年我的指印影像作品参加日本横滨电影节。同年参加了“第四届深圳国际水墨双年展：高名潞策划的‘水墨空间’”，这是首次在国内展出。如今，好像对“指印”作品的关注越来越多。

张羽——指印作品个展，开幕现场，sem-art画廊
蒙地卡罗，摩纳哥，2012年
Zhang Yu's Solo Exhibition Fingerprint Works, the Opening Scene, SEM-ART Gallery, Monte Carlo, Monaco: 2012

魏祥奇：从平面绘画到行为表达，您是何时、怎样实现这种转变的？

张羽：指印的行为表达是80年代末的思考，始于1991年，之后放下9年，2001年重新全面思考，而真正的全面开始是2002年后，将指印作为行为表达逐渐强化和凸现，再次深入“走出水墨”超越媒介的思考方式。就是说，媒介能指的叠合使水墨获得新的表达可能。

魏祥奇：这预示着创作回归主体性。

张羽：艺术家必须回到主体的精神性层面，艺术应该是精神的呈现。我也相信超越媒介的综合形态表达，是进入当代艺术新层面的可能。或许这是中国当代艺术的未来！

张羽——指印作品个展，张羽与观众交流，蒙地卡罗摩纳哥，2012年
Zhang Yu's Solo Exhibition of Fingerprint Works, Zhang Yu is in Exchange with the Viewers, SEM-ART Gallery, Monte Carlo, Monaco, 2012

魏祥奇：中国当代艺术的当代性逻辑，基本上确立于批判性逻辑之上，对人的批判、对社会和文化的批判，然而这种

批判总是似是而非的。为证实批判性主题创作的合理性，很多艺术家会调动和放大自己的不愉快经历—但这并非是真实的生活状态。批判性逻辑的虚假性依托于宏大叙事。

张羽：现实批判被认为是当代艺术观念的主要方向，其试图展示社会形态的某些问题。现实生活是否就是符号化的描述？这样一条线索存在于那个转换时期的时代语境当中，是可以被理解的。然而，今天我认为当代艺术需要新的建构。这种建构性源于艺术本体的内部，包括认知、方法、语言的重建。我从“指印”到“灵光”，再到“指印”，我的体会是，这种重新建构应该源于日常生活经验和文化经验。艺术家的日常经验与当下的现实文化有关，强调集体意识的时代已经过去。个体经验，将作为中国当下社会文化未来发展的必然方向。

魏祥奇：个体意识的独立，是现代主义思想的本质。

张羽：2000年以后，个体意识的思想逐渐被接受。当代艺术进入个人经验，是一种必然。个人生存经验也不是没有批判性，因为，每一个人都是生存于现实社会和文化境遇之中，不可能置身事外。面对当代艺术，每个人的知识结构不同，认知方式就不同。我们都会从中找出一条适合自己探索的思路，这样艺术史的图景便有着不同的呈现。我们应该从不同的层面和线索来梳理艺术的发展，当代性是一个永久的概念和话题，每一个时代都会有新的判断。

魏祥奇：艺术家的自我言说和自我认知是很有意思的，包括您刚才所提到的，对过往历史的解释是否准确？其牵扯到艺术家强烈的内在反思能力。

张羽：艺术家的创作总是会不断回头看自己，也会回过头看自己所经历的历史。为什么一些艺术家在不断推进，一些艺术家停滞不前？

魏祥奇：是什么原因促成您在2001年重新探索“指印”系列？

张羽：对于我来说，首先是1991年的思考和经历我不可能放下，从水墨出走，放下毛笔是我当时唯一的选择，“指印”带给我新的思考。虽然，“指印”我放下了9年但思考却没有停过，因为这些东西已经在那里。当意识形态的社会性表达在西方市场正值红火时，我以为中国当代艺术的未来一定要回到我们的生活真实，而这种真实的精神就隐藏在我们的日常经验中。

魏祥奇：行为第一性的表达作为您近些年艺术创作的主要方式，接下来的工作计划中，这种方式还会持续吗？刚才谈话中您也提到自己是一个注重自我总结的人，包括上世纪末编辑文献，本世纪初策划展览，您都会提出转换性的思考话题。

张羽：“指印”作为修行的表达呈现，是一种生命体验的过程。我的创作就是我的日常生活，这种工作方式决定其漫长的延续性，这种精神的无限性存在于流动的时间变化中。在这个过程中，我也会遇到自己所不可预知的东西，就是说每时每刻都有可能发生而在指印中的相遇，相遇会引发新的可能。只要坚持自己的修行般的思考方式，你甚至可以不做任何形式的拓展，其指印行为都存在着坚持的意义。就像我做这件作品，已经按了三个月，是不是还可以继续再按三个月，我想是没有问题的。我一直在讲艺术的表达在于精神呈现，不在于我们不断翻新花样。

魏祥奇：我有一种假设，就是您追求如此平淡的一种修行式的创作，最终是否会导向一种极端的状态：什么东西都不做，就是平淡地生活。

张羽：精神核心是一个生命的话题。价值与意义在于你如何看待生命。

魏祥奇：您的作品不是一个视觉的问题，而是一个体悟的问题。

张羽：我一直在想，我的“指印”作品，似乎不是一个视觉问题，但却恰恰又是一个视觉问题。是一个具有体悟的视觉呈现。艺术表达与你对生命的态度和立场的关系是什么？生命体验是一种自身价值。体验的过程是相遇的过程，可能性在相遇中产生：我按一个指印会相遇第二个指印，这样三个、十个、一百个、一千个、一万个都在相遇。相遇是一种可能、一种存在、一种机缘。比如我的新作“封存的指印”，提供的是一种“指印”的再认识。作为艺术家，一个生命体，我怎样将自己生命的某一个瞬间、状态、身体行为独立定格下来。也就是说，我的每一个指印都是我的一个当下，我怎样留驻这个当下？你看到的这件作品，是一天完成的，一天过程的当下，我用何种方式封存这个当下？这是我在指印行为过程中发现的一个表达。这样的作品我随时可以做，也许我会计划封存十年我的不同生命状态的“指印”。

魏祥奇：“封存的指印”就是“自画像”，这是艺术家对自我的确认，是一种非常强烈的主体意识的存在。就像刚才我们所谈到的，这是生命意识的自我体验。

张羽：平时我们谈艺术的时候，虽然都是在一种艺术史的逻辑之内谈艺术，其实，其内部有一个结构性的支撑，就是关于人的问题。也就是说，所有的作品放在哪里都是一种外在的形式，但作品的本质是对人的精神价值的呈现。

注释：

1、魏祥奇：1984年生于安徽砀山。批评家。中国艺术研究院博士。2007年毕业于广州美术学院美术史系美术学专业，获学士学位；2010年毕业于广州美术学院美术研究所现当代艺术研究专业，获硕士学位；现为中国美术馆馆员、东京画廊+BTAP学术总监、《画廊》特邀编辑。策划的主要展览有“无·空”（2014）等。

还原水墨媒介的本质意义

Returning to the Essential Meaning of Ink and Wash

——夏彦国访谈张羽

Xia Yanguo Interviews with Zhang Yu

还原水墨媒介的本质意义

——夏彦国[1]访谈张羽

地点：张羽北京大山子环铁艺术城工作室
时间：2012 年 12 月 3 日
整理：崔付利

水墨新维度：第一届中国当代水墨提名展，张羽作品展览现场，中国美术馆，北京，中国，2013年
New Dimensions in Ink and Wash: the First Contemporary Nomination Exhibition, the Displays of Zhang Yu's Works, National Art Museum of China, Beijing, China, 2013

夏彦国：首先，从水墨媒介性意义讲，您对水墨的物质性的存在有什么样的认识？

张羽：在之前，我们一直以来讨论现当代水墨时，都似乎陷入到一种思维习惯——在水墨的文化系统、文化概念中打转儿，只要关于水墨，就要和文化扯上关系。这也很自然，可现在二十年三十年过去了，大家仍然强调水墨当代，或是当代水墨。但，实质上我们并没有把什么是“当代”搞清楚，什么是“水墨”搞清楚，当然我们也就不可能知道水墨能够当代吗？事实上，当代水墨这个概念是没有意义的。水墨今天的意义不在于水墨，而在于表达，强调当代水墨不是问题的本质，我们今天更应该展开关于艺术本身的思考。水墨背后所蕴含的文化系统自身就在那里，老祖宗留下来的笔、墨、纸就是一种文化，一代一代地又被赋予了更多内涵，其还能有多大空间可以拓展，我们每一位研究者心里非常清楚，不用赘言。那水墨媒介本身到底还有没有新的可能性，也只有从媒介的物质性这个角度去思考。

传统水墨画之所以没有凸出物质性，首先是因为文化的特殊性，也是由于文化的特殊性，传统水墨画不属于纯粹的绘画。当我们强调水墨物质性时，也就介入了当代性的思考。基于这种思考，我才把水墨的媒介意义中的物质性抽离出来，寻求新的表达可能。从上世纪80年代以来，我就一直努力这个方面的实践。不说过去，仅说十几年前，我们的批评一直注重水墨的文化意义，而忽略了水墨媒介中的物质性与水墨文化的关系。大家在强调水墨文化意义时，并喜欢与西方的文化作对比。今天，如果要把水墨进一步发展，其实水墨媒介还是有可突破的空间。前几天南京“水墨原形”展览研讨会上，高名潞提到假如强调水墨的媒介意义，那它的文化系统将没有任何作用。那如果反过来呢，过度强调文化作用，那媒介还有什么意义？我认为水墨作为艺术表达的一种媒介、一种方式才是前提。而文化性是其本身的诸多关系。

夏彦国：能否结合早期“灵光”到当下“指印”系列作品，具体谈一谈您对水墨媒介有着怎样的体验，尤其是近几年，你的一些作品开始直接使用水作为创作媒介。

张羽：媒介在我看来，完全是服务于表达的，这个表达对艺术家而言承载的一定是精神，这是最重要的。媒介的特殊意义是通过方法呈现的，假如“灵光”作品在追求精神指向的时候，我对水墨媒材水墨性通过上百遍的积染，对墨色的神秘、浑厚、不可预测性的挖掘，让水墨性物质关系改变了传统水墨画文人书写的单一。通过对物质性维度的把握，通过几十层水墨的晕染，使材质改变过去。而“指印”的方法又让我不再强调水墨性的晕染，而去实现指印行为与宣纸的关系使指印行为调动宣纸质性的改变，红色“指印”把宣纸物化，水的“指印”改变了宣纸纸性的本来结构。“指印”表达中你可以和水、墨发生关系，也可以不和它们发生关系。水墨对于我来讲就是一个精神性的认识的呈现。“指印”作品与宣纸的结合可谓是最佳的选择，但你使用的方法必须改变材料属性原匹配，它就会承载不同的信息。我们所讲的水墨，重要的是它所提供的一种物质性的精神气息，或者品质。之前我谈到的水，还是墨，都在强调它们的所指是一种如何的关系，而它们之间的其它通道是各种不同的诸多关系。所以我用最大的努力把媒介的可能性打开。

夏彦国：昨天我翻看有关您的画册，高名潞老师在“水墨叙事”展览中，将刘旭光、梁铨等人的作品都归为叙事。我觉得这个说法有问题，为什么？他一直在谈一个概念，通过你们几个人的水墨作品，把水墨作为一个中性的概念提了出来。他认为水墨在这个时候是叙事的元素，当然我理解的叙事不是像日记、文学故事之类的概念。在我看来，中性也是一种定性，因为水墨本身的特性是它本身材料所具备的，艺术家只能用材料的特点来服务表达，并没有一定明确对水墨材料有什么样的态度。当然，您和别人不一样，感觉你是在走出水墨，自身有一个对立的态度。

另外，任何材料都能成为叙事的因素，所以将叙事作为水墨的归处或前途——高名潞提到将水墨从传统的神秘性中解放出来，并回到现实生活的精神世界里，但这并不能还原水墨作为媒介本质的意义。我认为高名潞的“叙事”观念其实是个伪概念，他谈到了一个太大的概念。后来，我又看到皮道坚从艺术史的角度，将“实验水墨”跟长安画派牵扯上关系，并从中国传统谈到现代性甚至当代性。

张羽：我很高兴你的深入思考，抓住了理论判断的虚假性，以及过渡的联扯关系。其实，这个问题好像是理论共同的障碍，缺乏准确地客观性评判，概念本身可能是没有问题，但只能对应一个艺术家的方案有效，一旦放大就会偏离。特别是我的艺术实践个人性极强，甚至已经超出水墨的范围，特别是我的表达方法存在于中西之间。我一直在强调，我们谈水墨能否将这样一种媒介还原到它本身，因为水墨被一代又一代人的赋予了太多的内涵。从历史纵深的角度，我们能够感觉得到其文化厚重感，这是肯定的。但今天，艺术家作为个体去表达自己的精神时，这种文化性的内涵价值一定要抛开，去还原水墨媒介材质的本质意义，思考本质意义和自我的表达是什么关系，这样水墨才有作为新的表达的价值。如果谈“水墨叙事”应该强调的是艺术家个人叙事及逻辑。实践的上下文关系及艺术史上下文关系中的贯通性，还有创作方法本身是否具有叙事性。但不管采用何种方式，都要看这个方法本身与表达是否具有叙事性，及呈现结果是否具有叙事性。因为媒介本身还原之后最终要与它所指的方向是一致性的。另外，“实验水墨”与长安画派没有丝毫关系。

在一次研讨会上，我们曾经讨论过水墨的“仪式”问题，我在会上还特别强调“水墨，一种仪式”。“仪式”，是思考或者认识上的一种表达，对我自身而言是有意义的，但可能对别人没有意义。有些人将传统文人画家在书房、画案通过文房四宝画画的过程称为是一种仪式。其实，这并不是仪式，只是书画家的一个绘画过程，这跟再现生活的西方绘画是没有绝对本质区别的。因为传统文人画画运用应物象形的方式，这种表达是依附于寄托的对象，它不是虚空的景象。一旦充满自然物象也就意味着仪式的消逝，我们都知道“仪式”是一种虚无状态，它完全是一种想象的虚构的精神性东西。我所理解的“仪式”是要将其转化为一种表达方式。今天我之所以从我自身去谈水墨的“仪式”问题，是因为我把水墨的表达通过仪式的方法转换到我的创作中。比如，我用水墨去按“指印”，按指印行为本身的后面就是一

张羽、殷双喜在"水墨新维度：第一届中国当代水墨提名展"交流，中国美术馆，北京，中国，2013年
Zhang Yu and Yin Shuangxi in the "New Dimensions in Ink and Wash: the First Contemporary Nomination Exhibition", the Opening Scene, National Art Museum of China, Beijing China, 2013

个虚空的状态，它并不是应物象形的过程，因为，它没有让你可以寄托的现实物象。它不存在对图像的要求，只要往上面按压指印就可以了，这是一个过程，一个具有时间性的过程，人的状态此时是虚空的在通过视觉呈现，这才能构成仪式，这样水墨的仪式就变成一种表达方式。对于我来讲，我用水墨媒介探讨了一个直指精神的表达方式，如同走进禅院，这就是一种思想的想象，它很虚无，它是一种境界。

夏彦国：每个艺术家的创作"仪式"都不相同，每个艺术家都有个人的仪式，而我们这些搞写作的，其实写作过程也有仪式性的东西，比如喝茶这样的习惯。如果把那个仪式当作创作方法，每个人都不一样。

张羽：我们谈的仪式是一种表达。需要把日常经验转换。如果把这些习惯现象都强调成"仪式"，那"仪式"就贬值了，"仪式"的表达一定有一种特别的方式，它一定是有一种精神性的所指意义。比如僧人敲木鱼的目的并不是要敲木鱼的动作，它是精神性的所指意义。通过一个行为过程中反思自我或诉诸精神寄托，对敲木鱼本身——动作、声音都不是目的。但表现一幅应物象形的山水画确是有一套明确的准则，而"仪式"一定是一个虚空、纯粹性的状态，这样才可能达到"仪式"的要求。

夏彦国：还有一个问题，我对您谈的"质性"有一些不同的看法，您谈"质性"的前两点基本是重复的，所有的观点贯穿在绘画过程中的技术操作，通过独特的语言形式去表达。你本人也特别注重绘画的过程，"质性"中谈到的纸、墨之间的转化，其实也是水墨本身的一个特点。水墨浓淡跟纸之间晕染的感觉无非属于水墨传统语言的范畴，但"质性"似乎又不应仅仅是这些，如果可以讨论，那"质性"究竟应该是什么？

张羽：我要说明的是我谈的质性，是绘画不可能存在的绘画过程的反映都属于表现。其实，

99艺术网专访张羽，北京T3国际艺术区张羽工作室，2013年
99 Art Net (Video) Interviews Zhang Yu, in Studio at T3 International Art Precinct, Beijing, 2013

大多数人都把水墨浓淡与宣纸之间的晕染简单地理解为属于水墨传统语言范畴。事实上，“实验水墨”与之区别极大。首先传统水墨画无需探讨“质性”，笔墨与纸之间是无法做到的，因为传统水墨画是书写过程，它是一挥而就的。而到了“实验水墨”，一件作品可能是一个月、两个月完成，宣纸已经被物化了。因为，很多人不了解我的创作过程，“物化”是一种传统水墨不存在的质性结果。如果今天再来谈“质性”，有一点需要强调，就是视觉带给你的“质性”反映。你观看的作品图像所给你的信息不再是一幅画，而是一个不知的空象或称虚象，它所显现的是物的“质性”和精神属性。“指印”作品非常突出，就是指印行为反复多遍的摁压，让宣纸和水墨或色之间存在了一个反映的空间层次，这才是“质性”。

夏彦国：其实，还有一些偶然性因素。

张羽：每一个动作都有偶然性，而重要的是这是你的自觉和认识，在“灵光”中偶然性一点儿都不重要，因为你读到的是图示，是图像的整体打动了你，是墨象的神秘变化打动了你。而且“灵光”的技术语言，观者难以把握，无法想像其难度与传统水墨画技术性距离太远。我的绘制过程是消解笔迹的过程，所以才会关联到“质性”。这是我在这个漫长过程中的体会。这些体会诸如墨分五色、气韵生动等品评传统绘画的这套标准，无法评判我的作品及深度，气韵生动只是我作品中的面貌，我的作品中更多的是“气”和“势”的关系。

夏彦国：您刚才谈到气韵生动时，我想到西方两个评论家罗兰·巴特和博朗宁，他们评判作品都有自己一个小的标准。比如说罗兰·巴特要观察一件摄影作品，他不从整体出发，而看局部有没有出彩的地方，他认为摄影作品不在于技术操作多好，而在于有一个局部出彩的地方。博朗宁评判作品一直谈“灵光”的概念，就是你的作品整体里面有没有灵光？所以我想这其实跟气韵生动是有些共通的东西，都是一个虚的东西，就跟我们平常说的作品有没有才气是一个概念。

张羽：是的，有相同的地方。这种判断，适合于某种作品。而水墨性的作品，它不属于纯粹绘画，也不属于完全技术语言层面，我个人觉得逃离整个创作的过程。每一个艺术家因为他的认识、理解不同，他在表达过程里有随意性，这种随意性有其真性，还有技术操作，还有文化性的携带。比如说，我在做这个作品的时候，怎么去强调技术，我问过我自己，你没办法强调完整的技术，因为我们以前强调技术，它是在一个规则里。那你现在是没有规则，因为这里有很大的自由性。这个自由性是怎么来的呢？其实，还是你平时自己全身心的贯注和你全身心修养的各个方面，那种认识。

夏彦国：那您觉得我们的“抽象水墨”在语言逻辑、表现形态上与西方“抽象主义”有怎样的不同？

张羽：首先，我们没有严格意义的“抽象水墨”，我们的所谓“抽象水墨”与“抽象主义”完全是两码事。我是一直反对用抽象这个概念来和水墨概念对接的。不仅仅是因为抽象是西方的逻辑理念，而是因为我们的作品不是抽象更多是意象和抽象表现。这些作品仅仅是一种水墨的抽象形式或形态。所以，强调“抽象水墨”的都没有做出自己。我们应该强调一种虚无的说不太清楚的状态。我当时宁肯用“非具象”也不用“抽象”这个词。我从上世纪90年代就开始反对“抽象水墨”概念，当时吴冠中提出形式美，后来栗宪庭又提出抽象是水墨发展的一个合理过程。我之所以做“实验水墨”强调“非具象”，其实也是针对这个问题。我不用“抽象”这两个字，因为我觉得抽象两个字与我们不在一个层面上，抽象不是我们今天要解决的问题。因为西方的抽象主义是它的逻辑线索，我们跟这个逻辑线索没有关系。“现代水墨”的艺术家更多的是把花鸟画大写意的方法和表现主义的方法在手感上的一个放开的形式，这一放开就变成表现了，抽象化了。这个抽象化了，就是我们所谓的“抽象水墨”语言逻辑。抽象化与抽象注意完全是两回事。

注释：

1、夏彦国：1983年出生，独立策展人、批评家。毕业于中央美术学院美术史系。2007年参与创办《美术焦点》杂志，任副主编、执行主编，《艺术指南》执行主编；被歌德学院选为“中国青年策展人代表”之一，并受邀访问第13届卡塞尔文献展；受邀为瑞士文化基金会“中国策展人项目”访问学者。策划的主要展览有：“这是圆，还是圈”（2014）、“无聊”（2014）、“没问题 NO QUESTIONS”（2013）、“人间食粮——联合国世界粮食计划署抗击全球饥饿50周年纪念主题艺术展”（2013）、“粮食——乐施会GROW粮食公正倡导公益艺术展”（2012）、“韩国昌原亚洲艺术节主题展——‘自拍’：近代自我的重置”（2011）、“恣意的笔触——绘画语言探索系列展”（2010）等。

水墨新维度：第一届中国当代水墨提名展，张羽作品展览现场，中国美术馆，北京，中国，2013年
New Dimensions in Ink and Wash: the First Contemporary Nomination Exhibition, Display of Zhang Yu's Works, National Art Museum of China, Beijing, China, 2013

当水墨遇到张羽

When Ink and Wash Met Zhang Yu

——— 张羽与朱其对话

Dialogue Between Zhang Yu and Zhu Qi

当水墨遇到张羽
——张羽与朱其对话

地点：张羽北京大山子环铁艺术城工作室
时间：2013 年 4 月 29 日

张羽、朱其于上海喜马拉雅美术馆，参加“时间节点：中国20世纪80年代水墨景观”研讨会
喜马拉雅美术馆，上海，中国，2014年
Zhang Yu and Zhu Qi at the Himalayas Art Museum, Participate "A Fragment in the Course of Time – Landscape of Chinese Ink Art in 1980s", Himalayas Art Museum, Shanghai, China, 2014

朱其和张羽，一个是长期关注当代艺术的批评家，一个是在当代水墨实践了几十年的艺术家，他们对水墨有共同的认识，也有思想的碰撞。听他们聊如何解开水墨在当代发展的死结。

从二十世纪中国画的发展角度来看，朱其认为张羽走出了一条在日本绘画与西方现代主义的影响之外的一条道路。

——《芭莎艺术》

朱其：我认为中国画的改造有四个阶段，一个是民国的阶段——中国画的西化。像徐悲鸿、林风眠把西方的写实绘画、表现绘画引进中国画。第二个阶段是从1949年到“文革”期间，像傅抱石等艺术家在中国画中画上公路、水库、电线网、拖拉机，把工业社会的一些物象放到山水画中，我们叫中国画的宣传画。第三个阶段是上世纪80年代上半期，是周思聪、李世南、谷文达等的人物变形、抽象性开始的水墨画。第四个阶段就是上世纪90年代，以张羽为代表的新水墨。新水墨的样式比较全面，有抽象形态的、装置和行为的、观念等。从这四个阶段来看，我认为张羽的道路是非常特别的。

因为，这三十年里好像其它大部分水墨几乎没有超出日本画的框架，也没有超出西方当代艺术的形态和观念。张羽的作品特征在日本画里面找不到，更不是西方的绘画模式，但他又不是中国传统的水墨画法。我认为张羽做到了这一点，他找到了自己的图像差异。其他艺术家还是多多少少能找到日本或西方现代艺术的影子。当然，张羽的语言模式是他经历了对西方艺术语言和中国传统绘画语言的研究过程之后，对这两个系统进行吸收后，实现了他个人艺术语言的转换。我觉得这一点是特别重要的，现在好多画家都是直接照搬国外的风格和语言模式，并没有什么语言转换。

张羽：大家似乎很“关心”水墨，可是现在这么多与我们同辈、长辈或更年轻的艺术家今天在面对水墨时，还是模糊不清。作为批评家、策展人、艺术家，如果我们有热情和理想，希望我们能够在更大的层面上认真地面对水墨文化和水墨媒材的关系。怎样用我们的经验，阐释水墨探讨的可能性或者方向？这是一个非常值得思考的问题。

朱其：你可以把水墨的问题放到二十世纪美术史中看。有三条线索：一条是民族解放史，比如宣传画；第二条叫学习西方史，是引进西方的艺术方法和语言模式；第三条叫本土的现代化史，是从中国正统的艺术脉络出发，推进它的现代化。我觉得中国一百年内所有的艺术都可以归到这三条现象之中。当然这三条线是各有利弊，你不能说哪一条线完全是对的，或者是完全不对的。

从中国水墨与西方绘画开始对话的那一刻起，中国文化并没有呈现出绝对被动或是全盘吸收的态度，而是积极地从传统文化的根源中汲取力量。林风眠是如此，宗白华是如此，张羽也是如此。

张羽：吸收对我而言是获得新的认识的可能，是超越的前提。

《芭莎艺术》2013年第5期
Bazaar Art in 2013 Fifth Period

朱其：民国的水墨已经开始跟西方的现代绘画开始对话了。一方面是色彩，中国人不主张用太浓烈的色彩，而民国时期受表现主义的影响，开始使用斑斓的现代色彩。但大家觉得不能直接使用西方的色彩，于是想到了敦煌。敦煌的色彩既浓烈又是本土的。这是颜色观念上跟西方现代绘画的对话。另一方面是形象的变形，是跟表现主义的对话。中国的画家也不能直接去画德国式的表现主义，就在中国的系统里找有没有中国表现主义的原形，也找到敦煌去了。敦煌的飞天是从吴道子的系统来的，它也是变形。后来林风眠又找到了一个源头——中国的民间绘画，很多民间绘画的形是不准的，这也类似现代表现主义的形象。由水墨画与西方表现主义的对话发展出的主要是人物画的表现主义。民国期间水墨画与抽象基本上没有对话，这个对话到了谷文达的1985年和张羽的1980年代末才开始，延迟了30年。

新日本画从19世纪后期一直到五、六十年代一直对中国有影响，包括日本的“现代书法”和“现代水墨”，对中国都有影响，我们的现代书法基本上没有越出日本的模式。从整个“现代水墨”的脉络来看，张羽从早年的抽象形态到“指印”，他是众多的中国现代水墨实验里面找到了自己图像语言的艺术家，我觉得这样的艺术家真的是太少太少了。

张羽：中国画的笔墨方法有一个惯性——一旦你在这个领域内掌握娴熟的时候，就会不知不觉地陷在规范里拔不出来。我想走自己的路，很长时间内，我在尝试用笔墨的方式去突围，但最终我意识到可能性不大，于是我放下毛笔做了行为的“指印”。“指印”在1991年根本不可能被人接受，大家普遍的经验是直接用抽象的概念去判断你，根本不管你按上去的这个指印意味着什么，不管你是不是行为。所以，我又放下了“指印”，开始“灵光”系列的探讨。

“灵光”是圆的，它是从“指印”的形态开始的——我把一个指印放大，从一个指印的痕迹中发现它的丰富关联及思辨的关系。当我把这个丰厚的内容展开，它依然与传统发生着诸多关系。这期间我意识到一个问题，在我们的艺术教育中，理论的视觉认识多来自西方，视觉的冲击要比心灵的碰撞更容易引起大家的思考。所以，创作“灵光”的时候我特别强调图式的意义，强调“非具象”图式的结构，让视觉打动人。

朱其：所以“灵光”系列是在寻求东方主义的图像差别。

张羽：还不能完全这么简单地理解。因为，“灵光”系列的表达对于我主要是探讨中西文化间共性与差异的不同关联，并通过强调“非具象”图式而有意消解中西绘画性的图式呈现。客观地讲，“灵光”系列是真正意义上探寻水墨现代性问题的开始。在90年代初我曾经和一个善于理论的朋友聊天，当时我们俩有一个对话，我称之为“新东方主义”，这个“新东方主义”不是我们以前认识的那个狭义的东方主义，而是在寻求不同文化之间的差异中去认识的一些具有关联的思考的现代性，这种认识既是当时的前瞻性，更是那个时段上比较前卫的精神诉求。

朱其：“灵光”系列体现了民国以来，中国的一种东方主义的思维轨迹，作为对西方现代艺术进入中国的回应。我最近发现不仅是绘画实践，理论实践也是这样的。因为，我最近看二、三十年代一些美学家，像朱光潜、宗白华等，他们当时其实就是用西方的一些现代美学的视野重新看中国古代的画论，看中国古代的一些哲学中的论述或者是古代文学理论和绘画理论，从里边总结出一套我们中国人独有的美学概念。比如说关于六法，包括中国人强调绘画的形体、线条，线条要有骨法。整个思维方式要寻找中国艺术系统里面独有而西方没有的，这个其实算是一种东方主义，它先不管在中国是否有普遍性，先强调它的独有性。其实，过度强调中国传统的独有性和曾经的历史高度，就会忽略了一种现代性和世界性的追求，这个思维一直延续到上世纪80年代，我觉得到现在好多人仍没有改变。

张羽：的确，这个问题至今很多人还没有明白。但你说的这一点与“灵光”系列还是有所距离和不同，“灵光”的表达其共性大于差异性，因“灵光”宇宙意识的共性，早在90年代的欧美展览中就受到普遍关注，并且这类作品大多藏于西方。

朱其：这是一个广义的文化民族主义，所有现代的、世界性的东西都被西方人做过，我们只好强调使我们自豪的那部分东西。我觉得你当时能够放弃这种既有中国特质的又关联中西的图像，或者如你所说“新东方主义”的图像。你是怎么考虑的？你既然放弃了毛笔，为什么不放弃宣纸呢？

张羽：放下毛笔的原因是要放下笔墨已有的形式和规范，而直接进入表达的需要。弃笔不仅仅是一种对艺术史的认识，更是表达的必须。放弃笔的同时也是因为对宣纸有了新的认识，放下毛笔是对宣纸的解放，也因为“指印”表达与宣纸有着无法替代的关联，也带出了宣纸与指印行为间的质性。于是，宣纸是指印表达的必需媒介，而不仅仅是文化上的关系。因此，在某种程度上我所思考的不仅仅是水墨的文化概念，现代性也好，当代艺术也罢，你要在视觉的前提下通过形式、通过媒介来呈现你的思想认识。

朱其：你从“指印”系列以后在语言方法上是在做减法，毛笔不要了，图式也不要了，好像最后就把一件作品减到接近零的状态了。当然，还是有底线的东方文化感悟。从你的艺术发展脉络来看，你一直在做减法。作品形式越来越单纯，表达的内涵却越来越丰富。

张羽：我在强调艺术表达的同时，更强调表达的方法。如果你没有一个明确的指向问题的方法，那么表达就不存在了。而你的有效方法可以使你的表达自由驰骋。从语言上讲，如果说简化要比复杂更能打动人，不如就简化，能用一句话说清楚的问题，就没有必要说第二句话。简化的目的在于单纯，单纯是一种力量。同时，单纯在某种程度上也可以放大想象的空间。

朱其：你已经减到最低限度的时候，你还想让观众看什么？

张羽：我首先不会只为面对观众，而是要面对自己，面对表达。在水墨画的整个发展的线索里，不管是在哲学的思辨层面，还是再现，都具有含蓄的一面，似真似幻，似有似无，这是非常精彩的。其实，我们不用担心读者，我们只需要把表达送给他们，一个是艺术的形式，一个是可以想象的空间。而这个可以思考的想象的空间更重要。我们千万不要说得太多太清楚，说多了等于什么没说。

馆藏一百，香港艺术馆藏绘画特展，张羽“灵光”作品，香港艺术馆，香港，中国，2013年
A Hundred Chinese Paintings: From the Hong Kong Museum of Arf , Zhang Yu's Works of Divine Light, Hong Kong Museum of Arf China, 2013

朱其：你的创作也不能完全叫水墨，因为没有墨。从“弃笔”到“弃墨”，你的艺术早就走出了物质意义上“水墨”的限制。

张羽：其实，在今天我的艺术叫不叫水墨并不重要，在当代艺术中重要的是表达的意义和价值。表达是第一位的，媒介只是表达的手段。而我的表达关键在于探讨关于人对精神问题的思考，并不特指对材料的思考，也就不在于强调水墨本身，而在于你的表达中是否也能够对这个文化和这种媒介有一种新的阐释和认识，并不断地激活它。

如果深度剖析水墨的实质，我发现水墨并不在于墨而在于水，水使墨分为五色，水是气韵生动不可或缺的条件。甚至，没有水，墨将失去存活的可能。水墨画的承载在于媒材，而水墨在于水墨的精神。否则，就算你用了墨也不等于就是水墨。其实，材料的重要部分是表达的不可替代性，也就是材料本身的特殊性与表达的关系的互动。

朱其：我觉得材料和笔墨都是第二位的，艺术首先是一个精神探讨的手段。你要讨论人性或者是人的精神哲学，这是艺术要表达的核心。其次才去讨论哪一种手段更适合这种探讨的表达。

张羽：实际上在传统水墨画中，文人画家在描绘景物的时候，目的也不在于考量笔墨要如何，只是表达的需要使得笔墨精湛。精神性的探寻是永恒的话题，可以挽救我们心灵的退化。而我提出走出水墨画种，是唤醒我们对水墨的新认识。今天，我们有必要从水墨的文化属性回看水墨的物质属性，走进水加墨的原态，走进水墨的自然，走进内心的自然。或许水墨的现代性及未来从这里开始。于是，我再次重申：水墨不再等于水墨画。

原文刊发于《芭莎艺术》，2013年第5期

张羽：水墨，仪式2013.4.18，行为、装置，光州市立美术馆
光州，韩国，2013年
Zhang Yu: Ink and Wash Ritual 2013.4.18, Performance, Installation
Gwangju Museum of Art, Gwangju, Korea, 2013

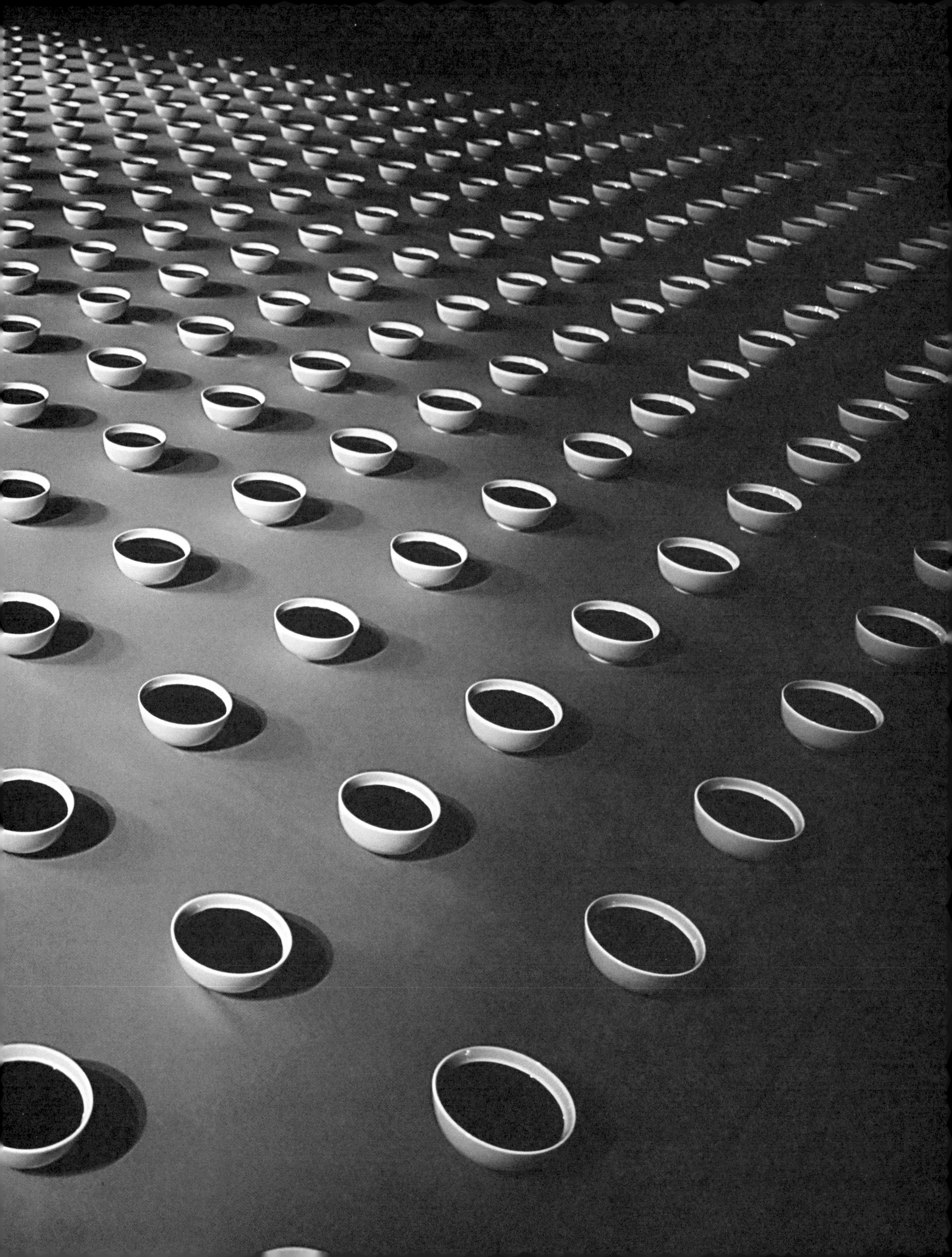

张羽：念力·心印

Zhang Yu: Power, Koan

——胡震访张羽

Hu Zhen Interviews with Zhang Yu

张羽：念力·心印

——胡震[1]访张羽

地点：张羽北京大山子环铁艺术城工作室
时间：2013年5月11日

胡震到访张羽北京大山子环铁艺术城工作室，2013年
Hu Zhen Visits Zhang Yu's Studio in Huantie Art Precinct, Dashanzi, Beijing, 2013

他是水墨画的终结者，也是“实验水墨”的领军人物。“水”和“墨”，对于张羽而言或许只是一种媒材。透过艺术家的思辨和感悟，让水墨在艺术形式上获得了哲学上的升华与创新。笔墨一直被视为中国传统绘画的工具。然而，张羽在过去的数十年里，不断思索探求，以非绘画性的视觉效果以及非传统性处理绘画材料的方法，让架上绘画步入“观念行为”的艺术呈现。

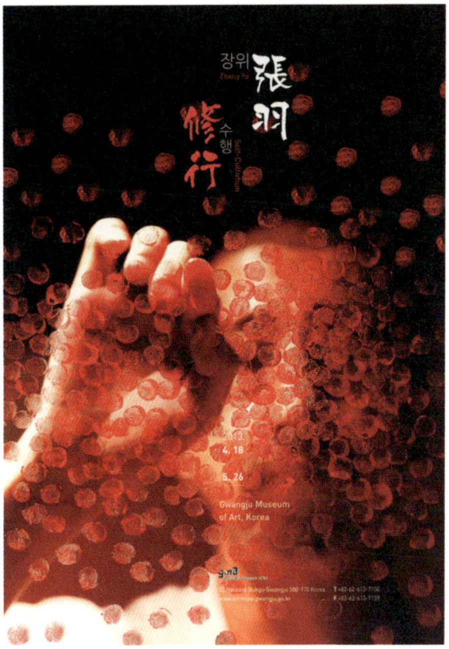

张羽——修行个展，光州美术馆个展海报
Cultivation Practice – Exhibition of Zhang Yu's Fingerprint Works, Gwangju Museum of Art, Gwangju, Korea

在90年代的中国水墨艺术变革运动中，张羽创作了抽象绘画“灵光”系列，画面以残圆、破方为语言符号，大胆地引领水墨进入新路径；其后2001年的“指印”系列以“指印”方式进行实验式创作，正式宣告“纸上水墨画”的终结。这是搁置十年之久的思绪，如同修行一般，当内心积淀能量趋近成熟，瞬间实现蜕变。张羽摆脱笔墨，以指印与宣纸、丝绸、玻璃触碰，让不同本质体的存在生发微妙的关系，并与艺术家互动、感应、对话。然而，一切创作的终极目的，不是为了制造视觉形式，而是东方哲学内涵的一种精神体验。而2013年的装置艺术“水墨，仪式”，便是将行为与时空融为一体，并且超越水墨的物质属性媒介界限。无论艺术的创作行为还是艺术作品本身都充满着仪式性，超越现实、超越物象，如同虚空境界的精神痕迹。张羽的“指印”诚如水墨画终结的烙印，成为时代的宏观表征。然而，独一无二的指纹，却是无法复制的个体美学。水墨画，借着指印与不同介质之间的混染而结束，然而“水”和“墨”却是永存。

——《画廊》

胡震：您提到“水墨，仪式”这么一个概念，在我的理解中，它可以有三种解读：“水墨”和“仪式”之间加一点的时候，这是并列关系；如果在“水墨”后加上逗号，则有用“仪式”界定“水墨”之意；如中间不加任何标点的话，则可把“水墨”理解为定语，即以“水墨”的方式建立一种仪式。您更倾向哪一种解读？

张羽：你很敏感。其实，你提到的三种理解或是解读都在我的思考之中，也是我想给读者的启发。我们在强调水墨的呈现或探讨水墨的问题时，往往会忽略这样两个重要问题：首先是表达所必需的当代意义，也就是说你的表达是否是当代艺术；再就是本来的水墨与概念的水墨的关系，这是一直以来艺术家和批评家所忽略或根本没有意识到的问题。这涉及水墨的物质属性与文化属性之间的关系。从水墨的物质属性来思考，我们今天所说的“水墨”，实际上是水＋墨的水墨。它究竟是概念中的文化属性？还是应该通过转换而获得的文化属性？而怎样才能获得其文化属性？这是我一直都在思考的问题。如果我们一定用水墨进行表达，那么，水墨这种媒介在今天还有没有其它的可能性？如果我们能够重新阐释水墨，那么采取什么样的方式去表达，这就涉及了我们所要讨论的“水墨仪式”问题。

当然，我不能为了仪式而仪式，我完全是出于表达的需要。在我看来，仪式是一种虚空状态，是人的直接精神追求，也许这种追求难以触摸，只存在于想象和思维的空间。比如，我们去教堂礼拜，去禅院参禅，或者寺庙佛事，不管嘴上还是心里叨念什么，内心都具有一种莫名的虔诚，虽然有时并不清楚自己真正渴求意味着什么。然而，那是一种状态。如果你能保持这种状态的话，你的内心世界是一个空象，没有任何要求。而真正的仪式应该是属于纯粹精神化的感受与虚无意义的状态，或者是认识虚无意义的精神化感应。

> **胡震：**从个人体验来讲，任何一种仪式，教堂的礼拜也好，寺庙的佛事也罢，究其本质都是通过某种方式，确切地说，是一种仪式活动，让你置身其间并不知不觉地进入那个场域。从这个意义上来讲，仪式是非常重要的。

张羽：仪式具有一种魔力般的力量。但这不是目的，因为面对宗教的时候，每个人的进入状态是不一样的。也许他不用任何方式也可以进入这种状态。我的目的主要是如何通过一种方式，一种表达的方法，带你进入这种场域，并在这个场域和我使用的这种媒介能不能构成一种关系，这种关系是不是能够达到表达的有效性，这才是关键。由此说来，“水墨，仪式”能否让观者进来之后感受到仪式之外的关联和想象，或者对心灵的慰籍，我觉得这是对艺术家表达的考验，可以充分体现艺术家的智慧与才能。比如说，你把水墨倒进浴缸里，或者洗脸盆里，你想呈现一种仪式感的装置作品。然而它能够呈现我们所说的那种精神吗？我们说一千道一万，你的艺术表达要承载的是你的精神诉求。浴缸能不能把这种精神呈现出来，这与媒介与媒介之间能否有效转换有关。因为，有了转换的可能，才有表达的可能性。在“水墨仪式”中，我之所以选择吃饭用的瓷碗，是因为我们都知道它是人类生活方式中必需的工具。实质上，随着岁月的流逝，这个瓷碗已经不是一个简单“碗”的概念，而是上天赐给的一个“物”。它关联着日常经验的日常文化，它存在于现实情景中，存在于生命岁月中，更存在于生命的文化中。所以，我选择把水+墨的水墨倒入瓷碗里，水墨的意义通过吃饭的瓷碗转换为精神的水墨。于是，它不再是水+墨的物质属性的水墨，从而它具有了文化性，物质性和文化性交织在一起。通过一个空间，一个场域，一种形式，让人们获得这个感受。那么，这个场域的结构和瓷碗之间的结构关系是非常重要的，这种重要性是必须通过一种表达的有效形式。

我其实还设想了一个问题，这样的一个装置方式和我的指印方式，在某种程度上都一样，都是意念，而意念是通过一种形式去承载，或者是去传达的。实际上它是通过一种方法与仪式发生关系。“水墨仪式”既是表达方式，也是水墨方式，更是精神诉求的意念形式。其仪式的呈现形式，是水墨之外的水墨关联，是走出水墨的水墨。水墨不等于水墨画，促使我们走出狭隘的水墨理解。而提

修行——张羽个展1991-2013，光州市立美术馆，光州，韩国，2013年
Cultivation Practice – Exhibition of Zhang Yu's Fingerprint Works 1991-2013, Gwangju Museum of Art, Gwangju, Korea, 2013

出走出水墨在于解放自己的思想认识，直接面对艺术表达！因为，水墨只有在不同以往的表达中才可能获得新的意义和价值！否则，水墨只是水墨，水墨只是工具！

你刚才问我更倾向于哪一种解读？在我的作品中，其实我的用意是希望观者获得这三种解读。我想通过最单纯的方法，或者是最直接的表达来呈现它的丰富性。所谓的丰富性是什么呢？实际上，是人们的一种想象的关联性。我觉得把这一部分丢给观者是极为重要的，今天的观者的学养、经验、阅历都不同，他们会在自己的层面理解和认识，按照他们的想象获取自己的需要。

胡震：过去那么多人都在探索所谓的“水墨”路径，包括发掘其可能性，但始终离不开“笔墨”这个东西，在某种程度上是在水墨基础之上的一种延伸。一方面是在消解过去的笔墨，另一方面也在继续探讨一种新的笔墨，您认同吗？

张羽：不同意这一说法。笔墨与笔墨有什么区别，都是一种方法下的方式，根本不存在建立一种新概念的问题。笔墨如今不管你如何笔墨都是过去方法的重复，在今天没有任何意义，另外，我们大多画家不具有过去文人的素养。传统的笔墨是文人书画家的一种品位的追求，而今天的画家的笔墨只是技术的炫耀，这是两个不同的作为。对我而言，建立的意义在于艺术家的表达是为了呈现其作品，并努力于为当代艺术的发展提供一个新的线索，或者是提供一种个人经验，为理论建构上做准备。

我在90年代提出“走出水墨”，实际上一方面是对自己提示，同时也是给周围艺术家的提示。到了2000年之后，我提出了“水墨”不等于“水墨画”，我们希望以此提示中国当代艺术不应该是被西方所欣赏的那一部分，或者说被西方所利用的那一部分，而应该是和我们自身文化产生更密切的关系，也是关于艺术史的逻辑关系。作为艺术家只有在这一线索上寻求自己的位置，才能够站在国际化的场景里。否则的话，我们的当代艺术就完全不着边际了。

胡震：那么，究竟什么是水墨文化呢？

张羽：我以为，水墨文化指的是历史以来的水墨画发展的文化依托关联，更多的是由文人的知识和修养赋予其中。那便是国学、诗学、金石学、禅宗、佛学、哲学等各方面注入其中。所以，它的承载是丰富的。在这一前提下，我通过“指印”的这一方式去触摸水墨，把水墨这一中介方式转换到宣纸上。水墨也好，色彩也好，其实都不再重要了，重要的是表达。

胡震：这跟中国的传统精神在某一意义上是吻合的。

张羽：在我看来，更重要的是自然，那才是艺术的最高境界。比如在我的作品中只选择用“水”进行表达，“水”是自然的根本，是生命不可或缺的，它是万物之本。而延伸至“水墨”，倘若没有“水”的话，“墨”就根本没有任何意义了。因此“水”也是“墨”的生命，“水”更是“墨”的灵魂。

胡震：水墨在西方艺术中，被看成一个中国符号，您如何看待呢？而水墨的文化性在东西方艺术领域中又是如何理解的呢？

张羽：正由于这种符号化的问题制约了水墨的发展。这几年我的艺术创作，由于表达的需要通过行为而使用了影像、空间、装置等综合媒介。水墨只是其中某些关系。我不希望以强调“中国符号”的特殊性的表达方式，展现对自身文化的理解。过去，较多有影响的艺术家一直采取使用中国符号、中国元素。尽管这是一个聪明的做法，但也是一种简单的应用符号来讨好西方，不是智慧的，智慧的方法是你我同在却不露声色。所强调的文化性，是东西方之间的互渗。我们必须找到互通的层面，才能够获得更多的共识。因此，我希望不要靠符号或元素来证明，要通过思想及文化之间的关系，让观众感受到形式背后的部分。事实上，中西之间存在着一个狭缝地带，这是双方在今天都想获得的空间。

胡震：您构建了新的“水墨，仪式”，并通过这种仪式去寻找东西方之间的衔接，在东西方传递这种文化精髓，可以从个人角度谈谈这种体验吗？

张羽：对艺术家而言都面临着如何超越的问题，这一定是透过视觉的形式来表达的。只不过形式与精神诉求，是否处于一个切合的关系中，这是我一直强调的。换句话，就是以当代的形式，建立新的语言言说方式，从而在东西方文化中各自获得启发，并激活。所谓的超越就是超越东西方艺术中的方法，新的表达是否可以获得跨越两端的有效言说是问题的关键。比如仪式是人类共同的思想解码的共识视觉，但这个表达要通过日常经验获得。

胡震：从技术上来说，水墨画如何能够提升其向外扩张性？

张羽：两千多年的水墨画发展，已经走到其尽头，难以再发展。水墨画的推进是水墨发展在90年代的话题，主要是解决水墨画的现代主义问题。水墨画发展的最后一道风景是“实验水墨”的图式表达。通过技术上的复合手段，让结构从内往外走，水墨与油彩最大的差异是，油彩是覆盖，往上加。油彩的覆盖必然图像往外走。而水墨画是透，往里走，它属于阴，所以往里吸。它缺少一个向外的视觉联想，倘若要让它扩张出来，那么就不能不对水墨画重新思考，通过一种如何的关系实现一种张力，其实，今天讨论这个问题已经没有意义了。

90年代，我通过“灵光”系列来实现其水墨的扩张性。一开始，我并没有特别强调光的整体作用，后来逐渐强化光。我们必须通过有效的视觉呈现进入心灵。在这样一个前提下，我反复琢磨绘画的结构，琢磨光的由来关系。光成为“灵光”的一个突破口，我努力于“灵光”的结构变化与光和气的关系，努力使气生成并流动，同时也使光随之流动。所以，我为什么强调“水”是“墨”的魂呢！如果你不会用水，等于你不懂水墨！所以水墨画的表达、水的使用是一个核心的技术问题。

胡震：这次参加“威尼斯双年展”的作品构思是如何的呢？

张羽：我这次参加“威尼斯双年展”平行展的作品是准备用摁满指印的宣纸和丝绸制造了一个闭关的空间。这个空间长11米、宽7米、高3.5米，我将房子的正面把摁满指印的宣纸八个条幅从天花板一直垂到地面。两侧是二十几条透明的丝绸，中间放置一台显示器巡回播放我的指印行为影像。正面的对面，也就是门口处同样是丝绸指印。过往的观众通过透明的丝绸能够清楚地看见由指印围合构成的空间的全部。这是一个展现心灵世界的修行的空间。

胡震：当今的艺术语境已经产生变化，水墨更需要跟公众发生关系，并进行沟通，您是否觉得有一种自觉性，不断推动您在水墨新方式中，与当下产生新关系呢？

张羽：这是必然的，并要始终保持这种与社会、与人的关系。但这不是简单的互动关系和观看的阅读关系，而是获得启发的认识关系，使观众通过你的作品走进艺术家的世界以及他自己的世界。人的一生是不断积累、不断认识的一生，你不断更新你的认识会使你敏锐地呈现新的关系，其实这一切都是关于人的问题。

原文刊发于《画廊》杂志，2013年第1期

注释：

1、胡震：1959年生于武汉。策展人、艺评人。现执教于广州美术学院，兼任湖北《美术文献》杂志展览版执行主编。近年来，策划的主要展览有“东张西望”系列展之一“以肉体之名”VS“繁殖”（2010）、“漆匣演义：2011国际漆艺三人展”（2011）、“8+8国际影像展”暨“3+国际论坛”（2011）、“这有什么关系——中日当代艺术展（第一回）”（2012）、“黑屏：01辰龙计划”（2012）等。主要发表的论文、译文有“傅雷与决澜社”、“傅雷与黄宾虹的交往——以“黄宾虹八秩书画展”为中心”、“2011当代国际影像管窥”、“跨界：对单一知识系统的质疑”等。

水法：张羽再次打开水墨大门的钥匙

The Water Method: Zhang Yu's Key to Open the Front Door of Ink and Wash Yet Again

——《艺术汇》采访艺术家张羽

Artscape Interviews with Artist Zhang Yu

水法：张羽再次打开水墨大门的钥匙

——《艺术汇》[1]采访艺术家张羽

方式：网络书信 / 北京 → 北京
时间：2013 年 11 月 28 日第一次，2013 年 12 月 8 日第二次

寂静——东方美学当代复兴，张羽作品“发生2013.12.8”行为现场，零空间艺术中心，798，北京，中国，2013年
Lonely Realm: Contemporary Renaissance of Eastern Aesthetics, the Scene of Zhang Yu's Works of "Happen 2013.12.8" Zero Space, 798, Beijing, China, 2013

记者：水墨画作为一种绘画的表现形式，已经有两千多年的历史，当这种表现形式或者媒介，遇到您，为何发生了如此大的变化？您在面对水墨的时候，是如何认识的？

张羽：你们说的这个变化的起因是因为一个艺术家的理想，艺术家的理想越大，变化也就越大。水墨及水墨文化是我的钟爱，从我遇见水墨那天起就钟情于它，这是一个缘，也因为这个缘我们一直走到今天。因为钟爱我希望它发展，那如何才能发展？发展什么？这便关联了水墨是什么。两千多年来，水墨是水墨画。因此，水墨一直作为工具被使用。于是乎，水墨画是老祖宗给出的一个答案。

然而，三十余年的与水墨相伴，在我看来水墨不等于水墨画。水墨，虽是一种文化，而水墨也是一种媒介。如此，水墨还能如何？我想我应该给水墨一个新的答案：水墨，是水加墨的水墨。于是，水墨是水！既然，水墨是水！“水”就是墨的主宰，“水”就是墨的灵魂。因为，“水”从来都掌握在艺术家的手上。古人，论笔墨谈气韵生动、墨分五色。而今，我论“水法”，重谈墨分五色，气韵生动。给出“水”使墨分五色，气韵生动，“水”更使水墨流动。水墨没有“水”，水墨将不存在，墨，将失去存活的价值。

水是万物之本，水是生命之源。两千多年来，水墨等于水墨画。两千多年后，我的水墨我主宰，水墨不等于水墨画，水墨可以是一种水加墨的“水墨仪式”。水墨可以是一种重新诠释的更大境界。

记者：这是一个翻天覆地的变化，您的作品已经和大家以往认识的传统水墨画几乎没有了关系，在这种情况下，作为艺术家您想的最根本的问题什么？那水墨画还有没有意义？

张羽：谈不上翻天覆地。但，面对今天的水墨时重要的是，我给出了与两千多年完全不同的水墨方案。曾经的历史我们只谈“笔法”、“墨法”，简称“笔墨”，而今天我只想谈“水法”。因为“笔法”、“墨法”与今天无关，它们已经是被过去解决的问题。可以大胆地讲，水墨的发展在今天，如何把握“水”是水墨发展的最后一次机会。“水”是水墨的未来，“水”是打开水墨新境界的一把钥匙，“水”对于我是通向新的艺术表达的桥梁。

谈到与传统的关系，我想反问一句，我们为什么要和传统水墨画有关系？有的是什么样的关系？水墨画仅仅是一个画种，笔墨仅仅是一种语言方式，传统的笔墨是传统的认知，与今天无关。今天，我们需要与水墨有关系，与水墨的文化有关系。更重要的是，我们今天的认识是来自于对传统文化的理解和重新认识的关系。水墨画有没有意义，是每一个画家自己决定的。我不能说水墨画绝对没有意义，但今天至少对我是没有意义的。因为，我已经走出水墨画种的局限。对水墨及当代艺术的发展来讲，我们必须清楚地知道，对水墨画而言，我们还能发展什么？有一点可以肯定，就传统的文人画的笔墨而言，我们今天所有的努力都不可能达到那个高度了，更谈不上继承。传统本来就不需要继承，也无法继承。我们再也不是那个知识结构了，那条路已经封顶。传统就是传统，我们只能发展，用另辟蹊径的方式去超越，我们只能做我们自己。

作为艺术家最根本的问题是，创造与建构属于你自己的方法，以及不可替代的艺术表达。如此，你才有你存在的理由和价值，你才有可能续写艺术史。

记者：请您讲讲您探索水墨的过程，在这条道路上，遇到的最大问题是什么？

张羽：这个问题太长，几天也说不完。我也无法判断哪个问题最大。我只能简单地讲，一路上我遇到了什么。我是从临习传统水墨画开始，继而从中国画的探索，到“现代水墨”，再到“实验水墨”，再到今天的水墨表达的当代艺术。

三十余年的探索之路使我得出一个明确的方向，传统水墨画的笔墨意象实际上给出了两条线索可以发展。

一条是传统中国画的书写性“笔墨”的现代性发展。其实，笔墨在传统水墨画中不具有独立价值，笔墨是依附于应物象形的。它的意义建立在笔墨与景物的关系上而呈现的意象或意境。所以，它的关键不是笔墨，而是意象或意境。文人画家黄宾虹的努力是想通过笔墨超越意象，想将笔墨抽离出来实现笔墨的独立价值，但黄宾虹的努力只给出了笔墨的符号化趋向，这个笔墨符号化趋向仍依附于应物象形，黄宾虹最终没能解决笔墨的现代性问题。沿着这条线索，60年代的日本艺术家井上有一从书法的笔道中悟得真谛，将笔墨抽离出来，放眼世界与西方抽象表现主义关联，从差异性中创造出共性的表达，使笔墨具有了独立价值和意义，笔墨的现代性被井上有一画上了一个句号。

另一条是传统中国画“意象”的现代性发展，这条线索在文人画之后，到近现代的张大千有过努力，他通过放大笔墨情怀，将传统中国画的笔墨意象再意象化，泼墨泼彩由于对传统绘画的若即若离未能实现纯粹的意象形式。如果从超越水墨画的角度讲，赵无极以西方表现主义的绘画的方法实现了意象化的呈现。而从水墨发展的可观性讲，80年代中后期的“现代水墨”，如谷文达等通过超现实主义方法进行过努力，但因没有创造出自己的方法论，终未完成夙愿。

而我认为还有另一条与传统中国画笔墨没有直接关系的线索，就是水墨的现代性发展。这是水墨发展的关键的一条线索，它是站在超越传统水墨画的立场登场的。这就是90年代“实验水墨”的出现，这批艺术家是经由“现代水墨”过来的艺术家，他们在“现代水墨”阶段做好了准备。所以，他们成为二十世纪水墨发展的最后一道风景。他们以更开放的视野，超越笔墨、超越意象、超越水墨画、超越水墨，并努力超越中西方法，通

原道——中国当代艺术新概念
张羽作品行为现场，香港艺术馆，
香港，中国，2013年
The Original Way – New Concepts in Chinese Contemporary Art, Hong Kong Museum of Art, Hong Kong China, 2013

过“非具象”的水墨图式创造，实现了水墨现代性发展。在这条线索上，以张羽、王天德为代表。其实，对艺术家而言，最大的问题也就是最重要的问题，是你的艺术表达是什么？你的表达是否针对问题？你的表达是不是独一无二的？你的表达是不是不可替代的？

记者：您一直在强调艺术创作要与众不同，这是您对媒介要进行实验的原因吗？

张羽：这个说法有一点误解，与众不同不等于要实验媒介的不同。媒介本身并不重要，重要的是你的表达。媒介的意义在于有效地依附在表达上，如果没有表达，媒介就没有任何意义了。与众不同指的是艺术表达的不同，还有表达语言的特别性，以及表达方法的不可替代性。

记者：创作“指印”系列的时候，割舍毛笔是一个极大的挑战，在方法上要使用新的工具。这种新的实验，可能会被别人质疑，面对这些疑问，当时您是怎么思考的？

张羽：我是一个非常自信的人。所以，从来不管别人怎么看。我做事会想得比较清楚，如果有别人质疑，我会非常兴奋，一、说明我做对了；二、我们可以交流。质疑极为正常。如今，时间也证明了我做得非常正确。

记者：有评论者认为您在“实验水墨”中既可以看到西方现代文化的迹象，又可以看到向传统文化艺术发问的迹象，您作为“实验水墨”的领军人物如何评价这种观点？

张羽：其实，这个问题与今天无关。“实验水墨”是我上个世纪90年代的工作，“实验水墨”的问题就是以开放的视野和心态针对传统水墨画的发问。其“实验水墨”的图式表达就是在国际语境中，寻求共性与差异间的努力。刚才我已经说过，“实验水墨”的根本问题，是要解决水墨的现代主义问题。同时，“实验水墨”还兼具着另外一个使命，就是“走水墨”而“进入当代”。只有当我们的水墨解决了水墨现代性的问题，我们才有资格讨论水墨的当代问题。否则，中国的水墨文化进入当代艺术的层面就是一句空话。我十分认同这样一个观点，你如果是一位属于这个时代的艺术家，那么，你的艺术表达及方法，一定要能代表今天。

记者：我很想知道2011年您在今日美术馆做的个展上，只展示了一件纸上的“指印”作品，据说是今日美术馆建馆以来艺术家个展上，展出作品最少的一位艺术家，我觉得这可能也是当时在中国大陆最少作品的展示吧？您当时是怎么想的？

张羽：其实，这是在展览开展的前一天决定的，本来与策展人冯博一的计划是要展出四五件的。可是在布展中发现，我用一年时间完成的12米长、2.3米宽的纸上红色“指印”作品，完全可以撑得住这个三十几米长、十几米宽、十多米高的空间。而且，展出这一件作品最能体现“指印”作品的精神，再多一件作品都会影响这次“修行”的个展。

“指印”是行为的痕迹表达，也是修行的痕迹呈现。指印的行为以及指印的痕迹是由“一”展开到“无限”。“指印”是与个人内心的对话，也是与空间的交流。“指印”是内心世界的独白，也是超越视觉外象的表征。“指印”是超越以往视觉经验的新的表达，“指印”更是一次永无休止的修行旅程。于是，我以为这不仅仅是一次指印修行的展示，而是修行的指印关于精神旅行的一次空间对话。

记者：今年十月，您在马爹利为自己创造了一个奇迹，也为水墨创造了一个奇迹！您怎么会想出“在马爹利干杯——水墨”？

张羽：哈哈，有意思的问题。七月，马爹利邀请我做文化交流项目时我并没有想太多，只是觉得应该与马爹利合作这个项目，从马爹利这个品牌完全可以找到我想表达的切入点。马爹利找到我的一个原因是，他们非常喜欢我四月份在韩国光州美术馆做的“水墨，仪式”装置作品，并希望我能在马爹利展出这个作品。我不想重复这个作品，也觉得这个主题与马爹利没什么关系。所以，我的脑海里一直在围绕马爹利的酒文化在思考问题，思考马爹利的品牌及酒能否构成一个更有意思的表达，也在思考马爹利的酒与水墨的关系。于是，我想到了“水”。想到了水墨是水，马爹利酒也是水。顺着这个线索，我想到西方社会装满红酒、威士忌的高脚杯，这个礼仪的高脚杯里可否装满水墨而干杯？于是，想到了在马爹利干杯——水墨，太有意义了。为水墨干杯，非常好的观念，千载难逢的机会，在马爹利为水墨干杯，在西方世界为水墨干杯，太令人兴奋了。当880只宴会的礼仪高脚杯注满水墨时，我发现880只注满水墨的高脚杯就像880颗黑色珍珠光芒四射。西方，还有世界在今天为水墨干杯，为我的作品干杯。到今天说起来我还是那么兴奋。

记者：刚刚开幕的纽约大都会“水墨艺术”特展，在2013年底把水墨热浪又推向了高潮。因为大家都很期待这个展览，所以都非常关注。可当大家得知参展的35位艺术家有四分之三是当代艺术圈所活跃的艺术家时，有了不同层面的质疑，您作为参展艺术家亲临了现场，您怎么看？

张羽：其实，根本不需要质疑，只是每一个人看问题的角度、立场不同而已。大都会这么做是有其道理的，新闻发布会上，我与这次展览的策展人大都会亚洲部主任何慕文先生对谈时有所了解，水墨对西方人而言是个概念，在他们的认识上只有两条线路：传统的、当代的。

这个展览的主要目的，在于呈现中国当代艺术的水墨的今天与过去。因此，他们选择这个展览及艺术家有三个明确的方向：一、从当代艺术的角度看水墨；二、从水墨文化看水墨；三、从西方话语权看水墨文化。他们不看今天模仿过去的水墨画，他们认为今天所有模仿传统水墨画的画家，从笔墨上讲没有一个人比传统文人画画得好，所以不可能超越传统的水墨画。这个展览所呈现的是西方世界看中国水墨当代艺术的立场。从某个层面讲，我完全赞同他们这次选择展览的问题和方向，以及他们选择艺术家的方向。虽然，他们有些偏激，但至少他们明确地给出了他们的认识、理解和方向。他们知道自己在说什么，他们也知道他们能做什么。当然，我也有我的判断。他们的大方向虽然没有问题，但选择的个别艺术家及作品，还是有一定的偏差，会影响到他们研究方向的准确性和逻辑的客观性。水墨文化毕竟是一个太大的概念，因此更不能无边地扩大这个概念，否则就没有必要叫水墨艺术了。在谈论水墨时，水墨的物质属性毕竟是与水墨关系最为亲和的，它更能有效地阐释水墨表达的当代艺术。

如今，去除中国当代艺术的表象化、符号化、元素化，更能使当代艺术走向新境。当我们只有不再强调差异性时，表达才更具有今天的意义。今天是一个共赏的时代，我们应该更努力从差异性中探寻共性，这才是人类明天的共识。面对大都会这个2006年启动的展览，我们无可厚非。我以为，我们应该自己先做好。仔细想想，近年来我们又做了多少个水墨展览，但又有哪一个展览做得明确、清楚，并具有问题性。客观地讲，国内还没有一个水墨展览比今天大都会艺术博物馆这次做得更具针对性及未来性。我们应该通过大都会这次展示反思我们自己。我们还能做什么？我们应该怎么去做？

原文刊发于《艺术汇》，2014年第1期

注释：

1、《艺术汇》：《艺术汇》（《当代艺术》更名为《艺术汇》）杂志是最新锐的先锋艺术媒体，也是国内有良好品质的精英艺术生活期刊。杂志以关注当代艺术行业进程为主旨，以敏锐姿态反映新艺术、新观念、新潮流，以鲜明立场评论新热点、新话题、新事件。杂志以“新锐”与“前沿”为宗旨，以开放的视野、多元的取向，做最具人文精神的专业艺术杂志。

The Water Method: Zhang Yu's Key to Open the Front Door of Ink and Wash Yet Again

Reporter Interviews with Zhang Yu

Method: Internet Interview

Time: 28 November 2013, 8 December 2013

意念的形式——张羽作品展，张羽接受两岸多家媒体采访现场，佛光缘美术馆，高雄，中国，2013年

The Form of Notion — Exhibition of Works by Zhang Yu, On-Site Interviews with Several Mainland Chinese and Taiwanese Media Bodies, Fo Guang Yuan Art Gallery, Kaohsiung, China, 2013

Reporter: As an expressive form of painting, ink and wash already has a history of more than 2,000 years. Why has the meeting of this expressive form or medium with you resulted in such great changes? When you look at ink and wash, how do you cognitively understand it?

Zhang Yu: This change that people refer to is caused by the ideals of one artist. The greater the ideals of an artist, the greater the resulting changes. Ink and wash and ink and wash culture are my great love. From the day I first encountered ink and wash I have been in love with it. This is my destiny, and because of this destiny we have come all the way to where we are now. Because of this love I hope that it will develop, but then what is required for it to do so? Develop what? What then is it that has connected ink and wash here?

For the last more than two thousand years, ink and wash has been ink and wash painting, so ink and wash has always been regarded as an instrumental tool. Thus ink and wash is a solution provided by the ancestors.

However, having spent more than thirty years with ink and wash, I do not equate ink and wash with ink and wash painting. Ink and wash is indeed a culture, but ink and wash is also a medium. In this case, what is ink and wash still capable of? I believe I must provide a new solution for ink and wash: ink and wash is ink and wash in the sense of water with ink added to it. Therefore, ink and wash is water! As ink and wash is water, water dominates ink. It is the soul of ink, for "water" has always been mastered in the hands of artists.

The ancients in their discussion of brush and ink (bi-mo) spoke of the energy resonance life-force (qiyun shengdong) and the "five shades of ink" (mofen wuse). Today, however, when I speak of the "water method" (shuifa), I am speaking again of the five shades of ink and of energy resonance life-force. The provision of water causes the five shades of ink and the energy-resonance life-force, and moreover, water allows ink and wash to flow. Without water, ink and wash could not exist. Ink would lose the value of its existence.

Water is the root of all things. Water is the source of life.

For more than two thousand years, ink and wash has meant ink and wash painting. After more than two thousand years, in my ink and wash, I dictate: ink and wash is not the same as ink and wash painting. Ink and wash can be an *ink and wash ritual* of adding ink to water. Ink and wash can be a larger realm of renewed interpretation.

Reporter: This is an earthshaking change. Your works are already quite unrelated to traditional ink and wash painting as it was previously understood by everybody else. In these circumstances, what do you as an artist consider the most fundamental problem? Is ink and wash painting still meaningful?

Zhang Yu: We cannot really consider it earthshaking, but looking at today's ink and wash, what is important is that I have provided an ink and wash project that is completely different from that of the last two thousand years and more. In previous history, we only spoke of" brush method" and" ink method" - for short:" brush and ink" (bi-mo). Today, however, I only wish to talk of" water method" (shuifa), for neither brush method nor ink method are relevant today. They are problems that have already been solved in the past. One could say boldly that in the development of ink and wash until today, the last opportunity for the development of ink and wash is the question of how to master water. Water is the future of ink and wash. It is a key with which to open up the new realm of ink and wash.

As for the connection with tradition, I should like to ask a counter-question. Why should we have to relate to traditional ink and wash painting? And if there is a relationship, then what should it be? Ink and wash painting is just a genre of painting. Brush and ink is just a format of visual language. Traditional brush and ink is traditional cognition. It has no relevance today. Today we need to relate to ink and wash, and to its culture. Even more importantly, the cognitive understanding that we have today comes from an understanding and renewed cognitive understanding of traditional culture. This is relevance as I understand it.

The question of whether ink and wash painting is still meaningful is something for each painter to decide for him- or herself. I cannot say that ink and wash painting is absolutely meaningless, but today, at least, it holds no meaning for me. The reason is that I have already gone beyond the restrictions of the genre of ink and wash painting. As for ink and wash and the development of contemporary art, we must know clearly what there is left for us to develop in ink and wash painting. One point can be affirmed: as for the brush and ink of traditional literati painting, even if we applied all our efforts today, we should be unable to match that high point let alone surpass it, to say nothing of "carrying on the tradition". In the first place, the tradition does not require carrying on, nor is there any way to do so. We no longer have that intellectual structure, and that road is already sealed off. The tradition is the tradition. We can only keep developing, and we can only be ourselves.

The most fundamental issue for an artist is that creating and construction should be of your own method, and of a unique and irreplaceable artistic expression. Only thus do you have a reason to exist, and an existence with value. Only thus is it possible for you to write further art history.

Reporter: Please talk about the process of your exploration of ink and wash.

What was the greatest problem you encountered along this road?

Zhang Yu: This question is too extensive. Even if we had several days, we couldn't finish answering it. Nor can I judge which problem was the greatest. All I can do is to explain in simple terms what I encountered along the way. I began by copying traditional ink and wash paintings, and gradually moved from an exploration of traditional Chinese painting to modern ink and wash, then to Experimental Ink and wash, and then on to the contemporary art of my ink and wash expression today.

The track of exploration that I have followed for more than thirty years has set me a very clear direction. The brush and ink notion-images of traditional ink and wash painting have provided two possible trails to develop.

One is the modernist development of the scriptural brush and ink (bi-mo) of traditional Chinese painting. In fact, brush and ink has no independent value within traditional Chinese painting. It depends on the figurative forms that correspond to things (yingwu xiangxing). Its meaning is founded in the notion-images (yixiang) or the notion-realm (yijing) manifested in the relationship between brush and ink and figurative scenes (jingwu). Therefore, the key thing is not brush and ink, but the notion-image or notion-realm. In literati (scholar) painting, Huang Binhong strove to transcend this. He wanted to extract brush and ink in order to realize its independent value, but his efforts only gave us the symbolic trend in brush and ink. This symbolic trend still depends on figurative forms that correspond to things, and Huang Binhong ultimately was unable to solve the problem of the modernisation of brush and ink.

Following this trail, the 1960s Japanese artist Inoue Yuichi realized the true meaning to be got from calligraphy. He isolated brush and ink and, taking a global view, saw the connection with the Abstract Expressionism of the West. He proceeded from the differences and created a common expression, endowing brush and ink with independent value and meaning. Inoue Yuichi painted a full stop to the modernity of brush and ink.

Another path was the modernist development of the notion-image (yixiang) of traditional Chinese painting. Since the literati (scholar) painters, this trail has been considered in recent modern times by Zhang Daqian (Chang Dai-chien). By enlarging the emotions of traditional brush and ink painting, he intensified the notion-image character of the notion-image of brush and ink within traditional Chinese painting, and made it ambiguously close to modern Western painting. From the point of view of transcending ink and wash painting, Zhao Wuji (Zao Wou-Ki) used the method of Western Expressionism to realize the notion-image presentation. However, as for the subjectivity of the development of ink and wash in the Modern Ink and wash of the mid- to late 1980s, artists such as Gu Wenda carried out their work through the methods of Surrealism. However, because they did not produce their own methodology, they ultimately failed to achieve their long-cherished aspirations.

Now I believe that there is yet another trail that is not directly related to the brush and ink of traditional Chinese painting. This is the modernist development of ink and wash. It is a key trail in the development of ink and wash. It appeared on the stage in a position of transcending traditional ink and wash. This is the appearance of 1990s Experimental Ink and wash. This group of artists had passed through Modern Ink and wash. They had made their preparations while at the stage of Modern Ink and wash, and thus became the last phase in the twentieth-century development of ink and wash. They made use of the more open way of looking at things to transcend brush and ink, the notion-image, ink and wash painting and even ink and wash, and they strove to transcend the methods of China and of the West. Through the creation of non-figurative schemata, they achieved the modernist development of ink and wash. Zhang Yu and Wang Tiande are representative of this trail.

In fact, for the artists the biggest problems are also the most important problem, namely "what is your artistic expression?"; "does your expression address issues?"; "is your expression unique?"; "is your expression irreplaceable?".

Reporter: You are always stressing that the artist must be different from the crowd in producing works. Is this the reason why you want to adopt an experimental approach to the medium?

Zhang Yu: This way of putting it is somewhat misguided. Being different from the crowd does not mean that you have to be different in experimenting with the medium. The medium is not in itself important. Your expression is what is important. The meaning of the medium lies in how effectively one relies on it in one's expression. It serves the expression. If there is no expression, the medium becomes completely meaningless. What is meant by " different from the crowd" is that the artist's expression is different, and also the special character of the expressive language, and the irreplaceable character of the expressive method.

Reporter: When you created your Fingerprints series, abandoning the use of the brush-pen was a huge challenge. In terms of method you had to use new tools. Perhaps other people had doubts about this kind of new experiment. What were your reflections at the time when facing this scepticism?

意念的形式——张羽作品展，展览现场，1000只瓷碗、清水、宣纸
佛光缘美术馆，高雄，中国，2013年
The Form of Notion – Exhibition of Works by Zhang Yu, at the Exhibition, One Thousand White Porcelain Bowls, Plain Water, Xuan Paper, Fo Guang Yuan Art Gallery, Kaohsiung, China, 2013

Zhang Yu: I am an exceptionally self-confident person, so I never worry about how other people look at things. I think rather clearly when I do things. If others have their doubts, that makes me excited. It makes it clear that what I have done is right. For this reason, I am not affected by doubts. Today, time has proven that my actions were more than correct.

原道——中国当代艺术新概念，吴家伦副馆长陪同张羽修复因布展而损伤的作品，香港艺术馆，香港，中国，2013年
The Original Way – New Concepts in Chinese Contemporary Art, the Curator Accompanied Zhang Yu to Repair Damaged Due to Exhibit Works, Hong Kong Museum of Art, Hong Kong, China, 2013

Reporter: Some critics believe that in Experimental Ink and wash one can see the traces both of Western modern culture and of a questioning of the art of traditional culture. As a leader within Experimental Ink and wash, how do you assess such points of view? In your works there are also characteristics of a blending of Chinese and Western culture.

Zhang Yu: In fact this question is no longer relevant today. Experimental Ink and wash was work done in the 1990s, and the questions of Experimental Ink and wash were questions with an open field of vision and state of mind, posed of traditional ink and wash painting. The schematic expression of Experimental Ink and wash was indeed, in the international context, an effort to seek commonality within difference.

I just said that the fundamental question of Experimental Ink and wash had to do with solving the question of the modernity of ink and wash. At the same time, Experimental Ink and wash had another mission, which was to go beyond ink and wash and enter the contemporary. It was only when our ink and wash had solved the problem of the modernity of ink and wash that we became qualified to discuss the contemporary problem of ink and wash. Otherwise, any talk of Chinese ink and wash culture entering the level of contemporary art would have been empty.

I am completely in agreement with the viewpoint that if one is an artist of this age, then one's artistic expression and method must be able to represent the present.

Reporter: I am keen to know about your solo exhibition held at the Today Art Museum in 2011, where you showed only a single Fingerprints work on paper. It is said that this is the least number of works by any artist in any individual exhibition held at the Today Art Museum ever since it was founded.

I imagine it was also the fewest number of works shown by any artist at the time in mainland China. What was your thinking at the time?

Zhang Yu: This was actually decided on the day before the exhibition opened. Originally I and the curator Feng Boyi had wanted to exhibit four or five works, but during the installation we discovered that the 12 by 2.3 meters red Fingerprints work that I had taken a year to complete was more than adequate to occupy this space, which was some thirty-odd meters long, some ten meters wide and more than ten meters high. Besides, exhibiting this work was the best way to show the spirit of a Fingerprints work. Adding another work would only spoil this individual exhibition about Cultivation Practice.

The expression in Fingerprints involves the traces of a performance, and also presents the traces of cultivation practice. The fingerprinting performance and the traces of fingerprints are an infinity that begins with a singularity. It is a dialogue with individual conscience, and is also an exchange with space. Fingerprinting is a soliloquy of the world of one's conscience, as well as a symbol that transcends the visual outer image. Fingerprints are a new aesthetic that transcends previous visual experience, and indeed Fingerprints are a never-ending journey of cultivation practice.

Accordingly, I believed that this was not merely an exhibition of the cultivation practice of fingerprinting, but also a spatial dialogue by the fingerprinting of cultivation practice about the spiritual journey.

Reporter: In October of this year (2013), you created a miracle for yourself at Martell, and indeed created a miracle for ink and wash. How did you come to think of Sharing a Glass with Martell — Ink and Wash?

Zhang Yu: (laughing) An interesting question! In July, when Martell invited me to complete a cultural exchange project, I had no particular ideas. I just felt that I should work with Martell on this project, and that in the brand of Martell I should be more than able to find a starting-point for what I wanted to express. One reason why Martell had looked me up was that they very much liked the installation work *Ink and Wash Ritual* that I had created for the Gwangju Art Museum in Korea in April (2013), and they hoped that I would be able to exhibit that work at the Martell chateau in France.

I did not wish to repeat that work, though, and moreover felt that its theme bore no relation to Martell. Therefore, I was constantly thinking about Martell cognac as I considered the problem, wondering whether I could combine the Martell brand and cognac to construct a more meaningful expression, and also wondered about the relation between Martell cognac and ink and wash. That is when I thought of "water". I thought about ink and wash being "water", and

Martell cognac likewise. Following this trail, I thought of how glasses of red wine or whisky are ubiquitous in Western society. Would it be possible to fill these formal glasses with ink and wash and drink a toast in ink and wash? I then thought of drinking a toast in ink and wash at Martell, which seemed a great idea. Drinking a toast for ink and wash seemed a brilliant conception, and it was a rare opportunity to drink a toast to ink and wash at Martell, and even more so to do so in the West. I was simply excited!

When I filled 880 stemmed dinner glasses with ink and wash, I discovered that 880 glasses of ink and wash sparkle like 880 black pearls. The West, and also the world today in general, was on that day drinking a toast for ink and wash, and also for my work. I still get just as excited when I talk about it today.

Reporter: The special exhibition *Ink Art: Past as Present in Contemporary China* (December 11, 2013-April 6, 2014) that has just opened at the Metropolitan Museum in New York will push the ink and wash craze to a new climax by the end of the year. Because everybody is eagerly awaiting this exhibition, a lot of attention is being paid to it. Yet when people learned that three quarters of the participating artists were very active artists in contemporary art circles, doubts were raised at various levels. As one of the participating artists you have personally visited the site. What are your views on this?

Zhang Yu: There is really no reason to raise doubts about it. It is simply a matter of everybody's approach and position on various issues being different. The Metropolitan is right to do it in this way, and at the press conference when I had an interview with the Curator of the Exhibition, Mr Maxwell K Hearn (whose Chinese name is Mr He Muwen), Director of the Department of Asian Art at the Metropolitan Museum, we understood each other quite well. For Westerners, ink and wash is a concept. In their cognitive understanding, there are only two lines: traditional and contemporary.

The main purpose of this Exhibition is to present the present and the past of ink and wash within contemporary art. Therefore there are three clear directions in the exhibition and in the artists chosen for it. First, there is looking at ink and wash from the angle of contemporary art. Second, there is looking at it from the angle of ink and wash culture. Third, there is looking at ink and wash culture from the angle of today's ink and wash.

They are not looking at ink and wash that imitates the ink and wash painting of the past. They believe that not one of the artists who imitate traditional ink and wash painting paints better than the traditional literati (scholar) painters in terms of brush and ink (bi-mo), so there is no way of surpassing the traditional ink and wash painting.

What this Exhibition presents is the position of the Western world looking at the contemporary art of ink and wash in China.

At a certain level, I completely approve of their choice of the issues and directions selected for this Exhibition, and also the direction of their selection of artists. Although they have some biases, at least they have clearly set out their thinking, understanding and direction. They know what they are saying, and they also know what they are capable of.

原道——中国当代艺术新概念，展览三个月后瓷碗中的水全部蒸发，只留下墨渍，张羽在瓷碗上签字，香港艺术馆，香港，中国，2013年
The Original Way – New Concepts in Chinese Contemporary Art, the Exhibition After Three Months All the Water has Evaporated, Leaving Ink Stains, Hong Kong Museum of Art, Hong Kong, China, 2013

Of course, I have my own judgment too. Although there is no problem with their overall direction, there is a certain imbalance in the choice of individual artists and works that might impact in a negative way on the accuracy of the direction of their research and the objectivity of their logic. After all, "ink and wash culture" is too vast a concept, and for this reason it is even less feasible to expand this concept without limits. Otherwise there would be no need to call it ink and wash art. When discussing ink and wash, its material properties are after all what ink and wash relates to most intimately, and they are the most efficient way of interpreting the contemporary art of ink and wash expression.

At present, getting rid of the trends within Chinese contemporary art towards representation, symbolism and elementalism will be more conducive to leading contemporary art towards new realms. Only when we no longer need emphasize the differences will the expression be more endowed with meanings of the present. This is an age of commonality, and we must work harder at finding what is shared within the differences. Only this will be the consensus of mankind tomorrow.

It is not for us to find things to blame about this Metropolitan Museum of Art Exhibition that was set in motion in 2006. I am of the opinion that we should first put our own house in order. Thinking about it carefully, we have in recent years held a number of individual ink and wash exhibitions; but which of them has been precise, clear and endowed with a problematical character? Speaking objectively, there has never yet been any exhibition of ink and wash in mainland China that has been more targeted or more oriented towards the future than this exhibition at the Metropolitan Museum of Art. Through this exhibition at the Metropolitan we should reflect on ourselves. What can we still do? And how should we go about doing it?

水墨情境与转换

The Context and Transformation of Ink and Wash

——《画刊》采访艺术家张羽

Reporter Interviews with Artist Zhang Yu

水墨情境与转换

——《画刊》[1]采访艺术家张羽

方式：网络书信 / 南京 → 北京
时间：2013 年 12 月 1 日

光州美术馆副馆长、策展人一行到访张羽北京大山子环铁艺术城工作室商议光州市立美术馆，“修行——张羽个展”，光州韩国，2012年
Cultivation Practice – Exhibition of Zhang Yu's Fingerprint Works 1991-2013, Gwangju Museum of Art, Gwangju, Korea, 2012

记者：从早期您画传统的中国画起，您一共画了多少年了？

张羽：我是从70年代开始画中国画的，如果我们用今天的眼光看70年代的中国画，这与我们现在普遍理解的传统中国画概念是完全不一样的。那个年代的艺术极为单一，起初，我所接触的是“文革”时期的水墨宣传画，就是用水墨媒材画的政治题材宣传画。歌颂祖国大好河山，我是其中的创作者，也是学习的学生。逐渐地，70年代后期开始有了中国画人物写生的展览，是我们学习的机会。再后来我有了《芥子园画谱》，开始了解传统。1979年考入天津杨柳青画社后，开始大量接触传统绘画，并疯狂地临习传统水墨画。由于工作的关系，我开始有机会去故宫博物院、天津艺术博物馆、天津历史博物馆去临习传统中国画。有的是临习原作，也有印刷品。比如像“韩熙载夜宴图”、“步辇图”，还有赵佶、马远、夏硅、米芾、董其昌、龚贤、黄龚望、石涛、金农、朱耷等许多作品。同时，我也一边不停地画水墨人物画写生，还一边进行水墨画创作，有工笔人物画和水墨人物画小品。80年代中期创作了“扇面”系列、“肖像”系列，还有抽象性的水墨形式开始探寻个人面貌及水墨问题。90年代形成了个人语言及表达方式，但其水墨画的创作却距中国画的表现方式越来越远了。

记者：您在20世纪90年代初开始“实验水墨”创作，是什么契机导致的转变？

张羽：1988年，我策划编辑《中国现代水墨画》一书，1991年弃笔创作“指印”行为作品，1992年策划编辑《二十世纪末中国现代水墨艺术走势》丛书。在策划和编辑的研究过程中发现80年代后期“现代水墨”阶段，我们对传统水墨画的改造，以及对现代水墨的推进，基本是对笔墨与表现内容的改造。在这个改造过程中，我们所获得的是笔墨与现实主义、超现实主义、表现主义、抽象主义、抽象表现主义等相结合的认识层面。其实，这仍然与徐悲鸿、林风眠的中西合璧没有区别。从某种层面上讲，对笔墨的改造如果建立在拼接和挪用西方艺术史的方法或风格去发展“现代水墨”是无法进入问题的，也就更不可能真正解决水墨的现代主义问题。于是，开始思考现代水墨之后的水墨走势。

记者：80年代末、90年代初，中国美术界当时很多艺术家选择了抽象的图式，认为抽象是对具象艺术的一种反动，从而具有某种先锋性。您做“实验水墨”，也选择了抽象的图式，是您觉得抽象比具象更具有前进性吗？

张羽：就“现代水墨”而言，80年代末、90年代初艺术家选择的是两条线索。一是笔墨与现实主义加表现主义；二是选择笔墨与抽象表现主义。这两条线索是当时“现代水墨”的基本状况，而呈现的是对风格的探讨。在我看来，选择抽象，并不是大家所理解的对具象的反动，也不是抽象比具象先进，而是笔墨与抽象性形态有着天成的联系。选择抽象的目的是选择与传统水墨画认识上的不同，其先锋性也是对水墨画传统而言的。但它的问题是一直局限在西方艺术史的阴影下。

所以我做“实验水墨”，而不做“抽象水墨”，它不是抽象图式，而是非具象图式。二十年来，我们一直对这个问题存在认识上的误区，我们应该知道抽象是西方艺术史中非常具体的创作方法，是支配你进行抽象艺术创作的。而“非具象”只是区别于具象造型的一个概念，并不是具体的创作方法，而是一种对形式的认识和把握。所以，我们不能把“抽象”与“非具”象等同起来看。因为，图式就是图式，图式是无法抽象的，如果抽象了就不是图式了。我之所以认为“实验水墨”具有前进性，是因为“实验水墨”是针对“抽象水墨”开始的，并区别于“抽象水墨”无意义的上下文关系，以及强调“实验水墨”是别于“抽象水墨”时的立场和态度。于是，“实验水墨”的图式创造在避开了西方艺术史中方法论的直接对应关系的同时，解决了水墨画发展的现代性问题。因此，我称“实验水墨”是水墨画现代性发展的最后一道风景。

记者：“灵光”系列是什么年代开始的作品？在您的作品中，能够寻到一些禅宗与道教的思想的蛛丝马迹。皮道坚先生也曾评价过您的这批作品具有宗教的含义，您自己怎么看？

张羽：1993年我开始创作“灵光”系列，1994年拿出完整的作品，一直做到2003年。其实，这批作品的创作针对的问题非常具体。比如：对传统水墨画表达内容的改造，以及对笔墨的改造，对材料的深入，对新技术的使用，对水墨性的挖掘，对墨分五色，气韵生动的重新诠释，更重要的是解决水墨画的现代性转换问题。更是重树对水墨精神的理解。

中国画发展到八大、黄宾虹时期，虽然将笔墨趋于符号化，但仍然依附在应物象形的表现上，没能解决笔墨现代性问题，也可以这样理解笔墨的现代性问题，在黄宾虹后被搁置了。徐悲鸿的中西合璧使水墨画并偏离了根本。而笔墨的现代性最终由日本艺术家井上有一推向世界。从某种角度讲，学术上的研究就单纯的笔墨发展而言，笔墨被井上有一画上了句号。然而，就水墨的现代性发展而言，水墨绘画的现代性在“实验水墨”时期得以完成。这就是我所言之的“实验水墨”是中国水墨画发展的最后一道风景。

至于“灵光”系列的宗教含义的显现，其实，是我那个时期的一种认识状态，也是我通过对图式与空间的关系的理解而呈现的一种水墨境界的把握或是一种对精神性的认识。

记者：“指印”是从什么时候开始的？与“灵光”有什么内在的联系？您的这种“艺术修行”对自己最根本的意义是什么？

张羽：我最早成形的“指印”作品始于1991年，但由于当时很难被理解所以后来就停下了。十年后又重新开始一直到今天。其实，“灵光”就是一个指印的放大。如果说“灵光”的图式创造是对水墨现代性的思考，也是走出水墨的开始。那么“指印”就是走出水墨表象，走出架上，而进入艺术表达的深度思考，也可以说是超越水墨的当代思考。“指印”

表达的修行方式最根本的意义是在艺术史的方法之外建构属于我自己的方法和表达系统，从而超越绘画、超越抽象、超越行为、超越装置、超越观念的一次重新整合。“指印”的表达在于中西夹缝之间找到一种、不可替代的、国际化的语言及言说方式。

记者：用手指代替了毛笔这个工具，您还强调“指印”作品是水墨艺术吗？

张羽：我没有用手指去替代毛笔，手指与毛笔没什么关系，面对的问题是完全不同的。对于水墨的认识和发展，我更关心水墨在今天是什么，以及水墨能否进入当代艺术层面的表达！如果这两个问题我们都能够重新思考，并获得重新的认识。至于，我的艺术表达是不是水墨艺术，已经不重要了。因为，艺术的呈现最重要的是表达，不是媒介。

记者：传统因素与当代艺术创作的关系，是您常常考虑的问题吗？请您解释，我们现在的文化状态，您用什么词来形容它？而您自己又如何归纳自己的作品在这个格局当中？

张羽：我以为严格意义上的当代艺术不应该是简单的与传统因素的关系。在我看来当代艺术的创作及表达是对多样关系的把握与呈现，这其中包括传统文化与今天的关系。这个关系不仅有我们自身的逻辑关

指印——“青花”与“马爹利”张羽个展及典雅艺博开幕式现场，香港会展中心，香港，中国，2013年

The Opening Ceremony of Zhang Yu's Fingerprints Chinese Blue and White Porcelain and Martell, Zhang Yu's Solo Exhibition at Fine Art Asia Hong Kong Convention and Exhibition Centre, Hong Kong, China, 2013

指印——“青花”与“马爹利”装置作品现场
香港会展中心，香港，中国，2013年

Fingerprints - Chinese Blue and White Porcelain and Martell, Convention and Exhibition Centre Hong Kong, Hong Kong, China, 2013

系，还有与国际性的关系，有与艺术史的关系，也有与日常经验的关系。但所有的这些关系的链接建立在通过一种方法的重新“整合”与“转换”，而“整合”与“转换”才是今天当代艺术的基本特质。这个特质就是超越。

2013年对我而言是再次超越过去的一年，这一年我创作了大型装置“水墨，仪式”、“指印：意念的一种形式”、“水〉墨”、“指印——‘青花’与‘马爹利’”、“‘青花瓷’与‘马爹利’”、“在马爹利干杯——水墨”等作品。我通过这些作品向世界呈现了——水墨是一种认识世界的方法，再通过对水墨的认识转换为当代艺术。我的作品不再讨论水墨的问题，而是呈现一种表达的文本系统。

记者：这次纽约大都会艺术博物馆这个大型展览——“过去，作为当下的存在”，您可以为我们简单介绍一下情况吗？他们把您的作品放在哪个部分？

张羽：2007年底我收到了大都会艺术博物馆这个展览的邀请。几天前，当我看到这个整体的参展艺术家名单时我也有些疑惑，在自问这是大都会博物馆要做的关于当代艺术中的水墨展览吗？整个展览邀请的35位艺术家，其中大部分是从事水墨创作以外的艺术家，而且大部分作品是2000年以前的，这似乎更像是一个回顾展。我的两件参展作品，均为90年代的“灵光”系列，其中一件是他们的馆藏作品，另一件是他们向藏家借展的作品。这两件作品分类在抽象水墨部分。我的疑惑在于，策展人Maxwell K. Hearn,Douglas Dillon几次来我的工作室看作品、选作品，以及对水墨发展的认识和交流，也选择了我的“指印”作品，但他们最终却是从藏家借展作品，并忽略了2000年后的水墨发展和现状。他们大量选择非水墨的艺术家作品，足以看出他们是站在过去对中国当代艺术的理解及判断的标准下看中国的水墨艺术。也许他们也觉得这是一个不太会出错的方案，但我想这不仅仅是大都会博物馆的判断，也许是整个西方世界对中国当代艺术中的水墨理解。虽然我也认同这个判断的基本角度，但水墨媒介的表达其根本的东西还是不应该忽略的。文化符号与文化元素的利用不能是外在表象的，而应该通过转换与水墨的内质发生关系，否则它无法关联水墨的发展境界，更无法呈现水墨及水墨精神。

我想通过以下的这段文字表达我这些年对水墨发展以及进入当代艺术层面的思考。

张羽：指印—意念的一种形式，装置、影像，宣纸、丝绸、显示器
第55届威尼斯双年展平行展：个人结构，本博宫，威尼斯，意大利，2013年
Fingerprints - A Form of Notion, Installation, Video
Xuan Paper, Silk Projector, Monitor
55th Biennale di Venezia, Collateral Exhibition: Personal Structures Palazzo
Bembo, Venice, Italy, 450cm × 730cm, 2013

指印一意念的一种形式，装置、影像，宣纸、丝绸、显示器
第55届威尼斯双年展平行展：个人结构，本博宫，威尼斯，意大利，2013年
Fingerprints - A Form of Notion, Installation, Video, Xuan Paper, Silk, Projector, Monitor 55th Biennale di Venezia, Collateral Exhibition: Personal Structures Palazzo Bembo, Venice, Italy, 450cm × 730cm, 2013

曾经，水墨画，就是水墨。所以，水墨，两千年来一直是作为工具被使用。

后来，我有了自己的水墨，水墨不再等于水墨画。水墨，终于有了水墨自己新的命运。

于是，我的水墨，从水墨画到水墨，再从水墨回到水+墨的物质属性的水墨原态。
如今，水墨，不再是工具。水墨，有了水墨的表达。我们认识到了水墨的原态。我们超越了水墨原态本身。我们超越了水墨画。我们更超越了水墨。
然而，我发现水，是墨的主宰。水，是墨的灵魂。水，是万物之本。水，是生命之源。因此，水＞墨。

显然，水墨的表达并不在于狭隘的水墨本身，而在于表达所构成的关系，在于水墨表达对于当代艺术的认识、理解和不断地追问，也就在于你的水墨表达是否是你自己的表达。

原文刊发于《画刊》，画刊杂志社，2013年第12期

注释：
1、《画刊》：原名《江苏画刊》，江苏美术出版社出版。

大都会的Ink Art水墨

The Metropolitan Ink Art

——— 张羽与Maxwell K. Hearn何慕文对话

Dialogue Between Zhang Yu and Maxwell K. Hearn

大都会的Ink Art 水墨

——张羽与Maxwell K. Hearn何慕文[1]对话

地点：纽约大都会艺术博物馆中国馆
时间：2013年12月9日 14:00

张羽、何慕文在大都会明轩中国馆交流，纽约，美国，2013年
Zhang Yu Exchanging Ideas with Maxwell K Hearn in the Chinese Garden Court of the Metropolitan Museum of Art, New York, USA, 2013

张羽：今天上午，我看到何先生在不停地接受不同媒体的采访，很辛苦。可还没有让你好好休息我们又开始了我们的这个对话。

何慕文：很好，一个机会，我觉得这个中国当代艺术展肯定比一般的中国画展热闹多了。

张羽：我想一定会是这样的。“水墨”、“当代艺术”一个非常令人感兴趣的话题，很有诱惑力。

何慕文：所以，这还是要感谢您的支持。没有您的大名不可能会有那么多人來。

张羽：哈哈，哪里，相互的。关键是这个展览的题目引人关注。从中看出做一个展览的不容易，不仅仅是辛苦，关键是策展的动机。

何慕文：您的作品规模很大，想不到那个大挂轴，比我们的展厅还要高，还有像任戬的大手卷也很大。只能够打开十分之一。

张羽：我也是第一次看到任戬的这个手卷。说到这个展览，在中国反响很大。

何慕文：想不到。在美国不知道中国有那么多人感兴趣。

张羽：特别是这一两年，中国的水墨突然一下子热了！但热得有点不清不楚。

何慕文：热，是好消息，可为什么又不清楚？

张羽：水墨的展览很多，却普遍没有提出问题，不知道在说什么。而拍卖公司纷纷也都来做水墨展，而且呼声极高。这些又都与学术问题和梳理没有任何关系。

何慕文：多半都是中国人来买，还是西方人也参加这些活动啦？

张羽：谁来买并不重要，关键的是为什么要买？买什么？今年苏富比、佳士得的介入更使这一水墨热混乱不堪，导致了对水墨的判断完全倒向商业化。当听说大都会也要做“水墨”展，许多人好像有一种期盼，关心这个展览会是一个什么样的展览？会有一个什么方向？会选择哪些艺术家？也许更关心的是后者。因为，前不久当人们得知名单后，质疑声随之开始了，围绕着为什么是这些艺术家？为什么叫“水墨”展？

所以，我们很想知道这个展览的起源是什么时间？策展的意图是什么？我觉得这个问题应该会链接到接下来的一些有意思的话题。

何慕文：是的，可以说这个展览的想法是很有意思的。应该是2006年开始的，是第一次大都会艺术博物馆替我买了一件中国当代艺术品，就是展望的那个石头。

张羽：那就是7年前。而我是2007年年末的時候收到这个展览的电子档的邀请，记得原计划是2009年展出，可一直拖到如今。当时选了我的一件“灵光”作品，还有一件20米长的“指印”长卷作品。这个“水墨展”从那个时候，讯息就传出来了，可这么一拖再拖，这在某种程度上又增加了这个展览的一些神秘感，大家更关注这个展览了。这将会是一个什么样的水墨大展呢？

何慕文：哈哈，对，就是7年前我才开始注意到中国的当代艺术。2006年之前我一直认为，中国当代艺术不是我的责任。大都会博物馆有近现代艺术部门或现当代部门，如果我收藏当代艺术好像蛮错误的，这不是我的责任。后来，我开始关注我们的当代艺术部门，他们收藏中国或亚洲的东西很少。而且他们欣赏的作品还是相当的接近，像Andy Warhol（安迪·沃霍尔）也好或者Victor（里希特）也好，这些东西跟中国传统艺术距离比较远。但是，有很多中国当代艺术，我觉得跟中国传统有关系，来历比较清楚。所以展望的那个石头，就让我考虑，这个作品在当代艺术部门，它是没有什么道理的，因为，他们没有类似的东西可以一起陈列。反而我们这里有明轩，好像是一个花园，这里有怪石、奇石，构成了这个可以conversation 对话的空间。

张羽：那，这个思考也是你策展意图的一部分吗？

何慕文：我在想，中国当代艺术跟我们这个亚洲部门，特别是这个中国艺术部门关系很密切。我不可能把这个责任放在别人的身上，反而，我觉得这个当代艺术展也可以做一个入门，去影响年轻人欣赏这样的当代艺术，也许能够通过这个当代艺术展来发现传统艺术。我觉得他们一定与传统有关系，这个关系有时候很明显，有时候不怎么明显，但却存在。我就开始注意到很多艺术家的作品都跟传统艺术有关系，比方说：我看了邱世华的一件作品，他是油画！可是那个模糊的感觉，有类似云烟的飘浮。

张羽：这是一种视觉上的联想。

何慕文：我一看，我就想到了郭熙或是南宋的夏圭、马远的山水画。也许有一条线可以把它们连接起来。还有王冬龄的抽象画，他的抽象画还保持着书法的气氛。

张羽：王冬龄的抽象画是书法的变体与解构，这条线索与60年代日本艺术家井上有一有关。

何慕文：是的，但这个抽象画，西方人是做不到的，这里有书法的训练在背后，如果不是书法家是不会做成这个样子的。那么，对古书法来讲，也有像徐冰、谷文达、吴山专这些人等很多。还有您的大作，很多人非常欣赏您的作品，像是宇宙爆炸。后来发现山水方面，也有任戬、刘丹，这些是传统山水画之外的。还有人用照相或是video，他们也是用水墨方式来做，或是从水墨传统风格出来。像邢丹文、杨泳梁的作品，又像手卷，又是黑白，这跟传统也有关。后来我越发觉得，水墨这个题目可以做。

ink art水墨，展览现场，纽约大都会博物馆，纽约，美国，2013年
Ink Art: Past as Present in Contemporary China, the Metropolitan Museum of Art, New York, USA, 2013

张羽：从视觉的形式上看，这些作品似乎有着某种关联，但这种关联基本上是表象的。也许是构图上的、图像的，也许是符号化的，或某种元素。

何慕文：从构图来说，像杨泳梁的长手卷，他的根据是一幅南宋的山水画。我从中国当代艺术的层面，把水墨艺术的规模、范围扩大了，像展望也应该包括在其中，这些就是这个展览思考的开始。后来像张健君的材料石头，我觉得跟我们大都会的花园也蛮合适的。

大都会ink art水墨，展览现场，纽约，美国，2014年
左起：巫鸿，何慕文，张羽
At the Ink Art: Past as Present in Contemporary China, the Metropolitan Museum of Art, New York, USA, 2014
From Left: Wu Hong, Maxwell K Hearn, Zhang Yu

这个展览不是说传统的水墨，而是跟传统有关的联系。展览的题目，我觉得“水墨”还是代表了中国的传统。如果你说中国传统艺术的当代发展，这个题目太长。反而这个 ink art 跟中国的传统是最密切的。

张羽：既然是这样的意图，那么我想知道，从这个展览所选择的艺术家的参展作品来看，似乎和传统的符号或因素更接近。刚才您也说了，展望的石头、张健君的材料石头，还有其它摄影作品，这些作品和水墨没有直接关系，但它可能有某种元素或因素上的关系。那为什么非要冠以水墨之名？为什么不称为传统水墨因素或其它？

何慕文：我发现跟水墨有关的作品种类很多，所以，不可以因为不是用水墨完成的作品就草率地排除。像杨泳梁，或邢丹文，或史国瑞，這些黑白照片跟传统的内容，传统的绘画形式都有些关系。这个题目ink art大家所以都很欣赏，因为它是一个很容易记住的名字，虽然我知道ink art在中国是水墨画。

张羽：我们在中国的水墨范围内讨论水墨时，研究与批评一定很在意这个边界。这关联着水墨问题的展开，并会涉及它的发展。而从当代艺术的层面来思考，就不同了。其实，我个人很赞同您开始从当代艺术的观点切入问题的方法。水墨之说在这个展览只是一个关联，其实更能引发反思。

在1999年我就曾思考过这个问题，当时我起草了一个“以水墨的名义”的策展方案，后来我把这个方案转给了一个批评家朋友鲁虹，他在2001年做了“重新洗牌——以水墨的名义”展览。

何慕文：从我们西方的立场，这个ink art，也包括 ink authentic 真实的风格。不但是水墨可以代表，而且其他新的做法，如果是根据水墨来实现的也可以。

张羽：实际上您以上说的问题，它不是一个水墨画的概念，也不是站在水墨的立场上，而是思考今天对水墨的认识和传统的关系，这样一个水墨的文化概念。

何慕文：太好了，是的。我喜欢你的这个说法，水墨文化，对，就是水墨文化，说到了关键。以后，我就说张羽说的这个水墨文化，这是一个很有意思的话题。

张羽：其实，水墨文化的关系是非常丰富的，它的关联也是多层次的。所以，对它的把握有一定的尺度，不能过于泛指。

何慕文：是的，ink art。对，是水墨艺术，而不是水墨画。

张羽：我认为，水墨，相对水墨画是一个更大的概念。那么，在过去水墨就是水墨画，而现在水墨不等于水墨画。这就是变化，就是发展。

何慕文：所以，这个展览也有这一层的意思。

张羽：另外，我想交流一个我们容易忽略的问题，这个问题是我对中国传统水墨媒介的一个新的思考和认识。

何慕文：我很想听听。

张羽：2010年，您来到我的工作室时，我还没有想太清楚，这两年，特别是去年，我对水墨中的水

纽约大都会博物馆专访艺术家张羽，纽约，美国，2013年
Individual Interview with the Artist Zhang Yu at the Metropolitan Museum of Art, New York, USA, 2013

有了新的思考。水，远远大于墨。水，是水墨的核心。水，是制约水墨表现的。更关键地是，水，可以直接转换为一种新的表达。水，也可以让水墨直接转换为表达。水在其中成为一种重要的认识，一种表达的方法，而更重要地是这个通过水法而转换呈现的既是水墨艺术，更是当代艺术。还有它可以重新诠释墨分五色、气韵生动。

在中国，有很多人在意“水墨”或“水墨画”的底线，这个底线就是通过毛笔而完成的绘画。同时也认为水墨画是一种有教养的绘画，因为每个人的修养不同，而导致绘画的情致不同。就水墨的关系来讲，水墨、水墨画、水墨文化，您策的这个展览给出的是第三个线索，水墨文化的中国当代艺术的呈现。

事实上，前面两个线索的第一个线索“水墨”是指现在一种发展的整体水墨状态；而第二个是过去的“水墨画”所指；但这两个线索都不在这个展览的思考之内。我很想听听您的思考和想法。

何慕文：您这是要问对这个水墨本身转换为当代艺术的状态，对“水”和“墨”和“画”的可能性。您对“水”墨的水的思考非常有意义，这是一种与水墨画的对话方式，非常有意思。

而我对“水墨画”与“水墨”这个问题，authentic（真的），尤其有那么多很有名的“水墨画”，我很喜欢与水墨画的对话。这一次，我与水墨画的对话的根本问题说的是关系。

我为什么选择这些作品，这些艺术家的每件作品我都去看了，用传统的笔墨或者是水墨画，这个立场跟我们西方是两回事。我的问题不是“中国画”的问题，而是关于中国当代艺术在西方的不同方向。站在西方的立场上，看“东方”，“亚洲”，特别是中国，与西方最大的差别在哪里？如果说“水墨”是“水墨画”，这个“墨”在西方也有人做过，例如马哲威尔，但不同。在中国他们有笔，也有墨，我觉得西方人必须想到这一点，这是西方人的立场。西方的历史，为什么是“油画”，而不是“水墨画”？这次的“中国在西方”，有的是用水墨，有的是用video影像，但还是跟传统保持着关系。

张羽：我非常清楚这一点，大都会这次的水墨展 ink art，“水墨”就只是一个概念，一个与传统文化有关系的中国当代艺术在西方。这是一个非常明智的把握。

何慕文：我的观点是，利用“水墨”这个题目，目的并不是说水墨画，而是说水墨文化，要把这个中国传统和西方传统如何？搞清楚？还有发展？

张羽：虽然我完全能够理解这个站在西方立场看中国水墨发展的观点，但是，水墨有着一个内在的系统逻辑。它能否站在西方立场的同时，也能贴近水墨的内在系统呢？而不仅是符号、元素等，或者说我们应该超越这些。

两千多年中国的水墨历史，实际上，它并不完全是一个水墨的发展历史，而是一个水墨画的历史。一直以来水墨是作为工具被使用，是用水墨这个材料去画的水墨画。那么，我的反向思考，水墨不等于水墨画，目的在于挖掘水墨物质属性本身的表达，扩大对“水墨”的认识。

何慕文：所以，我也认为这个“水墨”是比水墨画的范围要宽，还要大，也就是刚才说的水墨文化的“水墨”。如果水墨画有一个将来，要往前走，一定要把这个传统的概念打开，这个“水墨”，不但是水墨画，而且是更宽的未来，不然没有出路。

张羽：是的。我认为是一个能否进入未来的当代艺术层面上的认识。

何慕文：“水墨”，是一个方便的名字，我不是说这个这个“水墨”可以利用它来形容video或展望的石头等，而是通过题目和展览引发人们的思考，所以这个展览的名字还是很重要的。这个ink art，代表一个内行的历程，不是外行的历程；内行历程就是从中国文化之内，来欣赏中国当代艺术，和西方的立场还是两回事！这是我的思考，如果人们看这个题目觉得，噢，这个东西不是水墨画，那个东西不是水墨画，我完全同意。这也达到了目的！我也很希望有一个更好的名字，是什么？就是水墨文化，我很欣赏你这个说法！

张羽：我清楚，“水墨”这个题目确实非常好。特别是在今日非常具有挑战和诱惑，这样使用也非常智慧！可以让人们在质疑中引发很多层面的思考。其实，今天，我与何先生这样面对面的追问，目的就在于让更多的读者领悟到策展人的用意。另外，就这个展览我还想问一个从内行的视角不应该问的一个外行的问题，就是关于继承的说法，或喊口号。在中国当下，现代的文化情节里，您觉得水墨画传统还是一个可以继承和继续的有效概念吗？这是目前中国画水墨画的画家非常叫劲的问题。

何慕文：希望能继承，也希望可以继续，这完全看中国艺术家有没有能力。我觉得困难是什么呢？以前，所有的人都是用毛笔写字，是每天都在用，掌握的不是一个技术层面的问题。而现在是电脑，是原子笔。画家用毛笔，是技术的，是在玩，跟每天用，是两回事。所以，现在不如以前。如果你把宋元明清的书法家的标准放在现代，有多少人能够达到这个水平？不容易的，你没有办法做到。你如果按照这个传统的概念或是水平来欣赏，你一定会非常失望！因为，现在没有一个画家有这样的本事。所以，我没有选择这个方向的画家。

张羽：如果按照这个认识来思考问题的话，“继承”的口号是荒唐的，继承是不可能的。而“继续”应该建立在创造性的前提下，创造也就是最好的继承。而创作就是另辟蹊径。在过去的传统中毛笔书写不是一个技术层面的问题，更不是简单的工具，而是日常生活中的必需，它是书写过程中一种有教养的、情致的自然流淌。因为，他们在那个文化情景里。就传统而言，国学、宋明理学、诗学、金石学、佛学、禅宗等的作用都是显而易见的。而这一部分在今天的现实是完全缺失的，这使继承根本不可能。

2000-8，宣纸、水墨、奶，2000年，纽约大都会博物馆藏
2000 - 8, Xuan Paper, Ink and Wash, Milk, 400cm x 100cm, 2000

张羽在大都会博物馆研讨会，纽约，美国，2013年
Zhang Yu at the Ink Art Conference at the Metropolitan Museum of Art, New York, USA, 2013

何慕文：这次展览很多艺术家，虽然他们可能没有这个传统的技术或能力，但他们有一种新的思想，这个新思想是创造性，我就是从这个立场来欣赏这些作品的。

张羽：那么，因为大都会这样一个标志性的博物馆的国际影响，我相信公众一定会特别在意这次展览。您觉得，这个展览，对于水墨的现状或当代艺术的现状，会起到什么样的作用？或者说，你认为对当代艺术有什么样的反应？

何慕文：我希望，可以让更多的人来问这个问题，我觉得这个展览不是一个回答，不是一个答案，它是一个问题。

水墨艺术，我觉得是一个很活的东西，我看了这么多的作品，我很高兴，我觉得水墨肯定有将来，这个将来是怎么回事？我现在也不敢说。我主要的目的就是要让人们了解，在中国，当代艺术的面貌很多，而这些作品在西方很少能看到。像张晓刚、岳敏君这类的画，比较普遍。像毕加索或者齐白石大家都知道，不是说这个不好。我不了解毕加索比齐白石好吗？不见得。齐白石比石涛好吗？不一定。所以说，张羽比石涛好吗？我说这是两回事。

我喜欢这些作品。第一，我很欣赏；第二，我觉得跟中国传统有关系；第三，我认为是把传统创造出一个新的面貌。这个创造性很重要，所以我很欣赏。我觉得这些艺术家就是让这个传统影响了我们，在中国，好几百万人，都会写书法，我这次展览一个都没有。很多很多人都会画水墨画、山水画，我一个都没有要。这个传统的形式在走下坡路，这个不是我的思考，不是我的目的。

我认为，这35位艺术家，是把这个传统发展成了不同过去的新的样式，我觉得这个伟大。我就是希望水墨还能够有一个创造性的机会。将来会怎么样？我不太清楚，我觉得，到目前，这些作品是很了不起的。我就是要让更多的人注意到中国，这个传统是能够影响未来的。

张羽：如果一个展览能够提出一些不同层次的问题，从而引发更多的思考，从某种意义上讲，这个展览也就获得了成功。这就是举办一个展览最大意义。

何慕文：西方的年轻人看了这个中国当代艺术展，他们也许会觉得，噢，它的来历是什么？以后我们可以多注意到这个传统艺术，中国艺术家的背后是有几千年的历史。所以，中国人和美国人是两回事，你不了解他们的来历，你就不会了解作品。现在的中国人还是靠孔子，孔子还站在背后。我们的背后就是Lincoln（林肯）、Washington（华盛顿），你不懂这个Lincoln（林肯）和Washington（华盛顿），你怎么了解我？所以我觉得艺术就是这样，这些作品就是可以代表传统艺术的这个新的面貌。我的目地就是要说中国传统艺术还会影响到现在。

张羽：我们更期待未来。今天与何先生的交流非常愉快，因为触碰了几个很有意思的问题。在来纽约之前，我也是先了解了一下这次展览有哪些艺术家，有哪些作品，已经从中获得了一个线索，这个线索也正好与我三十年的经历和思考有关。所以，相信这次“水墨”展览能够启发许多人。

原文分别发于《画刊》，南京，2014年第1期
《画廊》，广州，2014年第1期，《艺外》，台北，2014年第3期

注释：

1、Maxwell K. Hearn何慕文：艺术评论家、学者。普林斯顿大学博士。1971年开始在纽约大都会博物馆工作，任道格拉斯·狄龙亚洲艺术部主任，本科耶鲁大学艺术史专业，主要帮助纽约大都会博物馆拓展中国艺术品的收藏以及增加博物馆的永久性展览空间，包括Astor中国皇家园林与道格拉斯·狄龙展馆，都于1981年完成。他任职期间举办的主要展览：“中国书法”（1972）、“伟大的青铜时代”（1980）、“董其昌的世纪”（1992）、“走向盛唐”（2004）、“如何解读中国绘画”（2008）、“忽必烈的世界：中国元代艺术”（2010）、“水墨艺术:当代中国的过去与现在”（2013），并相应地为这些展览编著了目录图册，这些书籍已成为研究中国艺术必不可少的资源。2014年，何慕文被选为美国人文与科学院院士。

The Metropolitan Ink Art

Dialogue Between Zhang Yu and Curator Maxwell K. Hearn

Place: Chinese Garden Court of Metropolitan Museum of Art, New York, USA
Time: 2 p.m. 9 December 2013

张羽及参展艺术家在“ink art水墨”展新闻发布会上，大都会博物馆，纽约，美国，2013年
Zhang Yu and other Participating Artists at the Press Conference for Ink Art: Past as Present in Contemporary China, at the Metropolitan Museum of Art, New York, USA, 2013

Zhang Yu: The Ink Art exhibition at the Metropolitan is an exceptionally exciting subject of conversation in the world of painting today. This topic is exceptionally captivating.

Maxwell K Hearn: Right. I feel that this exhibition of contemporary art is definitely more interesting than the usual exhibitions of Chinese art. I must thank you for your support. Without you and the other well-known artists, we should never have so many visitors.

ink art 水墨，在纽约大都会博物馆开幕，纽约，美国，2013年
Ink Art: Past as Present in Contemporary China, the Opening Ceremony, Outside the Metropolitan Museum of Art, New York, USA, 2013

Zhang Yu: The main thing is that the topic of this exhibition draws people in. From this it can be seen that it takes more than just hard work to create an exhibition. The key thing is the curatorial intention. This Ink Art exhibition has produced an enormous effect in China.

Maxwell K Hearn: That's great news. In America we didn't know that so many people in China would be interested.

Zhang Yu: Nowadays there are many exhibitions of Ink and Wash art, but generally they are unable to raise issues. The auction companies on the other hand also hold Ink and Wash exhibitions, and a lot of fuss is made of them.

Maxwell K Hearn: That's also great news. Are there mostly Chinese buyers, or do Westerners also take part in these activities?

Zhang Yu: It is not important who comes to buy. The main thing is why do they want to buy? What do they buy? This year, the entrance into the market of Sotheby's and Christie's has made the Ink and Wash craze completely chaotic, with the result that the critical assessment of Ink and Wash paintings has reverted to something increasingly commercialized.

When it became known that the Metropolitan was also preparing to hold an Ink and Wash exhibition, many people seemed to entertain high expectations, and they were very interested in what kind of exhibition this was going to be. What would its direction be? Which artists would be selected? Perhaps the latter was the cause of greatest concern, for a little while ago, when people heard who was on the list, objections began to be raised about why these artists? And why was it called " Ink Art"?

I would like to find out when this exhibition originated, and what the curatorial intent was. I feel that this question might bring together some interesting discussion topics.

Maxwell K Hearn: The idea of holding this exhibition has an interesting story. In 2006 the Metropolitan Museum for the first time bought (at my instigation) a contemporary Chinese artwork, Zhan Wang's Artificial Rock #10.

Zhang Yu: That was seven years ago. At the end of 2007 I was invited to take part in the present exhibition, which was originally planned for 2009. However, it was continuously pushed back until the present. At the time my work *Divine Light* was selected, along with a 20 meter long *Fingerprints* work.

Maxwell K Hearn: That's right. Seven years ago I had just started paying attention to Chinese contemporary art. Before that I had always thought that Chinese contemporary art was not my responsibility. The Metropolitan Museum has a Department of Modern and Contemporary Art. It seemed quite wrong for me to be collecting contemporary art.

Later I began to pay attention to our Department of Modern and Contemporary Art. They were collecting very few Chinese or even Asian things. Besides, the works they liked seemed fairly close to home. Andy Warhol would do, or Victor Vasarely. These artists are remote from Chinese traditional art. On the other hand, there is a lot of contemporary Chinese art that I feel does relate to the Chinese tradition. So that scholar's stone of Zhan Wang got me thinking. There was no sense in placing this work in the Department of Modern and Contemporary Art, for they had nothing comparable with which to exhibit it. Here however, we have the Chinese Garden Court, which is like a garden with strange and curious rocks, forming a space where dialogue is possible.

Zhang Yu: Was this reflection part of your intention with this exhibition?

Maxwell K Hearn: There are very close connections between contemporary Chinese art and our Department of Asian Art. I couldn't pass on this responsibility to others. On the contrary I felt that this contemporary art exhibition could serve as an introduction that could influence young people to appreciate this kind of contemporary art, and possibly to discover traditional art through this exhibition of contemporary art. Take for instance Qiu Shihua's works. He's an oil painter! And yet that feeling of vagueness is like the floating of misty clouds.

Zhang Yu: This is a visual association, related to the experiences of the viewer.

Maxwell K Hearn:I thought of the shanshui landscape paintings of Guo Xi, or of Xia Gui and Ma Yuan of the Southern Song Dynasty. Perhaps there is a line that can link them together. There are also the abstract paintings of Wang Dongling, which still maintain the mood of calligraphy.

Zhang Yu: Wang Dongling's abstract paintings are variants and a deconstruction of calligraphy. This is related to the Japanese 1960s artist Inoue Yuichi.

Maxwell K Hearn: Westerners cannot make this kind of abstract painting. It has the training in calligraphy behind it. As for the old calligraphy, there were Xu Bing, Gu Wenda and Wu Shanzhuan. Later discoveries in the area of shanshui landscape painting were Ren Jian and Liu Dan. And there are your own great works, which a lot of people like very much. They look like cosmic explosions. There are also people using photography and video. They also use the format of Ink and Wash to create, or come from the traditional style of Ink and Wash.

Zhang Yu: Viewed as visual form, these works seem to be connected to it somehow, yet this connection is basically representational or a matter of external form, for instance in terms of composition, as images, in the use of symbolization or of certain elements.

Maxwell K Hearn: Speaking of composition, it is like *Yang* Yongliang's hand-scroll, which he based on a Southern Song Dynasty shanshui landscape painting. At the level of contemporary Chinese art, I have expanded the scale and scope of Ink and Wash art, also including Zhan Wang. Later I also felt that Zhang Jianjun's stone materials were very appropriate for the Metropolitan Museum's Garden.

This exhibition is not about traditional Ink and Wash, but is connected to the tradition in a relevant way. For the topic of the Exhibition, I felt that "Ink Art" did after all represent the Chinese tradition. Had we spoken of "the contemporary development of Chinese traditional art", the topic would have been too extensive.

Zhang Yu: But I would still like to ask, since that is the aim of the Exhibition: looking at the works by the artists chosen to participate in the Exhibition, it seems that they are closer to the traditional symbols or elements. You also just mentioned Zhan Wang's Stone, and there are other works that are photographic. These works don't have anything to do directly with Ink and Wash. Yet they may have some connection in terms of elements or factors.

Why are these necessarily to be linked with Ink and Wash in name? Why are they not called " factors in traditional Ink and Wash" or by some other such terminology?

Maxwell K Hearn:I discovered that the genres associated with Ink and Wash were very numerous, so I could not, just because they were not works completed in Ink and Wash, arbitrarily exclude them, including artists such as *Yang* Yongliang or Xing Danwen, whose black and white photographs are related to it both by traditional content and the form of painting. Although I know that ink art in China refers to Ink and Wash, this topic is characterized by appreciation. It is also a title that is very easy to remember.

Zhang Yu: And I believe that, in the context of this Exhibition, it is a title that very much deserves reflection. Three months ago, when I did not yet have a full idea of the list of participating artists in this Exhibition, I also had my doubts, but when I received the list of the thirty-five artists a little more than a month ago, I discovered what linked them together.

On the other hand, when we discuss Ink and Wash in China, our research and criticism definitely gives a lot of attention to this boundary, because it connects the development of the issues of Ink and Wash, and may affect the line of development of Ink and Wash itself.

Yet, reflecting on this at the level of contemporary art, that is a different matter. In fact, I strongly agree with your method of beginning from the viewpoint of contemporary art to get started on the issues. This talk of Ink and Wash is, for the present Exhibition, only a matter of association.

I pondered this problem in 1999. At the time I was drafting a curatorial project called "In the Name of Ink and Wash". Later I passed the project over to Lu Hong, a Chinese critic, and in 2001 he held the exhibition: Reshuffle — in the Name of Ink and Wash.

Maxwell K Hearn:I hadn't thought about it. From our position in the West, this Ink Art also includes the authentic style (of Ink and Wash). It is not only Ink and Wash that can be represented, but also other new ways of doing things. As long as they are realized on the basis of Ink and Wash, that's fine.

Zhang Yu: In fact this issue that you are talking about is not about the concept of Ink and Wash, nor does it take Ink and Wash as its standpoint. It considers the relationship between Ink and Wash and the tradition and is thus a concept of Ink and Wash culture.

ink art 水墨研讨会，右起：何慕文、邱世华、林思竹、张羽、宋冬、邢丹文，纽约大都会博物馆，纽约，美国，2014年
Ink Art: Ink and Wash Conference, From Right: Maxwell K Hearn, Qiu Shihua, Lin Sizhu, Zhang Yu, Song Dong, Xing Danwen at the Metropolitan Museum of Art, New York, USA, 2014

Maxwell K Hearn: That's excellent. Right! I like your way of putting it, " Ink and Wash culture". We've got to the nub of the matter. From now on, I'll just say that this is the Ink and Wash culture that Zhang Yu talks about. This is a very interesting topic.

Zhang Yu: In fact, a concept. So, in the past, Ink and Wash was Ink and Wash painting, but now Ink and Wash is no longer the same as Ink and Wash painting. This is change. It is development.

Maxwell K Hearn: Right. Ink Art is Ink and Wash art, and not Ink and Wash painting.

Zhang Yu: Besides, I should like to exchange ideas with you on a neglected problem. This problem is my new reflection on and cognitive understanding of the medium of Chinese traditional Ink and Wash. It links Ink and Wash with deep research in contemporary art, without being just an extension that widens the connections of Ink and Wash.

Maxwell K Hearn: I would like very much to hear what you have to say.

Zhang Yu: In 2010 when you came to my studio, we discussed in a simple way how

张羽在大都会博物馆"ink art水墨"研讨会上接受媒体采访，纽约，美国，2014年
Zhang Yu being Interviewed by the Media at the Ink Art Conference at the Metropolitan Museum of Art, New York, USA, 2014

I had engaged in some completely new reflections about water in my Ink and Wash over the preceding two years, especially in the last year. I believe that water is far, far bigger than ink. It is the core of Ink and Wash. The key thing is that water can directly be transformed into expression on the basis of ink and wash. Water in this context can become a method. Even more important, the expression of this transformation through the water method is both Ink and Wash art and also contemporary art. And even more interestingly, it can provide a fresh interpretation of" the five shades of ink" and of the " energy-resonance life-force".

In China there are many people who are aware of the baseline of Ink and Wash or of Ink and Wash painting. This baseline is the painting that is achieved using a brush-pen. Similarly the Ink and Wash expression of the physical properties of the Ink and Wash medium also has a baseline, which is the expression that is achieved using the medium of Ink and Wash.

As for the relationships of Ink and Wash, such as Ink and Wash, Ink and Wash painting and Ink and Wash culture, this Exhibition that you have curated provides a third trail, namely the contemporary art presentation that relates to Ink and Wash culture.

The first of the former two trails is a state of development, but neither of these two trails falls within the reflections of this Exhibition. I should like very much to hear your reflections and ideas on this.

Maxwell K Hearn :Here you want to ask me about the transformation of this kind of Ink and Wash in itself into a state of contemporary art, a reflection on water and ink and painting. Your reflections on water in Ink and Wash are very interesting. It is a format of dialogue with Ink and Wash painting, and is very interesting.

As for my own views on the question of Ink and Wash painting and Ink and Wash, I very much enjoy the dialogue with Ink and Wash painting, especially as there are so many famous Ink and Wash paintings. In this Exhibition the fundamental issue in my dialogue with Ink and Wash painting is about relationships and connections.

The position of using traditional brush and ink (bi-mo) or Ink and Wash painting is different from our position as Westerners. My question is not a question about traditional Chinese painting, but one about the different directions of Chinese contemporary art in the West. What is, from the Western position, the greatest difference between the West and the East, with Asia, and in particular with China? If "Ink and Wash" is ink painting, there have been people in the West who have also done that, such as Robert Motherwell, but that is different. In China you have the brush-pen and ink. I believe that Westerners should understand this point. Why, in the history of the West, was it oil painting rather than Ink and Wash painting? This time, China

左一美国大都会博物馆中国艺术部主任何慕文，左三起英国大英博物馆亚洲部主任司美茵、艺术家张羽、对比窗画廊负责人林明珠、三位英国收藏家、中国艺术基金会创始人，于张羽北京蟹岛艺术区工作室，2010年
Far Left: Mr.Maxwell K.Hearn, Director of the Asian Art Department at the Metropolitan Museum of Art; third from the left: Mrs.Jan Stuart Director of the Asian Department of the British Museum, UK with the Artist Zhang Yu, Ms Lin Mingzhu (Ms Pearl Lam), Director of Contrasts Gallery, with English Collectors and the Founder of the Chinese Art Foundation, Beijing, China, 2010

张羽/悬置在空中的指印，布展中，洛杉矶国际艺术博览会公共项目，洛杉矶会展中心，洛杉矶，美国，2014年
Zhang Yu's Suspended *Fingerprints* Hanging Mid-air,Zhang Yu in the Exhibition, LA Art Show, Los Angeles Convention Center, Los Angeles, USA, 2014

in the West is using in some cases Ink and Wash, in other cases video, but the important thing is still the relationship with tradition.

Zhang Yu: I am very clear on this point, that is, about this Ink Art exhibition at the Metropolitan. "Ink Art" is just a concept, a Chinese contemporary art-form in the West, and related to traditional culture. It is a very wise and sensible take on the subject, but unfortunately it has neglected the direct excavations of the Ink and Wash medium. If it had been possible to have a presentation of that aspect, this Ink Art exhibition would have been a perfect exposition in the West of Chinese contemporary art.

Maxwell K Hearn: Possibly. My viewpoint is that the purpose in using Ink Art as a title was not at all to refer to Ink and Wash painting, but rather to Ink and Wash culture. I wanted to clarify this Chinese tradition's relationship with the Western tradition: Is it still developing?

Zhang Yu: There is no contradiction in our ways of understanding things. Although I am completely able to understand this viewpoint of looking at Chinese Ink and Wash from a Western standpoint, Ink and Wash has an inherent systematic logic. I am wondering whether it is possible to get closer to the inherent systematic logic of Ink and Wash at the same time as looking at it from a Western standpoint. It is not just a matter of symbols, elements and so on. Perhaps we need to transcend these.

The more than two thousand year old history of Ink and Wash in China is in fact a history not of the development of Ink and Wash, but of Ink and Wash painting. Ink and Wash has always been used as a tool. It is through the use of the material of Ink and Wash that Ink and Wash paintings have been created. My thinking on this is the opposite: Ink and Wash is not the same as Ink and Wash painting, and my aim is to excavate an expression of the physical properties of Ink and Wash as such in order to expand the contemporary cognitive understanding of the depth of Ink and Wash.

Maxwell K Hearn: I also believe that this "Ink and Wash" is something that is categorically wider and deeper than Ink and Wash painting. If Ink and Wash painting is to have a future, it must move forward. It definitely must open up traditional concepts. Ink and Wash is not just Ink and Wash painting. It must have a wider future than that, or there will be no way forward.

Zhang Yu: In fact, this is a reflection on whether it can attain the level of contemporary art.

Maxwell K Hearn: I agree. I am not talking about using "Ink and Wash" to describe video installations or Zhan Wang's Artificial Stone or the like, but through this title and this Exhibition to get people to reflect on things. This Ink Art represents a path for insiders, not for outsiders. The path of the insiders is to appreciate the differences between Chinese contemporary art and the West from within Chinese culture.

Zhang Yu: The title Ink Art is indeed very good! Today especially, it carries a great challenge as well as great allurement. It can make people reflect on many levels, even as they doubt. In fact, in my thus pursuing these questions face to face with you today, Mr Hearn, my purpose is exactly that of getting more readers and viewers become aware of the intentions of the Curator.

Besides, as for this Exhibition, I should like to ask an outsider question that, from an insider's angle, one shouldn't ask. This is about the phrase, or slogan, of "carrying on the tradition". In

张羽/悬置在空中的指印，张羽接受媒体采访，洛杉矶国际艺术博览会公共项目，洛杉矶会展中心，洛杉矶
美国，2014年
Zhang Yu's Suspended *Fingerprints* Hanging Mid-air,Zhang Yu Accepted the Media Interview, LA Art Show, Los Angeles Convention Center, Los Angeles, USA, 2014

China at present, under the conditions of modern culture, do you feel that the tradition of Ink and Wash painting is one that can be carried on or continued?

Maxwell K Hearn:I hope that it can be carried on, and also that it can be continued, yet here we have to look at whether or not the Chinese artists have the ability to do so. Previously, everybody used a brush-pen to write characters. It was every day. What they mastered was not a technical problem. Today, they use a computer, or a ball-point pen. The painters use a brush-pen. It is technical. They play with it. It is a different thing from using it everyday. Therefore, the present is no match for the past. How many people today could measure up to the standard of calligraphy that applied during the Song, Yuan, Ming or Qing Dynasties? There is no way you can do it. If you apply the traditional concepts or standards in your appreciation, you'll definitely be disappointed, for there isn't a single painter today who has this skill. That is also the reason I selected no artists working in this direction.

Zhang Yu: If one thinks about it according to that cognitive understanding, the slogan of" carrying on the tradition" is fantastic and impossible." Continuing" however should be premised on conditions of creativity, and creating is also the best way of carrying on the tradition. In the tradition of the past, writing with a brush-pen was not a problem at the technical level. It was a necessity of everyday life. It was an educational and appealing exchange inherent in the writing process, for those were their cultural circumstances. As for the tradition, the uses of sinology, Song and Ming Dynasty Neo-Confucianism, poetics, epigraphy, Buddhism, Chan Buddhism and so on are obvious, yet this part is completely lacking in today's reality.

Maxwell K Hearn: Although some of the artists in this Exhibition might not possess the traditional techniques, they do have new ways of thinking. This new thinking is their creativity. That's the angle from which I approach the appreciation of their works.

Zhang Yu:I am confident that the international influence of a flagship museum such as the Metropolitan means that this Exhibition will attract a special public attention. What sort of reaction do you feel that it will have on the state of Ink and Wash in China, or on the state of contemporary art? Is development still possible for painting Ink and Wash paintings?

Maxwell K Hearn:I hope that more people will ask this question. I feel that this Exhibition is not an answer, but a question.

Ink and Wash art is a very living thing. Having looked at so many works, I am very happy. I feel that Ink and Wash definitely has a future. What will it be like? I don't dare answer that for now. My main purpose was to let people understand that in China, contemporary art has many faces, and one cannot see many of these works in the West.

Paintings such as those of Zhang Xiaogang or Yue Minjun are relatively common now. Everybody knows of Picasso and Qi Baishi. I don't understand whether Picasso was better than Qi Baishi. Was Qi Baishi better than Shi Tao? Not necessarily. So is Zhang Yu better than Shi Tao? They are different.

I like these works. First, I enjoy and admire them. Second, I feel that they are relevant to the Chinese tradition. Third, I believe that they recreate the tradition into something with a new face. This creativity is very important. I feel that the artists provide us with this traditional influence. In China, millions of people can write calligraphy, but there is not a single calligrapher in this exhibition. Many people can paint Ink and Wash paintings, but I didn't want a single Ink and Wash painting. This form of the tradition is heading downhill, and that isn't what my thinking was about. That is not what I was aiming for.

I believe that the thirty-five artists have developed this tradition into new patterns that are different from the past, and I think that is great. I just hope that Ink and Wash can still find an opportunity for creativity. I just wanted even more people to become aware of China. This tradition can influence the future.

Zhang Yu: There is a connection between my history and reflections over the last thirty years and my exchanging views with you on so many issues today, Mr Hearn. I am convinced that this Ink Art exhibition will also be able to get many people thinking. We eagerly await the future.

指印，终结了水墨画

Fingerprints is the end of Ink and Wash Painting

——— 张羽与任戬对话

Dialogue Between Zhang Yu and Ren Jian

指印，终结了水墨画

——张羽与任戬[1]对话

地点：张羽北京 T3 国际艺术区工作室
时间：2014 年 4 月 18 日
整理：周雪松

99艺术网现场视频记录张羽、任戬两位艺术家谈“终结水墨画”，2014年
99 Artnet Live Video Recording of a Conversation Between Zhang Yu and Ren Jian, Beijing, China, 2014

张羽：我们在从艺的道路上来讲应该算是老战友了，但是我们俩真正坐下来聊天、谈艺术却是从2007年开始，是高名潞组织的“抽象艺术三十年研讨会”上，我俩一见如故，感觉特别对。在那之后，我们每次见面，都聊得非常愉快。很少有艺术家能和我聊得这么通，我的作品在很大程度上对于观者，甚至是一些艺术家、批评家都很难真正地理解。而我们聊天的时候就完全不一样，无论是感觉上，还是认识上，一谈就直接切入问题了。可能是我们思考问题的路径接近，你在80年代创作的水墨画长卷“元化”至今我印象颇深，图像独特，景观宏大。而后来印象深的是你的“大邮票”作品。我一直希望能再次看到你创作的与水墨有关的作品，哈哈，我还在等。而我是一路上从中国画探索到“现代水墨”，再到“实验水墨”的，2000年后又重新开始创作通过指印行为的与水墨有关的“指印”表达，结果应了高氏兄弟之言：把水墨画给终结了。

任戬：张羽在80年代中国现代艺术阶段，就受到认可，当时天津还有李津。后来张羽“指印”作品出来后，我认为这在水墨界是非常特殊的，水墨这种材料本身善于变化，非常丰富。可是我们大多的关注却在大众层面对材料的丰富性和变化性。如果你从一个专业或是艺术史的角度考虑，其中有一个自身的逻辑，就是中国水墨从抽象性上讲，必然有一个最物质性的形式被忽略了。

“指印”作品凸现了这个内质。你把毛笔剔除了，但手指和水墨的接触更加直接，它消解了支撑手的东西，还原到手及身体本身。我们可以联想到法国艺术家克莱因，他去掉画笔，把油彩通过人体拓印在画布上，这实际上具有一个同构上的关联，也许还有语言的关联性。所以，我当时感觉“指印”作品很有意思，有许多东西可以挖掘。

后来，你做的“意念的形式”展览等，把水墨和碗、酒杯进行了连接，也非常有意思，相当于把指印也去掉了，只留下水墨，再后来只有水和盛水的碗这个就更精彩了。在中国，“水”这个物质非常有意思，比如五行中就有水、火、木、金、土，它和西方以石头搭建的文化是不一样的，所以西方有极少主义，相当于把西方的物质性还原到石头。而张羽的重要意义是把中国艺术材质的物质性，就是把“水”还原出来了，呈现出来了，然后放到了普通的碗里。这个很了不起！碗本身就是日常性的，加上水，就彻底回到日常性了。这里面，纸和墨就被全部取消了，水墨的元素实际上被抽离出来了。但这个抽离的结果又不像西方现代主义，西方是抽象到点线面，比如马列维奇的至上主义、康纳德-贾德的极少主义，都是以石头这样的结构出现。而张羽这个呈现的是以“水”代表一种自然性、流动性的中国文化，这和西方的区别确实非常有意思。所以我觉得，你这一碗水和贾德的一块石头，两个对应起来看，艺术的逻辑非常清晰。

张羽：我通过“指印”又深入认识了水墨，又从水墨中认识了“水”的决定性作用及“水”与中国文化的特殊性，这是一个被“水”浸泡的文化。我想这是与西方根本的不同和区别。这个思考线索，促使我对物质性的认识和把握，而“水”牵动着我今天面对艺术探讨的是关于人的生命和自然的关系，这是人类生存的核心问题。对我来讲，实际上并不是突然间一下子我就有了这碗水的认识，我今天有这种认识是因为经过三十几年的不断思考，不断实践和积累。

回顾三十年前，西方现代主义对我们的影响。水墨的现代主义改造主要有两条线索：一条线索是中国画技法加现实主义和表现主义的人物画改造方向；一条线索是中国画技法加现代主义视觉经验的抽象性绘画探索方向。80年代我们大部分从事水墨创作的艺术家都是在这两条线索上探索。谷文达是当时一个突出的案例，有些批评家会把他归在抽象范围，但在我看来他与抽象无关，而是使用了超现实主义的方法及达达主义的理念。高名潞将其归纳为宇宙流，其中也包括你任戬的作品“元化”。我更在意作品的图像呈现与表达方法之间是什么关系，谷文达的作品是把汉字的书法图像化，用超现实主义的方法呈现了这个书法图像。其实，真正涉及抽象形式的艺术家，像王川、杨诘苍和我。其他的画家都是抽象表现主义，或是表现和意象。当时我除了做些具有超现实主义的人物画，也做了极简的抽象形式作品。今天看来，这样用西方艺术史的方法改造水墨画的方向是有问题的，这种表面的拼接是解决不了水墨的现代主义发展。当年徐悲鸿、蒋兆和、林风眠也是用这种方式，用写实的素描、解剖的结构、现实主义、表现主义、野兽派等方法和技术来改造中国画。我们已经清楚这条线索是不可能解决水墨问题的，也无法使水墨得到真正的发展。当我意识到这样无法真正解决水墨现代性问题的时候，我放弃了毛笔，更放弃了笔墨规则，也放弃了中西合璧的方法。我认为，只有放弃了毛笔才有可能和传统的笔墨规则拉开距离。也就是从那个时候我开始了摁“指印”作品。

我摁指印前从没有想过克莱因的作品。而“指印”之后，我却思考了他的作品“无形的绘画情感区”。后来，有西方评论家把我和克莱因做比较，从中找到关联之处，当然我们有更大的不同，比如超越绘画、留下印迹、空间感、个性化、物质自然、意识自然等。而我发现我们之间的根本不同是有形与虚形。这是两种完全不同文化导致的两条完全不同的路线。克莱因的作品非常强调形式的特别呈现，“形”是它的表达的视觉目的，“形”是其存在的可判断空间，以及“形”的绝对审美标准。通过女性身体曲线美而拉近观众的视觉注意力。它从具体的“形”开始，到关联的“形”的呈现，当把色彩涂抹在人体后而拓印在画布上所留下的不仅仅是观念的印迹，这种表演性一定会强调人的形体图像痕迹。克莱因在作品中是个导演，而不是亲身体验者，所以他只能通过形式到形式。

“指印”作品的指印行为，不是表演性的行为。而是直接通过自己的身体去体验表达和呈现表达。“指印”的观念与克莱因的作品是不同方向、不同逻辑。首先，我主观上将图像清零，并去掉形式。“指印”是从无形到无形的过程记录，这个过程在蕴含着时间意义的同时所呈现的是不断的覆盖。“指印”一方面体现了指印的意义，另一方面也恰恰是这种指印的方式又凸显了覆盖的意义，否定之否定之肯定。“指印”通过指印对指印的覆盖一次次获得呈现，它的当代性意义正是在反复覆盖的过程中获得。覆盖是一种对过去的修订，也是一种对过去的否定。覆盖是一种肯定，更是一种全新的呈现。于是，覆盖更是这个时代的特殊性。

“指印”作品，在反反复复覆盖的意义上的另一所指，就是“指印”作品的无限性。

任戬：在这儿之前李小山谈中国画的“穷途末路”，就是指你刚才说的那个状态。

“青花”与“马爹利”，新闻发布会现场，马爹利三百年的酿酒大宅，干邑，法国，2013年
Chinese Blue and White Porcelain and Martell, at the Press Conference
the 300-year-old Martell Chateau of the Martell Cellar, Cognac, France, 2013

张羽：这篇文章成就了李小山，也使更多的人踏上了征途。其实，仔细想来，我们研究中国艺术发展的时候和西方有一个很大的不同，西方艺术史的线索是对方法的不断推进。从古典的写实，到现实主义、超现实主义、表现主义、抽象主义、抽象表现主义等都是这样一路发展过来的。可我们拥有的不是一部艺术史，而是一部绘画史。由于中国画的绘画方式是毛笔书写性的，学习方法也是从纸上到纸上的临摹结果。那么，临习又是一个学习技术的过程，当然也不能排除从纸上到纸上也是一种的认识。因此，我们的绘画史必然是一部风格史。历代画家之间不是语言的差异，而是风格的不同。这就是说，传统中国画是在一个大语言系统里的风格发展，不强调语言的差异建构。所以，我只有把毛笔放弃掉才有可能谈建构新的语言。也就是说建构新的语言要靠新的表达方法，“指印”既是我的表达，也是我的语言，也是我的方法。后来，我用手指蘸水摁压指印，实际上当我的语言建立之后，强调的是水的物质性带出来的生命本体的关系，这是“指印”的极致，也是物质性反应的极致。为什么我要凸显物质性呢？因为我认为水墨最根本的问题不是笔墨问题，也不是墨的问题，最根本的是“水”的问题。因为，有了“水”，才有了水墨，水墨才有了灵魂，水墨才有了特殊意义。

你想，墨分五色是怎么来的？气韵生动又是怎么来的？都是通过“水”来实现的，如果没有“水”就没有墨分五色，就没有气韵生动。“水”可以打通堵塞，这是一个非常日常化的、普世性的生活经验，而非一个纯学术的问题。从根本上来说这是一个最简单的日常经验，当你把水注入墨里，它就会冲淡墨色产生丰富变化。我在说水墨不等于水墨画的同时，也提示了从水墨画认识水墨的狭隘性。我做“指印”的时候就开始深入思索这个问题，比如说我通过用“水”摁压宣纸，宣纸上的痕迹不像我用水墨的痕迹，会有水墨的变化。水的无色透明性要求你通过摁水去改变宣纸的结构才会留下痕迹，即便水蒸发了但改变结构的痕迹还是留在了宣纸上。这个痕迹是改变结构的痕迹，你蘸水去摁宣纸怎么让人看到这个痕迹呢？其实，这是一个对物质相互作用的观察和探寻。

以前我摁“指印”、用水墨、用颜色，尤其强调指印行为留在宣纸上的痕迹。后来更看重过程与指印行为的关系，特别是蘸水摁压指印之后使自己的认识有了一个质的飞跃，尤为看重对自然本来的可能性把握的呈现而凸显出来的意义和价值。“水”的力量是无限的，它是人类存活的一切。如果我们能够通过“水”带出境界，这个意义是可以打通中西的。所以，我更看重用水摁的“指印”作品，那些凹凸的痕迹是我在摁压的时候主观上对力的控制，可以让它凸起来，也可以让它凹进去，使宣纸发生结构的变化。纸的结构从平面变成立体，是水和身体结合起来的作用，通过物质对物质的改变的生成。

我们说的这些看起来是谈解构，其实目的在于建构，拆解的意义是让我们重新发现这样的问题之后才有可能谈发展。在国际化的语境中，我们面对艺术的整体发展线索去探讨语言的建构关系，其实，这种语言关系才是一个可以交流的语言或者是一个互动的语言，把过去一个封闭性的东西打开。

任戬：要自圆其说。

张羽：打开在于，不管是中国人还是西方人都可以面对这样一个媒介，都可以参与，可以想象，可以思考，也可以进行表达。终结在于新的打开，实际上它的真正意义在于回到它的背后回到那种普世性的原初。这个是我走到今天要解决的问题，这也是我们中国艺术史发展的需要，就是把水墨带到另一个不同以往的空间。

这些年，我为什么在这个线索上不停地探讨，现在，我就只用了一杯水来呈现这个问题？我说“水”是什么，“水”是生命之源，“水”是万物之本，“水”是我们文化的核心，相对于刚才你说的比一块石头可能更有意义。

前两年，荷兰国家美术馆策展人、批评家Maarten Bertheux给我策划了一个展览，他写了一篇文章，文章中也列举了克莱因这样的作品。就是说克莱因这样一个表达的方式，他用人体、用油彩，这可能在某种程度上，某一个角度谈差异和共性。克莱因通过一个人体，一个形，在制约中获得另一种开放。首先，一个女人的裸体，一个无法挥去的裸体表演现场。再往她身上涂油彩，用行为的方式转印人体的痕迹，他虽然超越了绘画，却仍然没能超越绘画的图像。而指印行为让你从有看到无，或者说通过无而给你呈现了一个空象。这是我们的文化给我们的一个特殊性。我在想，不管是采取什么样的媒介或者什么样的方法，一定要超越。只有超越了他们历史上每一个制高点的位置，才有你的个人价值。

任戬：谈到“指印”的整个过程，实际上还可以做一个总结。比如说你的“指印”，实际上，纸是一个物质性的非常具体的东西，手指本身也是非常具体的，而“水”是无色无味最朴实的东西，中国人常常在最有价值的、最有普遍意义的词语中加入“水”字，比如说这个人有水平等。这个物质呈现了这种价值。当你用它来和宣纸的物质通过手进行接触的时候，它留下了一个行为的时间的痕迹，这个时间痕迹凹凸。我们可以把这些作为物质性的反映做具体的探讨。

张羽：它在具有物质转换的同时，里面又涵盖了很多东西，就像刚才我们说的时间、过程、痕迹、意念、转换等。

任戬：重要的就在这，中国机制在这里头。高名潞谈的“意派”是中国的经验，西方人是把一个物质放在那里进行朝拜，从而产生极少主义剧场化，像摄影拍一个东西，把所有的东西都整理好，孤立起来做一个仪式。而中国这个东西是要在场者直接加入，才能导致一个关联性，实际涉及另一个问题是如何生成一种方法。实际上是在关系中发生的，所以中国没有抽象，可以说中国是空象，中国叫抽象不对，抽象是由唯一导致的，这是西方的方法，中国空象是手里面握着空，是一个关系的结果。

张羽：对，“空象”说的不是有和无，而是说一种认识的关系。“空象”是站在我们自身文化的逻辑上对事务的认识和把握，这种认识和把握对中国今天当代艺术的发展很重要。中国如果按照西方抽象主义形式发展一定是走不出去的。中国不具有抽象逻辑的思维。

任戬：“水”的特质是我们的逻辑。

张羽：我是通过对“水”的进一步理解，而更认识了水墨。而又通过“指印”的方式对水有了进一步的思考和把握，更体会了方法与境界的关系。

任戬：一直是主体对客体的一个东西。

张羽：这也是我通过“指印”的方法终结了水墨画的意义，只有把水墨画终结之后才有可能进入关于物质与文化的关系思考。

任戬：这是方法的问题，原来的中国画方式不能进入方法。

张羽：是的，中国绘画史是一个风格的演变历史。它不是语言的建构史，而是技术语言的完善，它表现的是画家的才情。因为，它是从纸上到纸上，所以，强调的是技法与主体的关系。它不在表达方法的系统里，也就不可能进入方法的层面。我一直强调当代艺术在今天应该是诸多关系的呈现，关系对了，方向就对了。

任戬：关系，这个太重要了，这个不仅是东方的，实际上是整个世界现在都需要的一种思想。像齐泽克也在谈这问题，强调各种在关系上临时生成的不是一个稳定性的东西。如果中国艺术家贡献的是对世界的这种思想，不再是一个视觉本身，那就和过去不一样了。

张羽：我认为对于艺术家来讲，今天重要的是提供两方面的意义：第一，艺术表达一定要有新思想的呈现，比如“水”的文化和思想；第二，由思想导致的表达必须是一种不同以往的美学关系或价值标准，以及对未来关系中的关系。

任戬：你谈“水”的文化，我觉得是中国文化对世界贡献思想的一个特别重要的内容。因为西方没有关于“水”的方法，实际上中国用的是“水”的方法，是流动的。比如，你看油画是一笔一笔塑造的，一是一，二是二；而中国画的毛笔一波三折完全不同。中国文化提供的方法是一对多的复杂性的东西，所以，“水”在中国文化中是个根本的问题。

张羽：我认为“水”的物质性一定触及最根本的问题，因为“水”是中国文化的精神。它构成中国文化特殊性的同时，又与西方有着文化上的差异。但是，“水”的物质性可以是人类共同面对的思考。

任戬：它是物质性当中最根本的问题。我想，可能你以后会有更多在“水”中的创作，比如你做了西方酒杯和水墨，和酒，酒也是水。由此延伸，你可能还会用水泡茶，比如一个行为就是大家喝水和茶。

张羽：就水和茶的表达我已想过多年，以前尝试过用茶水画画、点指印，去年想过做行为。主要在思考水和茶作为表达时，它要针对的问题是什么？以及呈现方式与问题的关系！年初，上海一家文化公司找我，希望我能做一个与茶水有关的关于茶的仪式。我在想，我必须找到最有效的空间作为切入点。

任戬：你找一个有名的茶加上你的水，这就生成关系了。还可以用水和面，不断地可以有很多延伸，这个方法找到以后，会生成很多很多。像刚才说的因为这种不确定会生出很多可能性。

张羽：“水”最具有包容性，也最具冲击力。雪松那天问我一个问题，西方的“油”和“水”有什么区别？这是一个非常有意思的问题。从物质的动力能量讲，“水”是无可阻挡的，具有吞没一切的能量。而“油”遇火便燃烧了自己。另外，油不是自然之物，是被提炼加工的物质。所以，油画与水墨的物质不同是因为它们的最大区别在于文化上的不同，也在于物质的差异。西方是“油”的工业化文明。我们是“水”的文化自然文明。“水”是流动的、包容的，也是吞没一切的。因此“水”既可以分解它者，也可以自然的澄清自己，而油是人为分解的。因此它需要精确的方法，一就是一，二就是二。而我们是，一生二，二生三，三生万物，所以“水”是大物质，有水便生万物。

任戬：“水”是大物质。“水”不太有确定性，而“油”太确定了。西方的东西其实都和分析有关，像“油”是被榨出来的，被分解出来的，而水却是自然的。

张羽：我们为什么没有“抽象”，这和我们以上谈的文化有关系。我们现在所谓的大部分中国抽象作品，基本上是抄袭西方的形式，我们应该找到中国文化精神视野中的表达，刚才说的“空象”、“意念”。我觉得，“空象”是一个有觉悟的状态，这是一个新的认识层面，与我们传统文化的精神境界有关。

其实，我们的水墨画如果从纯境界上讲，一直还没有达到这个高度。虽然，文人画已经具有比较高的境界，但都属于应物象形范围的一种境界，是营造出来的一种视觉图像的境界。所以，水墨画是不可能进入这个纯粹自然的高度。纯粹的境界应该建立在这个“空象”的关系上，“空象”是一种超然的境界。所以，境界不是一个制造出来的东西，而水墨画的境界是制造出来的，关于审美的。所以水墨画与当代艺术无关。我们看西方抽象绘画，它不会给你制造什么景象，而是分解之后的空间结构，是准确的结构关系。这种抽象绘画的认识方式是与我们无关系的逻辑。在水墨领域里，只有王川和我在80年代做过这样纯抽象形式的探讨。我做的是以几何抽象的简约图形的极简主义的水墨形式，用极简的单纯的笔墨几何形对话极简的硬笔几何形态的关系。而王川90年代是将花鸟画用笔的笔墨方式去呈现西方抽象形式的结构，其实更具表现。我们与西方不同的是，因为我们的毛笔及宣纸和水墨的特殊性。你无法准确的提示硬边结构，而没有硬边就具有确定的空间。

我一直认为，80年代“现代水墨”时期没能解决水墨的现代性问题，是90年代“实验水墨”解决了水墨的现代性。从此为我们打开水墨的一扇窗，同时，为我们构建了一座通往当代艺术的桥梁。有了这座桥梁才有了关于水墨之后的问题连接，这也是水墨画终结的意义。

任戬：终结问题的解决必须有一个过程，像日本明治维新之后才有了日本当代视觉上的东西。在80年代那个时候你也有这样的想法，我们怎么能成为世界性的？而你现在通过这个过程呈现了这个思想。

张羽：中国的水墨画方式一直以来就是自娱自乐的。但实际上，今天我们更关注的是你和整个世界是一个什么关系。

任戬：艺术是一个思想，它和社会是紧密关联的，不应该仅仅是一个玩的东西。这是我们作为当代性的因素，一个水墨终结的态度。

张羽：其实，整体上看中国的水墨发展，从文人画之后我们一直处于偏离的状态，这个偏离的原因是什么？就是我们怎么去理解水墨这个问题，两千多年的水墨历史我们一直把水墨作为工具。其实，文人画的这条线索已经结束了，因此，在今天当所有的画家面对这个媒材的时候，说的都不是水墨，而是水墨画，水墨就变成和油彩一样的工具或材料本身了，而丢失了水墨的文化性，这是致命的问题。

我一直认为水墨不应该只是水墨画。由于水墨文化的特殊性，今天的水墨画家都不具有那种文化才情，所以画得远不如古人。就算我们不去终结它，其实水墨画已死。换句话说，我们的终结就是发展，我们今天改变的是对水墨的认识。另辟蹊径是我们再一次的选择。

任戬：大都会博物馆的展览有很多疑义，有很多讨论，也面临了这个问题，他们说的就不是水墨画的问题，说的是一个文化的问题，其中也有它的道理和自圆其说的一个线索。

张羽：他们做的应该是属于水墨发展线索当中的另一线索，只不过这条线索对于我们来讲也是应该超越的。因为，他们谈的更多的是符号、元素等问题，这还是一个表象，还不能进入问题的核心。所以，我们刚才说的物质的自然生成是发展过程中一个值得思考的问题。我们是在挖掘物质性的同时，探讨与文化的关系。说水墨是一种媒介，一种文化，一种精神，当水墨一旦抽离物质性的时候怎么和文化发生关系？这有待于我们进一步研究。如果没有这个关系，可能你的作品表达就失去了当代意义。

任戬：其实，“指印”走到今天其意义就是与文化的紧密关联以及当代性的关系。

张羽：更关键的是和我们生活的日常经验、日常的文化有关系，而且这是一个人类共识性的经验。否则这两年我们在探讨水墨的物质性时，突然冒出许多杂耍的现象。目前水墨界杂耍的方式有两种：一个是笔墨形式上的杂耍水墨画；一个是行为的杂耍，像冰墨、射墨、砸墨等。杂耍是因为不理解水墨，不懂水墨文化历史的价值。所以，接下来我们应该面对的问题是我们要表达什么？用什么方法才具有意义？

任戬：水墨作为方法是比较重要的问题。

张羽：通过对文化的理解，你能不能转换一种与过去不同的方法，这很重要。一个是有别于我们自身以前的，并区别于西方艺术史的方法，这个方法和今天的整体文化构成一个逻辑。

任戬：也不能是地缘性的，是能够生成一个和国际关联的一个东西。

发生2013.10.23：在马爹利干杯——水墨，张羽与马爹利全球品牌传承总监Jacques Menier，马爹利干邑香特露庄园，干邑，法国，2013年
Happen2013.10.23: Drinking a Toasting, Zhang Yu and Heritage Driector of Martell Mr Jacques Menier, at the Martell Chateau, Cognac, France, 2013

发生2013.10.23：在马爹利干杯——水墨，装置，880只高脚杯、水、墨汁，马爹利香特露庄园，干邑，法国，2013年
Happen2013.10.23: Drinking a Toast at Martell's Ink and Wash, Installation, 880 Brandy Glasses, Water, Ink, the Martell Chateau de Chanteloup, Cognac, France, 500cm × 1200cm, 2013

张羽：必须是国际化的语言方式。

任戬：所以还会有许多矛盾的。

张羽：它的前行就是在矛盾当中发展。

任戬：我说的困惑就是这个东西，必须是矛盾，矛盾的真实，它是一个关联的东西。

张羽：我们以前更多地强调和西方的差异。可是今天世界发展了、变化了，今天是要在差异中寻求共性。如何找到共性之处需要特别有效的方法和表达。我的作品“发生——在马爹利干杯，水墨”，其实就是探寻这样的问题。水墨与他们是没有关系的，是完全不同的。当你把水墨注入到他的酒杯里的时候，把一个差异的文化放入其中，是要有一个理由或一个合适的方法让它可以转换。于是，把水墨倒进酒杯的动作或叫行为，这样一个人类日常化的共同经验，他们很容易就接受了这个对话及交流的方式。通过方法把不同的文化融合，既有差异也有共性，达到共赏。这就是对日常经验的转换，这样东西方才能在一个平台上进行交流。

任戬：要建立一个方法。

张羽：有了正确的方法才有打开的可能，核心还是建构的问题。我们很容易把解构当成问题，其实，建构才是根本，因为只有在建构中才会遇到解构，解构是过程，建构才是方向。

任戬：你说的这个是东方思维。西方思维是打败和否定。而中国一开始就是空的，把对方纳入到里边，就没有破坏问题，没有解构问题。它本身是滚动状态。

张羽：其实，这真是很有意思的问题。现实中我们走向了相反，西方思维是终结和否定，但是，他们却建构得非常好。而我们是空、是吸纳、是包容、是滚动。但我们采取了中西合璧之后却丢失了我们自己，我们越来越混乱。我认为，无论是东方思维，还是西方思维，目的都是建构，其实这两种思想一直在交流。有人说，我的作品在很大程度是解构意义上的成功，但你怎么衡量成功呢？还是由于建构。他们是先谈解构，再谈建构。我们是不谈建构，谈解构有意义吗？我在建构的同时自然要解构或者突破一些东西，这个是我们自身文化的特殊性。以前，我们习惯于二元的方式，这样的方式无法解决今天的问题，应该是多元的思维方式。我觉得有意思也在这儿，今天也不仅仅是多元，还要加上不停地滚动，滚动起来就会关联许多关系和问题。如果你有丰富的知识背景和丰厚的文化素养，这样你理解问题看待问题是不一样的，你会得到许多启发。如果我们仅仅知道一些艺术史的经验，在我们今天的文化里是不行的，你会走到一个死胡同里去。我们必须把很多方面的经验纳入到我们的可能性范畴去思考。

任戬：现在我越来越发现世界是需要这个的。

张羽：像美国抽象表现主义就从东方禅宗里找他们要的东西，从日本铃木大佐翻译的禅宗中找到了他们的需要，克莱因也是如此。

任戬：还有约翰凯奇也是从日本来的。中国来的更重要，也许将来。

张羽：他们基本上都是去日本，其实日本是从中国拿走的。我一直在问自己为什么？没想太明白！我隐约觉得日本在学习我们或者取走的过程中，中间完成了一个转换和阐释的空间。这个空间是解读，铃木大佐再翻译成英语给了美国。所以，中国禅宗就变成了日本禅宗，经过铃木大佐又变成了美国禅宗。在这条线索上，日本也出现很多优秀的艺术家，像井上有一、李禹焕、关根伸夫、榎仓康二等。老祖宗给了我们很多宝贵的东西放在那里，却没有启发我们，很惭愧。

任戬：这个可能非常复杂，需要时间。

张羽：可能还差一个醒悟的机会。以前我们到欧美去学习也好、取经也好，发现了很多东西，补充自己，遭遇了，积累了这样的经历和认识。

任戬：最美好的是遭遇，痛苦也好，高兴也好，都是给你遭遇，这个非常好。

张羽：所以说艺术的力量或者精神的力量来源于不停地遭遇，给你带来沉重，带来悲剧的力量。

任戬：来源于这个复杂的遭遇，我们才能解决问题。

张羽：我们属于特殊的一代，经历得太多，很复杂。这么快一下子三四十年过来了，80年代那个时候的那种激情，太纯粹了，聊艺术聊得兴奋，真的是不顾一切，不吃饭没有关系。今天哪还有这种激情。

任戬：这个过来以后才能完整地体验中国这一段发展的过程。否则一个简单的东西体验到了，只会把这个作为一个资源来呈现。

张羽：还有一个问题是中国经过了一个暴力的发展过程，仅用了三十几年的时间把西方几百年的过程走了一遍，就不可能有深度，缺少逻辑关系，这是中国的特殊问题。在什么都没弄清楚时就如此了，使人的状态开始偏离了轨迹。这很可怕，我们需要尽快地调整自己的状态，要适应正确的关系。当我们在某个层面解决了现代主义的过程，但不等于你从思想上也解决了现代主义问题，要从思想上尽快跟上，因为我们必须进入当代，否则思想会有问题。所以现在更多地认识停留在现代主义时期，特别是中国的艺术界，大部分人还没有解决现代主义问题，所以，才导致了中国今天的混乱。比如写实的绘画在中国还是主流，你到欧美去还看得到写实的东西吗？连抽象的东西在西方都是行画。

我一直比较警惕自己的作品要有思想性，我的“指印”和一碗清水、一碗水墨的表达，看似是一个非常简单或纯化的关系，但实际上在这个关系里却是丰富的，它解决了前面所说的问题并给以后留下了空间。我的表达是一个综合形态，包含了行为，包含了作品与空间的关系以及文本性等。这是当代艺术的一个现实情景，靠单一的一种媒介或者一种方式是没有办法进行呈现的。

任戬：这是当代性。刚才谈的这个问题我联想到，在中国春秋时代，诗书画也是很多种的，我们不是看诗书画的形式，而是诗书画本身的构成，跟西方是不一样的，西方画就是画，写实就是写实，中国有诗、书、画这个过程，所以从这个浅层的挖掘，它本身是有中国性在里边。你的作品中就带出了新的“中国性”，是在诗、书、画氛围下延伸出来一个东西。

张羽：以前，我们说传统的中国性是属于文化上的关系。而今天，是多重文化的关系，可能还是媒

发生2013.10.23：在马爹利干杯——水墨，装置，880只高脚杯、水、墨汁，马爹利香特露庄园，干邑，法国，2013年
Happen2013.10.23: Drinking a Toast at Martell's Ink and Wash, Installation, 880 Brandy Glasses, Water, Ink, the Martell Chateau de Chanteloup, Cognac France, 500cm × 1200cm, 2013

介上的关系，这又涉及到文化结构和视觉结构及方法上的关系。

任戬：当代性就是复杂性。现在很多图像或者是艺术家本身，因为理论滞后，可能就需要艺术家本身来实现完成。理论构造，意识构造，物质性本身的呈现，需要艺术家自身来完成。也许之后别人再来阐释。

张羽：90年代，我的“实验水墨宣言”是这样描述的，“实验水墨”不是一个固定不变的概念，而是变化的、发展的。因为，它需要随着时间的推移和认识的发展而不断地进行调整。其实，这很符合水墨的流动性和变化性的状态与精神。水墨有意思之处也就在于这种不确定性的确定过程和体验。但最大的问题是我们的前辈把这种变化性给模式化了，限制了媒材的不确定性变化。关键的是我们没有把这种变化性发展成为一种思想，一种认识。

任戬：现在的不确定和过去的不一样，那个是在原来形式下规定的不确定性，是一个封闭性的系统，你现在把这个系统打开了，要进入一个新的国际层面，产生新的不确定性。

张羽：是的。所以，我说要把水墨这种变化性发展成为一种思想，一种认识。传统中国画的不确定是靠着媒介也有材料的物质本身提供的不确定性，也正如你说的是封闭的不确定性。我们今天说的不确定性是一个认识上的不确定性，它带出材料之间关系的特殊性、变化性。这个可以带动当代艺术的发展。

实际上，我是上世纪1991年开始摁“指印”，但最早是1988年的时候我尝试把指印符号注入在我的绘画作品中。我那个时候做过相对抽象形式的作品，然后我逐渐认识到了有可能性之后，就把毛笔扔掉了，在1991年开始摁指印留下痕迹的作品。那个时候，我想的更多的是视觉上的变化，你怎么让读者看到了指印的同时，又看到一种形式。所以，我那个时候选用了焦墨，让读者看到我摁的指纹痕迹，就是契约、画押。所以，我要留下指纹的契约画押这个文化概念。

任戬：是的，“指印”重要的地方还在于它的不同于西方文化，它代表我们的契约，代表一个东方人“被社会”的痕迹，就像我们在社会主义中“被社会”的痕迹一样。所以这个非常重要，这一点具有社会学的意义。

张羽：但当时我没有进一步展开，因为，那个时候人们被抽象和表现主义的东西给制约了，根本读不到行为在其中的意义。也许，我也没能足够地凸显出行为的意义，也许强调得还不够。总之，几乎无人理解“指印”的意义，都认为是抽象。这是我们当时的批评的语境，我突然意识到我可能走得超前了，逻辑上和中国刚刚进入现代主义时期有太大的距离。怎么能让这个距离连接上？我想到我们艺术院校的教育是西方模式，最多的思考就在现代主义层面，这种超越现代主义的方式还不能一下子反应过来。所以，我开始创作“灵光”系列作品，强调绘画性，把“指印”一个点放大，做图式的表达。于是，“灵光”很快得到了充分的肯定。

任戬：东西方结合。

张羽：对，融合与生成的关系，是强调融合的生成过程。我们的表达方法里有我们自身绘画的方式，也有西方的视觉经验，但形成了一个整体性。这是在一个共性和差异相融合的前提下形成的。“灵光”作品与我在苏联考察的那段时间有些关系，那段时间我很喜欢去教堂，有一种莫名的东西特别吸引我，特别是那束来自穹顶的光。我每一次走进教堂就自然地会溶入其中，那束来自天堂的光芒牵动我的心灵。这是上帝与我们的关系。“灵光”作品是逆光，这也是一束心灵之光。传统的中国画也讲光，那是一个建立在感觉上的光，它隐含在黑色及空白中，它不是视觉的，而是感觉的，通过白色宣纸和墨色的关系实现微妙的变化。而“灵光”的光是通过强烈的图式和墨色对比通过喷染留白完成的，你直接经视觉感受这束被强调的光，但却不是西方再现的方式，我是在中西两者的关系中找到的一种方式。现实中的逆光是看不见正面东西的，而我的“灵光”的逆光可以看见正面的东西，我改变了主客体的自然关系，是以我的思想为标准。“灵光”在“抽象”与“表现”之间找到了一种方式，建立了一种纯粹的图式的形式主义的形式。“灵光”创作7年之后的2001年我又重返“指印”。

这个时候的“指印”和过去完全不同，有了本质的飞跃，我有意强调指印行为本身的意义。并开始强调消解画面的绘画性，同时，也消解了“灵光”近十年努力的绘画。实际上，我终结的不仅仅是水墨画的问题，也是西方艺术史绘画面临的问题。西方绘画走到“抽象表现主义”，波洛克通过行动完成的“抽象表现主义”表达，仍然没能超越绘画，虽然强调了行动的意义，可结果还是绘画。而“指印”不再是绘画，但它仍然可以作为保留在平面上的一个结果。

任戬：这个行为是潜藏的。

张羽：它和禅宗的修行方式发生了关系，就像僧人捻珠、诵经，在行为过程中进行着心灵的转换。可以说，“指印”有两个表达，行为本身、痕迹本身。所以，“指印”终结了水墨画，也终结了绘画，同时，又呈现了与绘画完全不同的平面关系。有批评说，“指印”作品具有身体美学的部分。而我以为这不重要。克莱因可能有身体美学的要求，从视觉上直接可以体会到，而我的“指印”作品的身体是隐含在后面的。所以，它不是简单的身体美学问题，重要的是境界及精神层面的认识过程。

水墨两千多年的历史中，水墨媒材一直是被动的，处于工具的层面。我想改变这个历史，实现水加墨的水墨原本的状态。实现老祖宗未能完成的事业，给水墨一个新的未来，使水墨彻底摆脱沉重的包袱，为水墨重新梳理一条线索，就是水墨本身，水墨的物质性表达。2008年，我提出“水墨不等于水墨画”，把“指印”的方法和表达再往前推进，并强调了宣纸与墨色的物化呈现。后来只用了“水”，用“水”的物质和宣纸的物质发生关系，“水”的物质通过自然的环境、空气的蒸发，到宣纸吸收了“水”，之后又蒸发掉这个“水”，之后留在纸上的痕迹，让它们在一个有无的关系中互动和转换生成。不用任何的一个中介去完成思考和表达，直接和生命本身和自然本身发生关系的呈现，构成了一个思辨的空间，这个空间传递的就是“空象”。“指印”是一种独特的语言，这种语言是思辨的，却又非常的普世化。“指印”作品通过方法的建立，一方面终结了水墨画，终结了绘画，也终结了现代主义。同时也超越了波洛克的“抽象表现主义”，从而进入了具有当代性的总体主义艺术。“指印”构成了自己的文本系统和言说系统，它具有的是日常性、文化性、社会性、观念性、行为性、身体性、过程性、时间性、材料性、物质性、空间性、自然性、自足性和精神性。面对绘画、面对艺术史“指印”是一次全面性的超越。

2013年，我完成了“水墨，仪式”空间装置作品，这个作品的出现，与高名潞的一次展览有一些关联。2012年，高名潞策划了“水墨原形”展邀请我参加。他为这个展览写了一个策划序言，希望艺术家对此有所回馈。他在序言中提到“文人画家在书房里用毛笔做画的过程是一个仪式”。而我对这个仪式的说法表示质疑，就写了一篇“水墨，仪式”的短文算是回馈“水墨原形”这个问题。我说传统文人画家在书房里画画是一个应物象形的描写过程，是游历山水之后把对自然景象的感受过滤在宣纸上进行的呈现，有景物思考的参照，他的精神层面无法虚无化。而仪式恰恰是虚无的精神状态，仪式不是诗书画的过程，而是修行的仪式过程，精神的追求是一个虚无的状态，是远离叙事的，没有任何的参照。在这个思考的前提下，我在韩国光州美术馆做了“水墨，仪式”的空间装置作品。经过多方面的思考，落实到普世的日常文化经验上。通过瓷碗去转换这一观念，最终我选择了淄博的日用瓷碗，这是我们人类生活中必需的日用品，我把几百只碗搬进美术馆，把水和墨的水墨倒入这些瓷碗里，构成了这个场域的空间仪式。

在制作这个作品的过程中，我希望水墨这种物质性通过水和墨的生成过程产生文化关联。当我步入这个状态时，发现水才是最重要的，“水”是大于墨的，就文化的核心关系，“水”决定了一切。“水”是水墨的灵魂，就像人没有水将没有生命一样，所以，“水”是万物之本，“水”是万物之灵。后来，正好台湾佛光缘美术馆邀请我做一个展览，我想佛光山是禅宗圣地，非常合适我的作品。于是，我完成了关于水法的文章“水＞墨”，触及了水墨的根本问题，水，万物之本，水，生命之源。完成了“意念的形式”空间装置作品。我把一千只碗搬进佛光山佛光缘美术馆，我用一千只碗制造了一个更大的仪式场，一千只碗里只有水。这不是简单的与自然的关系，也不是只在于探讨仪式的意义，也不是强调与哲学的关联，这是一次思想认识的呈现，物质的、文化的、精神的。这是一个场，关于一千只碗盛着水的场，极致的单纯，极致的纯粹，极致的境界，极致的精神。没有提问题，但是个问题。用这样一个方法，去看，去想，这是一个很普通的事，一千只碗里有水。日常的，就是日常的，普世的日常关系。我看到一滴水与我们的关系。

2013年对我很有意义。马爹利相关负责人看到我的“水墨，仪式”作品非常喜欢，邀请我去法国干邑为马爹利做作品，于是，“发生——在马爹利干杯，水墨”就诞生了。这个作品对我是个奇迹，我思考的唯一问题就是我与马爹利酒是个什么关系。酒、水、水墨、文化、差异、共性。三百年的酒窖，我想把酒窖上上下下全部铺满盛着水墨的白色瓷碗，墨香、酒香浑然天成。可他们觉得这样的作品进入酒窖，可能会把酒窖里的百年酿酒报废。这些我能理解，于是我改了方案。为了强调关系，我在每一个碗底部摁了一个蓝色的“指印”，我的青花瓷诞生了，然后到入马爹利酒。马爹利及马爹利酒象征着西方的文明，青花瓷象征着中国文明，两者之间融合和转换。这是一次“发生”，是一次在两种文化之间的“发生之生成”。我想这个作品就可以叫“发生”。

马爹利干邑香特露庄园内摆满880只高脚杯，用干邑水调和中国墨，倒入880只高脚杯内。从视觉上讲，红酒、威士忌、水墨不只是颜色的不同，而是文化的差异。然而，却可以构成共赏——干杯。所以2013年10月23日再一次“发生——在马爹利干杯，水墨”，就这样我们在法国马爹利干杯了。让西方人为我们的水墨、我们的文化干杯了，这是东方人的智慧！水墨不再是水墨画，而是一种物质。它完全可以承载表达。

“指印”终结了水墨的一条路，却又打开了一扇门，更架起了一座当代艺术的桥梁。“指印”是我的一把钥匙，从画押的社会学意义出发，到探寻物质性转换与生成，水墨不再是从前的水墨。“指印”不只是行为的无限，也不仅仅是覆盖之覆盖的呈现。指印是一种方法。

任戬：非常清晰。通过你刚才谈的，我想最初那个黑色的“指印”是一个形式的问题，视觉的问题；红色的“指印”是社会性问题，是契约；到了无色的“指印”就是物质性的问题。再继续延伸，那碗水墨，那碗水，是一个重新生成的问题，在新的物质性里不断地生成。

张羽：哈哈，你总结得精彩。其实，我在做“指印”的时候，给自己后面一直留有空间。比如开始摁焦墨“指印”时，我已经想到了红色，但我没有马上摁。因为，我当时用焦墨的时候还是从水墨出发，强调水墨这个关系。然后再进入红色，再进入水墨的灰色、无色。但“指印”最重要的是，指印创造了一种方法。这个方法，不是技法，是涵盖或超越技法的方法，是表达，是境界。换句话就是，指印方法改变了传统水墨画用技法应物象形，去营造境界的表达方式。同时，指印方法也超越了西方艺术史中方法既是方法，也是风格的表达线索。

任戬：整个逻辑很清晰，你一直在思考，不是偶然的。

原文分别刊发于雅昌艺术网、99艺术网，2014年

注释：

1、任戬：1955年生于黑龙江哈尔滨。当代艺术家。“北方群体”的代表性人物。1983年毕业于鲁迅美术学院，获硕士学位。1984年任教于黑龙江艺术学院。1988年武汉大学建筑系任教。1999年供职于大连工业大学艺术设计学院，任该院副院长。参加的主要展览有：“中国现代艺术大展”（1989）、“中国90年代艺术双年展”（1992）、“后89中国新艺术大展”（1994）。“蜕变与突破：中国新艺术展”（1998—2000），“光州双年展”（2002）。

Fingerprints: the end of Ink and Wash Painting

Dialogue Between Zhang Yu and Ren Jian

Place: Zhang Yu's studio, T3 International Art Precinct, Shunyi, Beijing
Time: 2 pm, 18 April 2014

水墨档案，张羽作品行为现场，南京艺术学院美术馆，南京，中国，2013年
Ink and Wash Files, Zhang Yu Created the Scene, Art Museum of the Nanjing Academy of Fine Arts, Nanjing, China, 2013

水墨档案，开幕式现场，邀请艺术家张羽代表讲话，南京，中国，2013年
The Opening Ceremonyof the Ink and Wash Files Exhibition, Nanjing, China, 2013

Zhang Yu: We can now be said to be old war comrades in the pursuit of art, yet it was only in 2007 that the two of us really sat down started talking about art. That is, it began at the" Thirty Years of Abstract Art Conference" organized by Gao Minglu, and we immediately hit it off. It was right from the start. Since that time, we have had great and enjoyable conversations every time we have met. There are very few artists who can have such penetrating conversations with me. To a large degree, it is difficult for general viewers and even some artists and critics to really understand my works. Yet when I talk with Ren Jian it is a completely different story. Both in terms of how we feel about things and intellectually, as soon we talk we cut directly to the issues. Perhaps it is because the trajectories of our reflections on these issues have been so close. Ren Jian's Ink and Wash scroll Primeval Chaos, which he created in the 1980s, impresses me deeply to this day with the uniqueness of its image and the grandeur of its vision. Later, however, the strongest impression was that produced on me by your Big Stamp series. I have always hoped to be able to see again the works that you created in relation to Ink and Wash, yet that hasn't happened yet. (laughs) I am still waiting. Anyway, I have been on the road from my explorations of Chinese traditional painting to Modern Ink and Wash, and on to Experimental Ink and Wash. After 2000 I again began to create my *Fingerprints* expression by means of performance. This has to do with Ink and Wash, and now I have to be careful that I don't fulfil the words of my friend Gao (Minglu) about" terminating Ink and Wash".

Ren Jian: Zhang Yu was first recognized during the Modern Ink and Wash period in China in the 1980s. At the time, there was also Li Jin in Tianjin. Later, when Zhang Yu's *Fingerprints* works appeared, I believed that this was an extraordinary thing in the world of Ink and Wash. Ink and Wash as a material is in itself good at changing shape. It is extraordinarily rich, yet we mainly pay attention to the richness and variability of materials at the level of the masses. If you think about it from a professional or art historical point of view, there is a logic of its own in this that has been neglected, namely that Chinese Ink and Wash necessarily, speaking in terms of its abstract character, has a form that consists to the highest degree of its physical properties.

The *Fingerprints* works brought out this inherent character. You abandoned the brush-pen, but the contact between finger and Ink and Wash became even more direct. It cancelled out the things that were propping up the hand and returned to the hand and the body in themselves. We might get associations with the French artist Yves Klein, who eliminated the paintbrush and applied the oil pigments to the canvas by means of traces of the human body. This in fact carries isomorphic associations, and possibly associations to language, which is why I thought at the time that the *Fingerprints* works were very interesting. There were many things one could excavate.

Afterwards when you had your "Form of Notion/Idea" and other exhibitions, and engaged in a connection between Ink and Wash, bowls and brandy-glasses, this was also very interesting. This was the equivalent of also eliminating the use of fingers, leaving only Ink and Wash, until later, even more brilliantly,

张羽北京大山子环铁艺术城工作室，2012年
Zhang Yu's Studio, Huantie Art Precinct, Dashanzi, Beijing, 2012

there was only water and bowls filled with water left. In China, water as a substance is extremely interesting and meaningful. For instance it is one of the "five elements" (water, fire, wood, metal, earth). This is different from the West, which is structured around stone. This is why there is Minimalism in the West, which is like reducing the physical properties of the West to stone. The important significance of Zhang Yu is that he takes the physical properties of artistic materials in China, that is, he takes water back to its origin and manifests it, and then puts it in ordinary bowls. This is really great! Bowls in themselves have an everyday character. When you add water, it is simply a complete return to that everyday character. Paper and ink have here been completely eliminated, and the original elements of Ink and Wash have been extracted. Yet the result of this extraction is not like Western Modernism either. The West abstracted things into dots, lines and surfaces, as in the Suprematism of Kazimir Malevich or the Minimalism of Donald Judd, both of which appeared using a stone-like structure. Zhang Yu's presentation on the other hand uses water to represent Chinese culture with its natural, fluid and variable character. The difference between this and the West is actually very interesting. So I feel that this bowl of water of yours and Judd's are very distinctive from the point of artistic logic when viewed in mutual correspondence.

Zhang Yu: I cognitively understood Ink and Wash through *Fingerprints*, and then from within Ink and Wash I cognitively understood the decisive function of water and the special character of water in Chinese culture, which is a culture soaked in water. I think that this is a fundamental dissimilarity and difference from Western culture. This line of thought spurred me on to a cognitive understanding and grasp of its physical properties, with water affecting the explorations that I am facing up to today, which are about the relationship between human life and nature. This is the core question of the survival of humanity. As for myself, the cognitive understanding of this bowl of water is not something that suddenly happened all at once. The reason that I have this cognitive understanding today is that I have gone through more than thirty years of constant reflection, constant experimentation and accumulation.

Looking back at the influence that Western Modernism exerted over us thirty years ago, I find that there were two main threads in the modernist reform of Ink and Wash. One was the direction of the reform of portrait painting of Chinese traditional painting techniques added to Realism and Expressionism; the other was the direction that explored abstract painting, based on Chinese traditional painting techniques added to the Modernist visual experience. In the 1980s, most of us Ink and Wash artists were exploring along these two lines. Gu Wenda was a prominent example of those years. Some critics might categorize him as abstract, but as I see it, his works were unrelated to abstraction. Rather, he made use of the

Surrealist method and the conceptions of Dadaism. Gao Minglu grouped him under Cosmic Flow, which also included Ren Jian's work Primeval Chaos. I place more attention on what the relation is between presentation of images and expressive method. Gu Wenda's works turn Chinese characters into images, and present the calligraphic image through the Surrealist method. In fact the artists whose work really involved abstract form were people such as Wang Chuan, *Yang* Jicang and myself, Zhang Yu. None of the other painters were abstract. They were doing representation or notion-likeness. At the time, apart from making some Surrealist human figure paintings, I also made some minimalist works in abstract form. Looking at them today, this direction of reforming Ink and Wash by methods from Western art history is problematic. This superficial splicing cannot resolve the Modernist development of Ink and Wash. In their time, Xu Beihong, Jiang Zhaohe and Lin Fengmian also used this format of realistic sketching, anatomical structures, the methods and techniques of Realism, Expressionism, Fauvism and so on to reform Chinese traditional painting. We already know clearly that this line cannot solve the problems of Ink and Wash.

水〉墨2013.8.3，装置，张羽为亚克力槽注入水墨，浸染宣纸，2013年
Water > Ink 3 August 2013, Installation, Zhang Yu Pouring Ink and Wash into Acrylic Tanks, and Steeping Xuan Paper in Water, 2013

When I realized that it would not be possible to really solve the modernist problem of Ink and Wash in this way, I put down the brush-pen, or rather abandoned the rules of brush and ink (bi-mo) along with the methods of western art history that had been used to "join" China and the West. I believed that only by abandoning the cognitive understanding of the brush-pen would I be able to open up a distance to the traditional rules. This is also when I began to make my *Fingerprints* works.

水〉墨2013.8.3，装置，张羽为亚克力槽注入清水，浸染宣纸，2013年
Water > Ink 3 August 2013, Installation, Zhang Yu Pouring Water into Acrylic Tanks, and Steeping Xuan Paper in Water, 2013

Before I began to make fingerprints I had never given any thought to the works of Yves Klein. Once I had started fingerprinting, however, I reflected on his work Zone of immaterial pictorial sensibility (Zone de Sensibilité Picturale Immatérielle, 1959). Later, there were Western critics who compared me to Klein, but apart from the associations that they found, there were of course even greater differences, such as my transcending painting, leaving traces of the printing, the feeling of space, the personalization, and the nature of the physical material. Also, I discovered the fundamental difference between us: shape and non-shape are two completely different threads resulting from two completely different cultures. Klein's works very much emphasize the particular manifestation of shape. Shape is the purpose of his expression. Shape is the assessable space of existence, and its own absolute aesthetic standard. Through the visual power of attracting viewers that lies in the beauty of the sinuous lines of the female body, he starts from a specific shape and proceeds to the manifestation of the associated shape. When he smears colours onto a human body and then prints it onto canvas, what results is not just conceptual traces. Because of the performative character it inevitably emphasizes the traces of the human body image. Klein is the director within the work, and not the one who experiences it personally, so he can only arrive at form through form.

My *Fingerprints* works are performances, but not performances in the nature of a show. I experience the expression directly and present that expression directly through my own body. My conception is exactly opposite to that of Klein. First, I subjectively seek to re-set the image, and to get rid of its formalization. *Fingerprints* are a record of the process from non-shape to non-shape. At the same time as this process contains a temporal significance, what is presented is a ceaseless covering. *Fingerprints* on the one hand manifest the significance of fingerprints, and on the other hand take the exact form of this fingerprinting and also reveal the meaning of covering. *Fingerprints* by being the covering of fingerprints by fingerprinting achieve a manifestation, whose contemporary significance is seized precisely in the process of repetitive covering, turning that covering into a revision of the past, as well as a denial of the past. Covering is a brand-new presentation, even an affirmation. Accordingly, covering is, rather, the special character of this age.

A different reference of the *Fingerprints* works, in the sense of their being an endlessly repeated covering, is their unlimited character.

Ren Jian: Before this, Li Xiaoshan had talked about the dead end of Chinese painting, referring to that state that you were just talking about.

Zhang Yu: That article was the making of Li Xiaoshan, and also blazed a trail for others to follow. In fact, thinking about it carefully, when we research the development of Chinese art, there is a big difference from the West, in that the leading thread of Western art history is the constant progress of method. From classical to life-like, and on to Realism, Surrealism, Expressionism, Abstraction, Abstract Expressionism and so on, is all just one trail that has developed in this way. What we Chinese have is not a history of art, but a history of painting, and because the painting format of Chinese traditional painting involved the scriptural use of the brush-pen, the learning method was also a process of copying from paper to paper, so the copying involved was also a process of learning the technique. Because of this, our history of painting is inevitably a history of style. Among the painters of Chinese history, the differences have not been differences of language, but of style. This means that traditional Chinese painting is the history of the development of styles within one big system of visual language. It does not stress the structure of the language, so it is only by relinquishing the brush-pen that it becomes possible for us to talk about a new language. It also means that we have to rely on new expressive methods to construct a new language system. *Fingerprints* is both my expression and my language, and it is also my method. Subsequently I used a finger dipped in water to make fingerprints. In fact, after I had established my language, I emphasized the relationship with mankind brought out by the physical properties of water. This was the high-point, the nec plus ultra of *Fingerprints*, and it was also the high-point reflected by the physical properties. Why did I wish to highlight the physical properties that you just mentioned? It is because I believe that the most fundamental issue of Ink and Wash is not an issue about brush and ink (bi-mo), nor about ink. The most fundamental issue is about water. For only when there is water can there be Ink and Wash, and only then can Ink and Wash have a soul and thus a special meaning.

Where do you think the "five shades of ink" came from? How did "energy resonance life-force" come to us? They were both realized through water. Neither could exist without water. This is actually a very everyday, universal experience of life. Is it an issue we must discuss by means of brush and ink? If so, it is very easy to make the viewers feel it is unattainable. In fact it is creating obstacles for oneself to understand this realm in the expression of a pile of brush and ink or through the "figurative forms corresponding to things" of brush and ink (bi-mo). It is also far removed from any connection with reality. Fundamentally speaking, it is the simplest everyday experience that, when you put water in ink, it produces changes. It is an extremely simple format that leads to rich changes, but the format of Ink and Wash painting complicates it. When I was making *Fingerprints* I began to ponder this. For instance I imprinted xuan paper just by using water. The traces on the xuan paper were different from the traces left when I used ink. There might be some changes in the Ink and Wash. The colourless transparence of water demanded that one change the structure of the xuan paper when impressing the water, to make it possible to leave traces. The water evaporated but even so the traces of the structural changes still remained in the xuan paper. These traces were traces of changed structure; having used water to impress the xuan paper, how could one let people see the changes? In fact, this was an examination of and search for the mutual functions of the physical materials.

Formerly, when I thought of making *Fingerprints*, when imprinting Ink and Wash and colours, I especially emphasized the traces left by the fingerprinting performance on xuan paper. Later, I regarded as more important the relationship between the process and the fingerprinting performance. It was, in particular, using water to make fingerprints that allowed a qualitative leap in my cognitive understanding, and I regarded as particularly important the meaning and value that were presented and highlighted by the possible grasping of nature itself. The strength of water is fundamental. It is everything in the survival of mankind. This is the core problem for the continued existence of mankind, a relationship about "realm". The relationship of this strength is related to the energy of our inner quality. Here there is also a change in physical properties, so when one looks at my works that feature water fingerprints, one sees that some are convex and others are concave. This is the result of my subjectively giving them a certain force at the time of impressing the fingerprints, by which I can either make them stand out or sink in, making structural changes in the xuan paper. The structure of the paper is no longer flat. It becomes three-dimensional, the function of a combination of water and body. It is become a different form of existence through the physical material and its transformations.

Another aspect is that if we apply our cognitive understanding to the everyday experience, it seems that our connection with traditional culture can only be achieved by using the sole format of the brush-pen. Can we not also achieve it without using that format? Is it not possible for a more direct relationship with our life or our universal experience to arise? I feel that one thing is the structure of the visual language, and another is the level that entails a fresh cognitive understanding of the issues. We call it deconstruction, but in fact the purpose of deconstruction is to construct, and the significance of dismantling is to let us discover afresh, after discovering this issue, the possibility of continuing to proceed ahead. On the international stage, we face the leading thread of development in art as a whole, in order to understand its linguistic relationships. In fact, only this kind of linguistic relationship is a language of exchange or perhaps an interactive language that opens up one's things that were closed off in the past.

Ren Jian: Justify this.

Zhang Yu: Changing into something opened-up, whether one is Chinese or Western, is a kind of medium that all of us can confront, take part in, imagine, reflect on, and also take and use to engage in expression. Whether you have terminated something or opened it up, the actual significance lies in its underlying universality. This is the issue that I have wanted to resolve in the leading thread that I have been following until the present. It is also what we need in our Chinese art history, namely to carry Ink and Wash into another space, or to relate it somehow to contemporary art. This in fact is a level that even more of us should be thinking about.

Why have I been ceaselessly proceeding along this leading thread for all these years, until most recently I used just a bowl of water to present this problem? What do I say water is? Water is the destiny of life. It is the foundation of everything, only when there is water can one can talk about the question of everything. This core issue is perhaps even more meaningful in relation to what you just said about a stone, and the issues that it touches on are of an even more correlated character.

Most recently, when a curator of the Rijksmuseum in the Netherlands curated an exhibition for me, he wrote an article in which he also raised the example of Klein. That is, he talked about Klein's format of expression: he used the

张羽在北京T3国际艺术区工作室，制做法国马爹利个展作品，2013年
Zhang Yu's Studio at T3 International Art Precinct Beijing, China2013

human body and oil colours. In this, perhaps to a certain degree, from a certain angle it is possible to talk about this from a related angle, there is a difference here, in that Klein still goes through a human body. He still has the restriction of a shape there. First of all the appearance of a female body visually tells me that he has found a nude model, a beautiful model. I have then gone and smeared her body with oil colour and in the format of a performance have transferred her print. The form that is left by this is still a trace that relates to the human body, it is not, unlike in our Chinese culture, ultimately able to let you sense something of there-not-being. In other words, through there-not-being our culture presents to you an invisible there-being. This is a special characteristic that our culture gives us Chinese. I am thinking that regardless of which medium or which method we employ, we definitely want to transcend it. It is only by transcending every commanding position in the history of others that you gain your individual value.

Ren Jian: Talking about the overall process of *Fingerprints*, it is in fact possible to make an end to it. For instance in *Fingerprints* as you say, the paper is actually a very specific thing in terms of its physical properties, and a finger in itself is also a very specific thing. Water on the other hand is colourless, odourless and the plainest thing. The Chinese often add"water" to the vocabulary referring to the most valuable and the most universal meanings, for instance when they say that such-and-such a person is skillful (shuiping, the two characters of which mean"water" and"level") and so on. The physical material exhibits this value. When you use it to carry out a junction with the physical material of paper manually, it leaves behind a trace of time, and time lets the water evaporate and finally presents concavities and protrusions. We can use these as material properties to make specific explorations.

Zhang Yu: At the same time as being endowed with the transformation of material properties, it also contains many things, such as we were just saying about time, process, traces.

Ren Jian: The important thing is here, the mechanisms of China are in this. The School of Notion that Gao Minglu talks about is the Chinese experience. Westerners set up a material property to worship, and thus give rise to the theatricalization of Minimalism, as in the photographing of an object, deeming all things equally good, while singling out one to make a ritual. In China however, this thing must be directly entered into by people who are on site before it can lead to any correlation. Which actually leads to the different issue of how a method is produced. In fact it takes place in relationships, which is why there is no abstraction in China. One could say that China is an empty likeness. To call it abstraction in China calls is not right. Abstraction is a result of uniqueness, which is a Western method. The " empty likeness" of China is an emptiness that is grasped within the hand, it is the result of a relationship.

Zhang Yu:" Empty likeness" does not refer to there-being and there-not-being, but refers to a certain relationship of cognitive understanding. Empty likeness definitely stands on the cognitive understanding and grasp of space by the logic of our own culture. This cognitive understanding and grasp is very important to the development of contemporary art in China today. If China tries to develop according to Western abstract form, it will definitely fail. China has no abstract logic thinking.

Ren Jian: The special quality of water is our logic.

Zhang Yu:I have cognitively understood water through ceaselessly analyzing and understanding Ink and Wash, and though the format of *Fingerprints* my understanding of water has arrived at this realm. However there is no way of resolving this if we still use our forces from the angle of painting.

Ren Jian: It has always been a matter of subjective versus objective.

Zhang Yu: This is also one sense of my making an end to Ink and Wash through the format of *Fingerprints*. It is only once we have made an end to Ink and Wash painting that it becomes possible to enter into a reflection about the relationship between its physical properties and culture.

Ren Jian: This is a question of method. The original Chinese painting does not embark on this question.

Zhang Yu: That's right, the history of Chinese painting is a history of stylistic evolution. It is not a history of linguistic structure, but is crammed full of the language of techniques, presenting the talent of the painters. Because it proceeds from paper to paper, it emphasizes technical skill. It does not exist within a system of method and can thus also never enter the level of method, and so it will also ignore relationships. I have all along emphasized that contemporary art should be a kind of relationship in the world today. If the relationship is right, then the direction will be right.

Ren Jian: Relationships are too important! This is a thinking that not only the East, but in fact the whole world now needs. Slavoj Žižek also talks about this problem, stressing that the various things that are temporarily generated within relationships are not permanent in character. If Chinese artists contribute this kind of thinking about the world, it is no longer something purely visual, unlike in the past.

Zhang Yu: I believe that speaking about artists, what is important today is that they provide meaning in two regards. First, the artistic expression must feature the presentation of new thinking. Examples of this are "water culture" and "water thinking". Second, the expression brought about by the thinking, and its potential for the future, must be different from the aesthetic standards or value standards of the past.

Ren Jian: The water culture that you talk about is, I feel, a particularly important part of the thinking that Chinese culture provides to the world. The West has no method concerning water. China in fact uses the method of water. It is fluid. For instance, you see that oil painting is modeled brushstroke by brushstroke. One is one, and two is two. The "one wave, three reversals" strokes of the brush-pen in Chinese painting is something completely different. The method provided by China is something that features the complexity of one-to-many. Therefore, water is a fundamental issue in Chinese culture.

Zhang Yu: The physical properties of water definitely touch on the most fundamental issues. At the same time as they have structured the special character of Chinese culture, and there is the cultural difference to the West, the physical properties of water are also a shared consideration for mankind.

Ren Jian: It is the most fundamental problem regarding physical properties. I think that perhaps you will later create even more works within water. For instance, you have made one with Western cognac-glasses and cognac. Liquor is also water. Building on from this, you might use water for making tea. A performance might for instance involve people drinking tea and water.

Zhang Yu: I have been thinking about just this matter of water and tea for many years. Earlier, I tried using tea to make fingerprints, and last year

张羽："青花"与"马爹利"，张羽创作现场，白瓷碗、马爹利酒、指甲油，干邑，法国，2013年
Chinese Blue and White Porcelain and Martell, Zhang Yu Created the Scene, White Porcelain Bowls, Martell Cognac, Nail Varnish, 2000cm × 900cm, Cognac France, 2013

I considered making a performance. The main thing in considering water and tea is what issue it addresses at the time of expression. And the relationship between the format of presentation and the issue! At the beginning of this year a cultural company in Shanghai approached me in the hope that I would create a work involving tea, and asking whether I would again produce a ritual involving tea. I must find the most effective point of entry.

Ren Jian: If you get hold of a famous tea and add your water to it, there you have your connection. You can also use water to mix dough, and this could be extended indefinitely in many ways. Once you have found this method, it can produce very many things. As you just said, because of its lack of definition it can produce very many possibilities.

Zhang Yu: The inclusiveness of water is the strongest of all, unlike that of oil. Xue Song asked me a question that day: what is the difference between oil and water in the West? This is a very interesting question. As a physical material, water is irresistible. It has the ability to swallow everything up. That wouldn't work with oil. It burns when it encounters fire. Oil fears fire. Oil is a physical material that has been refined and processed by mankind. Water fears nothing: it is natural! Therefore, the physical difference between oil painting and Ink and Wash is due to the fact that their greatest difference lies in the difference of their cultures. Western culture is a culture that is connected to oil. Therefore, they are an industrialized civilization. We on the other hand are a culture of water.

We are fluid, chaotic and inclusive. Water cannot be decomposed. It includes everything. Oil however can be decomposed. Why is everything in the West so precise? One is one. Two is two. With us, one produces two, two produces three, and three produces all things. We are indeed chaotic.

Ren Jian: Water is the great physical material. Water is not too determined. Oil is too determined. Things in the West are actually all related to analysis. Oil for instance is squeezed out and broken down, while water is natural.

Zhang Yu: Why do we not have Abstraction? This has to do with our culture. Today we mostly have so-called Chinese abstract works of art, mostly imitating Western forms. One can call it " the abstraction of other people". Works by Minimalist artists are a new vision that is related to the spirit of China. The " empty likeness" that we were just talking about is an interesting concept. It is a new level of cognitive understanding that is related to the" realm" of our traditional culture.

In fact, our Ink and Wash painting has never attained this height. Although literati (scholars') painting already features a relatively high realm, yet it still must be classed as "figurative forms corresponding to things", manufacturing a kind of visual realm. Therefore Ink and Wash painting could never achieve this height. The pure realm should be established on the level of cognitive understanding. "Empty likeness" is a transcendental realm. It is only through your method that you can enter directly into expression and directly import yourself into this realm. Therefore, "realm" is not a manufactured thing, yet the realm of Ink and Wash painting is manufactured. When we look at Western Abstract painting, it cannot manufacture any scene-likeness for you. It is relationship structured by the clarity that follows a taking apart, and which is a precise structural relationship. This is Abstraction. The format of this kind of Abstract painting is present neither in our logic, nor in our field of vision. In the area of Ink and Wash, we have very few artists who have made attempts at this level. It is only Wang Chuan and myself who in the 1980s made this kind of exploration. What I did was to take the minimalist viewpoint of Geometrical Abstraction to resolve the modern character of Ink and Wash, using the relationship of the minimal, simple geometric morphology of brush and ink (bi-mo) in dialogue with the minimalist geometric morphology of the hard pen. Wang Chuan used the brush and ink format used in flower-and-bird painting to present the structures of Western Abstract form. The difference between us and the West was due to the special character of our brush-pen, xuan paper and Ink and Wash. From this angle, if you rely on external form, the result will be that you will definitely be unable to resolve your own fundamental problem.

I have always believed that the 1980s era of Ink and Wash was unable to resolve the issue of the modernity of Ink and Wash, and that it was the Experimental Ink and Wash of the 1990s that resolved the modernity of Ink and Wash. From that time on we had opened the window of Ink and Wash, and at the same time we had constructed a bridge leading to contemporary art. Only when we had this bridge was there a connection with the issue of what was to follow Ink and Wash. This is the meaning of the "end of Ink and Wash".

Ren Jian: To solve the ultimate question there must be a process, just as in Japan it was only after the Meiji Restoration that there could be Japanese things with a contemporary field of vision. At that time of the 1980s, you had similar ideas: how could we become cosmopolitan? And now, through this process, you have presented your thinking.

Zhang Yu: The format of Chinese Ink and Wash painting has always been happy to entertain itself, but in fact what we are more focused on today is what kind of relationship one is to have with the entirety of mankind.

Ren Jian: Art is a thinking. It is intimately connected with society. It mustn't just be something fun.

张羽："青花瓷"与"马爹利"作品，白瓷碗、马爹利酒、指甲油，马爹利干邑酿酒大宅，干邑，法国，2013年
Chinese Blue and White Porcelain and Martell, White Porcelain Bowls, Martell Cognac, Nail Varnish, at the Martell Cellars, Cognac, France, 2000cm × 900cm, 2013

This is a factor in our being contemporary in character, and an attitude of putting an end to Ink and Wash.

Zhang Yu: In fact, taking an overall view of the development of Ink and Wash in China, we have always belonged under deviant Ink and Wash. What is the reason for this deviation? It has to do exactly with the question of how we understand Ink and Wash. During more than two thousand years of Ink and Wash history, we have always treated Ink and Wash as a tool. Accordingly, all artists, when they address this material medium, talk about Ink and Wash painting, rather than about Ink and Wash. Ink and Wash has thus become a tool or material in itself, just like oil colours, and has lost its character of being a culture. This is the fatal problem.

In fact, Ink and Wash should not be a tool or instrument. In itself it contains an expression of physical properties that can be unearthed. I have always believed that Ink and Wash must not only be Ink and Wash painting. That would be to degrade the creations of our predecessors. Because of the special character of Ink and Wash culture, none of the Ink and Wash painters of today have that cultural talent, which is why their paintings fall far short of the ancients. We thus haven't gone and terminated it. In fact Ink and Wash painting is already dead. In other words, our ending it is a development. What we have changed today is our cognitive understanding of Ink and Wash.

张羽于干邑马爹利香特露庄园，干邑，法国，2013
Zhang Yu in the Martell Chateau de Chanteloup, Cognac, France, 2013

Ren Jian: There were many doubts and discussions about the exhibition at the Metropolitan (*Ink Art: Past as Present in Contemporary China*, at the Metropolitan Museum of Art, New York (December 11, 2013-April 6, 2014)). They too in approaching this issue talked about not the question of Ink and Wash painting, but the question of a culture. Among them, there were also a reasonable leading thread that justified its logic.

Zhang Yu: This should be considered one thread in the leading thread of development of Ink and Wash. Only this trail is still the one for us to transcend, for what it speaks about is, rather, the question of the sign-like character, the question of elements, all of which is still a question of likeness-presentation and has not yet penetrated the core. Thus the physical properties that we were just talking about are a core question. However, we are not just blindly going digging for its physical properties. While we are unearthing its physical properties, we are looking at what their relationship is to our culture. This is what we must endow them with, for we have said that Ink and Wash is a medium, a culture, a spirit, and when we extract its physical properties, how do the relationships with culture arise? I feel that this is a something pending further and more profound research. If this relationship is not there, perhaps the expression of one's works will lose its value and meaning.

Ren Jian: In fact, the significance of *Fingerprints* as this series has progressed until the present is its intimate association with culture, and its relationship with the contemporary character.

Zhang Yu: It has thrown up relationships with our life, with our everyday experiences and everyday culture. Otherwise more of us might have found it not so simple and returned to the physical properties and used some kind of material for the purpose of playing circus in public. There are two formats of playing circus. First there is the circus of brush and ink (bi-mo) painting. Second, there is the circus of performance, such as " Ice Ink", " Shooting Ink" and" Smashing Ink". It is a circus because they don't understand Ink and Wash, don't understand its cultural history. They just blindly want to create, and regard innovation as a form of weapon. Therefore, the problem that we must face next is: what do we want to express? What method do we use?

Ren Jian: Ink and Wash as a method is a fairly important question.

Zhang Yu: Whether you can transform it into a different method through an understanding of culture, this is very important. On the one hand, there are the former methods that are different from ourselves, and on the other there are the methods that are different from Western art history. Out of these must arise a new method that forms a logic with the culture of today and with you yourself. One mustn't confuse method with technical skill.

Ren Jian: Nor must it be local in nature. It must be something that is capable of producing international associations.

Zhang Yu: It must be an internationalized linguistic format.

Ren Jian: So there may still be many contradictions.

Zhang Yu: Its progress will indeed be developed within the contradictions.

Ren Jian: This is exactly the confusion I am talking about. It must be contradictions and a contradictory actuality. It is an associated thing.

Zhang Yu: Previously, we mostly emphasized the differences from the West. However, today the world has developed and changed. Today we need to find the commonality within the differences. In order to find the commonality we need particularly effective methods and expressions. My work *Drinking a Toast at Martell's — Ink and Wash* was in fact about looking for this kind of question. Ink and Wash had no connection with Martell. It was something completely different. When you pour Ink and Wash into one of their brandy-glasses, putting a different culture in them, that is exactly what it is: inserting a different culture. You must get them to accept it, so you need the right method. Accordingly, the action or performance of pouring Ink and Wash into brandy-glasses is an everyday experience shared by the whole of mankind, so they very easily accepted it and understood this dialogue and exchange.

Through the culture of the method, the different cultures were blended. There was both difference and commonality, and a shared enjoyment was reached. This was a transformation of an everyday experience, and it was only through this that East and West were able to achieve an exchange on a shared stage. Our aim is not to terminate Ink and Wash. The ending lies in a new beginning, in an opening up.

Ren Jian: One must establish a method.

Zhang Yu: Only when you have the right method is it possible to open things up. The core is a question of construction. It is very easy for us to make an issue of deconstruction, hence the deviation. The real issue is construction, for it is only in construction that we can encounter deconstruction. Deconstruction is a process, and only construction is a direction.

Ren Jian: What you're talking about is Eastern thought. Western thought is defeat and negation. As for China, it is empty to start with. It draws the opposition into itself, so there is no question of destruction, and no question of deconstruction. It is a rolling state in itself.

Zhang Yu: In fact this really is an interesting question. In reality we are going towards the opposite. Western thought is defeat and negation, but they have been very good at structuring things. And we are indeed empty, we do draw the opposition in, we are inclusive, yet we are more and more chaotic. The important thing is that we have lost ourselves. I believe that the purpose of both Eastern thought and Western thought is construction. This is no contradiction. In fact these two kinds of thinking have always been in a state of exchange. Some people say that my works are to a very high degree successful in the deconstructive sense, but how do you measure success? It must be through construction, after all. The Westerners first talk about deconstruction, then about construction. If I am the other way round, and there is no construction, is it meaningful to talk about deconstruction? As I construct I must naturally deconstruct or break through some things. This is the special characteristic of our own culture. Formerly we were accustomed to a binary format. There is no way this kind of format can solve the problems of today. We must turn to a pluralist rolling format of thinking. I feel that the interesting thing in that is not only the pluralism. It really also is in the continuous rolling. Once we're rolling we'll associate many relationships. If you have a rich background of cognitive understanding and profound accomplishments, your way of understanding and looking at issues is different. You will find a lot of inspiration. If all my knowledge consists of a few art historical experiences, this will not do in our culture of today. That would mean heading into a dead end. We must be inclusive and richly complex. We must draw the experiences of many aspects into our categories of the possible to reflect on them. This is also the special character of today's culture.

Ren Jian:I am now discovering more and more that the world needs this.

Zhang Yu: American Abstract Expressionism found things in Eastern Chan Buddhism. They found the things they needed in the Japanese author Suzuki Daisetsu Teitarō. That goes for Yves Klein too.

Ren Jian: There's also John Cage. He was coming from Japan too. The things that came from China are even more important, perhaps in the future.

Zhang Yu: They basically all went to Japan, though in fact Japan got it from China. I keep asking myself why? I haven't arrived at any clear answers! I vaguely feel that in the process of studying us or taking things from us, Japan achieved a space of transformation and explanation.

意念的形式——张羽作品展，佛光缘美术馆，高雄，中国，2013年
A Form of Notion Exhibition of Works by Zhang Yu, Exhibition Scene
Fo Guang Yuan Art Gallery, Kaohsiung, China, 2013

This space is interpretation, and Suzuki was important in it. Therefore there have also appeared a great number of outstanding contemporary Japanese artists in this regard, such as Lee Ufan, Nobuo Sekine and Kōji Enokura among others. Our ancestors gave us gave us many precious things in this respect, but they were unable to inspire us. This is not something to be proud of.

Ren Jian: Perhaps this is very complicated, and needs time.

Zhang Yu: Perhaps what has been lacking is an opportunity to wake up. Formerly it was OK for us to go to Europe and America to study, or to learn from them, and we discovered a lot of things, and remedied our weak points. We encountered and accumulated this kind of experiences.

Ren Jian: The greatest thing was encountering things, whether it was painful or joyous, it provided you with encounters, and this was great.

Zhang Yu: Therefore the source of strength in art, or spiritual strength lies in constant encounters. These bring you gravity and tragedy.

Ren Jian: It is only with an origin in these complex encounters that we can resolve issues.

Zhang Yu: We belong to a special generation. We have experienced too much, and too much complexity. Suddenly, thirty or forty years have passed so rapidly. The passion of that time in the 1980s, ever higher, it was too pure. It didn't matter if you didn't eat. You got excited talking about art. It was completely reckless. How could that sort of thing be possible today?

Ren Jian: It is only by having come through this that it is possible to fully experience the process of this period of development in China in person. Otherwise, if you have experienced a simple thing, you can only use that as a resource to present it.

Zhang Yu: There is another issue, which is that China has passed through a violent process of development. It has taken only thirty years for China to complete a process that took the West several hundred years. There is no way it can be deep. It lacks logical connections. This is China's special problem. When nothing has been made clear then this is how it is. People's thinking is beginning to go off the rails as a consequence. This is terrible. We need to adjust our attitude as soon as possible to adapt to the correct relationships. When we have to some degree resolved the process of Modernism, this does not mean that we have resolved the problems of modernity in terms of thinking. We must catch up in our thinking as soon as possible, for we must enter the contemporary age, otherwise our thinking will go wrong. Therefore now knowledge mostly stops at the age of Modernism. In particular, people in the Chinese world of art have by and large still not resolved the problem of Modernism, and this has thus led to the present state of chaos in China. For instance, life-like painting is still the mainstream in China. When you go to Europe, do you still see life-like things? Even abstract things are in the West all commercial paintings.

I have always been fairly vigilant that my own works should have a character of thinking. The expression in my *Fingerprints*, and in my bowl of water, and bowl of Ink and Wash, seems to be a very simple or purified thing, but in fact it is rich in terms of relationships. It has resolved previous questions and left a space for later. My expression is a comprehensive morphology. It includes performance, the relationship of the work to the space and so on. This is a realistic scenario for contemporary art. You cannot carry out a presentation relying on a single medium or a single format.

Ren Jian: That's the contemporary for you. When we were talking about this issue before, I associated it with how there were many genres within poetry, calligraphy and painting in China during the Spring and Autumn Period (770-476 BCE). We didn't look at the form of poetry, calligraphy and painting, but at the composition of poetry, calligraphy and painting as a whole. This is different from the West. Western painting is painting, realistic painting is realistic painting. China had the overall process of poetry, calligraphy and painting, so even from this shallow excavation, it had a Chinese character in there. In your works you have produced a new "Chinese character". It is something that has been extended in the atmosphere of poetry, calligraphy and painting.

Zhang Yu: Formerly we said that the Chinese character of the tradition was a matter of cultural relationships. Today it is not just the cultural relationships. Perhaps it is also the relationships to do with the medium and the method.

Ren Jian: The contemporary is complexity. Nowadays there are many images or perhaps artists themselves who, because their theory is lagging behind, need to achieve a completion of it themselves. The construction of theory, the construction of awareness, the presentation of physical properties in themselves, require the artists themselves to complete them. Others may then come and expound them.

Zhang Yu: In the 1990, my "Experimental Ink and Wash Manifesto" described Experimental Ink and Wash in this way. Experimental Ink and Wash was not a fixed concept, but was changeable and developmental, for it needed to be adjusted constantly in accordance with the passage of time and developments in cognitive understanding. This accorded very well with the fluid and changeable state and spirit of Ink and Wash. The interesting thing about Ink and Wash lies just in the determinate process and personal experience of this indeterminate character. But the greatest issue is how our forebears turned this changeability into a model and restricted the indeterminate changes of the material medium. The key thing is that we have failed to develop that changeability into a kind of thought and knowledge.

Ren Jian: The indeterminacy of today is different from that of the past. That was an indeterminacy that was settled in its original form . It was a closed system. You have now taken that system and opened it up. It must now enter a new international level and give rise to a new indeterminacy.

Zhang Yu: That's right, and that's why we say that we haven't developed this changeability of Ink and Wash into a kind of thinking, or a kind of cognition. The changeability of traditional Chinese painting relies on the indeterminacy that is provided by the material of the medium itself. This is also what you said was a closed-off indeterminacy. The indeterminacy that we are talking about today is an indeterminacy of cognitive understanding, which produces the special and changeable character of the relations between the materials. This may foster the development of Ink and Wash.

In fact I began to make *Fingerprints* in the last century, in 1991, but the earliest phase was in 1988, when I attempted to bring the sign of my fingerprints into my paintings. At the time, I had made works of a rather abstract form. Later I gradually felt that after this possibility had arisen, I could get rid of the brush-pen, and in 1991 I began my works with their "fingerprinting traces". At the time I was thinking mainly of visual changes, about how you get the viewer to see the fingerprints at the same time as the abstract form. So at the time I chose to use dry charcoal ink, to let the viewer see the traces of the lines of my fingerprints. That is signing a contract or "making your mark", so I wanted to leave the cultural concept of fingerprints as a means of signing a contract or making one's mark.

Ren Jian: That's right. The important thing about *Fingerprints* was after all that it was different from Western art. It represented our contracts. It represented the traces of a person in the East being socialized, just like the traces of us being" socialized" within Socialism. This therefore is very important. This point bears a sociological significance.

Zhang Yu: Yet, at the time, I hadn't taken the further developmental step, because people were constrained by the Modernist thing, and couldn't read the significance of the performance in it. Perhaps I hadn't sufficiently brought out the significance of performance either, or perhaps hadn't sufficiently emphasized it. Be that as it may, hardly anyone understood the meaning of *Fingerprints*. They thought it was Abstract. This was the standard of the time. It was the only way that criticism could operate. At this time I suddenly realized that I might have got ahead of myself. Logically there was too great a distance from a China that had just embarked on the Modernist era. How to bridge this gap? I thought of the fact that the education we had received in the art academies was of a Western model, and so most of the reflection was at the level of Modernism. These images, which transcended Modernism, could never meet with an appropriate response. After that, *Divine Inspiration* very soon achieved a full affirmation.

Ren Jian: East and West were combined.

Zhang Yu: Yes, and the relationship of combination also emphasized the fusional process. In our expressive method there was the expressive method of our own painting, but also the Western visual experience. They nevertheless formed a whole. This happened under the condition of combination of commonality and diversity. The work *Divine Inspiration* was related to my stay in Russia during that period. At the time, I very much enjoyed going to churches. There was something mysterious that attracted me, in particular it was those rays of light from the domes. As soon as I entered, I naturally looked up. The light that comes from heaven at such times is the relationship of God with us.

The *Divine Inspiration* works are all seen "against the light". This is also a light of the soul. Traditional Chinese painting also emphasizes light. That is a light which one must experience, its light and shade are contained in the surface of the painting. It is not visual, yet it is visual. Through the relationship between the white xuan paper and the colour of the ink, subtle changes are achieved. Yet the light in *Divine Inspiration* is achieved by the strong contrast between the schemata and the ink colour. You can directly experience this ray of emphasized light. However, it is not the representational format of the West. I have intentionally emphasized the relationship between the two things in this work. The format of representation when things are seen against the light means that one cannot see the things that are facing you, but in the counter light of my work, you can still see the things that face you. I have changed around the relationship between subject and object, using my own thinking as a standard. After the seven years of *Divine Inspiration*, I again turned to fingerprinting.

The *Fingerprints* of this time were now completely different from those of the past. There had been a qualitative leap, and I intentionally emphasized the meaning of the performance as such. I began to resolve the painterly character, and also resolved the *Divine Light* paintings that I had worked hard on for the previous ten years. What I was resolving was in fact not just the issues confronting Ink and Wash, but also the issues confronting Western art history. Western painting had got to Abstract Expressionism, and Jackson Pollock was already the high-point of the West, but they still hadn't transcended painting. Although they had emphasized the significance of the activity, the result was still painting. I believed that *Fingerprints* had the potential to transcend painting, yet the result could remain on a two-dimensional plane.

Ren Jian:This performance was latent.

Zhang Yu:It led to a relationship with the cultivation practice format of Chan Buddhism. It was like when the monks twist their beads, chant sutras and during the process of their activity effect a transformation of their souls. Therefore *Fingerprints* may be said to have two expressions, namely performance in itself and the traces in themselves, so that ultimately, *Fingerprints* terminated Ink and Wash, and terminated painting, while on the other hand it presented plane-surface relationships in a completely different way from painting.Some critics say that *Fingerprints* is partly about body aesthetics. In fact I say that this part is not in the least important to my present point. There were possibly elements of body aesthetics in Yves Klein's work. We can see that directly as a visual matter, but my body is contained in the background. Therefore it is not simply a question of body aesthetics. The important thing is the process of cognitive understanding of the realm and of the spiritual level.

During more than two thousand years of Ink and Wash history, the material medium of Ink and Wash has always been passive, existing at an instrumental level. I want to change this history, and realize the original state of Ink and Wash as water with ink added to it, to realize the project that our ancestors couldn't complete, to give Ink and Wash a new future, and to let it rid itself completely of its heavy burden. To sort out a new leading thread for Ink and Wash, that is for Ink and Wash as such, and for the expression of its material properties, I proposed in 2008 that "Ink and Wash is not Ink and Wash painting" and pushed the method of *Fingerprints* and its expression further onward. I used Ink and Wash, and later plain water. I used the physical properties of water and the physical properties of xuan paper to produce relationships, the physical material of water through its natural environment, the evaporation in air, the traces left when the xuan paper had absorbed the water and lost it again to evaporation, allowing changes to happen in these things in the interaction and transformation of relationships between there-being and there-not-being. I required no intervening medium at all to complete my thinking and expression, but directly let the presentation of the relationships with life itself and with nature in itself produce space for speculation. What this space conveyed was Empty Likeness. *Fingerprints* is a unique language, which while speculative is nevertheless extraordinarily universal.

In 2013 I completed my work *Ink and Wash Ritual*. The appearance of this work had something to do with Gao Minglu. In 2012 he curated the exhibition *Ink as Model* and invited me to take part in it. For this exhibition he wrote a curatorial proposal, and hoped to get some feedback from the artists. In it he suggested that, "The process of the literati painters using brush-pens to paint in their studies was a ritual." However, I expressed doubts about this ritual process, and wrote a short article "*Ink and Wash Ritual*" by way of feedback to this question of "the original shape of Ink and Wash". I said that the traditional literati painters in their studies were engaged in a process of description of "figurative forms corresponding to things", and that after roaming about the landscape and filtering their response to the natural scenes they were presenting it on xuan paper. There was a reflective reference to the scenic objects. At the spiritual level there was no way that they could achieve "empty there-not-being". Ritual on the other hand is exactly a spiritual state of

时间节点：1980年代水墨景观，张羽接受媒体采访，喜马拉雅美术馆
上海，中国，2014 年
A Fragment in the Course of Time – Landscape of Chinese Ink Art in 1980s, Zhang Yu Accepted the Media Interview, Himalayas Art Museum, Shanghai, China, 2014

时间节点：1980年代水墨景观，张羽与刘骁纯先生交流，喜马拉雅美术馆
上海，中国，2014 年
A Fragment in the Course of Time – Landscape of Chinese Ink Art in 1980s, Zhang Yu Exchanges and Mr.Liu Xiaochun, Himalayas Art Museum, Shanghai, China, 2014

empty there-not-being. Ritual is not a process of poetry/calligraphy/painting. In particular, in the ritual of cultivation practice, the spiritual pursuit is a state of empty there-not-being space, far removed from any narrative and devoid of any reference whatsoever. Under the conditions of this reflection, I created my spatial installation work *Ink and Wash Ritual* in the Gwangju Museum of Art, Gwangju, South Korea. After consideration of many aspects, it was realized in an experience of universal everyday culture. The real life scenario of worshipping heaven and earth gave me the inspiration for this ritual. Transforming this conception through a bowl, I selected some everyday Zibo porcelain. This kind of bowl is what we humans must use every day in our lives, and I took several hundred bowls into the Museum and poured water and ink into them, building the spatial ritual of this site.

During the process of creating this work, my thinking was progressing constantly, that is, the physical properties of Ink and Wash possibly reside only in the cultural associations of the process of the occurrence of the relationship between water and ink. When I entered this state, I discovered that water was the more important one of the two. Water is greater than ink. As for the core relationships of culture, water determines everything. Ink and Wash loses its meaning without water. It is water that gives Ink and Wash's soul. Water is the life of Ink and Wash, just as humans cannot live without water. Therefore water is the foundation of all things, the spirit of all things. Later Fo Guang Shan invited me to hold an exhibition. I thought that Fo Guang Shan, being a Chan School Mahadharma Buddhist temple, would be a fitting place for my works. Accordingly I completed an article about Ink and Wash "Water > Ink", which touched on the fundamental issues of Ink and Wash, or rather about the fundamental issues of life: water is the foundation of all things; water is the origin of life; without water, there is nothing. Once I had finished my spatial installation *The Form of Notion/ Idea*, I took one thousand bowls into the Fo Guang Yuan Gallery at Fo Guang Shan in Kaohsiung, and used them to create an even larger ritual site. In the thousand bowls there was only water. It was not yet a simple relation with nature, nor was it exploring the meaning of ritual. Nor was it emphasizing the relationship with philosophy, but this was what I was thinking and presenting: the physical properties, the cultural, the spiritual. This was a site with a presentation of, and reflections on, a thousand bowls full of water. They are of ultimate simplicity, ultimate purity, ultimate realm, ultimate spirit. It raised no issues, but was an issue. By this method, go look, go think. This is a universal thing: there is water in one thousand bowls. The everyday, just the everyday. Universal culture, universal everyday relationships. I see a drop of water. It relates to us.

2013 was a most meaningful year for me. Martell saw my work *Ink and Wash Ritual* and liked it very much. They asked me to go to Martell's headquarters and create a work there. That is how *Drinking a Toast at Martell's — Ink and Wash* was born. This work was a miracle. The only problem that I considered was what my connection with Martell was. Cognac, water, Ink and Wash and culture: difference and commonality. It was just too interesting: a three-hundred year old cognac cellar! I thought of filling the cellar with white porcelain bowls of Ink and Wash, with the Ink and Wash, aroma of ink and of brandy naturally mingling. They said that once such a work had entered the cellar, it would spoil their hundred-year-old cognac. This I could understand, so I changed my proposal. To emphasize the connection, I impressed a blue fingerprint on the bottom of each bowl, creating "blue-and-white" porcelain ware, and then filled them with Martell cognac. The Martell cognac represented Western culture, the blue-and-white porcelain represented Chinese culture. By filling the latter with the former, there was a blending and a transformation of both.

In Martell's Chanteloup Chateau, I filled the dining hall with 880 stemmed cognac glasses and filled them with a mixture of local Cognac water and Chinese ink. Red wine, cognac and Ink and Wash do not differ merely as a visual matter of colour. They are different as a matter of culture. Therefore, *Drinking a Toast at Martell's — Ink and Wash* was, just like that, a glass shared with Martell in France. I cleverly let Westerners drink a toast to our Ink and Wash and our culture. Ink and Wash is no longer Ink and Wash painting, but a physical material. It is completely capable of conveying expression.

Fingerprints put an end to one path within Ink and Wash, but it also opened a window, or rather set up a bridge leading to contemporary art. The *Fingerprints* series was a key for me. Setting out from the sociological sense of making my mark, I have gone on to explore the transformation and generation of physical properties. Ink and Wash is no longer what it was before. Fingerprinting is no longer the limitlessness of performance, nor is it just the presentation of a covering of covering. Fingerprinting is a method.

Ren Jian: That is very clear. Through what you have just said, I am thinking that those first black fingerprints were a matter of form, a visual issue. The red fingerprints were a matter of social character, that is, of contracts. Getting to the white *Fingerprints*, they are a matter of physical properties. Continuing on from there, those bowls of Ink and Wash, and the glasses of Ink and Wash, are a newly generated issue, which is constantly generated from new physical properties.

Zhang Yu: Aha! You have summed it up brilliantly. In fact, while I was making *Fingerprints*, I always left myself a space for afterwards. For instance, when I began to make the charcoal ink fingerprints, I came to think of the issue of red. However, I didn't start making red prints immediately, because

27

at that time, when I was using charcoal ink, I was still approaching the matter from Ink and Wash and emphasizing this relationship. Afterwards, I turned to red, then grey and white. However the most important thing about *Fingerprints* is that fingerprinting created a method. This method is not about technical skill. It is a method of covering up technical skill. It is expression, or rather, it is " realm". In other words, the fingerprinting method changed how traditional ink-land-wash painting used technical skill and " figurative forms corresponding to things", in order to create the expressive format of " realm". At the same time, the fingerprinting method has also transcended the methods of Western art history. It is a leading expressive thread both of method and style.

Ren Jian: The overall logic is very clear. You are always thinking, and nothing is random.

悬置在空中的指印，装置，宣纸、植物质颜料，洛杉矶会展中心，洛杉矶，美国，2014年
Fingerprints Suspended in the Air, Installation, Xuan Paper, Vegetable Pigment, Los Angeles Convention Center, Los Angeles, USA, 700m x 90cm x 30, 2014

超越水墨，超越抽象，超越绘画

Beyond Ink and Wash, Beyond Abstract, Beyond Painting

——达妮拉·张·茨拉克娃（唐艺梦）访中国艺术家张羽

Daniela Zhang Czirakova Interviews with Artist Zhang Yu

超越水墨，超越抽象，超越绘画

——达妮拉·张·茨拉克娃（唐艺梦）[1]访中国艺术家张羽

方 式：网络书信 / 捷克 → 北京
时 间：2014 年 4 月 6 日

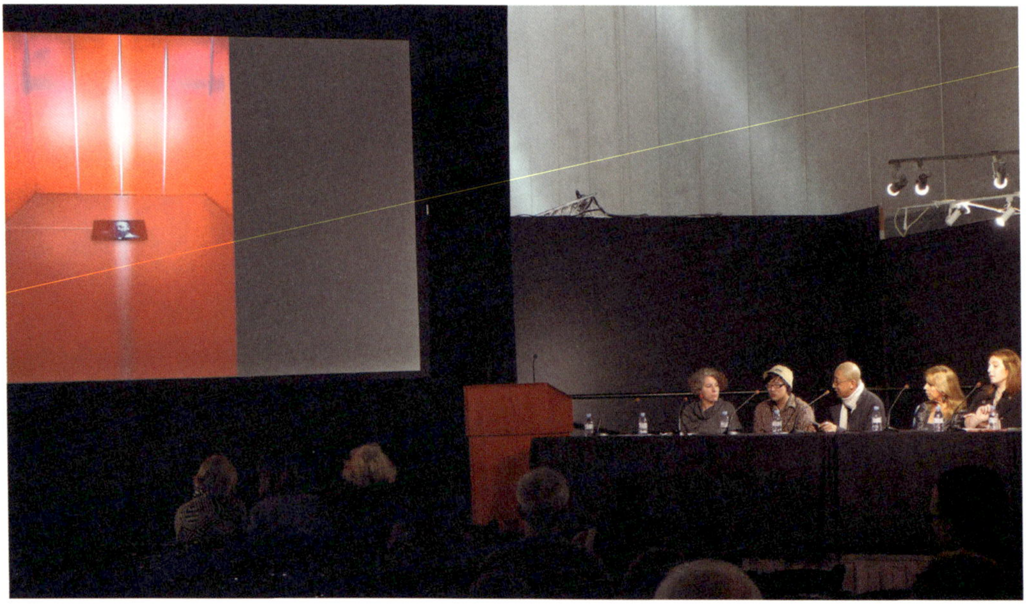

张羽与阿根廷艺术家Andrea Juan、威尼斯双年展墨西哥馆策展人Itala Schmelz对谈“艺术双年展启示”，洛杉矶，美国，2014年
Zhang Yu in a Discussion about "The Implications of Art Biennials" with Argentine Artist Andrea Juan and Itala Schmelz, Curator of the Mexican Pavilion at the Biennale di Venezia, Los Angeles, USA, 2014

唐艺梦：张羽先生您好！不知道，您还记不记得我吗？我在2001年写过博士论文关于中国“抽象水墨”的发展情况，和您联系过。那时，我因为没有在大学或研究所工作，没有找到出版社。但是，我一直想着这件事。前一段时间，有一家德国出版社看到我在欧洲汉学讨论会上的讲座，提出要发表我研究的“中国抽象水墨”部分，做成一本书。现在，我开始重新了解“抽象水墨”近十年的发展情况，加以补充。

张羽：记得，十几年了。很高兴，我们又能联系上，并祝贺你有这样出版自己著作的机会。这十余年，中国的水墨变化比较大，发展也比较快。我的作品已经从平面绘画走向了不是绘画，走向了空间、装置、行为和观念，属于综合形态的表达，甚至不是水墨，或与水墨只是一种关系。其实，“抽象水墨”的形式也已经不是今天的问题。面对艺术发展的艺术表达，实际上，我一直在梳理人生过程中日常经验给我的启发所获得的新思想和新的认知秩序，从而去寻找自己对这种关系在认识上通过转换生成的，属于自己的表达方法。

唐艺梦：我在网上看到您不少的新作，我非常喜欢。一方面您给我发几张图片来，另外，我还想给您提几个问题，也许可以帮助我逐渐进入您的新的思考线索中。

张羽：好的，没问题，很高兴回答你的问题。只不过你不能直接感受我的新作品还是有些遗憾，因为和你以前看到的作品距离还是比较大的，也可以说是完全不同的。

唐艺梦：您是怎么理解水墨和油画的关系？您是否认为用“水墨”画画对您自己有一种深刻的意思，或者您认为水墨只不过是一种材料，最重要的是您的精神？

张　羽：你提的这个问题挺特别，我是第一次听到一个外国人问我这样的问题，有意思。怎么说呢，从材料与画种来讲，油画与水墨本来就没什么关系，是完全不同的两种材质，两种媒介。一个是油，一个是水。这也反映了两种文化不同的特殊性。油画是一个画种，而水墨不只是一个画种。用“水墨”画的水墨画是一个画种。而水墨本身是可以独立出来呈观其它的表达。所以，我一直认为，水墨画不能等同于水墨。因此，水墨在过去是一个画种，而今天，水墨不是一个画种。水墨还可以是墨加水的水墨。所以，水墨也是一种物质属性的媒介，也是一种材料。水墨不仅可以用来画画，还可以呈现水墨画之外的表达。从水墨的发展史讲，它是一种特指的文化，是一种文化和精神的象征。

如果把水墨和油画只理解为是材料、是工具的话，从技术语言的层面可以相互借鉴。就是说，它们各有各的功能，从材料本身来看它们是没有关系的，但它们可以有关系，这个关系是艺术家赋予的。油画是单一的一种绘画形式，而水墨是丰富的多变的形式。

唐艺梦：您的绘画艺术是否受到了哲学的影响，例如佛家，道家或儒家思想的影响？

张羽：其实，中国的水墨本身就具备你说的这些思想，也因为这些才称其为水墨。我的“灵光”系列是用毛笔绘画的作品，是绘画。而我“指印”作品，是放弃了毛笔，虽然是平面的，但不是绘画，它是将指印的行为过程留在宣纸上的痕迹。因此，“指印”是一种综合形态的作品，它与行为、空间、装置、观念、绘画都有关，然而却超越了它们，也超越了抽象。“指印”重要的是创造了属于我自己的方法，这种方法与日常有关，也可能与禅宗的思想有关，“指印”确实是一种修行的方式，犹如达摩面壁。但我不是刻意地表现与它们的关系，如果观众读到了这个信息，那是一种认识上的关联。“指印”作品是时间、过程、痕迹、思想的共同呈现。

唐艺梦：您艺术创造灵感在哪里？

张羽：所谓灵感主要是通过对我们这个赖以生存的世界的不断认识和感受。所以，我更关注日常经验所给予我们的感受和启发。因为，人的生存状态是生命存在过程中的基本哲学。我们在时间中体验存在，我在过程中感受生命，并在时间过程中去把握时间提供的存在价值。哲思生成于对存在与时间的理解和感悟，换句话说，是对生命存在的感悟，当然少不了对认识论与方法论的研究。

艺术史的线索梳理是重要的，不管是中国绘画史还是西方艺术史都是我们的参考系。

唐艺梦：您最近的艺术作品已经超越水墨了，或者已经不属于水墨，以我的了解是在玻璃上按手指印而创造的现代艺术作品。您新的创作和以前的水墨有没有什么联系？

张羽：艺术的表达属于水墨或是不属于水墨，今天对于我并不重要。重要的是你的表达是什么？与什么文化精神有关？我的创作一直保持着一种从水墨出发的精神逻辑关系，并始终努力于超越水墨的局限。所以，打开是必然，打开的目的是回到基本原理，回到艺术表达的核心，创造的新的视觉系统。因为，只有对基本原理的认识才能获得思想的解放和呈现，否则就是模仿别人。“指印”是我创造的新方法，方法对于艺术家是最重要的。以前我把指印摁在宣纸上，那是对水墨与表达的思考。至于摁在其它什么材料上是根据表达需要而决定的，因此，我会摁在不同的媒介上。我说的方法，不是技法，方法是在文化中生成，在文化中关联的。所以，指印可以摁压在玻璃上，也可以摁在宣纸上。中国传统水墨画的历史，两千多年来，一直是水墨等于水墨画，而两千多年后，张羽用“指印”告诉人们：水墨不等于水墨画。你现在谈的都是我的平面作品，其实我现在的作品是总体艺术。

唐艺梦：不好意思，突然给您提出了那么多问题，我知道您对中国“实验水墨”绘画的影响很大，并起着举足轻重的作用，所以我希望详细介绍您的艺术及思想。

张羽：谢谢你！“实验水墨”是上个世纪的事了，但它对中国水墨的发展，对中国当代艺术的推进起到了重要的作用。而我今天挑战自己，用指印的方式终结了我的过去，终结了“实验水墨”，也终结了水墨画。于是，我走了自己的路。

唐艺梦：谢谢，我希望早日去您工作室拜访您！祝好！

封存的指印2013.1.6
木材、玻璃、指甲油、宣纸，2013年
Sealed Fingerprints 2013.1.6
Wood, Glass, Nail Polish, 141cm x 40.5cm, 2013

注释：

1、达妮拉·张·茨拉克娃（唐艺梦）Mgr. Daniela Zhang Czir á kov á , PhD.: 1968年生于斯洛伐克布拉迪斯拉发。汉学家、文学家、画家，现就职于斯洛伐克科学院东方研究所。1991-1992年在北京大学学习现代汉语、古代汉语；1992-1993年在中央美术学院学习中国画和中国美术史；1994年毕业于斯洛伐克考门斯基大学哲学系，硕士学位；1996-2002年在捷克共和国布拉格查理大学，哲学院远东研究系，汉学专业学习，作为斯洛伐克教育部国派的研究生，于2002年获得了博士学位，论文“中国现代抽象绘画的发展过程。2002-2003年斯洛伐克政府国派访问学者在中国中央美术学院学习中国画和中国美术史。主要论文：“徐悲鸿先生与布拉格”（中文）、“中国绘画的变化”、“从外面来看：尼采的‘查拉斯图拉如是说’和老子的‘道德经’”、“中国绘画和表达主观的的情感”、“台湾香港20世纪60-80年代的抽象绘画”、“中国传统绘画中的主观性和抽象因素”、“中国书法- 从书写道艺术表达”等。

水墨的终结

The End of Ink and Wash

——— 雅昌艺术网（视频）专访张羽、朱其

Ya Chang Art Net (Video) Interviews Zhang Yu and Zhu Qi

水墨的终结

——雅昌艺术网[1]（视频）专访张羽、朱其

主持：周雪松
地点：雅昌艺术网 798 艺术区演播室
时间：2014 年 5 月 8 日 14 点
整理：周雪松

张羽北京大山子环铁艺术城工作室，2012年
Zhang Yu's Studio, Huantie Art Precinct, Dashanzi, Beijing, 2012

周雪松：今天我们特别邀请了著名当代艺术家张羽老师，以及著名当代艺术策展人、评论家朱其老师。我们今天是围绕“水墨的终结”这个话题展开。网友们可能觉得很奇怪，为什么在现在当代水墨市场正是大热的时候要提出水墨终结这样一个话题呢？首先，我们要回到张羽老师的艺术实践和理论研究，请张老师来首先介绍一下水墨终结这样一个话题是怎么样一路研究，并且提出来的？

张羽：“水墨终结”是对“水墨画”的终结，而不是对“水墨”的终结。如果说“水墨终结”的话是因为二十世之前水墨画就是水墨，那么“水墨画的终结”是我针对个人三十年来的艺术实践以及相关的理论探讨和自己的艺术创作之间的关系的一种认识。它在更大的层面上是一个观念，而不是说水墨画必须终结，大家不能去做水墨画了，大家该怎么做还是怎么做。但是，要从艺术发展与个人实践的创作方法及研究这样一个线索来看，我们应该怎么去做。我从80年代中期参与“现代水墨”，当时像一场运动，与中国现代艺术同时前行，而主要解决的问题是水墨画的现代性，还有水墨画的多元性创作，通过新的笔墨形式以及外来的西方艺术史的经验与方法在风格上的 一种结合的整体推进。这样的方式实际上是没有办法触及问题的根本。所以，我在不断地思考和实践中发现了这一探讨过程中的具体问题。三十年来，从水墨的整个进展来讲，它应该有三条线索：首先是水墨画，多少年来我们说“水墨”的时候实际上一直说的是“水墨画”，而没有从一个整体的层面上探讨水墨本身这样一个问题。这是一个历史原因，两千多年中国绘画的发展一直的主线就是水墨画。这条线索从70年代、80年代一直到90年代甚至到今天，实际上和当初四十年代林风眠、徐悲鸿、蒋兆和他们没有本质的区别，都是在关于借洋兴中的现代性这个方面上努力。可是，这条线索一直发展到今天的时候，我们回头望去，实际上，我们还停留在这个层面上没有发展，可我们还在其中较劲，但却没有能真正解决现代性的问题。这条线索有两个方面：一方面是人物画创作，这方面很明显是现实主义、表现主义、超现实主义结合中国画技法的一种探讨方向。80年代中后期另外一个线索是“现代水墨”范围内的水墨的抽象性形式探讨。它在一定程度上也是在吸收西方的现代主义经验，把笔墨抽离出来与西方抽象和表现形式发生关系，丰富了以前单一的水墨画样式，这是一种有意思的尝试，算是一种发展。而水墨人物画实际上是被西方的素描、造型、结构一直约束着，所以，一直到今天都没能走出这个阴影，实际上仍然吊在如何解决现代性这个问题无法前行。可以说，到今天人物画的现代性还没有获得真正的解决。所以，我早在80年代中后期创作了一批水墨抽象形式的作品后，就放弃了人物画创作。我后来做了“指印”，我是有意识地放下毛笔，放下笔墨。实际上，我从那个时候就把水墨画的这条线索对于我自己来讲就给终结了。因为，到了“指印”作品，虽说和水墨有关系，但又不完全是水墨的问题，更多说的是关于方法的建构及艺术表达的思考。

另外一个线索，就是我们一些在西方叫好的艺术家走的一条线路，他们是把西方更多的现代艺术、当代艺术的一些经验，拼接上我们的文化符号和元素，像书法、汉字、传统文本等。这些艺术家使用西方的一些方法，比如说装置、行为，其实这条线索很容易被西方认可或者是接受。

再一个，就是我一直探讨的在这两条线索中间的一条路线，这条线索比较有难度，这条线索就是抛开了水墨画层面上的理解，是说水墨的本身，水墨作为物质属性的可能性是什么？这个是我这些年来一直在努力探讨的一个问题。所以，我说终结是和这三条线索有关系的新认识，这是根据我这些年来不断探讨的线索或者是方向提出的认识或者思考。

周雪松：也就是说您所提出的“水墨画的终结”这个概念，并不是从此以后我们就不要再画水墨画了，而是中国水墨画上千年以来，水墨画在画面的结构上已经很难再从视觉语言上进行突破，下一步艺术家应该怎么做，您有一些新的实践方法了吗？

张羽：如果我们还一直停留在中西合璧的层面上就没有办法解决这个问题，这主要反映在我们不懂什么是方法。我们一直把方法和技法混淆了。实际上，中国绘画史提供的是一个观看的方法，而不像西方艺术史创造了许多方法，比如现实主义、抽象主义、表现主义等。我们的绘画史一直靠的是艺术家的才情加上从书写过来的技巧、技法的东西进行书画创作，中国绘画史实际上是一个风格史。所以说，如果你想突围这样一个那么封闭严谨的上千多年的关于中国画或者是文人画这样一个系统，几乎是没有空间了，所以必须有新的方法。只有新的方法，才可能创造新的语言。

周雪松：张老师是经过三十年的创作实践总结出来自己的方法，朱其老师作为评论家一直对当代艺术保持非常密切的关注。你也曾经提出过“水墨”的现代主义终结这样的话题，不知道您二位在这个话题上是不是有进一步的沟通呢？

朱其：我觉得张羽说的终结是指“水墨画”的终结，主要是对毛笔这个载体的放弃。水墨画作为一个语言系统，当然永远不能说这个系统没有可能性了，但这个系统的可能性已经几乎是没有了。二十世纪中国画改造特别是八九十年代的水墨实验，语言的变革路径是非常多的，可能最有意思的一条线索还是水墨的现代主义时期，包括两个部分：一部分是抽象水墨，还有一部分是表现主义水墨，这两部分在今天看来是比较有意思的线索。像其他的比如说水墨的人物画变革，基本上是失败的。因为，当时徐悲鸿认为中国画人物画的形画得不准，所以要引进西方的素描、写生，通过写实造型来强化中国画的形体画得准确。但是画得准确又怎么样呢？今天看来没有太大的意义，虽然经过了几代人，搞得非常悲壮，但实际上国内外的评价今天看起来并不太高，除了官方系统占据一定的话语权，但在学术界评价会慢慢越来越低。最近十年可能学术界包括国外艺术界更多的实际上还是关注中国的抽象主义水墨。因为，这条线索也不光是中国画现代性的一个途径，它是一个国际性的现象，像日本，美国，像美国抽象表现主义，日本六七十年代的新水墨书法抽象或者是水墨抽象都可以看作是在中国画背景下的一种现代主义实验。当然，我们中国的抽象水墨还是从八九十年代开始的，我觉得到了90年代以后，像张羽他们这一代，基本上该做的已经做完了。我说的水墨现代主义实践，就像抽象绘画一样，走到一定的阶段会发现已经没有什么余地了。所以，水墨的现代主义实践差不多已经结束了，再做也做不出什么样式来了。你今天所有能想象出的一种语言样式其实以前日本人都做过。

80年代像谷文达、张羽他们在水墨的抽象图像，我觉得是有一定的创新。但是八九十年代抽象水墨的艺术家数量也非常众多，可实际上真正很有原创性的并不是太多。这条主线在我们过去对当代艺术三十年的评价不是太关注，最近十年可能大家开始关注这部分的探索成果，包括像纽约大都会的水墨展也反映了西方的一个最新动向。

周雪松：您刚刚提到中国当代水墨的抽象形式部分，张羽老师是从八九十年代的“灵光”系列开始是有原创性的探索，张羽老师后来的“指印”系列有行为的层面，呈现出的样态也是有一定的抽象性。

朱其：实际上我觉得张羽后来的“指印”系列也不能叫绘画，只能叫平面作品。

张羽：放下毛笔之后用“指印”这样一个方式，实际上，它和契约、画押的这种东西有某种暗合，但这不是一个特别要强调的那种社会性意义。因为，主要还不是这个问题。我的“指印”作品是通过指印行为完成的或者留在纸上的痕迹，也不算是一个特指的行为艺术，但是与行为艺术有关，因为这个行为本身具有了可表达性。而留在平面的痕迹不是我们以往所读到的绘画性，因为，作品中没有了那种绘画性。 在“指印”作品中我是把绘画的东西有意的消解掉了。实际上，我在这里强调更多的信息，比如说行为、身体、时间、过程、痕迹、覆盖、物质、空间等。“指印”是一次一次的反复覆盖，覆盖其实在某种程度上很像这个时代的发展速度，转眼即逝。“指印”它是多层次摁压完成的，在修行的状态，反反复复在宣纸上摁压，有的作品摁三遍四遍五遍甚至还有更多。反复摁压的情景是一种修正，修正过去或者是否定过去，在修正和否定过去时而肯定当下，在肯定现在的同时更有了一个新的呈现。你每次摁压一个指印就是一个新的呈现，从这个角度来讲就已经超越了波洛克的行动绘画了。波洛克是通过行动、通过笔在滴洒颜色，但是最后给你呈现的视觉还是一次性的绘画。就像我那天与任戬聊天的时候说过克莱因，克莱因也想通过行为表演的方式，把颜色涂抹在模特身上，然后在画布上拓印这样一种人体痕迹，虽然说他有意想改变以前的绘画性东西，最后拓印的痕迹仍然还是没有超越视觉绘画的图像关系。我今天所做的是在超越克莱因这个层面上的认识，这些个问题都在我的探讨范围内有新的呈现、新的认识、新的理解。实际上我是通过指印行为覆盖去消解图像这个概念，我是在确认这种方式，这种方法，这种观念。有了方法才有可探讨语言的问题，这就是“指印”。“指印”既不是水墨，也不是绘画。

周雪松：张羽老师，您在用“指印”来进行平面作品创作的时候，是不是在“指印”的轻重，以及指印跟指印之间的视觉关系上也会有类似在创作绘画一样的经验和感受呢？

张羽：一定会有，但完全不同。如果你强调的是绘画，你就会将绘画的经验关系显现在作品中。而我选择指印的目的是在建立方法的同时去消解绘画，是消解这些经验。在认识绘画的基础上，我走

张羽在布展“指印”作品，宣纸，植物质颜料，广东美术馆，广州，中国，2014年
Zhang Yu Arranged in Fingerprint Works Exhibition, Xuan Paper, Vegetable Pigments
Guangdong Museum of Art, Guangzhou, China, 1000cm × 30cm, 2014

向了一个反的方向。我不强调那种绘画的关系，反而把绘画的关系消解掉了，目的就是超越绘画。我们刚才也说了，我总是会把作品中指印和抽象的关系比较起来。从视觉上讲它可能有它的抽象性，因为它没有一个具体的呈现图像，像朱其也说过，我是把我的作品图像清零，让观者看不到视觉的图像，而是让观者自己去思考这些指印痕迹。这使我在主观上所呈现的和过去完全不同。

周雪松：朱其老师，我记得之前也有在媒体上提出过中国画改造的四个阶段，其中第四个指的就是90年代的中国新水墨的实践，这其中你提到张羽老师的实践是比较特别和突出的案例。

朱其：对，我刚才说过了，他在图像上有原创性。

周雪松：张羽老师的作品在原创性之外您认为在中国画改造的这第四条线索里边他还有什么很特别的地方？或者说他原创性要谈什么样的问题呢？

朱其：比如说八九十年代很多人的东西好像开始是一个新的样式，但实际上日本人在三四十年前就已经做过了的语言概念，比如说用水墨做装置、行为艺术、video等，这本来就是西方的一个现当代艺术的语言形式。我觉得张羽大体实际上已经脱离了中国画的现代改造这个范畴，他还是一个从西方的现代艺术这个体系派生出来的一个语言方式，是说他找到了一个具体的图像形态的时候有了个人的原创性，这样一种图像形态你在欧美没有看到过，在日本也没有看到过，你在整个二十世纪中国画、水墨画的图像里边你也没有看到过。我是说这就是张羽的作品，这个平面图像具有独特性，因为，是介于中西绘画之间的，既不属于中国画的体系，也不属于西方现代绘画的体系，正好是在两个体系之间的夹缝状态找到了图像的差异，这就是原创性的其中一个部分。

张羽：美国抽象表现主义时期，他们有一部分艺术家是从日本的禅宗找他们的需求。西方人为什么不到中国，而是去从日本挖掘这个东西呢？

朱其：因为，他们跟日本的联系比较多，西方的艺术界在十九世纪末就跟日本已经有了很深的联系，像1880年日本第一批留学生已经比徐悲鸿他们早三十年去法国留学了。然后，像美国的艺术史学者费多罗在1890年，在东京帝国大学建立了艺术史专业。那种联系比我们要早几十年，美国像现在亚洲博物馆的收藏也全部都是日本人帮他们建立的。日本美术院冈仓天心，是日本画的领袖，从东京大学艺术系辞职和结束了日本美术院的事情以后，他就到美国去了。他到美国去主要的工作就是在克里弗兰美术馆搞亚洲艺术收藏，主要的部分就是中国艺术的收藏，美国实际上几大博物馆的中国艺术藏品都是日本人帮他们搜罗的。

张羽：比如说，铃木大佐对于禅宗的认识，在他的翻译过程中，这中间似乎有一个环节，他们对于中国的禅宗或者是文化的认识，有一个再认识的层面，他在某种程度上重新梳理的时候有一个转换的动作，这个转换当中是不是和西方特别便于沟通？

朱其：肯定的。因为，实际上铃木大佐还不算日本现代禅宗哲学最优秀的学者，当时铃木大佐主要是一个英文翻译，当时日本京都禅院的一个大和尚到美国去演讲，铃木大佐是那个和尚的翻译，后来那个和尚回国之后他就留在美国了，所以铃木大佐向美国人所传授的禅宗已经是非常英语化、翻译化的禅宗，更适合美国人消化禅宗。日本的禅宗还有日本的水墨书法本来是中国系统的一个变体，他们确实从十九世纪末开始跟西方发生关系，等于是日本在过去一百年替中国人在跟西方人进行东西方文化的交流，日本人是代表我们中国人在进行中西对话。

张羽：某种程度上讲，关于笔墨的问题我一直这么认为，井上有一把笔墨做到了具有独立的价值，我们这么多的中国画画家、书法家却没有能力完成笔墨的独立价值。笔墨始终依附在应物象形这个基础上，笔墨一直不具有独立的表达价值。我觉得有点悲情，我们天天在说笔墨，却不太清楚笔墨是什么。

朱其：在书法、水墨，还有像佛教艺术这些领域，我们其实不能把日本人看作是另一个文化体系的人，完全应该把日本人当做中华体系的一部分，尤其在十九世纪末二十世纪初的时候，日本人实际上对中国书法、绘画、金石学、佛像艺术、禅宗这些方面的研究，水平并不低于中国，所以，我们虽然是不同的国家，你应该把日本看作是中华文化的一部分。

张羽：我也是这样的观点。所以，我在说，我们对于笔墨的探讨，比如八大、黄宾虹都在这方面探讨过、努力过。但是，他们并没有走到这个境界。而是井上有一把这个问题解决了，实现了笔墨的独立价值，他的作品你会感觉到一种完全不同的审美，它是汉字却不刻意呈现汉字的意义和功能。而我们的书法或者是现代书法还是离不开字本身的东西，字的结构，字的意义，以及普遍性的书写方式，而井上有一是把这些东西忽略掉直接让你欣赏笔与笔之间的形式关系。

朱其：某种意义上徐悲鸿、林风眠已经使中国画完全西方化了，恰恰像冈仓天心一直到井上有一，近代日本画或者是抽象书法这条脉络可能也许更是继承了中国明代末期以后的中国书画的一个正统。他们可能反而是沿着中国书画传统的正统脉络在进行变革。所以，你要说到近现代中国画的改造或者是中国书法的抽象画也好，不应该把日本排除出去，他们本身也是这个体系的一部分。

张羽：实际上在60年代日本就把关于水墨现代主义问题解决了。其实，他们某些方面已经超越了水墨媒介，严格意义上讲他们使用的既不是我们概念下的宣纸，也不是我们理解的墨。

周雪松：我想张羽老师提到日本水墨对现当代艺术的贡献，以及怎么样将东方的精神跟国际的艺术语言相对接这个话题上面，我们又可以接续到上次张羽老师谈到水墨的终结这个话题。我们当代艺术家怎样能够以国际化的语言，让全世界通过一种新的方式直接了解到我们的文化在阐述什么样的问题，是不是张羽老师可以对接到这个上面来呢？

张羽：我觉得关键还是应该改变我们已有的认识上的模式，那种规范性的东西，那种封闭式的状态。怎么讲？不能在已有定式中的自圆其说，要突破那些僵化的概念东西，要解放自己回到艺术最基本的原理，关于艺术的最初状态，创造表达，用新的国际化的交流方式。我们必须放下传统的包袱。从事物的原态层面出来，然后整体地看，还不能脱离艺术史关系，不管是艺术视觉上的呈现以及文化之间的关系，这对每一个艺术家是比较关键的一个认识起点。理论研究也应该是这样一个层面上，要不你总是停留在我们以前的模式当中，什么笔道墨法，什么笔墨结构，实际上这些东西都不是问题的根本。今天，是一种整个场域的关系。面对过去要重新开始，要把它打开。

周雪松：是不是怎么样将中国的水墨从历史上的诗书画的系统中挣脱出来，怎样将水墨和当代建立一个新的桥梁？

张羽：含有这个方面。但是，桥梁是指一种文化的通道，思想及方法的通道，或新的形式语言的通道。有些人会把文化的东西误读，我们需要把传统的诗书画的意义重新生成和转换，可以跨越媒介、跨越文化去思考。现在有很多的现象，探讨五花八门像杂技一样的东西，我认为艺术的表达不是一个简单的技术问题，越搞花样越会阻碍对表达的认识。我们的新方法必须建立在新思想、新认识的层面上，与你的表达思想发生关系，我觉得这对艺术家来讲是一个很根本的问题。

张羽：意念的形式，装置（局部），广东美术馆
广州，中国，2014年
Zhang Yu: The Form of Notion, Installation(Detail), Guangdong Museum of Art, Guangzhou, China, 3600cm × 90cm × 3, 2014

朱其：首先，我们不能用东方、西方这种文化概念来讨论艺术。实际上，到了六七十年代以后不存在东西方界限，艺术本来就是一个相互渗透、相互影响的事情。另外，东方这个概念就是一个西方主义的词汇，严格地说中国也不算东方，真正的东方是中亚地区的，土耳其、伊朗、伊拉克。什么叫西方？其实也没有西方，西方的基督教就是从犹太教，俄罗斯的东正教变过去的。所谓西方文化的源头也还是在中亚。中国文化比如说从唐代以后就开始佛教化，实际上也不存在纯粹的中国文化。所以，文化实际上在世界上大概在中古时期，大多相当于北宋十世纪的时候，文化在迁移中不断地变体，比如说佛教传到中国，特别是禅宗，禅宗从中国又传到日本，变成日本禅宗，日本禅宗再传到美国，又变成美国禅宗，每种禅宗是不一样的，有一些甚至解释的核心概念也是不一样的。在今天实际上某种文化或者是某种艺术在你这块土地上是最先产生的，但是改造或者是研究是世界主义的，像现在剑桥大学写的《中国历史和日本》。前不久，广西师大出了一套日本十个学者写的中国历史，我觉得比我们中国学者写得好。这些历史是不是你这儿产生的，对于今天的中国来说并不重要，你没有写好，你没有改造出新的东西，这个事情其实跟你没有关系，这是古人的创造，不是说你是中国人就代表是你的创造。

第二点，实际上我觉得这些年，老在谈论水墨的当代化或者是水墨如何跟当代进行一种转型，这些都是伪命题。为什么呢？因为当代艺术实际上是打破媒介界限，如果一个艺术还在强调水墨，这一定是现代主义时期的概念，因为现代主义是强调语言媒介的中心主义，强调平面性，所以只要你还在强调水墨这个媒介的一种中心主义，你就一定不是当代艺术，你就一定是现代主义，如果你要号称你是属于当代艺术的一部分，就不要再去强调水墨。当代艺术是强调什么？强调一种总体艺术的手段，绘画、雕塑、video、行为、装置、现成品所有的手段都可以放在一个作品里，没有必要强调作为一个水墨本身的媒介，如果还强调作为水墨本身的媒介，我觉得就是现代主义。所以我是觉得当代水墨或者水墨的当代化，这种命题理论上是不成立的。

张羽：我是觉得我们不应该把自己规定在水墨范围内思考，应该是世界主义的艺术表达。在整体文化中启发自己对视觉也是如此，比如空间啦、场域啦、其它的媒介，你的表达可能会与许多方面发生各种不同的关系，最后，通过这些关系达到了你表达的要求。实际上这个表达问题解决了，你的所有问题都解决了，水墨就没有那么重要了。“指印”在很大一个层面上就是把水墨这些东西抛开了，只是我自己的一种表达就够了，这种表达属于我自己的一个认识和理解，可能在某些方面和水墨发生了那么一点点关系，但是，也和其他方面发生了关系。

周雪松：我们看到张羽老师“指印”往后的作品，尤其是去年张羽老师带出来三碗水，在三个展览上展示了这三碗水。先是用我们中国最普通的瓷碗，在上千只碗里装上水墨的“水墨，仪式”作品。第二个是在佛光缘的一千只碗，但是里边放的是单纯的水，第三碗水是带到了法国马爹利，您用法国干邑的水和中国的墨调和装入西方的高脚杯里边。这样一步一步地演化，事实上，张老师不断地从水墨媒介里边出来。

张羽：表面上看，我在说水墨，但是我说的不只是水墨的那点儿事。特别是佛光缘美术馆那个展览，我是选择了一个更直接、更单纯的表达方式，一千只碗里头只倒了“水”，实际上，只是探讨物质作为表达所传递的精神呈现。它和水墨有没有直接关系，已经超越了水墨的认识范围，作为艺术表达更多的是精神层面的，它和你的切身感受是不是有关系，和我们的认识是不是有关系。这种联系可能提示了一些问题，这个表达都是在关系当中生成并建立。我这样的表达也是想让精英文化可以通过大众文化的方式，让当代艺术连接到日常经验的转换。

朱其：对，我觉得张羽现在的作品跟中国传统的文人画这套语言体系是没有什么关系，实际上，不妨换一些词汇来描述。他也许利用了“水”这种自然材料，或者运用了宣纸这种柔性的材料，这些材料在中国长期的文化和哲学含义里边会给你带来一些联想性，但是它们实际上更多的还是被当做一种材料来使用。中国画尤其像文人画的传统，从北宋以后，从王维、苏东坡以后，一直到徐渭、八大，实际上中国文人画的核心语言，我觉得就是一个毛笔的书写，就是用笔线作为一

张羽、朱其在“张羽：意念的形式”，广东美术馆
广州，中国，2014年
Zhang Yu and Zhu Qi in "Zhang yu : The Form of Notion"
Guangdong Museum of Art, Guangzhou, China, 2014

张
ZHANG YU
羽
意念的形式
THE FORM OF NOTIO

个绘画的基本元素。实际上，二十世纪的中国画改造，主要还是从继续沿着毛笔的笔线，让它在技术形式上走向更抽象的形态。我觉得走到90年代，像谷文达、张羽他们，这个脉络中间可以再加上六七十年代井上有一，这条脉络作为一个中国画、文人画的系统应该已经基本上走向结束了。这个结束是说实验的可能性已经结束了，没有什么余地可以再让你实验了，如果还要做，你得重新换一个新的领域。

张羽：朱其刚才说的这些，80年代后期一直到90年代我一直在思考，做“灵光”的时候，我都触碰到了这些问题，并去努力超越这些关系。每个时代的艺术家都有自己要面对的一些问题，这是时代给予的问题，也是艺术史发展面临的问题。走到今天，关于我创造的三碗水，特别强调与大众文化的关系，强调这种文化的认识普世性。特别是我的“发生——在马爹利干杯，水墨”中，使用水墨这个符号，与马爹利的符号发生关系。因为，酒杯本身也是一个西方的符号，不管是哪个国家都会用这样的一种方式进行人与人之间的交流，这种东西是一个很普世的文化现象。我其实就是想，把水墨这样一个大家都理解或者都知道的概念或者是看成和中国文化有关系的一个元素放到他们的酒杯里，让它们之间发生关系。这种关系在当中呈现的时候，我们会从中感受到很多的信息在里边，这个就是我们走到今天，我们以前所有强调的那些问题，是不是我们在今天非得要把那些都强调出来一起说，才有意义，或者你的表达才有意义，其实，我换了一种极简单的方式另辟一条道路，解放了自己反而把呈现了。解放了的原因就是你放弃了不可能的过去，迎来了新的可能。其实，事情很简单，但是必须要对这些问题有相对应的认识，你才能够敢于这样去做。如果你没有新方法，越死磕越不在问题上。所以，现在的状况就是走到了这样的一个层面。我们在今天谈什么新水墨，当代水墨，实际上有什么意义呢？为什么叫当代水墨呢？为什么叫新水墨呢？新在什么地方呢？

周雪松：这也是张老师从原来提出“水墨画的终结”到现在您最新提出来的“水墨终结”的概念，这两个概念之间有什么样的关系呢？

张羽：实际上，“终结水墨画”是因为水墨画已无路，是说不要再死磕水墨画了，死磕没有意义。要有新方法。要从水墨中走出来了。当水墨不再是工具时，它一定会有它的新空间，终结也就是说不要使自己掉进水墨的死井里，要走出来。你的表达到底是什么？实际上说的是这个问题，不再和水墨较劲，今天不是水墨本身那点儿事儿了。所以，现在新水墨炒到市场上去做，和艺术本身没有关系，和今天的文化也没有了关系。实际上，终结的是对水墨认识惯性的一个线索，这个概念的提出就是在这个层面上的意义。

朱其：我们现在讨论水墨的问题有一大块背景的很大的缺陷，关于日本二十世纪这一块，好多搞水墨创作的，搞评论的媒体都不了解这一块背景，你不了解这块背景你是无法讨论现代二十世纪中国水墨的，为什么？因为，很多东西其实日本人早就在半个世纪前就做过了，我们把这个人当做大师来崇拜，比如说何家英的画，日本人在20年代就画过了，关山月在50年代也画过了，大家为什么要这么追捧，我不太明白。现在要说一些你比日本画的好在哪里，比关山月进步在哪里？现在全国冒出很多小的家英，到底好在哪里？也没有人讲清楚过。还有一些是在理论的提法上似是而非的提论，比如新工笔，工笔就是像素描一样的技术方法而已，有什么新和旧呢？西方人从来没有说过有新素描、新油画这个说法，工笔就是工笔，哪有什么新工笔。

还有好多所谓的新工笔这个名义下的作品，也就是引进了西方的写生或者是写实的造型，超现实主义的图像方法。这些东西引进来以后，还能叫工笔吗？变成一个西画语言系统，你还把它叫做新工笔就有点儿奇怪了。我们现在好多对水墨的这种认知有很多历史知识和理论上的误读，尤其在理论概念上或者在一个价值评判上，有很多误区，比如说像现代书法、抽象书法，我看整个中国从90年代到现在这二十多年的现代书法，其实基本上没有超出日本人的实验范围。

张羽：我们的许多画家都在模仿日本三四十年代、六七十年代的作品。当然，开始有些模仿也是可以理解的，但你不能把模仿视为你的创作。其实，新工笔是我90年代通过出版物提出来的概念，当时的一些工笔画家也有使用超现实主义的方法，比如像徐累、李津、李孝萱、左正尧、吕胜中、胡伟等的作品，他们从80年代开始用中西两方面的经验实现了不同于传统的表达形式。目前市场炒作的新工笔提法，没有超越我当时指出的框架。

朱其：如果这些日本“现代水墨”的知识系统引进来，可能连民国很多著名的水墨画家都要重新评价，包括潘天寿也有模仿日本画的痕迹，所以说，水墨的评价系统需要一个重新的梳理。

周雪松：当代艺术在市场受到这么多的藏家以及艺术爱好者的追捧，这中间存在什么样的问题，究竟什么样的艺术是真正值得我们这些艺术爱好者也好、行业内的评论家也好，艺术家也好去关注，确实是需要我们深入去研究和思考的问题，非常感谢两位老师。

原文及视频发布在雅昌艺术网42期，2014年

注释：

1、雅昌艺术网：雅昌艺术网成立于2000 年10 月，是全球最重要的中国艺术品专业门户与最活跃的在线互动社区，是获取艺术资讯的首选媒体平台，是艺术品收藏投资及爱好者不可或缺的重要工具，如今已成为艺术界最为推崇的互联网品牌，拥有逾100 万专业会员、800 万人次日均浏览量。

张羽：多重身份，却又纯粹的艺术家

AMultiple Identities, But Pure Artist

——— 陈荣义访张羽

Chen Rongyi Interviews with Zhang Yu

张羽：多重身份，却又纯粹的艺术家

——陈荣义[1]访张羽

地点：张羽北京 T3 国际艺术区工作室
时间：2014 年 6 月 8 日

陈荣义到访张羽北京T3国际艺术区工作室，2014年
Chen Rongyi Comes Zhang Yu's Studio at T3 International Art Precinct, Beijing, 2014

陈荣义：我作为编辑的，即将在湖南美术出版社出版的张老师的《艺术，做我自己一张羽访谈录》一书，内容非常丰富，涉及你作为一个三十多年来在水墨当代性道路上关于理论和创作实践的全面思考，非常精彩，我通读之后想和你探讨几个我感兴趣的话题。

张羽：我与湖南美术出版社是老朋友了，有三十年的交往，感情很深，能够再次合作非常愉快。这本访谈录表面上看起来是对我的一些采访，但其实所面对的问题不是我一个人的问题，而是中国当代艺术发展三十年来共同面对的问题，它与水墨的当代发展紧密相关。也是批评家与我共同的思考和研究。

陈荣义：张羽老师在三十多年的艺术历程中，创作了许多不同系列的作品，还有二十多年的编辑生涯。三十多年中始终笔耕不辍地撰写大量的理论文章，以及主编、策划了大量的学术图书和展览，这样看来你无疑是个跨界的人物。但是我发现您还不一样，比如我算是个跨界，做编辑、策展、创作艺术，还有美术馆管理，这里面编辑、策展和美术馆管理，更多的是我艺术人生中职业或工作的需要，和我的艺术创作没有直接关系，它们是平行的。而你的多重身份所做的事都紧扣或者交织在你自身的艺术创作上，以及为理论研究提供观点、依据和开辟前进的道路，也就是为你的艺术创作服务的外围工作。这是你从事艺术创作的重要方法？

张羽：这个问题问我是这么理解的。其实，从严格意义上讲我们都没有跨界，我们做的事情都与艺术有关。不管是艺术创作、理论研究、编辑、策展，甚至是美术馆的管理，都贯穿着一条主线一与艺术有关，在推进艺术的发展。那么，你如何推进呢？通过这些手段呈现你的思想。我们不同的是你需要考虑工作上更多的社会关系，与更多的人打交道，可能会涉及与艺术不太密切的东西。而我只面对艺术本身如何发展的问题，我会相对的更单纯、更纯粹地面对艺术去建构我自己的理想。当然这也是艺术发展的需要。

陈荣义：在《艺术，做我自己一张羽访谈录》中，可以看到你思考水墨问题的线索就是这三十多年水墨如何走向当代，在“指印”作品之前的作品还属于水墨画的大范畴，而你认为“指印”系列已经不是绘画，只是和水墨有某种关系，但也和其他方面发生着关系，比如行为、装置、多媒体，所以你说你已经终结了水墨画。后来明显的是你直接使用瓷碗装满水墨的行为装置作品，可以说你从水墨绘画领域出走，进入另一个艺术创作系统，比如说进入综合艺术，像徐冰这种类型的艺术家，作品的展场中呈现装置、多媒体、行为等形态，但不单独强调作品中水墨、版画、多媒体等某种媒介。那么，你的访谈中为什么贯穿始终以水墨的绘画史作为谈话的参照对象？包括你提出的“非具象”概念，我觉得与“似以不似”概念有关联，还是属于绘画史中的概念。你是否觉得你的作品水墨自身的标准还在起重要的评判作用？作品还在水墨之中来发展的？

张羽：这是第一次有人这样问我。你的确思考了我这三十年探讨线索过程中的研究路线。为什么我的访谈中始终贯穿以水墨的绘画史作为谈话的参照对象。其一，首先采访者是这样认

封存被剪碎的指印，印泥、植物质颜料、各种被指印覆盖的不同纸张的文件及合同，2014年
Archived Shredded Fingerprints Inks, Vegetable Pigments Various Paper Documents and Contracts Covered with Fingerprints, 2014

定的，或者大家就这么认定张羽就是从事水墨创作的，是研究水墨的，好像这是被定义的我的身份，几乎所有采访者都一定会问我与水墨有关的具体问题。同样，批评家无论是写文章还是与我对话也一定要问我有关水墨的问题，无论我如何回答，都可以理解为与水墨有关。其二，三十几年我没有停过对水墨的思考和研究，这是一个事实。我一直在梳理和探讨传统绘画史发展中的一些逻辑关系所触及的一些具体问题，以及在发展线索中画家们是如何把握自己与时代的关系，也包括他们对风格及技术语言层面的思考。其三，你们忽略了一个细节，就是我在面对中国绘画史，同时也在面对西方艺术史。实际上，对我们这代艺术家有两个参照系：一个是中国绘画史；一个是西方艺术史。由此，我是面对世界思考我的创作问题，因为我们是针对这两个参照系寻找我们自己的出路，整体审视的目的在于我从中可以比较准确的认识到我们在两面夹击中还能做什么？我能做什么？我怎么去做？起初，我发现传统画家没有做到的工作，我去做了。后来发现他们认识不到的问题，我思考了，我也去做了。关键的是你要避开两个参照系对你的遮蔽，你要在夹缝中杀出一条路，这条路也就是水墨画的最后一条路。《灵光》是我的“实验水墨”。是在几乎无路的前提下前行，我用排除法，什么是排除法？排除法就是，不能是这个，也不能是那个，而是这一个。事实上，我研究绘画史的目的，是探寻我的表达语言发展，研究它是为了超越它。

事实上，当年我做“实验水墨”，就是水墨画的最后一搏，后来“实验水墨”过去了，水墨画本身的发展也就更难前行了。虽然，我从水墨出发，我研究水墨，但不等于我做的作品都是水墨作品。比如说1998年之前我的思考，我的创作都是针对具体的水墨问题，而1999年我提出“走出水墨，进入当代”的观点。在2000年之后的“指印”作品是关于艺术表达方法的建立，这是关于我的创作如何走向未来的问题，对水墨整体而言，它不仅仅是你个人的未来，而是对当代艺术发展未来的整体思考。还有思考水墨，不等于非要做水墨，如果就水墨论水墨，无论是文化，还是媒介都是狭隘的。其实，“指印”方法是水墨外部的方法。

另外，我不认为“非具象”与“似与不似”不是绝对的关系。“非具象”很明确是针对“具

象”，又别与“抽象”的一种形式状态。而“似与不似”与“像与不像”有关，“似与不似”谈的是形似还是神似的问题，这是中国画论中评判绘画的一个标准。但“非具象”概念与中国绘画史无关，它是一个从西方艺术史中派生出来的概念。

我今天的作品如果用水墨自身的标准已经无法评判了，所以与水墨画没什么直接关系了。因为我的表达方法与水墨没有直接的逻辑关系。“指印”既然已经不是绘画，所以无论是水墨画标准，还是绘画标准都将无法评判，也就是说我们必须建立一个面对综合形态艺术作品对应关系的评判标准。

徐冰的创作从一开始就很明确用西方艺术史的方法，选择自身具有代表性的中国符号和中国元素进行表达。“天书”很典型，比如类似西夏文的汉字结构、古典线装书形式、传统活字版印、传统长卷轴等。他聪明的利用中国符号、中国元素，通过西方艺术史的方法进行组合、挪用和对接，因为，西方人很容易接受这类用文化差异的符号所呈现的视觉作品。这也是徐冰能在比较短的时间内在西方受到关注的重要原因之一。当然，采取这种方式的不仅仅是徐冰一人。

陈荣义：《艺术，做我自己—张羽访谈录》从全书的内容看可以理解为张羽今天终结了自身的水墨画创作，但是书中你在不同的地方谈到以下观点：“笔墨在今天没那么重要，上千年的水墨画发展，已经走到其尽头，难以再发展。”“水墨不等于水墨画”等。从这些观点看，似乎又不仅仅是张羽终结自身的水墨画历程，而是你要终结整个水墨画，因为你觉得水墨画在绘画史的结构中是没有解决办法了，而你又找到了解决的办法。我完全认可你在中国水墨现代性方面走出了一条新道路，但我和其他人也还在想中国水墨的现代性除了“终结”的凤凰涅槃方式之外，它在传统水墨画本身结构和语言中拓展、创新仍然有可能，中国水墨的现代性的探寻道路走过的真正有效时间也就是几十年，时间很短，很多人也正在努力，当然难度很大，还需要时间，你觉得呢？

张羽：水墨画的发展确实是几乎无路了。因此，我所说的“终结”是按照中国绘画史逻辑发展的，如果你不能发展，这个水墨画还有什么意义呢？这实际上，已经就是终结了。“终结”对于我不是一句口号，而是我三十来走过来的历程。发展只能另辟蹊径，所以，终结是一种认识，终结是一种建构的开始，也就是说只有建构才谈得上发展。于是，拥有自己的表达，建构属于自己的方法才是最关键的。所以，我说笔墨在今天没那么重要，是因为水墨的当代发展不是笔墨决定的，而是如何表达，笔墨是依附表达的需要，表达是谈论问题的核心。其实，“终结水墨画”就是你如何重新开始，否则，这个坎你就永远过不去。

“你说你们相信在传统水墨画本身结构和语言中拓展、创新任然有可能。”这句话本身就有问题，你想，你局限在传统水墨画本身结构和语言中，那么，还怎么拓展呢？你被传统水墨画本身结构捆绑着，被传统语言模式束缚着，那就不可能拓展？认识的丝毫偏差，都会导致方向的偏离。你再用多长的时间去努力也是无用的。因为，你不能放下过去的包袱，你又怎么走自己的路，怎么会创造出属于自己的语言呢？

比如徐悲鸿用素描造型的西方写实主义技术改造传统中国水墨人物画，希望人物画造型准确。问题是传统人物画虽然造型不准确，但符合于传统美学。可是徐悲鸿方向解决了造型准确，但并不具有新的美学价值。千万记住你没有正确的、创造性的新的表达方法就不会创造出新的语言。因此，在传统水墨画本身结构和语言中拓展的是一句空话。

我说“水墨不等于水墨画”，目的是告诉你水墨画与水墨是有区别的，水墨画无路了，但水墨还有可能。

陈荣义：你曾经说过你相信出版的力量，那么现在你认为出版还有力量吗？你如何评价这次交给湖南美术出版社出版的这两本新书《张羽：水墨的现代主义终结》和《艺术，做我自己—张羽访谈录》的出版意义？

张羽：今天我仍然相信出版的力量。但是今天出版的门坎却大大降低了，已经与过去完全不同了，也许这个力量被利益和体制管理利用了，这是我们心知肚明的。我想今天出版的正确力量来自于我们每一个身为编辑对事业的热爱及责任心，来自于对出版物品质的把握，这个品质就是出版物内容的价值所获得的影响力。这一点我一直钦佩湖南美术出版社的同仁，你们出版了许许多多关于当代艺术的优秀出版物。除了我与你们出版社三十年来交往中有这么多好朋友之外，就是你们优秀的出版物让我们信任。

至于，这两本书的出版意义，我想湖南美术出版社愿意投入精力去出版这两本书，就已经说明它的意义了。朱其的《张羽：水墨的现代主义终结》讨论的不是张羽一个艺术家发展的问题，而是对中国水墨三十年当代发展的一次梳理，以及贯穿了中国传统绘画发展至今与现代主义的关系，还有把日本作为中国文化脉络一部分的一次发展上的梳理，也涉及到了与整个艺术史的关系，重要的是在学理上有所突破。这是可贺的！而《艺术，做我自己：张羽访谈录》，是一部具有文献价值的对话录，它与中国当代艺术的水墨三十年发展紧密相关，它像似一部历史片段，它是我们这代艺术家的一段发展史的缩影，它是国内外二十几位学者、批评家、策展人以及媒体人在不同层面上的思考与交流。这本书关乎到三代批评家对水墨及当代艺术的认识。

陈荣义：2013年，在纽约大都会博物馆的“ink art水墨”展，你参展的作品是“灵光”系列，为何不是这几年你个人全力以赴创作和艺术界广泛认可的“指印”系列？

张羽：“ink art水墨”展，我是于2007年年底收到邀请的。起初，选择了我的一件长2000cm的“指印”长卷作品与一件90年代的“灵光”作品。展览时间原定于2009年开幕。但一年后接到大都会通知，由于经费的问题展览需要延迟，这期间大都会中国部主任何慕文先生也一直与我保持着联系，还先后两次来访我的工作室。直到2013年我才接到通知，“ink art水墨”展年底开展，但没有涉及到运输作品的事宜，我也觉得纳闷。后来，大都会工作人员解释，我的这次参展作品是两件“灵光”作品，一件是大都会馆藏作品，另外一件是一为藏家提供的。在不断地了解过程中得知，这次展出的作品极少部分是大都会本身的藏品，大部分作品主要来自与他们有关系的一些机构和私人的收藏，而他们的这个关系圈子没有我的“指印”作品，所以，我的“指印”作品没能获得这次展出。就“指印”作品未能参加展览事宜，我还直接与策展人何慕文先生交流过，我强调“指印”没有参展是这次展览的一个遗憾。因为，你无法展示与水墨文化有关研究的前沿成果，他也认为很遗憾，只是表示很无奈。当然，这也是由于经费的问题，而使他们采取的方式，这其中可以省了运输费、保险费两大部分。

张羽：意念的形式，广东美术馆（海报），2014年
Zhang Yu: The Form of Notion, Guangdong Museum of Art, Poster, Guangzhou, China, 2014

这次大都会博物馆的“ink art”水墨展，也是一个不太单纯的展览。首先，这不是我所期望的一个有严谨学术标准的中国水墨三十年发展的当代艺术展，有些作品非常勉强。但有一点我非常赞同，他们砍去了这些年我们国内恶炒的直接与传统水墨画有技术关系的，模仿日本或拼用西方技术语言的所谓新水墨、新工笔画。用“ink art”水墨策展人的话讲：“如今，中国画水墨画的没有一个画家比传统画得好，所以我一个也不选择。”这一点，值得我们的策展人、批评家、艺术家深思。

陈荣义：“指印”系列作品这几年在语言和方法上又有了很大的推进，尤其是2013年，您在韩国光州市立美术馆的“修行”个展，作品呈现的是在碗里装上水加墨的水墨，以及2013年在高雄佛光缘美术馆“意念的形式”个展，作品呈现的是碗里只有水；那么，最近7月12日你在广东美术馆的个人展，是一个怎样的展览？和以往比较有何亮点？

张羽：7月12日在广东美术馆的个展，既是一个全新的作品呈现，也是对“指印”十几年的一次小结。这是一个由五个空间的五件综合形态的装置作品构成的一个具有明确指向性的作品展示，也的确是我这些年规模最大的一次个展。它不是水墨画，也不是纯粹的水墨作品，虽

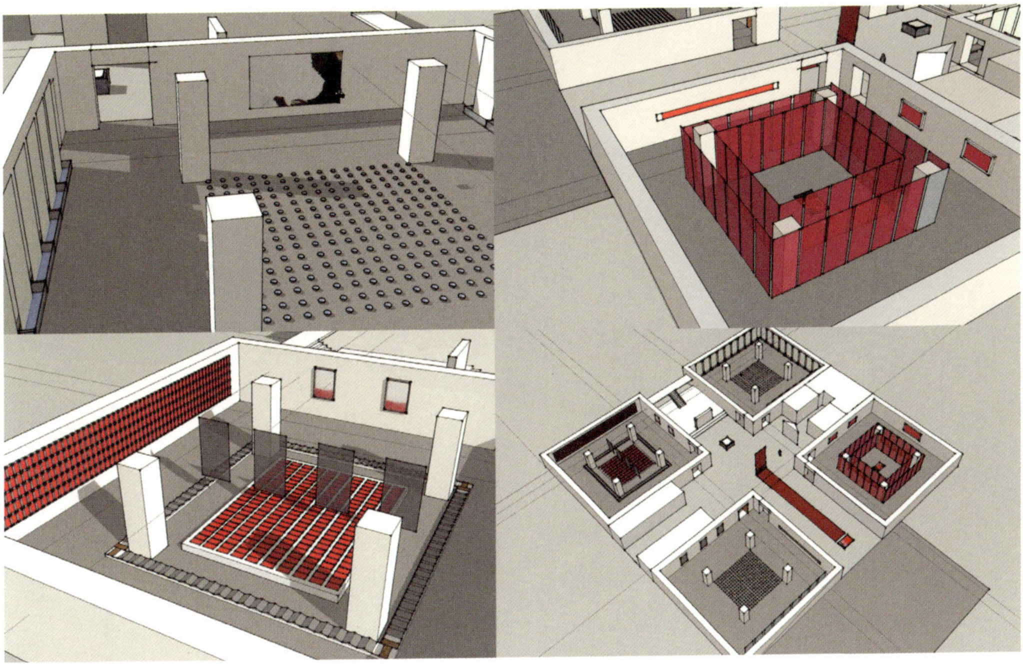

张羽：意念的形式，展示方案，广东美术馆，2014年
Zhang Yu: the Form of Notion, Show Program, Guangdong Museum of Art, Guangzhou, China, 2014

然我也使用了一些水墨媒材，但与水墨没有直接关系，没有直接针对水墨问题。当然，我认为水墨本身没有问题，而是水墨在当代艺术中是一个怎样的关系。整体装置作品中有三组新颖的呈现，其一是整体装置作品中的局部“微型装置”“封存被剪碎的指印”；其二是“册页装置”“指印——心经”；其三是一千两百刀宣纸被水墨浸染。

注释：

1、陈荣义：1972年生于福建省福安市。编辑、策展人、艺术家、湖南美术出版社美仑美术馆馆长。2006年毕业于中央美术学院人文学院，获硕士学位。主要论文：“中国美术馆的公共性研究”、“美仑美术馆对营运模式的探索”。策划编辑出版的主要图书：《个案：艺术批评中的艺术家》、《方力钧》、《黄永玉全集——文学卷（游记）》、《20世纪艺术批评史》、《艺术不看人脸色》、《艺术，做我自己——张羽访谈录》等。策划及担任艺术总监的主要展览：“新创物——蒲国昌当代水墨展”（2012）、“苏新平、张方白双个展”（2013）。获奖图书：《怒吼：北京鲁迅博物馆藏品》获得“中国最美的图书”称号，《个案——艺术批评中的艺术家》获得中国第18届优秀美术图书“金牛奖”银奖。

发生2014.7.12–8.5，透明亚克力、宣纸1200刀、墨、水
广东美术馆，广州，中国，2014
Happen 2014.7.12-8.5, Acrylic, 120000Pieces of Xuan Paper, Ink, Water
Guangdong Museum of Art, 80cm × 80cm × 50cm × 12, Guangzhou, China, 2014

发生2014.7.12–8.5，装置（局部）
Happen 2014.7.12-8.5, Installation (Detail)

发生2014.7.11–8.5，装置（局部）
Happen 2014.7.11-8.5, Installation (Detail)

指印——思，闭关，装置
丝绸、转印、影像、显示器，内外两层分别为900cm × 900cm × 350cm和700cm × 700cm × 350cm
广东美术馆，广州，中国，2014年
Fingerprints – Think, Endured, Installation, Silk, Transfer, Image, Monitor, Guangdong Museum of Art
the Two Outer Layers are Respectively 900cm × 900cm × 350cm and 700cm × 700cm × 350cm, Guangzhou, China, 2014

指印——思，闭关，装置（局部）广东美术馆，广州，中国，2014年
Fingerprints – Think, Endured, Installation (Detail), Guangdong Museum of Art, Guangzhou, China, 2014

指印——念，心经，装置
宣纸、玻璃、指甲油、册页108册，广东美术馆，广州，中国，2014年
Fingerprints – Heart Sutra, Notion, Installation, Xuan Paper,Glass, Nail Polish, Album, 108 Album
Guangdong Museum of Art, Guangzhou, China, 2014

简历

Biographical Notes

张羽

字郁人，号石雨

1959 出生于中国天津

1979 考入天津杨柳青画社

曾为天津杨柳青画社《国画世界》编辑室主任、高级编辑

1988 毕业于天津工艺美术学院

2002 天津交通职业学院副教授

2004 北京电影学院新媒体专业客座教授

2005 在北京设立工作室

2006 移居北京

现为职业艺术家，生活、工作于北京

讲学：

1993 比利时安特卫普皇家美术学院讲学：水墨作品

2003 天津南开大学文学院东方艺术系、设计系讲学：实验水墨创作

2004 北京电影学院新媒体专业讲学：实验水墨发展史

2006 天津美术学院综合绘画系讲学：水墨作为表达的媒介

2013 北京电影学院新媒体专业讲学：超越媒介的表达方法

南京艺术学院艺术系讲学："指印"综合形态的艺术表达

2014 广州美术学院青年教师研究会论坛第十二回："指印"关于创作方法的研究与建构

获奖：

2012 AAC艺术中国：年度艺术家奖水墨类大奖，慈宁宫，故宫，北京，中国

2004 获傅抱石奖：南京水墨画传媒三年展二等奖，南京，中国

1992 装帧设计《中国现代水墨画》，获华北、东北八省市（区）书籍装帧艺术作品优秀奖，北京，中国

1991 责任编辑、设计《中国工笔画》，获1980－1990首届中国优秀美术图书奖铜奖，北京，中国

专题：

2014 公共艺术：张羽/悬置在空中的指印，洛杉矶国际艺术博览会公共项目，洛杉矶会展中心，洛杉矶，美国

洛杉矶国际艺术博览会演讲："中国水墨30年"，洛杉矶，美国

ink art 水墨：纽约大都会博物馆"ink art 水墨"研讨会讲座，纽约，美国

雅昌圆桌：张羽、朱其谈"水墨的终结"，雅昌艺术网，北京，中国

广东美术馆讲座：张羽"意念的形式"

方所创作现场175期讲座：张羽——水墨终结者的历程

2013 《芭莎艺术》5月号特别呈现"当代艺术中的水墨第一人"别册

指印：青花与马爹利（马爹利文化项目合作），香港会展中心，香港，中国
2012 书画中国：张羽 / 专题片（上下集），旅游卫视，北京，中国
张羽之指印＋江诗丹顿之艺术大师 / 当东方遇见西方——与张羽有约，台北101，台北，中国

个展：

2014 张羽：意念的形式，广东美术馆，广州，中国
基本原理——张羽视觉进化，三尚当代艺术馆，杭州，中国
2013 修行——张羽个展1991－2013，光州市立美术馆，光州，韩国
意念的形式：张羽作品展，佛光山南屏别院佛光缘美术馆，高雄，中国
发生——在马爹利干杯，水墨，马爹利干邑香特露庄园，干邑，法国
2012 封存的指印，其他画廊，上海，中国
指印，Sem-Art 画廊，蒙地卡罗，摩纳哥
2011 修 · 行：张羽指印作品1991－2011，今日美术馆，北京，中国
合流：张羽、索涵 · 卡德里双个展，Sundaram Tagore画廊，纽约，美国
2010 迷漫的指印，孙中山纪念馆，台北，中国
2009 指印：张羽修行的痕迹，关渡美术馆，台北，中国
张羽的一指禅——文化与精神的探寻，大象艺术空间馆，台中，中国
2008 指印：张羽作品展，苏河艺术（798），北京，中国
2007 指印——张羽，古豪士当代艺术画廊，纽约，美国
2006 指印——张羽，古豪士当代艺术画廊，伦敦，英国
2004 张羽实验水墨艺术展，古豪士当代艺术画廊，纽约，美国
2001 张羽实验水墨展，红楼基金会，伦敦，英国
1993 张羽扇形绘画艺术展，竹贤轩，香港，中国
1992 张羽现代水墨艺术展，比纳耶乌现代美术馆，莫斯科，俄罗斯
1989 张羽扇面画艺术展，青岛工人文化宫，青岛，中国
1988 张羽水墨画展，天津美术馆，天津，中国

联展：

2014 无 / 空：当代艺术的一种思想维度，东京画廊，798，北京，中国
开——当代艺术的思维方式，大溪艺术之家，大象艺术空间馆，桃园，台中，中国
2013 寂境——东方美学的当代复兴，零空间，798，北京，中国
方法之外，大象艺术空间馆，台北国际艺术博览会，台中，台北，中国
2012 意方 / 极多之比，长岛大学希尔伍德美术馆，长岛，美国
合流：张羽、索涵 · 卡德里作品展，Sundaram Tagore画廊，香港，中国
非媒介：张羽、梁铨作品展，悦 · 美术馆，北京，中国
意方 / 极多之比，绿堡Depauw大学美术馆，印第安那州，美国
2011 意方 / 极多之比，匹兹堡大学弗里克美术馆，匹兹堡，美国
无识的形相，大象艺术空间馆，台中，中国
梦，Otto画廊，佛罗伦萨，意大利

2010 意方 / 极多之比，对比窗画廊，上海，中国
终结水墨画！——从“水墨画”到“水墨”当代艺术展，大象艺术空间馆，台中，中国
2009 场——当代艺术展，大象艺术空间馆，新竹教育大学艺文中心，台中，新竹，中国
终结水墨画！创造自己的当代艺术，红门画廊，北京，中国
2008 水墨≠水墨画 / 张羽、李华生、梁铨，和静园艺术馆，北京，中国
2007 水墨叙事，横滨ZAIM当代艺术馆，横滨，日本
无形——张羽、梁铨、刘旭光作品展，苏河艺术（798），北京，中国
2005 质性：实验水墨报告，红门画廊，北京，中国
中国・上墨：当代实验水墨展，瑞月宫，里尔，法国
2003 无常——如何阐释“水墨”这个名词，香港艺术公社，香港，中国
2000 色笔墨：张羽、海蒂・迈尔 / 中德艺术交流展，德国驻华大使馆，北京，中国
抽象彩墨艺术展，方氏画廊，矽谷，美国
1999 抽象彩墨，中华文化中心，三藩市，美国
在水墨的边缘：纸上作品展，香港艺术发展局视艺空间艺术馆，香港，中国
1998 回首长安：现代水墨收藏邀请展，西安美术馆，西安，中国
1997 新水墨艺术展，柏林博物馆，哈勒博物馆，TTT艺术中心，莱彼锡大学博物馆，德国
1996 重返家园：中国当代实验水墨联展，瑞曼画廊，世界日报画廊，三藩市，美国
1995 墨与光：中国当代抽象性水墨展，佛兰德斯展示中心，根特，比利时
1993 中国当代彩墨艺术展，中国美术馆，北京，中国
中国现代水墨6人展，荣宝斋，北京，中国
1990 当代画家5人展，当代美术馆，北京，中国

群展：

2014 时间节点：中国20世纪80年代水墨景观，喜马拉雅美术馆，上海，中国
西云东语——中国当代艺术研究展，合美术馆，武汉，中国
2013 再水墨——中国当代水墨艺术邀请展（2000－2012），今日美术馆，北京，中国
无形之形：中国当代艺术展，寺上美术馆，北京，中国
水墨新维度：2013年批评家提名展，中国美术馆，北京，中国
原道——中国当代艺术新概念，香港艺术馆，香港，中国
第55届威尼斯双年展：个人结构，威尼斯，意大利
第55届威尼斯艺术双年展平行展：未曾呈现的声音——中国独立艺术展，威尼斯，意大利
水墨档案系列展第一回：中韩当代水墨邀请展，南京艺术学院美术馆，韩国济州现代美术馆，中国，韩国
当代中国：以古为今的水墨艺术，大都会艺术博物馆，纽约，美国
新境：中国当代艺术展，马德里孔德杜克中心，马德里，西班牙
2012 品藏东方：中国经典艺术展，上海美术馆，上海，中国
文脉中国 / 超写意 / 架上10＋10，三川当代美术馆，南京，中国
无形之形：中国当代艺术展，卡尔舒特艺术中心，伦茨堡布德尔斯多尔夫，德国
墨：中国艺术，沙奇Saatchi画廊，伦敦，英国
水墨原形，三川当代美术馆，南京，中国
虚-薄的中国式绘画，元典美术馆，北京，中国

无形：一种超越媒介的思考方式，大象艺术空间馆，台中，中国
再水墨——中国当代水墨艺术邀请展（2000－2012），湖北美术馆，武汉，中国
2011 水墨中国，Rivelli意中当代艺术博物馆，Gallery Marino，拿波里，罗马，意大利
象由心生——中国抽象艺术第四回展，偏锋新艺术空间，北京，中国
新境界：中国当代艺术展，澳大利亚国家艺术博物馆，堪培拉，澳大利亚
伟大的天上抽象——21世纪的中国艺术，明尼苏达大学吉斯艺术中心，明尼阿波利斯，美国
伟大的天上抽象——21世纪的中国艺术，罗马当代艺术馆，罗马，意大利
文脉中国/超写意/架上10＋10，北京当代艺术馆，北京，中国
2010 墨非墨——中国当代水墨邀请展，Gliptoteka雕塑博物馆，克罗地亚
伟大的天上抽象——21世纪中国的艺术，中国美术馆，北京，中国
穿越地平线——中国当代艺术展，智利国家美术馆，圣地亚哥，智利
书·非书——2010杭州国际现代书法艺术展，中国美术学院美术馆，杭州，中国
当代中国水墨艺术，特兰索维尼亚大学莫兰美术馆，肯塔基州莱克辛顿，美国
轨迹与质变：暨第二届北京电影学院国际新媒体艺术三年展，北京电影学院4°空间美术馆，中国
2009 水墨当下——2009上海新水墨艺术大展，朱屺瞻艺术馆，多伦现代美术馆，上海，中国
意派：世纪思维，今日美术馆，北京，中国
墨非墨：中国当代水墨邀请展，华沙王宫博物馆，波兰，布达佩斯农业博物馆，匈牙利，
罗马尼亚国家现代艺术博物馆，罗马尼亚
开显与时变——当代创新水墨艺术展，台北市立美术馆，台北，中国
时空的经纬——中国当代艺术邀请展，上海2010艺术中心，上海，中国
2008 意派：中国“抽象”艺术三十年，帕尔马美术馆，巴赛隆纳美术馆，马德里美术馆，西班牙
个案：艺术史中的艺术家，圣之空间（798），北京，中国
梦蝶——上海当代艺术馆文献展，上海当代艺术馆，上海，中国
第六届深圳国际水墨双年展，深圳博物馆，深圳，中国
2007 中国版本——当代艺术展，今日美术馆，北京，中国
金蝉脱壳：从传统和革命中的语言拯救，四方当代美术馆，南京，中国
中国制造，路易斯安那现代美术馆，丹麦
抽象叙事艺术展及现代性与抽象艺术研讨会，德山艺术空间，中央美术学院，北京，中国
线——当代抽象艺术展，苏河艺术，上海，中国
第三届成都双年展，成都现代艺术馆，成都，中国
延承、演绎、渗透——墨，单色的世界，东京艺术大学美术馆，东京，日本
追补的历史：广东美术馆馆藏作品展，广东美术馆，广州，中国
意派：中国“抽象”艺术三十年，墙美术馆，北京，中国
2006 水墨再生——2006上海新水墨艺术大展，朱屺瞻艺术馆，多伦现代美术馆，上海，中国
渡：当代水墨艺术方式，天津美术学院美术馆，天津，中国
中国水墨文献展1976—2006，南京博物院，南京，中国
中国当代艺术文献展，中华世纪坛美术馆，北京，中国
2005 体验与知觉：北京电影学院新视像新媒体艺术节，北京电影学院，北京，中国
实验水墨回顾展1985—2000，深圳画院陈列馆，深圳，中国
中国实验水墨研讨会，巴黎国际艺术城，巴黎，法国
’85致敬1985—2005，多伦现代美术馆，上海，中国

书 · 非书——开放的书法时空，中国美术学院美术馆，杭州，中国
形而上 / 黑与白，上海美术馆，上海，中国
2004 ? 无关现实！——中国当代艺术展，刘海粟美术馆，上海，中国
龙族之梦：中国当代艺术展，爱尔兰当代美术馆，都柏林，爱尔兰
傅抱石奖：南京水墨画传媒三年展，江苏省美术馆，南京，中国
横滨国际电影节：视像群——中国当代艺术新学院方式，艺术银行1929马车道，横滨，日本
第四届深圳国际水墨双年展，关山月美术馆，深圳画院陈列馆，深圳，中国
2003 今日中国美术大展，中华世纪坛艺术馆，北京，中国
中国实验水墨艺术展，多伦多中华文化中心，红门画廊，多伦多，北京，加拿大，中国
2002 第17届亚洲国际艺术展，大田美术馆，大田，韩国
香港艺术馆馆藏作品展，香港艺术馆，香港，中国
零点：材料艺术展，中央美术学院美术馆，北京，中国
东+西：中国当代艺术展，维也纳艺术家之家，维也纳，奥地利
2001 梦：中国当代艺术展，亚特兰蒂斯美术馆，伦敦，英国
第32届杜塞尔多夫国际现代艺术大展，杜塞尔多夫会展中心，杜塞尔多夫，德国
中国水墨实验二十年，广东美术馆，广州，中国
第16届亚洲国际艺术展，广东美术馆，广州，中国
抽象水墨邀请展，西安国际展览中心，西安，中国
2000 蜕变与突破：中国新艺术展，堪培拉国立美术馆，澳大利亚，香港艺术馆，香港，中国
新中国画大展，刘海粟美术馆、江苏省美术馆，上海，南京，中国
当代艺术国际交流展，江苏省美术馆，南京，中国
1999 第14届亚洲国际艺术展，福冈现代美术馆，福冈，日本
对话1999艺术展，国际艺苑当代美术馆，泰达当代艺术博物馆，北京，天津，中国
1998 蜕变与突破：中国新艺术展，P.S.1当代艺术中心，三藩市现代艺术馆，亨利美术馆，纽约，三藩市，西雅图，美国；蒙特里当代美术馆，墨西哥；堪培拉国立美术馆，澳大利亚；香港艺术馆，香港，中国
第二届上海双年展，上海美术馆，上海，中国
第13届亚洲国际艺术展，吉隆坡国家美术馆，吉隆坡，马来西亚
1997 中国艺术大展，上海美术馆，上海，中国
世纪之星：中国艺术双年展，安大略中国美术馆，多伦多，加拿大
1996 走向21世纪的中国当代水墨艺术研讨会及作品观摩展，华南师范大学美术馆，广州，中国
1994 零：艺术大展，佛兰德斯展示中心，根特，比利时
1992 中国画邀请展，中国画研究院，北京，中国
1991 中国工笔画二届大展，中国历史博物馆，北京，中国
1990 第27回亚细亚现代美术展，东京都美术馆，上野森美术馆，东京，日本
1990春季画展，中国画研究院，北京，中国
1989 中国新文人画展，中国画研究院，北京，中国
1988 中国工笔画一届大展，中国美术馆，北京，中国

策划：

2014 开：当代艺术的思维方式，大象艺术空间馆，大溪艺术之家，桃园，台中，中国

2013 方法之外，大象艺术空间馆，台北国际艺术博览会，台中，台北，中国
2012 无形：一种超越媒介的思考方式，大象艺术空间馆，台中，中国
2010 终结水墨画！——从“水墨画”到“水墨”，大象艺术空间馆，台中，中国
2009 场——当代艺术展，大象艺术空间馆，台中，中国
终结水墨画！——创造自己的当代艺术，红门画廊，北京，中国
2008 水墨≠水墨画，和静圆艺术馆，北京，中国
2007 痕迹与气质，红门画廊，北京，中国
2006 渡：当代水墨艺术方式，天津美术学院美术馆，天津，中国（合作策划）
2005 中国·上墨：当代实验水墨展，瑞月宫，里尔，法国（合作策划）
’85致敬！2005中国当代艺术展，多伦现代美术馆，上海，中国（合作策划）
2003 中国实验水墨艺术展，多伦多中华文化中心，红门画廊，多伦多，北京，加拿大，中国
1999 对话1999艺术展，国际艺苑当代美术馆，泰达当代艺术博物馆，北京，天津，中国
1996 走向21世纪的中国当代水墨艺术研讨会及作品观摩展，华南师范大学美术馆，广州，中国
1993 中国当代彩墨画展，中国美术馆，北京，中国
1990 中国当代画家5人展，当代美术馆，北京，中国

Zhang Yu (courtesy name Yu Ren , literary name Shi Yu)

1959 Born in Tianjin, China
1979 Admitted to Tianjin Yangliuqing Painting Society
Editorial Director, Senior Editor of World of Chinese Painting , Tianjin Yangliuqing Fine Arts Press
1988 Graduated from Tianjin Fine Arts Academy of Arts and Crafts
2002 Associate Professor at Tianjin Transportation Vocational College
2004 Guest Professor in the New Media Department, Beijing Film Academy
2005 Established his studio in Beijing
2006 Moved to Beijing
Presently lives and works as a professional artist in Beijing

Lectures:

1993 Gave lectures at the Royal Academy of Fine Arts Antwerp, Antwerp, Belgium
2003 Gave lectures at the Department of Oriental Arts and the Department of Design of the School of Liberal Arts, Nankai University, Tianjin
2004 Gave lectures at the New Media Department, Beijing Film Academy, Beijing
2006 Gave lectures at the Comprehensive Painting Department, Tianjin Academy of Fine Arts, Tianjin
2013 Lectured in the Fine Arts Department of the Beijing Film Academy, Beijing
Lectured in the Fine Arts Department of the Nanjing Academy of Fine Arts, Nanjing
2014 Lectured in the Guangdong Art Museum, Guangzhou

Prizes and Awards:

2012 AAC, Arts China: Artist of the Year (Ink and Wash category), Forbidden City, Beijing, China
2004 Fu Baoshi Award: Ink and Wash Painting Medium Triennial (second prize), Nanjing, China
1992 Bookbinging Design for *Chinese Modern Ink and Wash Painting*, prize for excellence in bookbinging design in North China and the Eight Provinces of the North-east China, Beijing, China
1991 Edited and Designed Chinese Meticulous Brushwork Painting, for which the Bronze Prize was Awardedin the Initial Award of Excellent Art Books

Features:

2014 Public Art: Zhang Yu's Suspended *Fingerprints* Hanging Mid-air, LA Art Show, Los Angeles Convention Center, Los Angeles, USA
2013 Collaboration Project with the Martell Cognac Headquarters, Hong Kong, China
2012 Chinese Painting and Calligraphy: Zhang Yu / Feature Films (first and second series), the Travel Channel, Beijing, China
Zhang Yu's *Fingerprints* and the Vacheron Constantin artist / East Meets West – (some dialogue) with ZhangYu, Taipei 101, Taiwan, China

Solo Exhibitions:

2014 Zhang Yu: The Form of Notion / Thought, Guangdong Art Museum, Guangzhou, China
2013 Cultivation Practice – Exhibition of Zhang Yu's Fingerprint Works 1991-2013, Gwangju Museum of Art,

Gwangju, Korea
Conception and Form: Exhibition of Zhang Yu's Works, Fo Guang Yuan Art Gallery, Kaohsiung, China
Drinking a Toasting at Martell-Ink and Wash at the Martell Chateau, Cognac, France

2012 *Fingerprints*: Cultivation/Practice – Works by Zhang Yu, Art Stage Singapore Archived *Fingerprints* – Exhibition of Works by Zhang Yu, Other Gallery, Shanghai, China
Fingerprints: Performance/Red/Water, Sem-Art Gallery, Monte Carlo, Monaco

2011 Cultivation Practice: Zhang Yu's Fingerprint works 1991-2011, Today Art Museum, Beijing,China
Fingerprints – Zhang Yu, Sundaram Tagore Gallery, New York, NY, USA

2010 Diffused *Fingerprints* – Zhang Yu's Art works, National Sun Yat-sen Memorial Hall, Taipei, China
Zhang Yu's Fingerprint Works, Art Asia Miami, Miami, FL, USA

2009 Zhang Yu's Fingerprint Works, Basel Art Asia, Basel, Switzerland *Fingerprints*: Traces of Zhang Yu's Cultivation Practice, Kuandu Museum of Fine Arts, Taipei, China
Zhang Yu's "One-Finger Chan": Cultural and Spiritual Exploration, Da Xiang Art Space, Taichung, China

2008 *Fingerprints*: Exhibition of Works by Zhang Yu, Creek Art, 798, Beijing, China

2007 *Fingerprints*: Zhang Yu, Goedhuis Contemporary, New York, NY, USA

2006 *Fingerprints*: Zhang Yu, Goedhuis Contemporary, London, UK

2004 Divine Light: Ink Paintings by Zhang Yu, Goedhuis Contemporary, New York, NY, USA

2001 Zhang Yu: Experimental Ink and Wash, Red Mansion Foundation, London, UK

1993 Zhang Yu: Fan Painting Exhibition, Zhuxianxuan Art Gallery, Hong Kong, China

1992 Chinese Artist Zhang Yu: Modern Ink and Wash Exhibition, Belyaevo Modern Art Museum, Moscow, Russia

1989 Zhang Yu: Fan Painting Exhibition, Qingdao Workers' Cultural Palace, Qingdao, China

1988 Zhang Yu: Exhibition of Ink and Wash Paintings, Tianjin Art Gallery, Tianjin, China

Joint Exhibitions:

2014 There-not-being/Emptiness: a Thinking Dimension in Contemporary Art, Tokyo Gallery, 798, Beijing, China

2013 Beyond Method,DaXiang Art Space,Hualian Cultural and Creative Precinct,Taipei International Art Fair,Taichong,Hualian, China
Lonely Realm, Contemporary Renaissance of Eastern Aesthetics, Zero Space, 798, Beijing, China

2012 Towards Notion – Maximalism in Contrasts, Hillwood Gallery of Long Island University, Long Island, NY, USA
Confluence, Sohan Qadri – Zhang Yu, Sundaram Tagore Gallery, Hong Kong, China
Non-Media: Zhang Yu, Liang Quan, Li Huasheng, Enjoy Museum of Art, Beijing, China

2011 Towards Notion – Maximalism in Contrasts, Frick Art Museum, University of Pittsburgh, Pittsburgh, PA, USA
Metaphysical Entity, Daxiang Art Space, Taichung, China
Revival of Ink Painting, Hong Kong Contemporary Art Museum, 798, Beijing, China
OH! Nirica, la materia incontra i sogni, Otto Luogo dell'arte, Firenze, Italy
Confluence, Sohan Qadri – Zhang Yu, Sundaram Tagore Gallery, New York, NY, USA

2010 Towards Notion – Maximalism in Contrasts, Contrasts Gallery, Shanghai, China
The End of Ink and Wash Painting! From Ink and Wash Painting to Ink and Wash–
Exhibition of Contemporary Art, Da Xiang Art Space, Taichung, China

2009 Site – Exhibition of Contemporary Art, Da Xiang Art Space,
Taichung, and National Hsinchu University of Education Art and Culture Centre, Hsinchu, China
The End of Ink and Wash Painting! Creating One's Own Contemporary Art, Red Gate Gallery, Beijing,

China
2008 Ink and Wash ≠ Ink and Wash Painting: Zhang Yu, Li Huasheng, Liang Quan, HJY (Hejingyuan) Art Center, Beijing, China
2007 Traces and Temperament: Contemporary Art Exhibition, Red Gate Gallery, Beijing, China
Narration in Ink and Wash, Yokohama Zaim Gallery, Yokohama, Japan
Intangible: Group Exhibition of Zhang Yu, Liang Quan and Liu Xuguang, Creek Art, 798, Beijing, China
2005 Nature: Experimental Ink Painting Report, Red Gate Gallery, Beijing, China
Upcoming Ink Painting: Modern Ink Painting Exhibition, Palais Rihour, Lille, France
2000 Exhibition of Abstract Colour and Ink Art, Fang Gallery, Silicon Valley, CA, USA
Color, Brush and Ink: Zhang Yu and Heidi Meyer, German Embassy, Beijing, China
1999 Abstract Colour and Ink, Chinese Cultural Center of San Francisco, CA, USA
1997 Exhibition of New Ink and Wash Art, Berlin Art Museum; Halle Museum; Galerie TTT, Heimbach; Leipzig University Museum, Germany
1996 Homecoming: Chinese Contemporary Ink and Wash Group Exhibition, Gallery on the Rim, World Journal Gallery, San Francisco, CA, USA
1995 Ink and Light: Chinese Contemporary Experimental Ink and Wash Group Exhibition, Flanders Expo, Ghent, Belgium
1993 Exhibition of Chinese Contemporary Abstract Ink and Wash, National Art Museum, Beijing, China
Six Chinese Modern Ink and Wash Artists, Rong Bao Zhai, Beijing, China
1990 Five Contemporary Painters Exhibition, Contemporary Art Museum, Beijing, China

Group Exhibitions:

2014 A Fragment in the Course of Time – Landscape of Chinese Ink Art in 1980s, Himalayas Art Museum, Shanghai, China
2013 Ink and Wash Again – Chinese Contemporary Ink and Wash Art Invitational Exhibition (2000-2012), Today Art Museum, Beijing,China
Shape Without Shape, Exhibition of Chinese Contemporary Art, Sishang Art Museum, Beijing, China
New Dimensions in Ink and Wash – 2013 Critics Nomination Exhibition, National Art Museum of China, Beijing, China
The Original Way – New Concepts in Chinese Contemporary Art, Hong Kong Museum of Art, Hong Kong, China
55th Venice Biennale – Personal Structures, Venice, Italy
55th Venice Biennale, Collateral Exhibition of Chinese Art, Venice, Italy
Ink Art: Past as Present in Contemporary China, The Metropolitan Museum of Art, New York, NY, USA
New Realm: Exhibition of Contemporary Chinese Art, Centro Cultural Conde Duque, Madrid, Spain
2012 Appreciating the East (also translated as "Goods Possession of the East"): Exhibition of Classical Chinese Art,
Shanghai Art Museum, Shanghai, China
Ink Painting – International Ink Painting Exhibition, National Dr. Sun Yat-sen Memorial Hall, Taipei, China
Context China/Beyond Spiritual Expression/Easel-work 10+10, Sanchuan Modern Art Museum, Nanjing, China
Shape Without Shape Exhibition of Chinese Contemporary Art, Kunstwerk Karlshütte Rendsburg / Büdelsdorf, Germany
Ink: The Art of China, Saatchi Gallery, London, UK
The Original Shape of Ink and Wash, Sanchuan Modern Art Museum, Nanjing, China
Thin Painting, Chinese-Style, Yuan Art Museum, Beijing, China
Without Shape – A Thinking Format that Transcends the Medium, Da Xiang Art Space, Taichung,

China

Ink and Wash Again – Chinese Contemporary Ink and Wash Art Invitational Exhibition (2000-2010), Hubei Art Museum, Wuhan, China

2011 Ink and Wash China, Chinese and Italian Contemporary Art Exchange Exhibition, Museo Rivelli di Arte Moderna e Contemporanea, Napoli, Galleria Marino, Rome, Italy

Visible Soul (Likeness Arises from the Heart/Mind) – 4th Chinese Abstract Art Exhibition, PIFO New Art Gallery, Beijing, China

Writing and Passing – Exhibition of Abstract Art, ESSE Contemporary Art Document Research Institute, 798, Beijing, China

New Realm: Chinese Contemporary Art Exhibition, National Gallery of Australia, Canberra, Australia

The Great Celestial Abstraction: Chinese Art in the 21th century, The Katherine E Nash Gallery and the Department of Art, The University of Minnesota, Minneapolis, U.S.A

The Great Celestial Abstraction: Chinese Art in the 21th century, Macro Testaccio Contemporary Art Museum of Rome, Rome, Italy

Context China/Beyond Spiritual Expression/Easel-work 10+10, Beijing Contemporary Art Museum, Beijing, China

2010 Ink and Not Ink: Chinese Contemporary Ink and Wash Exhibition, Gliptoteka HAZU -

Sculpture Museum of the Croatian Academy of Science and Arts,Croatian

The Great Celestial Abstraction: Chinese Art in the 21st Century, National Museum of China, Beijing, China

Beyond the Horizon – Chinese Contemporary Art Exhibition, Chilean National Museum of Fine Arts, Santiago, Chile

Painting/Non-Painting – 2010 Hangzhou International Modern Calligraphy Art Exhibition, Hangzhou, China

Memory of the Past: Contemporary Chinese Ink Painting, Transylvania University Morlan Gallery, Lexington, KY, USA

Tracks and Qualitative Change – 2nd Beijing Film Academy International New Media Art Triennial, Beijing Film Academy No 4 Space Art Museum, Beijing, China

2009 Present-Day Ink and Wash Shanghai New Ink and Wash Exhibition, Zhu Qizhan Art Museum, Duolun Museum of Modern Art, Shanghai, China

Yi Pai: Century Thinking, Today Art Museum, Beijing, China

Ink and Not Ink: Chinese Contemporary Ink and Wash Invitational Exhibition, Warsaw Palace Museum, Poland;

Museum of Hungarian Agriculture – Magyar Mez□gazdasági Múzeum, Budapest, Hungary;

National Museum of Contemporary Art, Bucharest Romania Open Flexibility: Innovative Contemporary Ink Art, Taipei Fine Arts Museum, Taipei, China

Longitude and Latitude of Time and Space – Chinese Contemporary Art Invitational Exhibition, Shanghai 2010 Art Center, Shanghai, China

2008 Yi Pai: 30 Years of "Abstract" Art in China, La Caixa Forum Palma, La Caixa Forum Barcelona, La Caixa Forum Madrid, Spain

Individual Case: Artists in Art History and Art Criticism, SZ Art Center, 798, Beijing, China

Shanghai MoCA Envisage II – Butterfly Dream, MoCA Shanghai, Shanghai, China

6th Shenzhen International Biennale of Ink and Wash, Shenzhen Museum, Shenzhen, China

2007 Contemporary Context / Chinese Edition / Contemporary Art Exhibition, Today Art Museum, Beijing, China

The Cicada Sheds its Shell: Language Salvation from Tradition and Revolution, Square Gallery of Contemporary Art, Nanjing, China

China Onward: The Estella Collection of Chinese Contemporary Art, Louisiana Museum of

Modern Art, Humlebæk, Denmark
Abstract Narrative Art Exhibition and Symposium on Modernity and Abstract Art, YQK Art Space Central Academy of Fine Arts, Beijing, China
Lines: Contemporary Chinese Abstract Art Exhibition, Creek Art, Shanghai, China
3rd Chengdu Biennale, Chengdu Modern Art Museum, Chengdu, China
Continuation, Variation and Infiltration: Ink, a Monochromatic World, Art Museum of Tokyo National University of Fine Arts and Music, Tokyo, Japan
The Supplemental History: Works from the Collection of GDMOA, Guangdong Museum of Art, Guangzhou, China
Yi Pai: 30 Years of "Abstract" Art in China, Wall Art Museum, Beijing, China

2006 Revival of Ink and Wash: 2006 Shanghai New Ink and Wash Exhibition, Zhu Qizhan Art Museum, Duolun Museum of Modern Art, Shanghai, China
Crossing: Modes of Contemporary Ink and Wash, Art Gallery of Tianjin Academy of Fine Arts, Tianjin, China
Chinese Ink and Wash Documentary Exhibition 1976-2006, Nanjing Museum, Nanjing, China
Chinese Contemporary Art Documentary, New Millennium Monument Art Museum, Beijing, China

2005 Experiences and Consciousness: Beijing Film University New Media Art Festival, Beijing Film University, Beijing, China
Experimental Ink and Wash Retrospective Exhibition 1985-2000, Shenzhen Art Academy Exhibition Hall, Shenzhen, China
Encre de Chine Expérimentale, Conference at the Cité Internationale des Arts, Paris, France
Salute to '85: 1985-2005, Shanghai Duolun Museum of Modern Art, Shanghai, China
Book/Non-Book: Opened Space and Time of Calligraphy, Art Museum of the Chinese Academy of Fine Arts, Hangzhou, China
Metaphysics : Black and White –Abstract Art Exhibition, Shanghai Art Museum, Shanghai, China

2004 Irrelevant to Reality! – Contemporary Chinese Art Exhibition, Liu Haisu Art Museum, Shanghai, China
Dream of the Dragon's Nation-Contemporary Art from China, Irish Museum of Modern Art, Dublin, Ireland
Fu Baoshi Prize: Ink and Wash Painting Nanjing Triennial, Jiangsu Art Museum, Nanjing, China
Yokohama International Film Festival: Visual Group, Neo-Academicism of China, Bank Art 1929, Yokohama, Japan
4th Shenzhen International Biennale of Ink and Wash, Guan Shanyue Art Museum, Shenzhen Art Academy Exhibition Hall, Shenzhen, China

2003 Chinese Art Today, China Millennium Monument Art Museum, Beijing, China
Exhibition of Chinese Experimental Ink and Wash, Red Gate Gallery, Beijing, China

2002 17th Asian International Art Exhibition, Daejeon (Taejon) Art Museum, Daejeon, Korea
Hong Kong Art Gallery Collection Exhibition, Hong Kong Art Gallery, Hong Kong, China
Ground Zero: Material Art Invitational Exhibition, Art Museum of Central Academy of Fine Arts, Beijing, China
"Ost + West" Ausstellung für die Zeitgenössische Kunst aus China, Künstlerhaus in Wien, Vienna, Austria

2001 'Dream_01', Contemporary Chinese Art, The Atlantis Gallery, London, UK
32nd Düsseldorf Modern Art Exhibition, Düsseldorf Exhibition Centre, Düsseldorf, Germany
20 Years of Experiment in Chinese Ink and Wash, Guangdong Art Museum, Guangzhou, China
16th Asian International Art Exhibition, Guangdong Art Museum, Guangzhou, China
Abstract Ink and Wash Invitational Exhibition, Xi'an International Exhibition Centre, Xi'an, China

2000 *Inside Out*: New Chinese Art Exhibition,National Art Gallery,Canberra, Australia, Hong Kong Museum of Art, Hong Kong, China
New Chinese Painting, Liu Haisu Art Gallery, Shanghai; Jiangsu Art Museum, Nanjing, China

International Contemporary Art Exchange Exhibition, Jiangsu Art Museum, Nanjing, China
1999 14th Asian International Art Exhibition, Fukuoka Modern Art Gallery, Fukuoka, Japan
Dialogue 1999, Art Gallery of Beijing International Art Palace, Beijing, TEDA (Tianjin Economic-Technological Development Area) Contemporary Art Museum, Tianjin, China
1998 *Inside Out*: New Chinese Art Exhibition, P.S.1 Gallery, New York Modern Art Gallery, Henry Art Gallery New York, NY, San Francisco, CA, Seattle, WA, USA; Monterey Museum of Contemporary Art, Mexico, National Gallery of Australia, Canberra, Australia, Hong Kong Arts Development Council/ Art Space Museum of Art, Hong Kong, China
Shanghai Biennale, Shanghai Art Museum, Shanghai, China
13th Asian International Art Exhibition, National Art Gallery, Kuala Lumpur, Malaysia Looking Back to Chang'an: Invitational Exhibition of Modern Ink and Wash for Collection, Xi'an Art Museum, Xi'an, China
1997 Grand Exhibition of Chinese Art, Shanghai Art Museum, Shanghai, China
Stars of the Century: Chinese Art Biennale, Ontario Art Museum, Toronto, Canada
1996 Symposium on Chinese Ink and Wash: Toward the 21st Century and Exhibition for Viewing and Emulating, Art Gallery of South China Normal University, Guangzhou, China
1994 Zero: Art Exhibition, Flanders Exhibition Center, Ghent, Belgium
1992 Invitational Exhibition of Traditional Chinese Painting, Research Institute of Traditional Chinese Painting, Beijing,China
1991 2nd Exhibition of Chinese Realistic Painting with Fine Brushwork, Museum of Chinese History, Beijing, China
1990 27th Asian Modern Art Exhibition, Tokyo-to Art Museum, Ueno Royal Museum, Tokyo, Japan
Spring Exhibition of 1990, Research Institute of Traditional Chinese Painting, Beijing, China
1989 Chinese New Literati Painting, Research Institute of Traditional Chinese Painting, Beijing, China
1988 1st Exhibition of Chinese Realistic Painting with Fine Brushwork, National Art Museum of China, Beijing, China

Prejects

2013 Beyond Method, Da Xiang Art Space; Hualien Cultural and Creative Precinct; Taipei International Art Fair, Taichung, Hualien, Taibei, China
2012 Without Shape – A Thinking Format that Transcends the Medium, Da Xiang Art Space, Taichung, China
2009 Site: Contemporary Art Exhibition, Da Xiang Art Space, Taichung, China
The End of Ink and Wash Painting! Creating One's Own Contemporary Art, Red Gate Gallery, Beijing, China
2008 Ink and Wash ≠ Ink and Wash Painting, HJY (Hejingyuan) Art Gallery, Beijing, China
2007 Traces and Temperament: Contemporary Art Exhibition, Red Gate Gallery, Beijing, China
2006 Crossing: Modes of Contemporary Ink and Wash, Art Gallery of Tianjin Academy of Fine Arts, Tianjin, China
2005 Upcoming Ink Painting: Modern Ink Painting Exhibition, Palais Rihour, Lille, France (co-curated)
Salute to '85: 1985-2005, Shanghai Duolun Museum of Modern Art, Shanghai, China (co-curated)
2003 Exhibition of Chinese Experimental Ink and Wash, Red Gate Gallery, Beijing, China
1999 Dialogue 1999, Art Gallery of Beijing International Art Palace, Beijing, TEDA (Tianjin Economic-Technological Development Area), China
1996 Symposium on Chinese Ink and Wash Toward the 21st Century and Exhibition for Viewing and Emulating, Art Gallery of South China Normal University, Guangzhou, China

广东美术馆馆庆系列丛书

《风·雅·颂——广东美术馆开馆十五周年馆藏精品展》
《追补的历史—馆藏中国当代艺术作品选集》
《自觉与自主—广东美术馆展览策划和学术理念》
《拓荒与前行—广东美术馆筹建和开馆十年历程》

20世纪中国美术状态丛书
《现实关怀与语言变革》
《主流的召唤》
《古道西风·高剑父、刘奎龄、陶冷月》
《中国·水墨实验二十年》
《毛泽东时代美术（1942—1976）文献展》
《人与人·20世纪中国美术的人文性》

21世纪中国美术状态丛书
《现象："后岭南"与广东新水墨》
《守望与前瞻·当代中国书法十二人展》
《距离·广东美术馆当代艺术邀请展》
《开放的姿态·首届广东新青年艺术大展》
《点·辐射与深入—来自纸墨的视觉表达》
《里里外外—中国当代艺术》（中文版、英文版、法文版）

85以来现象与状态系列展丛书
《从"极地"到"铁西区"东北当代艺术展 1985-2006》
《从西南出发·西南当代艺术展 1985-2007》
《从西南出发·西南当代艺术批评文集 1985-2007》
《两湖潮流·湖北湖南当代艺术展1985-2009》

大展丛书
《重新解读·中国实验艺术十年（1990-2000）》（中文版、英文版）
《别样：一个特殊的现代化实验空间》
《别样：一个特殊的现代化实验空间/三角洲实验室1D-Lab Ⅰ》
《别样：一个特殊的现代化实验空间/三角洲实验室1D-Lab Ⅱ》
《与后殖民说再见—第三届广州三年展》
《第三届广州三年展读本 1 》
《第三届广州三年展读本 2 》
《去魅中国想象—第四届广州三年展项目展第一回》
《第三自然—第四届广州三年展项目展第二回》
《维度—第四届广州三年展项目展第三回》
《见所未见—第四届广州三年展主题展》

现代影像丛书
《中国人本·纪实在当代》（中文版、法文版、德文版）
《城市·重视—2005广州国际摄影双年展》
《左右视线—2007广州国际摄影双年展》
《异向·魔幻的面孔—佩德罗·梅约尔的摄影世界》

民间美术丛书
《广东民间美术生态考察·粤东篇》

当代艺术个案丛书
《刘小东·写生》

《宋永红·欲望广场》
《时间内外：喻红》
《吴山专（但仍然是红的）国际红色幽默》
《方力钧：时间线索》

现当代美术文献丛书
《符罗飞研究资料汇编》
《黄少强诗文资料选编》

博物馆精品丛书
《广东美术馆藏品图录（1996.12-2002.7）》
《广东美术馆藏品图录（2002.8-2004.12）》
《广东美术馆藏品图录（2005.1-2007.12）》
《广东美术馆藏品图录·摄影Ⅰ 中国人本》
《广东美术馆藏品图录·摄影Ⅱ 时代影像·朱宪民（1966-1976）摄影集》
《广东美术馆藏品图录·版画Ⅰ 张信让藏书票》
《浙江省博物馆藏书画精品选》
《辽宁省博物馆藏齐白石、黄宾虹、徐悲鸿精品选》
《中国美术馆藏路德维希夫妇捐赠国际艺术品集》

博物馆学丛书
《文物保护与修复纪实》
《无墙的美术馆》
《美术馆》丛刊

海外华人美术丛书
《天地本相·美国王己千、马承宽近作展》
《纽约20年·美国钟耕略的绘画艺术》
《时空交织·郭桓作品集》
《从西方抽象主义到东方赵无极》
《陈建中·巴黎三十年》

国外现代美术丛书
《慕尼黑当代抽象画展作品集》
《走出传统—瑞士陶艺三人展作品集》
《墨西哥绘画：从壁画三杰到当代》
《意大利二十世纪艺术展》
《意大利托斯卡纳油画-光的现代性》

国外艺术家丛书
《罗丹·思想者》
《法国当代雕塑家阿尔伯·费浩》
《毕加索的艺术世界》
《巨匠心影·毕加索版画》
《狂想的旅程·达利作品集》
《米歇尔·马多—隐逸之境》

当代艺术家个案丛书
《静·夜·思—白明物语》
《艺术，做我自己—张羽访谈录》

（此目录为广东美术馆部分出版书目）

图书在版编目（CIP）数据

艺术 做我自己：张羽访谈录／张羽编著；广东美术馆编.
--长沙：湖南美术出版社，2014.9
ISBN 978-7-5356-6919-3

Ⅰ.①艺… Ⅱ.①张…②广… Ⅲ.①张羽—访问记
Ⅳ.①K825.72

中国版本图书馆CIP数据核字（2014）第147209号

艺术 做我自己——张羽访谈录

广东美术馆 编

出 版 人：李小山
编 著：张 羽
出版策划：陈荣义
责任编辑：陈荣义
特约编辑：李 辉 刘 如
封面摄影：吴 明
装帧设计：张潇雨
电脑制作：张 佩
英文翻译：Archibald Mckenzie 文 载
英文校对：陈银霞 刘 如
中文校对：徐 晶
出版发行：湖南美术出版社（长沙市东二环一段622号）
经 销：湖南省新华书店
制版印刷：北京图文天地制版印刷有限公司
开 本：190mm×234mm 1/16
印 张：35
版 次：2014年 9月第1版 2014年 9月第1次印刷
书 号：978-7-5356-6919-3
定 价：268.00元

邮购联系：0731-84787105 邮编：410016
网 址：http://www.arts-press.com/
电子邮箱：market@arts-press.com
如有倒装、破损、少页等印装质量问题，请与印刷厂联系斢换。
联系电话：010-84488980